Silvia-Iris Beutel, Matthias Busch, Christiane Ruberg (Hg.)

Krisenmodus verlassen – Transformationen gestalten

Silvia-Iris Beutel, Matthias Busch, Christiane Ruberg (Hg.)

Krisenmodus verlassen – Transformationen gestalten

3. Jahrbuch Demokratiepädagogik & Demokratiebildung

Mit Beiträgen von: Silvia-Iris Beutel, Wolfgang Beutel, Laura Braun, Christina Brüning, Magdalena Buddeberg, Matthias Busch, Norbert Diesing, Thomas Geier, Sonja Gorski, Corinna Gottmann, Martin Goy, Anna Gronostaj, Matthias Grundmann, Niklas Haarbusch, Christoph Haker, Inken Heldt, Vanessa Henke, Anja Jungermann, Carolin Kempfer, Esther Dominique Klein, Konsortium UP! Ukraine, Maren Krempin, Cornelia Clara Kurek, Julia Lemke, Hannah Maschong, Miriam Mathias, Dejan Mihajlović, Leif Mönter, Inga Nüthen, Lukas Otterspeer, Marion Peitz, Hanna Pfänder, Andrea Preußker, Christiane Ruberg, Simon Moses Schleimer, Michael Schratz, Falko Schumpich, Stefan Skokan, Detlef von Elsenau, Michaela Weiß

debus PÄDAGOGIK

Bibliografische Information der Deutschen Nationalbibliothek

Die Deutsche Nationalbibliothek verzeichnet diese Publikation in der Deutschen Nationalbibliografie; detaillierte bibliografische Daten sind im Internet unter http://dnb.d-nb.de abrufbar.

Die Reihe „Jahrbuch für Demokratiepädagogik & Demokratiebildung" wird herausgegeben von:
Silvia-Iris Beutel, Wolfgang Beutel, Matthias Busch, Markus Gloe und Christiane Ruberg

Dr. Kurt Debus GmbH, Eschborner Landstr. 42–50, 60489 Frankfurt am Main

info@wochenschau-verlag.de
www.wochenschau-verlag.de

Umschlaggestaltung: Ohl Design
Gesamtherstellung: Wochenschau Verlag
Umschlagbild: snyGGG – stock.adobe.com
Gedruckt auf chlorfrei gebleichtem Papier
Print-ISBN 978-3-95414-219-4
PDF-ISBN 978-3-95414-220-0
https://doi.org/10.46499/2366
ISSN: 2941-3508
e-ISSN: 2941-3516

Inhalt

II. Praxis

III. Forum

SILVIA-IRIS BEUTEL, MATTHIAS BUSCH, CHRISTIANE RUBERG

Schule und Bildung in der gesellschaftlichen Transformation

Ein Editorial

„Wir wissen wohl, dass die Einschaltung von Um- und Neugewöhnungen das einzige Mittel ist, unser Leben zu halten, unseren Zeitsinn aufzufrischen, eine Verjüngung, Verstärkung, Verlangsamung unseres Zeiterlebnisses und damit die Erneuerung unseres Lebensgefühls überhaupt zu erzielen“, schreibt Thomas Mann im vierten Kapitel *Exkurs über den Zeitsinn* seines Werkes Der Zauberberg. Damit spricht er die stetig notwendigen und zwangsläufigen Veränderungen in Politik, Kultur und Gesellschaft an, die die Menschen insbesondere in den Entwicklungen der modernen Gesellschaft begleiten und sie in ein ebenso anhaltendes Spannungsverhältnis zur individuellen Erwartung von Kontinuität und Berechenbarkeit des Lebens und der Lebensumgebung bringen.

Wir sprechen heute nicht mehr mit normativ-wertenden Begriffen von Verjüngung, Verstärkung, Umgewöhnung und anderen Aspekten individueller Wahrnehmung. Es ist kaum zu übersehen, dass der fortwährende Umbruch, das andauernde Neue, welches keinesfalls immer nur positive gesellschaftliche und politische Prozesse hervorbringt, sowie eine anhaltende Beschleunigung dieser Anforderungen intensiv unsere Zeit und Gegenwart prägt. Denn der Wandel und die damit verbundenen Herausforderungen kennzeichnen ein Schlüsselphänomen der Gegenwart. Die Aufgaben für die Sicherung einer humanen Zukunft sind immens, die Veränderungserfordernisse ebenfalls. Viele Tatbestände, Erwartungshaltungen und Konstrukte vermeintlichen Fortschritts in der Moderne müssen befragt und verändert werden für die Sicherung einer humanen Zukunft – das Grundversprechen aller Pädagogik.

Deshalb steht die „Transformation“ als allgegenwärtiges Phänomen über den politischen, gesellschaftlichen und eben auch den sozialen sowie kulturellen Diskursen und Debatten. Der Begriff der Transformation meint in einem übergreifenden Sinne Umwandlung. Er zielt also auf die Reformulierung einer bestehenden Substanz und legt seine besondere Qualität in die daraus resultierende Kombination von Bewahrung und Innovation, die in der Umformung miteinander einhergehen müssen. Transformation als Begriff ist in der Moderne in vielen

Disziplinen und Wissenschaftsbereichen genutzt: Von der Betriebs- und Volkswirtschaft über Politik und Politikwissenschaft, Bildungswissenschaften, Linguistik, Physik, Mathematik und das Recht sowie viele weitere Handlungs- und Wissenschaftsbereiche werden die Erkundung aktueller Veränderungs- und Anpassungsprozesse mit „Transformation" beschrieben oder gekennzeichnet.

Transformation ist in Politik, politischer und demokratischer Bildung jedoch nicht nur ein Signum und Konzept für notwendigen Wandel, für Veränderung, Neuanfang und ähnliches mehr. Transformation meint vielmehr die Übertragung notwendiger technischer, sozialer und habitueller Regeln und Übereinkünfte, Institutionen und Erfahrungen in einen neuen, innovativen, kritischen und zukunftsfähigen Kontext. Wir sprechen dann keineswegs nur von einer Episode überschaubaren Wandels, den man unbemerkt oder gar teilnahmslos vorüberziehen lassen kann.

Transformation ist zugleich auch ein Schlüsselbegriff und Bezugspunkt der gegenwärtigen globalen Herausforderungen. Konzepte der Transformation sollen Perspektiven eröffnen für eine komplexe Herausforderungen und Zukunftsszenarien aufnehmende Bildungsarbeit, die Lernen, Wertevermittlung, Persönlichkeitsstärkung und Kompetenzgewinn als miteinander verbunden ansieht.

Von der Schule ist gerade angesichts der Verantwortung für die Ausbildung der nachwachsenden Generation eine hohe professionelle Erneuerungsmobilität gefragt: „Schule muss also darauf reagieren, dass es nicht mehr darum geht, den ihr anvertrauten Schülerinnen und Schülern sichere Wahrheiten zu vermitteln, sondern sie auf eine Welt vorzubereiten, in der fundamentale globale Veränderungen die Lebensgrundlagen der gesamten Menschheit infrage stellen und zu großer Verunsicherung beitragen. Vor diesem Hintergrund sind es nicht ‚sichere Wahrheiten', sondern ‚sichere Unsicherheiten'" (Elsenau u. a. 2023, 23). Es geht in Schule und Bildung dann darum, dass Lehrkräfte und multiprofessionelle Teams Einsicht in die gesellschaftliche Dimension pädagogischer Aufgaben gewinnen, curriculare Netze zwischen Lebens- und Lernwelt spannen, den traditionell eher abgeschlossenen „Kokon" der Schule als alleinigen Lernort öffnen und weiten sowie damit einhergehend die Globalisierung von Lernzielen vorantreiben.

Dazu brauchen Schule und Bildung ein positives Verhältnis zur Welt: „Hoffnung bedeutet also auch, sich von der Zukunft begeistern zu lassen, die längst da ist [...]" (Knapp 2018, 290). Sie benötigen eine resiliente Sprache mit den Heranwachsenden: „Hoffnung? Klingt wolkig. Für die Forschung aber ist sie das ganze Gegenteil: eine treibende Kraft, messbar, mächtig. Und unverzichtbar für alle, die nicht wollen, dass die Welt bleibt, wie sie ist" (Ruschkowski 2024, 28).

Ebenso gilt es als zeitkritisch, politische und gesellschaftliche Positionierung in öffentlich sichtbaren Kooperationsverhältnissen vorzunehmen. Als Beispiel sei hier die Kampagne der Robert Bosch Stiftung, der Heidehof Stiftung in Kooperation mit ARD und der ZEIT Verlagsgruppe „#IchStehAuf Schulen für Demokratie und Vielfalt" vom Frühjahr und Sommer 2024 genannt, die social-media-Verbreitung, einen bundesweiten Aktionstag, Mitmachaktionen, Diskussionen mit Unterstützer*innen, Angeboten für Lehrkräfte und ein Langzeit-Themenportfolio zur Demokratie in der Schule im „Deutschen Schulportal" bietet und eine reflexiv durchgearbeitete Positionsnahme für die demokratische Schule mit anschaulich nutzbaren Erfahrungen und dokumentierten Lernverhältnissen anbieten konnte.

Zur Navigation von Schule in die Zukunft gehört ferner das Sichtbarmachen von Vielfalt im Sinne der Inklusion, die Öffnung der Schule als Forum und Lernumgebung von Demokratie, die Selbstverständlichkeit des Umgangs mit „best practice" und „best failures" als in die Schulentwicklung integriertes Schwungrad professioneller Verantwortung für kommende Generationen.

In „didaktischen Store-Konzepten" kann sich dazu eine Differenzierungsvarianz für Alle im Sinne graduierten selbstständigen Lernens und der Sicherung von Lernerfolgen entfalten, auch weil Peer-Systeme begleitend aktiviert sind. Flexible Bildungsverläufe, check in und check out in Lernaktivitäten und Prüfungsanmeldungen sichern Individualität, die Kollaboration ausdrücklich einschließt. Zur festigenden Demokratieerfahrung gehört dann für die Schüler*innen das Selbstständigkeits- und Veränderungserleben in der Begegnung mit der Welt als Lern-, Entwicklungs- und Gestaltungsraum, denn „Unwirksamkeit nährt Unbehagen mit der Demokratie" (Tödte/Schiegl/Peter 2024, 75).

Die Beiträge im *„Schwerpunkt"* widmen sich gesellschaftlichen, politischen und globalen Veränderungsprozessen und ihren Folgen und Entwicklungsaufforderungen für demokratisch handelnde Akteur*innen in Gesellschaft, Schule und Bildungssystemen aus verschiedenen Perspektiven. Die Möglichkeit zur Partizipation aller Akteur*innen innerhalb der sie betreffenden Lebens- und Lernkontexte erweist sich einmal mehr als gemeinsamer Nenner, Voraussetzung und Gelingensbedingung für einen zukunftsfähigen Umgang mit, nicht selten auch krisenhaft erlebten, gesellschaftlichen Transformationsprozessen.

Welche tiefgreifenden Auswirkungen die beschleunigten gesellschaftlichen Transformationsprozesse auf die Persönlichkeitsentwicklung und die Sozialisation von Kindern und Jugendlichen haben, erörtern *Matthias Grundmann* und *Niklas Haarbusch* in ihrem einführenden Beitrag *„Aufwachsen in Transformationsgesellschaften"*. Die Autoren zeigen auf, dass das Aufwachsen in Transformationsgesellschaften durch die Entwicklung individueller und milieuspezifischer Krisenbewältigungskompetenzen und spezifischer Praxen gesellschaftlicher Teilhabe geprägt ist. Hierbei stellen sie nicht zuletzt die gewachsene Bedeutung heraus, die Demokratiepädagogik mit ihrer Befähigung zur politischen Partizipation und die Ausgestaltung realer Beteiligungsmöglichkeiten im Sozialisationsprozess besitzen.

Rechtspopulismus und -extremismus sind keine gesellschaftlichen Randphänomene mehr. Rechte Akteur*innen versuchen zunehmend Einfluss auf Schule und Bildungssysteme zu gewinnen und stellen eine Bedrohung für Wissenschaftsfreiheit und demokratisch verfasste Bildungsprozesse dar. *Christa Brüning, Christoph Haker, Inga Nüthen* und *Lukas Otterspeer* beleuchten unter dem Titel *„Bedrohte Wissensgesellschaft. Rechtsextremismus im Kontext von Bildung und Wissenschaft“* anhand konkreter Diskursbeispiele zu Antisemitismus, Antifeminismus sowie zu Wissenschafts- und Meinungsfreiheit in ihrem Beitrag bildungs- und wissenschaftsbezogenen Rechtspopulismus und -extremismus an Schulen und Hochschulen und verweisen abschließend auf Strategien, wie insbesondere in pädagogischen Studiengängen mit diesen antidemokratisch gerichteten Einflussnahmen umgegangen werden kann.

Gesellschaftliche Wandlungsprozesse gehen nicht selten mit starken Veränderungserwartungen an das Bildungssystem und seine Akteur*innen einher. Angesichts gesellschaftlicher und bildungspolitischer Transformationen bei gleichzeitiger Stabilität von Narrativen, die den Kontrast zwischen Theorie und Praxis betonen, ist die Frage nach erziehungswissenschaftlicher Reflexion in der Lehrer*innenbildung hochrelevant – und zwar nicht (nur) als von der Disziplin selbst gesetztes Ziel, sondern als performativer Akt der Sinnstiftung innerhalb von Ausbildungsstrukturen, die den Anspruch erheben, demokratisch verfasst zu sein. Das Referendariat als elementarer Abschnitt im Verlauf der beruflichen Ausbildung von Lehrkräften, das sowohl zur Reflexion als auch zur Ausrichtung von Unterricht auf demokratisches Lernen und Handeln befähigen soll, ist Ausgangspunkt für ein von *Thomas Geier, Miriam Mathias, Marion Peitz* und *Christiane Ruberg* skizziertes, rekonstruktives Projekt, das sich im Medium von Unterrichtsnachbesprechungen empirischen Fragen nach Möglichkeiten und Grenzen von Reflexivität sowie demokratischer Partizipation widmet: *„Profession in Transformation? Die Bedeutung von Reflexion und Partizipation für die Lehrer*innenbildung. Theoretische und empirische Perspektiven“.*

Silvia-Iris Beutel und *Christiane Ruberg* diskutieren im Beitrag *„Wissenschaftliche Expertise zu zeitgemäßer Prüfungskultur im Kontext digitaler Bildung“* einer erweiterten Fassung der von der Deutschen Kinder- und Jugendstiftung

(DJKS) herausgegebenen *„Expertise – Zeitgemäße Prüfungskultur im Kontext digitaler Transformation"* demokratisch angelegte, auf Kollaboration und nachhaltiges Lernen ausgerichtete Prüfungsformate. Sie geben einen Überblick über die aktuelle Forschungslage sowie den gesellschaftlichen und bildungspolitischen Diskurs zum Thema.

Gesellschaftliche Krisen und Transformationen wirken sich auf in Armut lebende Menschen häufig besonders stark aus, in Folge haben sie auch systematisch geringere Bildungschancen, mit denen vielfach auch eingeschränkte schulische Partizipationsmöglichkeiten und eine geringere gesellschaftliche Teilhabe einhergehen. *Dominique Klein* diskutiert in ihrem Beitrag *„Why don't our kids derserve that?" – Eine konzeptionelle Annäherung an die kollektive Aushandlung moralischer Bewertungen der Deservingness von Schüler*innen aus marginalisierten Herkunftsmilieus"*, ob die geringere Teilhabe an Gesellschaft möglicherweise auch darin begründet liegt, dass Schule vermittelt, diese würde den Heranwachsenden nicht zustehen. Mit dem Deservingness-Ansatz stellt sie eine Möglichkeit der systematischen Analyse der kollektiven Aushandlung moralischer Bewertung der Deservingness von Schüler*innen vor.

Trotz zunehmender bildungspolitischer und wissenschaftlicher Aufmerksamkeit für Schulen in herausfordernden Lagen, gibt es bislang nur wenige empirische Erkenntnisse dazu, was diese Schulen ausmacht, welche Ressourcen ihnen zur Verfügung stehen und welche Maßnahmen diese Schulen unterstützen können. *Hanna Pfänder* und *Laura Braun* stellen in ihrem Beitrag *„Schulen in herausfordernden Lagen weiterentwickeln: Ergebnisse einer Befragung und Handlungsempfehlungen aus Sicht von Schulleitungen"* ausgewählte Befunde und Praxishinweise einer Befragung vor, die im Rahmen eines impaktlabs der Wübben Stiftung Bildung durchgeführt wurde. Als besonders relevant erachten die hier befragten Schulleitungen vor allem mehr Spielräume in der Umsetzung der Curricula, mehr Zeit zur Stärkung der Basiskompetenzen sowie eine Intensivierung der Elternarbeit, um Bildungs- und Erziehungspartnerschaften zu verbessern.

Im Zuge digitaler Transformation ist es eine zentrale schulische Aufgabe, förderliche Lehr-Lerndesigns zu entwickeln, die die Heranwachsenden auf eine mündige Teilhabe in einer digitalisierten Gesellschaft vorbereiten. Im Beitrag *„Digitalisierung und Professionalisierung in Netzwerken – Konzepte und Befunde leitungsorientierter Schulentwicklungsprogramme in der Metropole Ruhr"* stellen *Silvia-Iris Beutel, Martin Goy, Christiane Ruberg* und *Falko Schumpich* Ergebnisse und Entwicklungsfelder aus der Begleitforschung zweier Fortbildungsprogramme vor, die digitalisierungsbezogene Führungs- und Steuerungskompetenz sowie Agilität und Netzwerkbindung fokussieren.

Wie eine demokratiehaltige Unterrichtsqualität auch in ihren Tiefenstrukturen aussehen kann, zeigen *Norbert Diesing* und *Wolfgang Beutel* in ihrem Beitrag *„Demokratisierung des Lernens. Lösungsansätze für ein Lehr- und Lernsystem im Wandel"*. Anhand einer genauen Darstellung des didaktischen und feindidaktischen unterrichtlichen Settings mit der Perspektive von Planung und Durchführung mit dem Konzept des „kooperativen Lernens" an der Green Gesamtschule in Duisburg, geben sie Antworten auf eine grundsätzliche demokratiepädagogische Frage und zeigen, dass eine solche „Feindidaktik" möglich und - mit Anstrengung und stetiger Reflexion sowie teambezogener Koordination - auch realisierbar ist. Zugleich stellt der Beitrag auch eine praxisnahe Anerkennung der Arbeit dieser sich Entwicklungsaufgaben bestmöglich stellenden Schule dar.

In seinem Beitrag *„Transformative Bildung: Krise, Konzept, Kritik"* untersucht *Leif Mönter* die Bedeutung des transformativen Lernens angesichts sozial-ökologischer Krisen und die Notwendigkeit einer umfassenden Nachhaltigkeitstransformation. Er erläutert die Ursprünge und Weiterentwicklung der transformativen Bildung, betont die Rolle der kritischen Reflexion und die Veränderung von Denk- und Handlungsweisen als zentrale Ziele. Dabei kritisiert der Autor die potenzielle Gefahr einer zu starken Fokussierung auf individuelle Veränderungen, die strukturelle, politische und ökonomische Analysen vernachlässigen könnte, und plädiert für eine ideologiekritische Herangehensweise. Schließlich verweist er auf das Spannungsfeld zwischen der Notwendigkeit zügiger nachhaltiger Lösungen und der Vermeidung von Überwältigung im Bildungskontext.

Wie Bildung so gestaltet werden kann, dass sie sowohl die Selbstbestimmung als auch die Vermittlung bestimmter Werte und Normen fördert, ist auch für *Inken Heldt* eine zentrale Herausforderung. In ihrem Beitrag *„Globale Bildung als transformative Bildung?"* untersucht sie die Rolle der Bildung angesichts der dringenden globalen Herausforderungen und sozial-ökologischer Transformationen. Indem sie argumentiert, dass Bildung nicht auf die Akzeptanz vorgegebener Ziele abheben sollte, sondern auf kritische Analyse und Selbstermächtigung, betont sie die Wichtigkeit eines dialogischen Bildungsansatzes, der Kontroversität und Normativität vereint. Abschließend legt sie dar, dass transformative Bildung insbesondere durch die Förderung der eigenständigen Urteilsfähigkeit und Handlungsfähigkeit der Lernenden realisiert werde.

Eine der größten globalen Herausforderungen, die massive Veränderungserfordernisse für alle Menschen weltweit mit sich bringt, ist der Klimawandel. *Magdalena Buddeberg* und *Julia Lemke* gehen in ihrem Beitrag *„Der gemeinsame Beitrag von Bildung für nachhaltige Entwicklung und Demokratiebildung für eine gesellschaftliche Transformation"* dem Zusammenhang von Bildung für nachhaltige

Entwicklung (BNE) und Demokratiebildung nach und fragen danach, wie gesellschaftlicher Wandel gestaltet werden kann, ohne Schüler*innen in normativ ausgerichteten Bildungskonzepten wie der BNE zu instrumentalisieren. Als Kernelemente und Voraussetzung der Vermittlung von BNE und Demokratiebildung arbeiten sie die Partizipation heraus und verweisen im Anschluss an das Konzept des ökologischen Handabdrucks auf die Bedeutung von Handlungsoptionen und Beteiligungsräumen in Bildungskontexten.

Michael Schratz nimmt die durch multiple Krisen verursachte Verunsicherung zum Anlass, die Bedeutung von Caring Education darzustellen: *„Caring Education: Krisen und Resilienz"*. Zur Caring Education gehört es, den Unterricht nicht nur auf die Schüler*innenleistungen auszurichten, sondern in Verantwortung für jedes Individuum so auszugestalten, dass nachhaltiges Lernen sowie Persönlichkeitsstärkung und -entwicklung, die über die Schule hinauswirken, möglich werden. Als zentrale Elemente einer Caring Education identifiziert Schratz eine Positive Pädagogik, Präsenz und Empathie, Presencing als Prozess des Lernens in der entstehenden Zukunft, lernseitige Orientierung, Shared Leadership und die Orientierung am gesellschaftlichen Wohlergehen.

Die Beiträge im *„Praxisteil"* geben konkrete Beispiele für Konzepte, Voraussetzungen und Gelingensbedingungen, die es Akteur*innen in Bildungssystemen ermöglichen, kreativ gestaltend mit den Erwartungen an Flexibilität und Veränderungsbereitschaft individuell und kooperativ umzugehen. Schulen, die gesellschaftliche Transformationen eigenständig, systematisch und zielgerichtet bearbeiten, werden von *Corinna Gottmann, Anna Gronostaj, Maren Krempin* und *Simon Moses Schleimer* als lernende Schule bezeichnet. In ihrem Beitrag *„Auf dem Weg zur lernenden Schule: Fortbildung zur Schulentwicklung – Ein verdichtetes Fallbeispiel"* zeigen die Autor*innen sehr praxisorientiert, wie individuelle Professionalisierungsprozesse in Fortbildungen mit dem Aufbau von institutionellen Entwicklungskapazitäten verknüpft werden können. Im Zentrum steht dabei das Doppelhelixmodell der Schulentwicklung, das darauf zielt, Change Agents auszubilden, die Verantwortung für verschiedene Maßnahmen der Unterrichts-, Personal- und Schulentwicklung übernehmen und so über individuelle Fortbildung in Entwicklungsprozesse der gesamten Schulgemeinschaft hineinwirken können.

Das Forum Bildung Digitalisierung unterstützt Schulleitungen, Schulträger und Schulaufsichten in der Umsetzung schulischer Digitalisierung als Querschnittsaufgabe und definiert Rahmenbedingungen und Spielräume für die digitale Transformation. *Michaela Weiß,* Leitung des Handlungsfeldes „Rahmenbedingungen" im Forum Bildung Digitalisierung, hebt im Interview mit

Silvia-Iris Beutel die Bedeutung veränderter Formen der Zusammenarbeit sowie einer Kultur des Teilens für eine Kultur der Digitalität hervor: *„Schulleitung, Schulaufsicht, Schulträger: Wie Zusammenarbeit in Digitalisierungsprozessen gelingt"*.

In seinem Beitrag *„Demokratiebildung in der Digitalen Transformation"* zeigt *Dejan Mihajlović*, wie die Digitalisierung neue Möglichkeiten, aber auch Gefahren für politische Teilhabe und demokratische Gesellschaften birgt. Damit die durch die digitale Transformation geschaffenen neuen Formen der Referentialität und Gemeinschaftlichkeit die aktive Partizipation und Selbstwirksamkeit von Schüler*innen fördern können, bedarf es nicht nur eines vertieften Verständnisses der sich wandelnden Welt, sondern auch demokratischer digitaler Räume und Möglichkeiten der Beteiligung. Hierzu skizziert der Autor praxisnahe Ansätze, die zeigen, wie Digitalisierung zur politischen Bildung und zur Demokratisierung von Schule und Gesellschaft beitragen kann.

Nachhaltigkeit, curriculare und räumliche Flexibilität sowie vielfältige Partizipationsmöglichkeiten auf allen Ebenen zeichnen Schulen mit hoher Innovations- und Erneuerungskraft aus. Wie variantenreich schulische Akteur*innen gesellschaftliche Transformationserwartungen in ihren Schulen bearbeiten und mit dem Anliegen demokratischer Schulentwicklung verknüpfen, belegen die Praxiseinsichten von *Cornelia Clara Kurek „Schulportrait – Transformationsprozesse an der Frederiksbjerg Skole in Aarhus"* und von *Christiane Ruberg „Schulportrait – Transformation durch Klimaparlament und Klimarat am Max-Windmüller-Gymnasium in Emden"*.

Im *„Forum"* berichten *Andrea Preußker* und *Silvia-Iris Beutel* von dem bundesweiten *„Aktionstag #IchStehAuf Schulen für Demokratie und Vielfalt"* am 6. Juni 2024 und von den vielfältigen schulischen Beiträgen und der Unterstützung von weit mehr als 100 namhafter Institutionen. Es zeigt sich, dass Kinder und Jugendliche für eine friedfertige Zukunft aktiv werden wollen.

Um die vor dem russischen Angriffskrieg geflüchteten ukrainischen Schüler*innen im Ruhrgebiet schnell und unkompliziert zu unterstützen, fördert die RAG-Stiftung das up! – Ukraine Peer Projekt. Das Konsortium, bestehend aus Mitwirkenden der Ruhruniversität Bochum, der Technischen Universität Dortmund, der Universität Duisburg Essen, der GLS Treuhand Zukunftsstiftung Bildung, stellt als Kooperationsgemeinschaft das Vorhaben vor, in dem Lehramtsstudierende ukrainische Schüler*innen bei individuellen Lernprozessen sowie bedarfsgerecht als Lernbegleiter*innen unterstützen: *„Das up! – Ukraine Peer Projekt – ein gemeinsames Projekt der RAG-Stiftung in Kooperation mit RuhrFutur, Zukunftsstiftung Bildung und Universitätsallianz Ruhr. Das Konsortium des up! – Ukraine Peer Projekts"*.

Ein nachhaltiges Lernumfeld zu schaffen, das Schüler*innen auf die Herausforderungen in Gegenwart und Zukunft vorbereitet, ist das Ziel des vom Bundesministerium für Bildung und Forschung geförderten Verbundprojektes „Bildung – Nachhaltigkeit – Kommune: BNE- Kompetenzzentrum für Prozessbegleitung und Prozessevaluation" (BiNaKom). Am Beispiel der Modellkommune Dortmund skizzieren *Detlef von Elsenau, Sonja Gorski, Anja Jungermann, Hannah Maschong* und *Stefan Skokan* in diesem Band abschließend die Handlungsfelder und ausgewählte Erfahrungen zu den Fokusschulen, bei denen die Partizipation der Akteur*innen im Mittelpunkt steht: *„BNE-Fokusschulen Dortmund. Dortmund als BNE-Modellkommune"*.

Im Zuge sich dynamisch wandelnder Lern- und Arbeitskulturen rückt auch die Frage nach einer zeitgemäßen schulischen Leistungsbeurteilung zunehmend in den Fokus. *Silvia-Iris Beutel, Martin Goy* und *Christiane Ruberg* begründen in ihrem Diskussionsbeitrag „Alternative Leistungsbeurteilung im Prozess der Transformation" die Notwendigkeit von Alternativen zu Ziffernnoten.

Abschließend möchten wir uns als Herausgeber*innen zunächst bei allen beteiligten Autor*innen für ihre vielfältigen und inspirierenden Perspektiven auf das Schwerpunktthema dieses Bandes herzlich bedanken. Ebenso gilt unser Dank dem Verlag Debus-Pädagogik für die Unterstützung und Begleitung im Entstehungsprozess des Buches. Für das sorgfältige Lektorat bedanken wir uns bei den wissenschaftlichen und studentischen Mitarbeiterinnen *Elisa Jeske, Cornelia Kurek* und *Diana Ziebart* vom Institut für Allgemeine Didaktik und Schulpädagogik an der Technischen Universität Dortmund.

Dortmund & Trier im Dezember 2024

Literatur

ELSENAU, Detlef von/Gorski, Sonja/Zumbrink, Kara (2023) (Hg.): Bildung für nachhaltige Entwicklung. Ein Leitfaden für eine wirkungsorientierte Transformation von Schule und Unterricht. Berlin.

KNAPP, Natalie (2018): Der unendliche Augenblick. Warum Zeiten der Unsicherheit so wertvoll sind. Hamburg.

RUSCHKOWSKI, Katharina (2024): Die Wissenschaft der Hoffnung. In: GEO, 1 Issue, 05/2024. Online: https://www.discountmags.com/magazine/geo-may-1-2024-digital/in-this-issue/41142 (Zugriff: 22.7.24).

TÖDTE, Johannes/Schiegl, Nina/Peter, Robert (2024): Transformation mit realen Utopien voranbringen. Online: https://www.journal-pb.de/blog/transformation-mit-realen-utopien-voranbringen (Zugriff: 22.7.2024).

I. Schwerpunkt: Transformationen

MATTHIAS GRUNDMANN, NIKLAS HAARBUSCH

Aufwachsen in Transformationsgesellschaften

1. Einleitung

Die Rede von Transformationsgesellschaften ist angesichts des Umstands, dass Gesellschaften einer permanenten sozialen Evolution unterliegen, etwas irritierend. In zeitdiagnostischer Absicht kann der Begriff natürlich mobilisiert werden, um damit spezifische, auf die Gegenwartsgesellschaften zugeschnittene Problemaufrisse zu markieren. Damit ist erstmal nur gesagt, dass sich Prozesse des Aufwachsens in der Gegenwartsgesellschaft deutlich von jenen in anderen Gesellschaftsformaten unterscheiden, weil sich die Lebensverhältnisse schnell verändern und sich damit unbestimmte – mithin verunsichernde – Zukunftsszenarien verbinden. Gleichzeitig hat der Transformationsbegriff in jüngster Zeit Hochkonjunktur: digitale Transformation, sozial-ökologische Transformation, transformative Forschung – die Liste lässt sich beinahe beliebig fortsetzen. Gemeinsamer Nenner dieser Transformationssemantiken ist dabei, dass die Gegenwartsgesellschaft als krisenhaft und systematisch schlecht aufgestellt beschrieben wird, um zum Beispiel auf die Herausforderung durch digitale Technologien oder den anthropogenen Klimawandel zu reagieren. Postmoderne Gesellschaften werden in diesem Sinne als nicht-nachhaltig (Blühdorn et al. 2020) und (strukturfunktionalistisch ausgepinselt) vor Selbsterhaltungsfragen (Staab 2022) stehend ausgedeutet. Dieser Umbruch spiegelt sich am erhöhten Umschlag soziologischer Zeitdiagnosen (z. B. Rosa 2005, Lessenich 2016, Reckwitz 2017), denen wir hier keine neue hinzufügen möchten. Für die Sozialisationsforschung stellt sich die Frage, was das Aufwachsen unter als Transformationsgesellschaft gerahmten Bedingungen gegenüber bisherigen – mitunter auch krisenhaften – Bedingungen des Aufwachsens auszeichnet. Insbesondere dem Zugriff auf Zukunft, beispielsweise die Klimazukunft, die auch immer schon in die Klima- und Emissionsgegenwart eingelassen ist (Adam 2024), kommt hierbei eine zentrale Rolle zu. In unserem Beitrag stellen wir diese Herausforderungen an das Aufwachsen ins Zentrum unserer Überlegungen. Dabei gehen wir davon aus, dass sich die Entwicklungsprozesse des Aufwachsens in Kindheit und Jugend nicht wesentlich anders darstellen, als sie in der gängigen Kindheit- und Jugendforschung hinreichend differenziert als eine Dauerkrisenerfahrung und als sich stets neu konturierende Zeitdiagnose ihrer gesellschaftlichen – mithin auch subkulturellen – Bedingungsgefüge beschrieben wurden (Grundmann 2020), weshalb wir uns zunächst der ontogenetischen Krisenhaftigkeit von Sozialisationsprozessen zuwenden (2.). Da das Krisengefüge sowohl gesellschaftlich als auch mikrosozial aufgerufen werden kann, greifen wir bei unseren Überlegungen auf ein sozialisationstheoretisches Modell zurück, das das Aufwachsen aus der Perspektive sozialer Beziehungsgestaltung in sozial ökologischen Umwelten herleitet (Grundmann 2015; 2021). Anschließend wenden wir uns den zeitspezifischen Krisendiagnosen des Aufwachsens zu, wie sie vor allem vor dem Hintergrund von Corona-Pandemie, Digitalisierung und Klimakrise problematisiert werden (3.). Systemische Antinomien schlagen hier auf jugendliche Zukunftsbilder durch, deren Effekte zuvor deutlich vermittelter auftraten, und vermischen sich mit einem tagespolitischen Dauerkrisenbewusstsein. Gerade am Beispiel der Klimakrise zeigt sich nämlich, dass die Frage nach dem Aufwachsen in Transformationsgesellschaften keineswegs als ein Problem der individuellen Lebensführung in einer sich rapide wandelnden Gesellschaft verhandelt werden kann. Vielmehr spielen hierbei vorgängige, kulturelle, mithin milieuspezifische Sozialisations- und Bildungserfahrungen eine Rolle, die für die Bewältigung von Krisenerfahrungen bedeutsam sind. Im Anschluss daran zeigen wir auf, dass mit der Varianz von Krisenerfahrungen und Diskursen zur Transformation von Gesellschaft höchst facettenreiche Deutungsmuster verbunden sein können. Die Herausbildung differenzierter Krisenbewältigungskompetenzen und -praxen bildet damit den Abschluss unserer Überlegungen zum Aufwachsen in Transformationsgesellschaften (4.).

2. Krisenhafte Sozialisation – Sozialisation in Krisen

Aus sozialisationstheoretischer Perspektive zeichnen sich Prozesse des Aufwachsens – unabhängig von den sie umfassenden Lebensverhältnissen – generell als ein krisenhaftes Geschehen aus. Allerdings sind die dabei ins Relief tretenden Krisenerfahrungen vor allem ontogenetisch begründet: Es handelt sich vor allem um Entwicklungskrisen im Zuge der Persönlichkeitsgenese, die sich aus generativen Prozessen des Zusammenlebens selbst speisen (Grundmann 2015, 165; Tomasello 2019). Aus ontogenetischer Perspektive erwächst das personale Selbst aus den differenzierenden Beziehungserfahrungen, in die es eingebunden ist. In der Regel führen diese Prozesse zur Ausbildung sozialer und personaler Identität, mithin zu einer selbstverständlichen Übernahme jener Handlungsorientierungen und -optionen, die in den lebensweltlichen Bedingungen angelegt sind, in die es eingebunden ist (detailliert Grundmann 2006). Dies entspricht der klassischen Vorstellung von Sozialisation als Einrückung in eine bestehende Ordnung. Wenn diese Selbstverständlichkeiten jedoch brüchig werden, dann kommt es zu Erfahrungswidersprüchen und damit zu Irritationen in der Lebensführung der Heranwachsenden. Damit ist auch ein soziologisch gehaltvoller Krisenbegriff umrissen, mit dem gravierende Abweichungen von der Normalität in den Lebensverhältnissen bezeichnet sind, die eine größere Zahl von Gesellschaftsmitgliedern betreffen (Kiess et al 2023, 9).

Die damit korrespondierenden Problemlagen individueller Lebensführung und Lebensverlaufsgestaltung wurden bereits zum Ende des 20. Jahrhunderts systematisch entlang von politischen und ökonomischen Krisenerfahrungen verhandelt. Dazu konnte Elder eindrucksvolle Untersuchungen vorlegen (Elder/Caspi 1990; Elder 2000). In mehreren Studien über Persönlichkeitsentwicklung in einer sich wandelnden Gesellschaft untersuchte er, wie sich Krisenerfahrungen (Massenarbeitslosigkeit, Krieg) auf den sozialen Zusammenhalt von Familien, auf das Sozialisationsklima und die Persönlichkeitsentwicklung der Betroffenen auswirken. Ausgangspunkt seiner Analysen war die Frage, wie Kinder und Erwachsene unterschiedlichen Alters und in unterschiedlichen Lebensverhältnissen mit sozialen Krisen und die damit korrespondierenden Deprivations- und Trennungserfahrungen umgehen. Dabei interessierte ihn auch, wie sich die Krisenerfahrungen bzw. die damit einhergehenden Erschütterungen des Familienlebens auf die Lebensführung der Betroffenen auswirkten, wie diese mit den veränderten Handlungsanforderungen umgehen, ihre Lebensverhältnisse neu ausrichten und ihr persönliches Selbstverständnis neu austarieren konnten. Dabei zeigten sich z. T. höchst unterschiedliche Möglichkeiten der Krisenbewältigung. Neben milieuspezifischen Kriterien und sozialer, ökonomischer und kultureller Kapitalausstattung spielten vor allem soziale Unterstützungen durch Peers und persönliche Wirksamkeitserfahrungen eine zentrale Rolle bei der Krisenbewältigung. So analysierte Elder z. B., wie sich durch Deprivationserfahrungen (eintretende Armut) die Familienbeziehungen (Rollenverhalten, Aufgabenverteilung in der Alltagsorganisation) veränderten, dass Spannungen im Sozialisationsfeld Familie durch die veränderten ökonomischen Verhältnisse auftraten (z. B. Rollenkonflikte zwischen den Eltern, Zunahme elterlicher Gewalt gegen Kinder, Kontrollverluste) und dass sich all das in den Lebensverläufen der Kinder und Jugendlichen niederschlug (z. B. auf deren Familienbildungs- und Berufslaufbahn, auf Rollenvorstellungen sowie ihre Verwirklichungschancen). Dabei zeigte sich u. a. auch, dass kollektiv erlebte Krisen leichter zu bewältigen waren als individuelle Krisenerfahrungen. Offensichtlich konnten geteilte Krisenerfahrungen besser verarbeitet werden, weil das individuelle Krisenerleben als Teil eines kollektiven Schicksals gerahmt werden konnte (Grundmann 1996). Zudem spielte der soziale Rückhalt (Einbindung in Familie, Peers, Vereine) bei der Krisenbewältigung eine besondere Rolle. Durch sie konnten individuelle Belastungen deutlich abgemildert werden.

In den letzten Dekaden konnten diese Befunde zur Bewältigung kritischer Lebensereignisse weiter ausdifferenziert werden, wobei zum einen sozialwissenschaftliche und sozial- und entwicklungspsychologische Ansätze der Persönlichkeitsentwicklung Heranwachsender ins Gespräch gebracht wurden. Im Zuge dessen wurden in zahlreichen Veröffentlichungen die Bedingungen des Aufwachsens in Kindheit und Jugend in modernen und postmodernen Gesellschaften und deren krisenhafte Veränderungen herausgearbeitet (Krüger/Grunert 2022): In den Blick geraten dabei die Gestaltungs- und Transformationspotenziale, die Sozialisationsprozessen eigen sind und die insbesondere Heranwachsende in die Lage versetzen, sich zu krisenhaften Zeitdiagnosen zu positionieren bzw. die gesellschaftspolitischen Verhältnisse aktiv (z. B. durch politischen Protest) mitzugestalten (Grundmann 2020). Das Aufwachsen in Transformationsgesellschaften ist somit durch die Entwicklung individueller und milieuspezifischer Krisenbewältigungskompetenzen und Praxen der gesellschaftlichen Teilhabe gekennzeichnet.

3. Aufwachsen in der Krisendiagnosen-Gesellschaft

Mit dem Begriff der Transformation sind vor allem zeitdiagnostische Befunde über veränderte gesellschaftliche Verhältnisse (seien sie politischer, ökonomischer oder ökologischer Art) verbunden. So werden die Übergänge von der Agrar- zur Industriegesellschaft mit Veränderung gesellschaftlicher Lebens- und Erwerbsverhältnisse verbunden, die mit krisenhaften Lebensverhältnissen und politisch-ideologischen Radikalisierungen korrespondieren. Solche Zeitdiagnosen finden ihren Niederschlag dann auch realpolitisch in politisch-ökonomischen Systemwechseln und den damit verbundenen konkreten Belastungen ganzer Bevölkerungen, wie sie z. B. durch den Mauerfall (Mau 2022) anschaulich zutage treten. Oder es sind radikal veränderte ökonomische oder kommunikative Praktiken, die eine veränderte Kultur der Bezugnahme und der sozialen Verortung zufolge haben, die als empirischer Beleg solcher Transformationen angeführt werden. Transformationen werden in der Soziologie vor allem als gesamtgesellschaftliche

Krisen gedeutet, durch die die politisch-kulturelle Legitimität bzw. ökonomischen Lebensgrundlagen größerer Bevölkerungsgruppen in Frage gestellt werden (Kiess et al 2023). Daher ist es nicht überraschend, dass der Begriff der Transformationsgesellschaft gerade im Zuge globaler politisch-ökonomischer Umbrüche wie der Durchsetzung eines digitalisierten Plattformkapitalismus (Staab 2019, Fuchs 2021), dem anthropogenen Klimawandel (IPCC 2023) oder der Corona-Pandemie (Görgen et al. 2020, Staab 2022) an Aufmerksamkeit gewinnt. Das, was für viele Generationen noch selbstverständlich war, gilt nur noch bedingt. Allzu schnell haben sich Kommunikations- und Vernetzungslogiken gewandelt, sodass bisher selbstverständliche soziale Beziehungen und soziokulturelle Praktiken, die das Zusammenleben prägten, nunmehr brüchig werden. Selbst das, was nachwachsende Generationen von den Älteren lernen konnten, wird nunmehr kaum noch Gültigkeit haben, da es vor allem die Jüngeren sind, die die Älteren im Umgang mit den neuen Technologien, ökologisch nachhaltigen Lebensstilen und sozial achtsamen Umgangsweisen zu belehren haben (Lüscher 2015; Hurrelmann und Albrecht 2020). Damit sind die zentralen Zäsuren umschrieben, die mit dem Begriff der Transformationsgesellschaft verbunden sind und die die hier aufgeworfenen Fragen nach ihren Implikationen für das Aufwachsen markieren. Zugleich wird damit auch deutlich, dass bisherige Überlegungen zum Aufwachsen, die noch stark an kulturspezifische Vorstellungen von generativer Verbundenheit gebunden waren, für eine angemessene Analyse der Bedingungen des Aufwachsens in den Weltgesellschaften kaum noch ausreichen.

Besonders anschaulich wird das zum einen im Zuge digitaler Gesellschaftstransformationen und mit Bezug auf das Programm einer nachhaltigen Gesellschaftsgestaltung im Zuge der Klimakrise. Hier wird vor allem anschaulich, wie sich in und durch soziale Medien neue Formen der Vernetzung und Vergemeinschaftung bilden, die Heranwachsende in die Lage versetzen, sich hoch differenziert auf Krisenszenarien zu beziehen. Aber es sind nicht nur globale Krisen, die das Aufwachsen in Transformationsgesellschaften kennzeichnen. Die „digitale Revolution" hat die Bedingungen des Aufwachsens grundsätzlich in hohem Maße transformiert (Grundmann/Schindler 2022, 108). Das lässt sich exemplarisch auch an Studien über die Auswirkungen der Coronakrise auf Kindheit und Jugend dokumentieren (Gravelmann 2022). Denn gerade die durch die Pandemie erzeugten neuen Wege der digitalen Vernetzung und Kommunikation stellten sich als mögliche Instrumente der Krisenbewältigung heraus, zeigten aber auch neuartige Formen der sozialen Ausgrenzung, der Vereinzelung und der politischen Radikalisierung auf (Simon/Schildknecht/Sehmer 2023). Die immer frühere Interaktion über digitale Medien verändert dabei die basale Rolle von geteilter Aufmerksamkeit in Sozialisationsprozessen (zu geteilter Aufmerksamkeit Tomasello 2019). Digitalisierung ermöglicht, wie in der Corona-Pandemie, und überformt so zunehmend Sozialisationspraxis. Nicht-digital präformatierte Interaktionsformate verlieren dadurch an Gewicht gegenüber algorithmisch optimierter Aufmerksamkeitslenkung.

Es sieht ganz danach aus, dass die Reaktionsbildung auf gesellschaftliche Krisen gesellschaftsinterne Differenzierungsprozesse fortschreiben und verstärken. Die besondere Vulnerabilität marginalisierter und unzureichend mit Ressourcen ausgestatteter Gruppen, die das IPCC in globalem Maßstab für Klimazukünfte ausmacht (IPCC 2022), gelten auch für die Kapazitäten zur Findung eines Umgangs mit den sich abzeichnenden Klimazukünften bei Heranwachsenden wieder. Hurrelmann und Albrecht (2020) wählen für ihr Buch über die „Gen Z" den deutschen Titel „Generation Greta", weisen aber zugleich darauf hin, dass nur ein Teil der Generation sich für Klimawandel interessiert und als politisiert beschrieben werden kann. Die Klimabewegung speise sich allerdings vor allem aus dem Bildungsbürgertum und ein erheblicher Teil der Jugend sei gar nicht an Politik interessiert oder sympathisiere mit dem Rechtspopulismus. Insbesondere der gesellschaftliche Ausblick der Jugend auf die Zukunft verdüstere sich (bei Optimismus, was die persönliche Zukunft betrifft). Diese Diagnose zunehmenden Zukunftspessimismus hat sich in späteren Studien bestätigt (z. B. Gravelmann 2022). Staab diagnostiziert auf Basis der Daten der Shell Jugendstudie 2019 (auf die auch Hurrelmann und Albrecht 2020 sich stützen) gar eine Entpolitisierung der Jugend, die sich nun vor allem auf das Experimentieren im Privaten fokussierten, während sie gesellschaftliche Gestaltungsspielräume schwinden sehe. Politik werde angesichts globaler Pandemie und Klimawandel nur noch zur Selbsterhaltung und Rettung dieser privaten Experimentierräume betrieben (Staab 2022). Wir werden sehen, dass das zu kurz gegriffen ist.

4. Sozialisationsprozess und Krisenbewältigungskompetenzen – Zwischen sozialer Nachhaltigkeit und desperater Vergemeinschaftung

Die in den angesprochenen Lebensverlaufs- und Jugendstudien ins Bewusstsein tretenden krisenhaften Bedingungen des Aufwachsens entwickeln sich mit Blick auf die gegenwärtigen Transformationsgesellschaften zu einem gesellschaftspolitischen Problem, da sie nämlich – wenn sie als Massenphänomen wirksam werden – grundsätzliche (d. h. bisher modellhaft wirkende) Reproduktions- und

Gestaltungsdynamiken des sozialen Zusammenlebens verändern (Groenemeyer/Hoffmann 2014). Das betrifft nicht nur den Wandel familialer Lebensformen und die differenziellen Formen familialer Lebensführungen, wie sie z. B. durch Individualisierungsprozesse und damit einhergehende Veränderungen familialer Lebensformen (Trennungen, Patchwork-Familien, Multilokalität von Familienbeziehungen, Migrationsprozessen und veränderten Geschlechterrollen) hervorgebracht werden. Es betrifft auch die intergenerationalen Transmissionsprozesse und die sich pluralisierenden Handlungsorientierungen Heranwachsender, die sich in der Phase gesellschaftspolitischer Verortung und Identitätsbildung befinden und sich in der Vielfalt der Möglichkeiten ihrer Lebensführung verlieren. Sie sind es insbesondere, die das Aufwachsen – gerade auch in der Jugendphase zu einem gesellschaftlichen Problem werden lassen (Heinen/Wiezorek/Willems 2020, 7 f.). Es laufen hier ontogenetische und überpersönliche Krisenerfahrung zusammen, die zu spezifischem Konsumverhalten, juvenilen Vergesellschaftungsformen und politisch-kulturellen Identitätsangeboten führen. Mit Blick auf die Zukunftsgestaltung differenzieren sich politische Orientierungen aus, mitunter Radikalisierungen (Haker/Otterspeer/Rödel 2023). Das lässt sich anschaulich an politischen Sozialisationsprozessen illustrieren, die sich im Zuge der Corona- und Klimakrise entfaltet haben (z. B. Gravelmann 2022). In ihnen wird eine neuartige generationale Verhältnisbestimmung von Heranwachsenden sichtbar, die sich medial in politische Diskurse einschreibt und – mit Blick auf die Klimakrise – eine radikale Transformation gesellschaftlicher Verhältnisse hin zu einer nachhaltigen Weltgesellschaft einfordert. Kritik kann dabei die Form einer postmaterialistischen Verbindung aus Bildungsorientierung, Kosmopolitismus und radikalen, sozial-ökologischen Forderungen geben (z. B. Haarbusch 2023). Diese stellt den Nährboden auch für die Entstehung beispielsweise der Klimabewegung dar, die sich sehr wohl auch als über bestehende Positionierungsangebote hinausgehende Modi politischen Engagements in die Weltgesellschaften einschreiben können. Kritik kann sich aber auch in der Überhöhung der eigenen Lebensführung über Formen desperater Vergemeinschaftung und in Abgrenzung von identitätspolitischen Gegnern äußern, wobei institutionelle Politik nicht als Möglichkeitsraum, sondern als Objekt der Abgrenzung begriffen und genau auf diese Weise politisiert wird (vgl. z. B. Nohl 2022, 236).

Politische Sozialisation ist somit immer auch transformative Vergesellschaftung, wenn sie als spezifische Ausrichtungen gesellschaftspolitischer Beziehungspraxen beschrieben wird (Nohl 2022). Politische Positionierungen und Identifikationsprozesse differenzieren sich dabei entlang milieuspezifischer Formen der Vergemeinschaftung aus. Auf der Ebene der basalen Bezugsebene von

Individuen spielen konkrete Aushandlungsprozesse, mithin Anerkennungs- und Gerechtigkeitserfahrungen eine Rolle. Diese werden durch die milieuspezifischen Wirksamkeits- und Beziehungserfahrungen moduliert, die dem Ganzen eine sinnhafte Ausrichtung verleihen. Schließlich werden sie durch die Übertragung dieser Erfahrungen auf das gesamte soziale Beziehungsumfeld weltanschaulich aufgeladen und mit entsprechenden Wirksamkeitsimaginationen verbunden, die sich dann in zugeschriebenen politischen Aushandlungspraxen und – mitunter auch radikal polarisierenden – Positionierungen niederschlagen. Mit Bezug auf die unterschiedlichen hier angedeuteten Krisenszenarien lassen sich empirisch entsprechend multiple (z. B. deliberative, zivilgesellschaftliche, konsumistische oder polarisierende) Handlungsorientierungen vermuten.

Entscheidend für die Deutung kollektiver Krisenerfahrungen scheint zu sein, ob und auf welche Art und Weise sie mit politischem Engagement korrespondieren, also dem Wunsch, sich mit Gleichgesinnten über politische Symbole zu vergemeinschaften. Ausgerichtet an gesellschaftlichen Bildungsidealen transformiert ein Teil der Gen Z Krisenphänomene selbst in Bildungsereignisse und vergemeinschaftet sich über positiv besetzte Symbole der Transformation, woraus Bewegungen wie Fridays for Future entstehen. Auf der anderen Seite können auch der Widerstand gegen Transformations-Affordanzen sowie die Distinktion von spezifischen Milieus oder allgemein gefassten, mitunter rassifizierend beschriebenen Outgroups ebenso als Moment politischer Gemeinschaftsbildung dienen. Diese Formen der Vergemeinschaftung substituieren das hegemoniale Bildungsverständnis durch alternative Formen politischer Partizipation. Ein dritter Fokus wäre in depolitisierter Form gegeben, indem die Vergemeinschaftung im sozialen Nahfeld mit einem generellen Misstrauen gegenüber Krisenreaktionsweisen verknüpft wird (quantitativ ist nach Hurrelmann und Albrecht 2020 jeder dieser Gruppen etwa ein Drittel der untersuchten zuzuordnen). Parallel zu diesen Modi der Sozialisation entwickeln sich differente Formen der affektiven und evaluativen Bezugnahme. Depolitisierung bzw. Politisierung werden unterschiedlich gerahmt. Hinzu kommen Wirksamkeitsimaginationen, die sich u. a. durch soziale Vernetzungen und lebenspraktische Beziehungserfahrungen ergeben. All das dürfte die Zutaten eines dem Zeitgeist angemessenen Krisenbewusstseins und der damit verbundenen Befähigungen sein, sich ins gesellschaftspolitische Spektakel einzubringen bzw. einzuschreiben. Ein wesentliches Forschungsdesiderat besteht daher in der Frage, was die politische Agency Heranwachsender in unterschiedlichen politischen Milieus auszeichnet.

In der Demokratiepädagogik (Edelstein 2009) und mit Bezug auf politische Bildungsprozesse werden vor allem Anerkennungspraxen und Gerechtigkeitsdiskurse genannt, die für die politische Orientierung und die Ausbildung einer politischen Agency von Individuen und politischen Gruppierungen bedeutsam sind. Das ist an die angedeuteten Prozesse politischer Sozialisation anschlussfähig, in denen sich Aushandlungserfahrungen mit Bezug auf entsprechende soziale Netzwerke auf spezifische politische Orientierungsmuster ausrichten (Haarbusch 2023). Die dabei sich entwickelnden politischen Vergemeinschaftungen sind durch eine Übertragung der persönlichen Erfahrungen und Einschätzungen auf bezugsgruppen- und milieuspezifische Agency gekennzeichnet. Sie ist, als erfahrungsweltlich begründete Befähigung charakterisiert, ein Leben nach eigenen Vorstellungen zu gestalten, die sich an den vorhandenen Lebensverhältnissen und Bezugsgruppen ausrichtet (Grundmann 2022, 264 ff.). Zentral ist für die politische Sozialisation nicht nur, wie Subjekte befähigt werden, sich zu beteiligen, sondern auch, welche Möglichkeiten für sie zur Verfügung stehen, mitzumachen, wer also auf welche Art und Weise klassifikatorisch mitgezählt wird (vgl. Leinius/Vey/Hagemann 2018). Damit sind Fragen der Handlungsmächtigkeit (sowohl der beteiligten Subjekte als auch des sich so konstituierenden Kollektivs) ebenso angesprochen wie auch die Kämpfe um Anerkennung und Durchsetzungskraft in der gesellschaftlichen Machthierarchie (Butler 2016). Erst darüber wird es möglich, dass politische Praktiken auch zu kollektiven, politischen Akten werden (Flügel-Martinsen/Martinsen 2020). Sie zu kartieren, ist eine höchst dringliche Forschungsaufgabe, auch um bisherige Vorstellungen von politischem Engagement durch neue Impulse anzureichern.

Literatur

ADAM, Barbara (2024): Tempering the not-yet: Towards a social theory for the Anthropocene. European Journal of Social Theory. 10.1177/13684310231221251.

BLÜHDORN, Ingolfur u. a. (2020): Nachhaltige Nicht-Nachhaltigkeit: warum die ökologische Transformation der Gesellschaft nicht stattfindet. 2., aktualisierte Auflage. Bielefeld.

BUTLER, Judith (2016): Anmerkungen zu einer performativen Theorie der Versammlung. Frankfurt/M.

EDELSTEIN, Wolfgang (2009): Demokratie als Praxis – Demokratie als Wert. In: Edelstein, Wolfgang/ Frank, Susanne/Sliwka, Anne (2009): Praxisbuch Demokratiepädagogik. Weinheim, S. 7–19.

FLÜGEL-MARTINSEN, Oliver/Martinsen, Franziska (2018): Politische Subjektivation zwischen Subjektkonstitution und Handlungsfähigkeit. In: Alkemeyer, Thomas/Bröckling, Ulrich/Peter, Tobias (Hg.): Jenseits der Person. Zur Subjektivierung von Kollektiven. Bielefeld, S. 75–94.

FUCHS, Christian (2021): Soziale Medien und kritische Theorie: Eine Einführung. 2., vollständig überarbeitete Auflage. München.

GÖRGEN, Benjamin/Wendt, Björn (2018): Die Sozialökologie zivilgesellschaftlicher Initiativen. Ein sozialisationstheoretisch fundierter Zugang zur „Gesellschaft von unten". In: Grundmann, Matthias (Hg.): Gesellschaft von unten!? Studien zur Formierung zivilgesellschaftlicher Initiativen. Weinheim. S. 69–83.

GRAVELMANN, Reinhold (2022): Jugend in der Krise. Die Pandemie und ihre Auswirkungen. Weinheim.

GROENEMEYER, A./Hoffmann, D. (2014): Jugend als soziales Problem – soziale Probleme der Jugend? Diagnosen, Diskurse und Herausforderungen: Weinheim.

GRUNDMANN, Matthias (1996): Historical Context of Father Absence: Some Consequences fort the Family Formation of German Men. In: International Journal of Behavioral Development, 19, 2, S. 415–431.

GRUNDMANN, Matthias (2006): Sozialisation. Skizze einer allgemeinen Theorie. Konstanz.

GRUNDMANN, Matthias (2015): Das Modell von Sozialisation als Beziehungspraxis. In: Hurrelmann, Klaus u. a. (Hg.): Handbuch Sozialisationsforschung. 8. Auflage. Weinheim, S. 162–179.

GRUNDMANN, Matthias (2017): Agency und Sozialisation. In: Löwenstein, Heiko/Emirbayer, Mustafa (Hg.): Netzwerke, Kultur und Agency. Problemlösungen in relationaler Methodologie und Sozialtheorie. Weinheim, S. 251–269.

GRUNDMANN, Matthias (2020): Doing Youth; Eine Bestimmung von Jugend als sozialisatorische Praxis. In: Heinen, Aandreas u. a. (Hg.): Entgrenzung der Jugend und Verjugendlichung der Gesellschaft. Weinheim, S. 14–27.

GRUNDMANN, Matthias, Schindler, Roland (2022): Sozialisation in Kindheit und Jugend: In: Krüger, Heinz-Hermann u. a. (Hg.): Handbuch Kindheits- und Jugendforschung, 3. Auflage 2022, S. 89–114.

HAARBUSCH, Niklas (2023): Klima, Gerechtigkeit – Politische Sozialisationsprozesse in der deutschen Klimabewegung. In: Zeitschrift für Soziologie der Erziehung und Sozialisation 43, S. 260–276.

HAARMANN, Moritz Peter/Kenner, Steve/Lange, Dirk (2020): Demokratie, Demokratisierung und das Demokratische. Aufgaben und Zugänge der Politischen Bildung, Wiesbaden.

HAEGEL, Florence (2021): Political Socialization: Out of Purgatory? In: European Journal of Sociology 61, H. 3, S. 333–364.

HARMSEN, Tjorven/Ibert, Oliver (2023): Alles Krise, oder was? Ein Beitrag zur Begriffsschärfung und Erfassung heutiger Krisen. In: Kiess, Johannes u. a. (Hg.): Krise und Soziologie. Weinheim, S. 22–40.

HEITMEYER, Wilhelm (1992): Rechtsextremistische Orientierungen bei Jugendlichen. Empirische Ergebnisse und Erklärungsmuster einer Untersuchung zur politischen Sozialisation. Weinheim.

HILLEBRAND, Katrin u. a. (2015): Politisches Engagement und Selbstverständnis linksaffiner Jugendlicher, Wiesbaden.

HURRELMANN, Klaus/Albrecht, Erik (2020): Generation Greta: was sie denkt, wie sie fühlt und warum das Klima erst der Anfang ist. Basel.

IPCC (2023): Climate Change 2023: Synthesis Report. Contribution of Working Groups I, II and III to the Sixth Assessment Report of the Intergovernmental Panel on Climate Change. Genf: IPCC. 10.59327/IPCC/AR6-9789291691647

KÜHNEL, Wolfgang/Willems, Helmut (2017): Politisches Engagement im Jugendalter: zwischen Beteiligung, Protest und Gewalt. Weinheim.

KRÜGER, Heinz-Hermann, Grunert, Cathleen (2022): Historische Entwicklung und zukünftige Herausforderungen der Kindheits- und Jugendforschung. In: Krüger, Heinz-Hermann u. a. (Hg.): Handbuch Kindheits- und Jugendforschung, 3. Auflage 2022, S. 7–52.

MAU, Steffen (2022): Lütten-Klein. Leben in der ostdeutschen Transformationsgesellschaft. Berlin.

OTTERSPEER, Lukas u. a. (2023): Editorial: Bildungsbezogener Rechtspopulismus/-extremismus: Themenheft der Zeitschrift für Soziologie der Erziehung und Sozialisation, 43/4, S. 351–355.

ROSA, Hartmut (2005): Beschleunigung. Die Veränderung der Zeitstrukturen in der Moderne. Frankfurt/M.

RECKWITZ, Andreas (2017): Die Gesellschaft der Singularitäten. Zum Strukturwandel der Moderne. Berlin.

SIMON, Stephanie/Schildknecht, Lukas/Sehmer, Julian (2023): Vereinnahmungen von Kindern und Kindheiten. Kind-Bilder in rechtspopulistischen und/oder wissenschaftsfeindlichen Narrativen im Kontext der Covid-19-Pandemie: In: Themenheft der Zeitschrift für Soziologie der Erziehung und Sozialisation, 43/4, S. 356–372.

STAAB, Philipp (2022): Anpassung. Leitmotiv der nächsten Gesellschaft. Berlin.

TOMASELLO, Michael (2019): Becoming Human. A Theory of Ontogeny. Cambridge.

TULLY, Claus (2006): Aufwachsen in mobilen und kommunikativen Welten – absehbare Muster sozialer Ausdifferenzierung und Risiken der Ausgrenzung. In: Rehberg, K.-S. (Hg.). Deutsche Gesellschaft für Soziologie. Soziale Ungleichheit, kulturelle Unterschiede: Verhandlungen des 32. Kongresses der Deutschen Gesellschaft für Soziologie. Frankfurt/M., S. 4147–4160.

CHRISTINA BRÜNING, CHRISTOPH HAKER,
INGA NÜTHEN, LUKAS OTTERSPEER

Bedrohte Wissensgesellschaft

Rechtsextremismus im Kontext von Bildung und Wissenschaft

1. Bedrohungsszenarien für die Wissensgesellschaft

Wissensgesellschaft ist eine verbreitete Beschreibung der gegenwärtigen Gesellschaft. Der Begriff meint, dass Wissen „insgesamt zum Organisationsprinzip und zur Problemquelle der modernen Gesellschaft wird" (Stehr 2001, 10). Wissen ist damit eine wesentliche Grundlage gesellschaftlicher Veränderung, insofern es sich um „*neues* Wissen" (Willke 2001, 380; Herv. i. Orig.) handelt. Dazu zählen auch kritisch-demokratische Einsprüche. In dieser Gesellschaft positionieren sich Rechtspopulismus und Rechtsextremismus in widersprüchlicher Dissonanz: Der *populistische Essentialismus* (Bröckling 2019) hält an alten Gewissheiten fest und naturalisiert Ungleichwertigkeiten, während der *populistische Konstruktivismus* (Bröckling 2019) nicht an Evidenz und Wahrheit interessiert ist und der *epistemische Fundamentalismus* (Haker/Otterspeer 2021b) jede grundlegende Revision des eigenen Wissens ausschließt. Kern dieser widersprüchlichen Elemente ist ein antidemokratisches Wissenschaftsverständnis, das Wandel und Offenheit innerhalb der Wissensproduktion ablehnt.

Zur Bedrohung für die Wissensgesellschaft werden Rechtspopulismus und -extremismus, wenn sie in vielen Teilbereichen der Gesellschaft Wirkung entfalten und damit keine Phänomene am sogenannten Rand der Gesellschaft sind. Weil Bildung und Wissenschaft in der Wissensgesellschaft besondere Bedeutungen zukommen, ist es kaum verwunderlich, dass es zum selbsterklärten Ziel rechtspopulistischer und -extremer Akteur*innen zählt, hier hineinzuwirken. (Extrem) rechte Akteur*innen wollen im Wissenschafts- und Bildungsbereich Fuß fassen und diese langfristig prägen, um so gesamtgesellschaftliche Relevanz zu entfalten. Sie greifen gleichzeitig Wissenschaftler*innen und Pädagog*innen, Institutionen und Disziplinen an, um sie zu verunsichern und zu delegitimieren. Darüber hinaus schaffen sie antidemokratische Diskurse und Orte der Wissensproduktion und Erziehungsarbeit.

Wenn wir von Rechtsextremismus sprechen, verstehen wir darunter die „Gesamtheit von Einstellungen, Verhaltensweisen und Aktionen“ (Jaschke 2001, 30), die eine Vielfalt von „Abwertungen von ‚Anderssein‘ sowie eine Betonung von Homogenität“ (Heitmeyer u. a. 2020, 20) beinhalten, mit denen ein hohes Maß an „Gewaltakzeptanz“ (Heitmeyer u. a. 2020, 20) einhergeht und die antidemokratisch sind. Die rechtsextreme *„Ideologie der Ungleichwertigkeit“* (Heitmeyer u. a. 2020, 20; Herv. i. Orig.) hat viele Facetten. Die sogenannte Konsensdefinition zu rechtsextremen Einstellungen benennt *Befürwortung einer rechtsgerichteten Diktatur*, *Chauvinismus*, *Antisemitismus*, *Fremdenfeindlichkeit*, *Sozialdarwinismus* und die *Verharmlosung des Nationalsozialismus* (Decker/Brähler 2006). Wir ergänzen diese Facetten in diesem Beitrag um die Elemente des *Antifeminismus* und der *Anti-Gender-Diskurse*, da diese im Kontext von Bildung und Wissenschaft von hoher Relevanz sind. Die genannten Ungleichwertigkeitsannahmen bilden eine wichtige Schnittmenge zwischen Rechtsextremismus und Rechtspopulismus. Um unseren Blick für Rechtspopulismus und -extremismus im Kontext von Bildung und Wissenschaft zu schärfen, sprechen wir von bildungs- bzw. wissenschaftsbezogenem Rechtspopulismus/-extremismus.

Im Folgenden werden wir einen Überblick zu (extrem) rechten Erscheinungsformen im Bildungs- und Wissenschaftsbereich geben (Kapitel 2). Danach gehen wir mit Antisemitismus und Geschichtsrevisionismus, Antifeminismus und Anti-Gender-Diskursen sowie Neutralität und Wissenschaftsfreiheit auf ausgewählte Beispiele von bildungs- und wissenschaftsbezogenem Rechtsextremismus ein (Kapitel 3). Wir schließen mit Überlegungen dazu, wie Rechtspopulismus/-extremismus in pädagogischen Studiengängen begegnet werden kann (Kapitel 4).

2. Bildungs- und wissenschaftsbezogener Rechtsextremismus

Im Bildungs- und Wissenschaftsbereich lässt sich Rechtsextremismus als ein vielfältiges Phänomen beobachten, das sich über alle Ebenen erstreckt. Im *Elementarbereich* steht der Umgang mit (extrem) rechten Eltern, der pädagogischen Arbeit mit ihren Kindern, aber auch mit (extrem) rechten Erzieher*innen und mit Betreuungsangeboten aus der (extrem) rechten Szene im Fokus (Radvan/Lehnert 2015). Auch in *Schulen* zeigt sich Rechtsextremismus als Problem, wenn Kinder und Jugendliche sich entsprechend äußern und verhalten, (extrem) rechte Positionen über Eltern und Familien im schulischen Alltag präsent werden, Kolleg*innen extrem rechte Positionen vertreten und sich entsprechend verhalten oder Schulen zum Ziel von Kampagnen extrem rechter externer Akteur*innen werden (Behrens u. a. 2021; Georg 2021; May/Heinrich 2021). In *sozialarbeiterischer Praxis* ist Rechtextremismusprävention ein etabliertes Handlungsfeld. Darüber hinaus finden sich aber auch hier entsprechende Einstellungen bei Sozialarbeiter*innen und (extrem) rechte Angebote auf dem Feld sozialer Arbeit (Gille u. a. 2021). Mit Institutionen wie der Bibliothek des Konservatismus, der GegenUni und dem ehemaligen Institut für Staatspolitik finden sich non-formale Bildungsangebote der (extremen) Rechten. Zugleich werden Museen oder Gedenkstätten Ziel extrem rechter Mobilisierung und Bedrohung (Klose/Mohseni 2019).

Auch an Hochschulen zeigt sich Rechtsextremismus facettenreich und ist heute zu einem zunehmend anerkannten Problem geworden (Rosenthal 2024). Rechtsextremismus stellt für das Lernen in Hochschulen ein Problem dar, wenn die Anwesenheit rechtsextremer Studierender, Dozierender oder externer Akteur*innen auf dem Campus Bildungsprozesse blockiert bzw. es zu Bedrohungen und Gewalt kommt. Angriffe finden auf Kolleg*innen und ganze Forschungsrichtungen statt (Einwächter 2022). Auch inhaltliche und curriculare Anknüpfungspunkte für extrem rechte Problematisierungen (FARN 2022) sind mit Blick auf das Lernen in Hochschulen ein Problem, werden hier doch Brücken in extreme Rechte Problematisierungen angelegt. Zwar findet an Hochschulen einerseits vereinzelt Forschung zu inhaltlichen und personellen historischen Kontinuitäten vom Nationalsozialismus in die Bundesrepublik (Butterwegge/Hentges 1999) und zu konkreten Fällen von Rechtsextremismus an Hochschulen (Geschichtswerkstatt Göttingen 1995; Lehnert/Radvan 2016) statt. Es werden auch Handlungskonzepte zum Umgang mit Rechtsextremismus ausgearbeitet, Beratungs- und Weiterbildungsangebote gemacht und (hochschul-) öffentlich Positionierungen verbreitet. Aber die Forschung zu wissenschaftsbezogenem Rechtspopulismus/-extremismus macht andererseits deutlich, dass sich von Rechtspopulismus/-extremismus betroffene Akteur*innen an Hochschulen häufig von der Organisation allein gelassen fühlen und die tatsächlichen Umgangsweisen mit (extrem) rechten Vorfällen an Hochschulen stark von einzelnen engagierten Kolleg*innen abhängen (Haker/Otterspeer 2023a; Haker/Otterspeer 2023b). Zudem liegt die Vermutung nahe, dass in einigen Hochschulen die irrige Annahme vorherrscht, von diesen Bedrohungen nicht betroffen zu sein (Bernstein u. a. 2024).

Dieser Überblick über bildungs- und wissenschaftsbezogenen Rechtspopulismus/-extremismus zeigt, dass (extreme) Rechte einerseits eine manifeste Bedrohung darstellen und andererseits selbst den Anspruch vertreten, Bildungsarbeit zu leisten oder Teil der Wissenschaft zu sein. Bei aller Ambivalenz des

Phänomens sind die Folgen für Bildung und Wissenschaft klar: Verunsicherung und Bedrohung blockieren Bildungsprozesse, setzen sie doch die Bereitschaft voraus, sich auf neues/unsicheres Terrain zu begeben, was auch angreifbar macht. Zudem verunmöglicht Rechtsextremismus Erkenntnisprozesse, wenn essentialistische Vorverständnisse den Denkhorizont bestimmen oder Perspektiven und Standpunkte von der (akademischen) Wahrheitsproduktion ausgeschlossen werden. In seiner Konsequenz gefährdet Rechtsextremismus auch Organisationsentwicklungsprozesse, wenn aufgrund seiner antidemokratischen Grundausrichtung (weitere) Demokratisierungsprozesse sowie Partizipationsmöglichkeiten verhindert oder zurückgenommen werden sollen.

3. Beispiele für Rechtsextremismus im Kontext von Bildung und Wissenschaft

Die folgenden Beispiele Antisemitismus und Geschichtsrevisionismus, Antifeminismus und Anti-Gender-Diskurse sowie Neutralität und Wissenschaftsfreiheit sind eine selektive Auswahl, die sich aus unserer Expertise als Autor*innen ergibt und illustrieren sollen, wie sich Rechtsextremismus im Kontext Bildung und Wissenschaft konkret darstellt. Selbstverständlich sind auch andere Schwerpunkte wie z. B. Rassismus und Nationalismus im Kontext von Bildung und Wissenschaft virulent.

3.1 Antisemitismus und Geschichtsrevisionismus

Antisemitismus als Ideologie der Ungleichwertigkeit und Modell der Welterklärung vollzieht sich in sozialen Praktiken, Strukturen und Narrativen (Chernivsky/Lorenz-Sinai 2023). Hass auf als jüdisch konstruierte Menschen kann sich im Denken und Handeln gegen Personen, Einrichtungen, Gruppen und, wenn er als jüdisches Kollektiv wahrgenommen wird, den Staat Israel richten. Dabei ist wichtig, darauf hinzuweisen, dass Antisemitismus auch ohne die Anwesenheit von jüdischen Menschen funktioniert, da er als „kultureller Code" (Volkov 2000) ein Weltbild konstruiert, das antimodern, rassistisch und verschwörungsideologisch ist. Antisemitismus war von jeher wichtiger Bestandteil des Denkens und Handelns nationalistischer und völkischer Gruppierungen und ist damit nahtlos anschlussfähig an die heutigen Diskurse in (extrem) rechten Kreisen.

Wenn beispielsweise ein hessischer Geschichtslehrer, der sich in Thüringen als Faschist betätigt, vom „Denkmal der Schande" spricht und eine „erinnerungspolitische Wende um 180 Grad" fordert, fallen Elemente des Post-Shoah-Antisemitismus mit geschichtsrevisionistischen Elementen zusammen. Unter Geschichtsrevisionismus wird die gezielte Umdeutung etablierter Geschichtsdeutungen verstanden. In Deutschland stehen dabei vor allem die positive Umdeutung oder Verharmlosung des Nationalsozialismus sowie die Verharmlosung oder Leugnung der Shoah und weiterer genozidaler Verbrechen dieser Zeit im Fokus. Von Seiten neurechter Akteur*innen wird auch versucht, zu anderen Phasen der Geschichte Umdeutungen vorzunehmen, so zum Beispiel die Rolle von Studierendenverbindungen während des Hambacher Fests von 1832 und der Revolution von 1848 als ‚Keimzellen der Demokratie', die Zäsur von 1968 als vermeintlichen Beginn einer linken Hegemonie, die umerziehen wolle, sowie die friedliche Revolution von 1989, die nun von Pegida und AfD ‚vollendet' werden solle. Geschichtsrevisionismus ist damit Kernelement rechtsextremer Ideologie (Bildungsstätte Anne Frank 2020).

Antisemitismus an Schulen ist im 2022er Bericht der RIAS, der die gemeldeten Fälle bundesweit erfasst, mit 170 Meldungen auf dem dritten Platz; noch häufiger werden jüdische Menschen und Einrichtungen im Internet (843) und auf der Straße (707) angegriffen (Bundesverband RIAS e. V. 2023a). Dies heißt allerdings keineswegs, dass nicht eine hohe Dunkelziffer ungemeldeter Fälle in Bildungsinstitutionen vorliegt. Das systematische Mobbing der Mitschüler*innen reicht dabei, so berichten Betroffene, von stereotypen Vorurteilen bis hin zu körperlicher Gewalt.

Im Bildungsbereich fehlt immer noch eine selbstkritische Auseinandersetzung von Lehrenden in Bezug auf Antisemitismus, häufig sind nur Schüler*innen Adressat*innen antisemitismuskritischer Bildungsangebote. Eine systematische und subjektorientierte Biografiearbeit der Lehrenden findet nicht statt (Chernivsky/Lorenz 2020). Gleichzeitig wissen wir immer noch zu wenig über die Wirksamkeit von Bildungsangeboten bei der Herausbildung antisemitismuskritischer Haltungen. So weist Rajal (2020) darauf hin, dass Bildung oftmals nur die Ausdrucksformen des Antisemitismus ändere.

„Antisemitismus ist eine seit langem vernachlässigte Realität an vielen Hochschulen" (Bernstein u. a. 2024, 7) und antisemitische Einstellungen sind unter Studierenden, die sich selbst im politisch rechten Spektrum positionieren, besonders verbreitet (Hinz u. a. 2024). Schon vor dem 7. Oktober 2023 wurde eine zunehmende anti-israelische Stimmung an Hochschulen beobachtet. Antisemitismus wurde unter dem Mantel der ‚Israelkritik' verkannt und „unter dem Label Postkolonialismus Israel- und Judenhass, und zwar im Land der Shoah, wieder möglich" (Bernstein 2022, 43). Der extreme Anstieg an gemeldeten Vorfällen nach dem Massaker zeigt, welches Potential an Hass vorhanden ist: Allein im Zeitraum vom 7. Oktober bis 9. November dokumentiert der Bundesverband RIAS 994 antisemitische Vorfälle mit Bezug zum Überfall der Hamas (Bundesverband RIAS e. V. 2023b). Gleichzeitig können wir beobachten, dass Antisemitismuskritik von extrem rechten Akteur*innen wie der AfD instrumentalisiert wird, um etwa Rassismuskritik und postkoloniale Perspektiven zu diffamieren.

3.2 Antifeminismus und Anti-Gender-Diskurse

Antisemitische Verschwörungserzählungen fließen auch in antifeministische Narrative und Mobilisierungen ein (Schlecht 2021), die sich seit Anfang der 2000er Jahre in Europa (Paternotte/Kuhar 2018) und global (Goetz 2023) (wieder) verstärken. Antifeminismus richtet sich gegen rechtliche und gesellschaftliche Emanzipationsbemühungen innerhalb der Geschlechterverhältnisse und ist als Gegenbewegung zum Feminismus zu verstehen (Blum 2019; Henninger 2020). In seiner aktuellen Ausprägung richtet sich diese besonders gegen alles, was mit dem Begriff „Gender" assoziiert wird. „Gender" dient im Kontext (extrem) rechter Diskurse als „leerer Signifikant" (Mayer u. a. 2018, 49), der als Phantasma verschiedene Ängste adressiert und große Mobilisierungskraft entfaltet.

Die Zerrbilder von „Gender" dienen der (extremen) Rechten als einendes Feindbild, von dem sie sich den Anschluss an breitere gesellschaftliche Debatten um Geschlechterrollen und Familienbilder versprechen (Lang 2017). Antifeminismen sind damit Brückenideologien, die Rechtspopulismus/-extremismus mit weiten Teilen der Gesellschaft verbinden (Kalkstein u. a. 2022). Sie sind zudem als demokratiegefährdend zu bewerten, weil sie versuchen, „die Aushandlung über die Gestaltung gesellschaftlicher Geschlechterverhältnisse dem demokratischen Diskurs zu entziehen" (Henninger 2020, 10; Birsl 2018).

Besonders das Feld der Pädagogik, das sich auf Sexualität und/oder Geschlecht bezieht, hat hohe Relevanz in antifeministischen Diskursen (Juhász/Pap 2018; Paternotte/Kuhar 2018; Oldemeier u. a. 2020). Hier wird Bildung zu geschlechtlicher und sexueller Vielfalt u. a. über die Erzählung der „Frühsexualisierung" im Kontext eines Kindeswohldiskurses diffamiert und für die Beibehaltung einer (vermeintlich) natürlichen Geschlechterordnung agitiert (Juhász/Pap 2018; Paternotte/Kuhar 2018; Oldemeier u. a. 2020). Hier zeigt sich deutlich die Brückenfunktion antifeministischer Narrative. Auch die als „Gender-Verbot" geframten Angriffe auf geschlechtsinklusive Sprache, die zuletzt in Bayern und Hessen umgesetzt wurden, adressieren im Besonderen bildungspolitische Kontexte. Entsprechend sollte Antifeminismus innerhalb der politischen Bildung wahr- und ernstgenommen werden, um im Sinne der Demokratiebildung zu wirken (Eltze/Teich 2023).

Im Feld der Wissenschaft hat Antifeminismus zudem über Angriffe auf Akteur*innen, Institutionen und Inhalte der Geschlechterforschung hohe Relevanz (Bereswill u. a. 2021; Hark/Villa 2015; Näser-Lather 2020). Der deutsche Wissenschaftsrat (2023) hat dies als Bedrohung der Wissenschaftsfreiheit eingestuft. Ein besonders prägnantes Beispiel dafür ist die faktische Abschaffung der Gender Studies in Ungarn (Juhász/Pap 2018). Dabei wird Wissenschaft und Wissenschafts- bzw. Meinungsfreiheit in antifeministischen Diskursen in paradoxer Weise adressiert: Mit dem Verweis auf Meinungsfreiheit und Wissenschaftsfreiheit werden beispielsweise transfeindliche Positionierungen an Hochschulen gerechtfertigt, während gleichzeitig den Gender Studies ihre Wissenschaftlichkeit abgesprochen wird.

3.3 Neutralität und Wissenschaftsfreiheit

Neutralität und Wissenschaftsfreiheit sind zentrale Elemente (extrem) rechter Bezüge auf Bildung und Wissenschaft. Der Begriff der Neutralität steht etwa im Mittelpunkt der von verschiedenen AfD-Landesverbänden eingerichteten Meldeportale für neutrale Schulen (Haker/Otterspeer 2021a). Diese Portale fordern dazu auf, solche Fälle zu melden, in denen Lehrkräfte z. B. Positionen der AfD kritisieren. Wissenschaftsfreiheit oder allgemeiner die Meinungsfreiheit an Hochschulen wird zu einem Bezugspunkt (extrem) rechter Mobilisierung, wenn die angebliche Dominanz linker Ideologie an Hochschulen und die damit verbundene ‚Cancel Culture' als Aufreger genutzt werden.

Der Wert der Neutralität ist im Sinne von parteipolitischer und weltanschaulicher Neutralität zentraler Bezugspunkt in Bildung und Wissenschaft. Zugleich wird unterstrichen, dass eine so verstandene Neutralität nicht Wertneutralität bedeutet: Das Handeln von Lehrer*innen erfolgt nicht in einem neutralen Raum, sondern in einem durch das Grundgesetz bestimmten und mit der freiheitlich demokratischen Grundordnung benannten normativen Rahmen (GPJE u. a. 2020; Brüning 2021).

Wissenschaftsfreiheit sichert zum einen die akademische Selbstverwaltung und Freiheit in Lehre und Forschung, festgeschrieben in Artikel 5 Grundgesetz. Wissenschaftsfreiheit schützt damit in erster Linie Hochschulen und ihre Mitglieder vor staatlichen Eingriffen. Solche Eingriffe haben sich jüngst etwa in Ungarn, Polen oder auch den USA gezeigt, wenn Gender Studies, Rassismuskritik und postkoloniale Studien Zielscheibe restriktiver Politiken wurden. Zum anderen wird mit Wissenschaftsfreiheit ein erkenntnistheoretisches Argument betont (Schubert 2021). Dieses unterstreicht, dass Wissenschaft als ein Teil von Gesellschaft kein diskriminierungsfreier bzw. herrschaftsfreier Raum ist – Wissenschaftsfreiheit unter den gegebenen Bedingungen also eine Freiheit ist, von der nicht alle gleichermaßen profitieren. Dieser Status quo blockiert insofern Erkenntnis, als dass bestimmte Erfahrungen und damit verbundene Fragestellungen, Probleme und Umgangsweisen aus dem akademischen Prozess der Wahrheitsproduktion ausgeschlossen werden. Wissenschaftsfreiheit und demokratische Teilhabe möglichst aller gehören entsprechend zusammen.

4. Rechtsextremismus in pädagogischen Studiengängen und Berufsfeldern begegnen

Für den Umgang mit bildungs- und wissenschaftsbezogenem Rechtspopulismus/-extremismus sind pädagogische Studiengänge besonders relevant. Sie befinden sich an einer entscheidenden Schnittstelle von Bildung und Wissenschaft: An pädagogischen Studiengängen sind viele Fachbereiche von Hochschulen beteiligt, die Studierenden kommen mit ihrer eigenen schulischen Erfahrung in die Hochschulen und werden für pädagogische und akademische Berufsfelder ausgebildet. Aufgrund dieser Relevanz fokussieren wir abschließend mögliche Umgangsweisen mit Rechtspopulismus/-extremismus in pädagogischen Studiengängen. Diese lassen sich im Sinne der Primär- und Sekundärprävention (Radvan/Dyhr 2023) sortieren. Dabei zielen primärpräventive Maßnahmen darauf ab, diskriminierungskritischere und demokratischere Orte und Einstellungen zu entwickeln. Maßnahmen der Sekundärprävention reagieren auf konkrete Fälle (extrem) rechter Positionierungen, Aktionen, Bedrohungen und Gewalt. Eine Verbindung der dargestellten Schwerpunkte Antisemitismus und Antifeminismus, auch und ganz zentral mit rassismuskritischen Perspektiven (Biskamp 2020), erscheint uns über alle Maßnahmen hinweg notwendig.

Primärpräventionen in Bezug auf Antisemitismus (Bernstein u. a. 2024) sind etwa Lehrveranstaltungen bzw. Weiterbildungsangebote zu jüdischem Leben, jüdischer Geschichte, zu Israel und zur Shoah. Nicht nur vor dem Hintergrund aktueller Ereignisse und Diskurse scheint es dabei wichtig, einen Beitrag zu einer gründlichen Differenzierung zwischen legitimer Kritik an bspw. israelischem Regierungshandeln, Siedler*innengewalt usw. auf der einen Seite und Antisemitismus auf der anderen Seite zu leisten. In Bezug auf Antifeminismus und Anti-Gender-Diskurse sind Lehrveranstaltungen bzw. Fortbildungen zu geschlechterreflektierenden Ansätzen und der Bedeutung von Geschlecht in der (extremen) Rechten geboten. Pädagog*innen können so beispielsweise für rechte Kampfbegriffe („Genderwahn", „Gendergaga") sensibilisiert werden.

Dazu gehört auch eine Diskussion um und die Stärkung eines demokratischen Verständnisses von Wissenschaftsfreiheit. Studienangebote können im Studium Generale oder als integraler Bestandteil pädagogischer Studiengänge etabliert werden. Zur inhaltlichen Primärprävention gehört aber auch, neues Wissen über bildungs- und wissenschaftsbezogenen Rechtspopulismus/-extremismus zu generieren[1]. Für viele Präventionsmaßnahmen ist ein Monitoring zentral, um Angebote auf konkrete Bedarfe bzw. auf akute Schwerpunkte extrem rechter Mobilisierung auszurichten.

Strukturell bedarf es einer Primärprävention, die LGBTQIA+ und jüdische Perspektiven, sowie die anderer von Diskriminierungserfahrungen geprägter Gruppen, in Hochschulentwicklung einbindet. Dies ist allerdings nur in sensibler Aushandlung möglich, um erstens ein (erneutes) Othering zu vermeiden und zweitens zu berücksichtigen, dass ein öffentliches Jüdischsein, Trans*sein oder einfach Anderssein u. U. lebensgefährlich sein kann. Zudem können Netzwerke zu Initiativen und non-formalen Bildungsstätten aufgebaut werden. Gedenkstätten und -initiativen, kritische Prozessbegleitungen, journalistische und antifaschistische Recherchearbeit, Ausstellungen etc. sind Anlässe, konkret in eine kritische Auseinandersetzung mit der (extremen) Rechten einzusteigen bzw. die Bedeutung entsprechender Initiativen für eine demokratische Gesellschaft zu erfahren (Sehmer u. a. 2022).

Ein rechtlicher Baustein der Primärprävention umfasst zunächst die Kenntnis rechtlicher Rahmenbedingungen im Umgang mit Rechtspopulismus/-extremismus. Darüber hinaus können auch rechtliche Änderungen, etwa im Hausrecht, in Erwägung gezogen werden. Bezogen auf Wissenschaftsfreiheit und Neutralität gilt es, diese Werte (nicht nur) juristisch mit Bedeutung zu füllen, um handlungsfähig gegenüber (extrem) rechten Bezugnahmen und Akteur*innen zu sein.

Maßnahmen zur Sekundärprävention umfassen Schutzkonzepte und Beratungsstellen (für Opfer und Betroffene sowie für potentielle Aussteiger*innen) (Radvan/Dyhr 2023). Akteur*innen wie die mobile Beratung, die Betroffenenberatung, die Ausstiegsberatung und die Recherche- und Informationsstelle Antisemitismus bieten hier Angebote für unterschiedlich gelagerte Fälle als auch Zielgruppen. Zudem gilt es, auch universitäre Gleichstellungs- und Antidiskri minierungsakteur*innen zu stärken und sich hinter ihre Arbeit zu stellen. Dieses

1 Das im Verbund von den Autor*innen dieses Beitrags eingeworbene BMBF Projekt „RexWiHo" untersucht bundesweit den Umgang mit Rechtsextremismus in der Hochschulentwicklung und in pädagogischen Studiengängen.

Bündel an Maßnahmen, die verschiedene Ideologien der Ungleichwertigkeit adressieren, braucht es, um demokratische Wissenschaft und Bildung und damit auch die demokratische Gesellschaft zu stärken.

Literatur

BEHRENS, Rico/Besand, Anja/Breuer, Stefan (2021): Politische Bildung in reaktionären Zeiten: Plädoyer für eine standhafte Schule. Frankfurt/M.

BERESWILL, Mechthild/Ehlert, Gudrun/Neuber, Anke (2021): Feindselige Anfragen. Die Nutzung eines parlamentarischen Instruments zur Diskreditierung der Geschlechterforschung. In: GENDER, Sonderheft 06/2021, S. 108–122.

BERNSTEIN, Julia (2022): Die Reflexion eigener Emotionen, die Überlegung, woher das Unbehagen, die eigene Scham und die Schuldgefühle kommen, sind notwendig, um gegen Antisemitismus zu handeln. In: Kumar, Victoria/Dreier, Werner/Gautschi, Peter/Riedweg, Nicole/Sauer, Linda/Sigel, Robert (Hg.): Antisemitismen. Sondierungen im Bildungsbereich. Frankfurt/M., S. 35–44.

BERNSTEIN, Julia/Müller, Stefan/Berger, Deidre (2024): Antisemitismus an Hochschulen. In: Die Neue Hochschule, 01/2024, S. 7.

BILDUNGSSTÄTTE ANNE FRANK (2020): Geschichtsrevisionismus. Wie die Rechten die Geschichte umdeuten. Unterrichtsimpulse. Frankfurt/M.

BIRSL, Ursula (2018): Die Demokratie und ihre Gegenbewegungen: eine kritische (Selbst-)Reflexion zu Begriffen und Referenzrahmen in der Rechtsextremismusforschung. In: Politische Vierteljahresschrift, 02/2018, S. 371–384.

BLUM, Rebekka (2019): Angst um die Vormachtstellung. Zum Begriff und zur Geschichte des deutschen Antifeminismus. Hamburg.

BISKAMP, Floris (2020): Ich sehe was, was Du nicht siehst. Antisemitismuskritik und Rassismuskritik im Streit um Israel. In: PERIPHERIE – Politik, Ökonomie, Kultur, 03–04/2020, S. 426–440.

BRÖCKLING, Ulrich (2019): Aufklärung, dreifach. In: Bröckling, Ulrich/Paul, Axel T. (Hg.): Aufklärung als Aufgabe der Geistes- und Sozialwissenschaften. Weinheim, S. 38–42.

BRÜNING, Christina (2021): Wider dem Missbrauch von Beutelsbach – Einwände aus historischer Perspektive und pragmatische Lösungen für den Unterricht. In: Drerup, Johannes/Yacek, Douglas/Zulaica y Mugica, Miguel (Hg.): Dürfen Lehrer ihre Meinung sagen? Demokratische Bildung und die Kontroverse über die Kontroversitätsgebote, Stuttgart, S. 173–187.

BUNDESVERBAND RIAS e. V. (2023a): Bericht dokumentierter antisemitischer Vorfälle. Berlin.

BUNDESVERBAND RIAS e. V. (2023b): Monitoring. Antisemitische Reaktionen auf den 7. Oktober. Berlin.

BUTTERWEGGE, Christoph/Hentges, Gudrun (Hg.) (1999): Alte und Neue Rechte an den Hochschulen. Münster.

CHERNIVSKY, Marina/Lorenz, Friederike 2020): Antisemitismus im Kontext Schule. Deutungen und Umgangsweisen von Lehrer:innen an Berliner Schulen. Berlin.

CHERNIVSKY, Marina/Lorenz-Sinai, Friederike (2023): Antisemitismus im Kontext Schule. Deutungen und Praktiken von Lehrkräften. Weinheim.

DECKER, Oliver/Brähler, Elmar (2006): Vom Rand zur Mitte. Rechtsextreme Einstellungen und ihre Einflussfaktoren in Deutschland. Berlin.

EINWÄCHTER, Sophie (2022): Feindlichkeit gegenüber Wissenschaftler*innen – Kartierung eines Phänomens. In: Demokratie gegen Menschenfeindlichkeit, 02/2022, S. 10–28.

ELTZE, Wiebke/Teich, Katja (2023): Die Allgegenwart von Antifeminismus: Verbreitung, Gefahr und Umgang damit. In: Journal für politische Bildung, 03/2023, S. 24–29.

FARN (2022): Ist-Analyse unter Studierenden der grünen Berufe hinsichtlich des Themenfelds „Natur-/Umweltschutz und Rechtsextremismus". In: FARN. Online: https://www.nf-farn.de/system/files/documents/farn_diversu_doku-kurz_final.pdf (Zugriff: 29.4.24).

GEORG, Eva (2021): Haltung zeigen. Reagieren auf Diskriminierung, Rechtspopulismus und Rassismus in der Schule. Frankfurt/M.

GESCHICHTSWERKSTATT GÖTTINGEN (1995): „Weimar läßt grüßen." Die Göttinger Akademie der Wissenschaften verleiht ihren Historikerpreis an einen „Neuen Rechten". In: Zeitschrift für Sozialgeschichte des 20. und 21. Jahrhunderts, 03/1995, S. 138–150.

GILLE, Christoph/Jagusch, Birgit/Chehata, Yasmine (Hg.). (2021): Die extreme Rechte in der Sozialen Arbeit. Grundlagen – Arbeitsfelder – Handlungsmöglichkeiten. Weinheim.

GOETZ, Judith/Mayer, Stephanie (Hg.) (2023): Global Perspectives on Anti-Feminism. Far-Right and Religious Attacks on Equality and Diversity Edinburgh.

GPJE/DVPB/DEUTSCHE VEREINIGUNG FÜR POLITISCHE BILDUNG e. V. (2018): Gemeinsame Stellungnahme von GPJE, DVPB und DVPW-Sektion zur AfD-Meldeplattform „Neutrale Schulen". In: DVPB. Online: http://dvpb.de/wp-content/uploads/2018/10/Stellungnahme-GPJE_DVPB_DVPW-Sektion.pdf (Zugriff 30.4.24).

HAKER, Christoph/Otterspeer, Lukas (2021a): Bedingte Autonomie, nicht Neutralität – „Neutrale Schulen Hamburg" (AfD) und ihre Kritik. In: Drerup, Johannes/Yacek, Douglas/Zulaica y Mugica, Miguel (Hg.): Dürfen Lehrer ihre Meinung sagen? Demokratische Bildung und die Kontroverse über Kontroversitätsgebote. Stuttgart, S. 209–227.

HAKER, Christoph/Otterspeer, Lukas (2021b): Die epistemische Dimension des Rechtspopulismus. Eine Kritik des Wissenschafts- und Bildungsverständnisses der Neuen Rechten. In: Sehmer, Julian/Simon, Stephanie/Ten Elsen, Jennifer/Thiele, Felix (Hg.): recht extrem? Dynamiken in zivilgesellschaftlichen Räumen. Wiesbaden, S. 249–273.

HAKER, Christoph/Otterspeer, Lukas (2023a): Wissenschaftsbezogener Rechtspopulismus/ -extremismus an Hochschulen – eine Feldexploration und Herausforderungen in der Lehre. In: Zeitschrift für Soziologie der Erziehung und Sozialisation, 04/2023, S. 373–390.

HAKER, Christoph/Otterspeer, Lukas (2023b): Wissenschaftsbezogener Rechtspopulismus/-extremismus an Hochschulen – Perspektiven von Betroffenen. In: Zeitschrift für Rechtsextremismusforschung, 01/2023, S. 102–117.

HARK, Sabine/Villa, Paula-Irene (2015): Anti-Genderismus. Sexualität und Geschlecht als Schauplätze aktueller politischer Auseinandersetzungen. Bielefeld.

HEITMEYER, Wilhelm/Freiheit, Manuela/Sitzer, Peter (2020): Rechte Bedrohungsallianzen. Berlin.

HENNINGER, Annette (2020): Antifeminismen. ‚Krisen'-Diskurse mit gesellschaftsspaltendem Potential. In: Henninger, Annette/Birsl, Ursula (Hg.): Antifeminismen. ‚Krisen'-Diskurse mit gesellschaftsspaltendem Potential. Bielefeld, S. 9–27.

HINZ, Thomas/Marczuk, Anna/Multrus, Frank (2024): Studentisches Meinungsklima zur Gewalteskalation in Israel und Gaza und Antisemitismus an deutschen Hochschulen. In: BMBF. Online: https://www.bmbf.de/SharedDocs/Downloads/de/2024/20240314_studie_antisemitismus_an_hs.pdf?__blob=publicationFile&v=1 (Zugriff: 2.5.24).

JASCHKE, Hans-Gerd (2001): Rechtsextremismus und Fremdenfeindlichkeit. Begriffe, Positionen, Praxisfelder. Wiesbaden.

JUHÁSZ, Borbála/Pap, Enikő (2018): Backlash in gender equality and qomen's and girls' rights. In: European Union. Online: https://op.europa.eu/en/publication-detail/-/publication/d7cf914c-9ab6-11e8-a408-01aa75ed71a1 (Zugriff: 30.4.24).

KALKSTEIN, Fiona/Pickel, Gert, Niendorf, Johanna/Höcker, Charlotte/Decker, Oliver (2022): Antifeminismus und Geschlechterdemokratie. In: Decker, Oliver/Kiess, Johannes/Heller, Ayline/Brähler, Elmar (Hg.): Autoritäre Dynamiken in unsicheren Zeiten. Neue Herausforderungen – alte Reaktionen? Gießen, S. 245–270.

KLOSE, Bianca/Mohseni, Hamid (2019): Der Kulturkampf von rechts ist in vollem Gange. Erfahrungen aus der Beratung von Kulturschaffenden im Umgang mit Anfeindungen von AfD & Co. In: Bundesverband Mobile Beratung e. V. (Hg.): Auf zu neuen Ufern. Warum Mobile Beratung und Politische Bildung mehr sein müssen als Extremismusprävention. Dresden, S. 66–73.

LANG, Juliane (2017): „Gender" und „Genderwahn" – neue Feindbilder der extremen Rechten. In: bpb. Online: https://www.bpb.de/themen/rechtsextremismus/dossier-rechtsextremismus/259953/gender-und-genderwahn-neue-feindbilder-der-extremen-rechten/ (Zugriff: 29.4.24).

LEHNERT, Esther/Radvan, Heike (2016): Rechtsextreme Frauen – Analysen und Handlungsempfehlungen für Soziale Arbeit und Pädagogik. Opladen.

MAY, Michael/Heinrich, Gudrun (2021): Rechtsextremismus pädagogisch begegnen. Bonn.

MAYER, Stefanie/Ajanovic, Edma/Sauer, Birgit (2018): Geschlecht als Natur und das Ende der Gleichheit: Rechte Angriffe auf Gender als Element autoritärer politischer Konzepte. In: Femina Politica – Zeitschrift für feministische Politikwissenschaft, 01/2018, S. 47–61.

NÄSER-LATHER, Marion (2020): Wissenschaftler_innen vs. Gender Studies. Argumentationen, Wirkungen und Kontexte einer ‚wissenschafts'-politischen Debatte. In: Henninger, Annette/Birsl, Ursula (Hg.): Antifeminismen. ‚Krisen'-Diskurse mit gesellschaftsspaltendem Potentia? Bielefeld, S. 105–148.

OLDEMEIER, Anna L./Backöfer, Ferdinand/Maurer, Susanne/Aleksin, Katharina (2020): Divergenz, Ambivalenz, Kongruenz. Verhältnisbestimmungen zwischen antifeministischem Diskurs und pädagogischem Feld. In: Henninger, Annette/Birsl, Ursula (Hg.): Antifeminismen. ‚Krisen'-Diskurse mit gesellschaftsspaltendem Potential. Bielefeld, S. 231–264.

PATERNOTTE, David/Kuhar, Roman (2018): Disentangling and locating the „Global Right": Anti-gender campaigns in Europe. In: Politics and Governance, 03/2018, S. 6–19.

RADVAN, Heike/Dyhr, Susanne (2023): Handlungskonzept gegen (extrem) rechte Einflussnahme an der Brandenburgischen Technischen Universität Cottbus-Senftenberg. Cottbus-Senftenberg.

RADVAN, Heike/Lehnert, Esther (2015): Rechtsextremismus als Herausforderung für frühkindliche Pädagogik: Analysen und Handlungsempfehlungen. In: Hechler, Andreas/Stuve, Olaf (Hg.): Geschlechterreflektierte Pädagogik gegen Rechts. Opladen, S. 177–192.

RAJAL, Elke (2020): Möglichkeiten und Grenzen antisemitismuskritischer Pädagogik. Anregungen für die Bildungsarbeit. In: Grimm, Marc/Müller, Stefan (Hg.): Bildung gegen Antisemitismus. Spannungsfelder der Aufklärung. Frankfurt/M., S. 182–197.

ROSENTHAL, Walter (2024): Doppelzüngiges Spiel. In: DSW Journal, 01/2024, S. 44–45.

SCHLECHT, Loui (2021): Antigenderistische Verhältnisse: völkische Vergeschlechtlichung, Verschwörungsglaube und Antisemitismus. In: GENDER, Sonderheft 06/2021, S. 76–91.

SCHUBERT, Karsten (2021). Auf dem Weg zu einer kritischen Theorie der Wissenschaftsfreiheit. In: Theorieblog. Online: https://www.theorieblog.de/index.php/2021/10/auf-dem-weg-zu-einer-kritischen-theorie-der-wissenschaftsfreiheit/comment-page-1/ (Zugriff: 29.4.24).

SEHMER, Julian/Simon, Stephanie/Thiele, Felix (2022): Maßnahmen gegen Rechtsextremismus. Bundeszentrale für politische Bildung. In: bpb. Online: https://www.bpb.de/themen/rechtsextremismus/dossier-rechtsextremismus/508474/massnahmen-gegen-rechtsextremismus/ (Zugriff: 29.4.2024).

STEHR, Nico (2001): Moderne Wissensgesellschaft. In: Aus Politik und Zeitgeschichte, 36/2001, S. 7–14.

VOLKOV, Shulamit (2000): Antisemitismus als kultureller Code. München.

WILLKE, Helmut (2001): Wissensgesellschaft. In: Kneer, Georg/Nassehi, Armin/Schroer, Markus (Hg.): Klassische Gesellschaftsbegriffe der Soziologie. München, S. 379–398.

WISSENSCHAFTSRAT (2023): Empfehlungen zur Weiterentwicklung der Geschlechterforschung in Deutschland. Köln.

THOMAS GEIER, MIRIAM MATHIAS, MARION PEITZ, CHRISTIANE RUBERG

Profession in Transformation? Die Bedeutung von Reflexion und Partizipation für die Lehrer*innenbildung

Theoretische und empirische Perspektiven

1. Einleitung

Reflexion und Reflexivität werden im Zusammenhang gesellschaftlicher Transformationen immer wieder als unabdingbar für pädagogische Professionalität gekennzeichnet (Reintjes/Kunze 2022; Mathias/Vogel 2024; BASS 2021). Angesichts damit verbundener und sich permanent wandelnder sozialer und sozialpolitischer Erwartungen an den Lehrberuf wird bereits seit den 1980er Jahren (vgl. Tenorth 1984, 65) auf die Bedeutung von Reflexion verwiesen. Mit ihren bildungswissenschaftlichen Anteilen bewegt sich die Lehrer*innenbildung zudem in einer Wissenschaftsdisziplin, die in hohem Maße politisch adressiert wird, stets auf neue gesellschaftliche Herausforderungen pädagogisch zu reagieren (vgl. u. a. Mathias/Vogel 2024). Lehrkräftebildner*innen der ersten und zweiten Phase sowie die angehenden Lehrkräfte selbst sind folglich permanent mit Transformationserwartungen konfrontiert, womit die Neuausrichtung der Professionalisierungssysteme ein Dauerthema ist (Walm/Wittek 2023). Ebenfalls gilt Reflexivität als grundlegende Voraussetzung und zentrales Lernziel demokratischer Bildung (Busch 2020), die aktuell angesichts einer „Krise der Demokratie" (Schaffar 2019, 59) als bedeutsame Querschnittsaufgabe von Lehrer*innen hervorgehoben wird. Nicht zuletzt weisen auch rassismuskritische Ansätze in jüngster Zeit Reflexion als konstitutiv für ein professionelles pädagogisches Können in der Migrationsgesellschaft aus (vgl. Doğmuş/Geier 2020; Geier 2016). Mit diesen höchst unterschiedlichen Einsätzen zeichnet sich ein kontroverser, vielstimmiger und widersprüchlicher Diskurs ab, der die Lehrer*innenbildung im Kern betrifft. Damit stellen sich Fragen danach, auf welche Konzepte von Reflexion und Reflexivität dort zurückgegriffen wird und wie Reflexion als Teil von Professionalisierung ermöglicht und gestaltet werden kann.

Die Entwicklung von Reflexivität ist in allen Phasen der Lehrer*innenbildung curricular festgeschrieben und in verschiedenen Formen institutionalisiert. Schulpädagogische Diskurse und gesetzliche Vorgaben stimmen darin überein, in Reflexion eine grundlegende Entwicklungsaufgabe und ein zentrales Ziel der Professionalisierung von Lehrkräften (KMK 2019, 4; Häcker 2019; Häcker u. a. 2016) zu sehen. So einleuchtend der Verweis auf Reflexion bzw. Reflexivität erscheinen mag, zeigen sich bei näherer Betrachtung erhebliche Unschärfen sowohl in der begrifflichen Bestimmung (z. B. Schäfers 2017; Leonhard/Abels 2017) als insbesondere auch in der systematischen Übersetzbarkeit in Prüfungskontexte (vgl. dazu u. a. Philipp 2019). Es stellt sich daher nicht nur die Frage, wie Reflexion als Teil von Professionalisierung ermöglicht und gestaltet, sondern auch, ob und wenn ja, wie Reflexion in der Lehrer*innenbildung *überhaupt* verhandelt werden kann.

Angesichts ihrer Orientierung an sich dynamisch entwickelnden gesellschaftlichen Problemlagen bei gleichzeitiger Stabilität von Narrativen, die den Kontrast zwischen (erziehungs- bzw. bildungswissenschaftlicher) Theorie und Praxis betonen (vgl. dazu u. a. Frank u. a. 2023), gewinnt die Frage nach erziehungswissenschaftlicher Reflexion in der Lehrer*innenbildung neue Relevanz – und zwar nicht (nur) als von der Disziplin selbst gesetztes Ziel, sondern als performativer Akt der Sinnstiftung innerhalb von Ausbildungsstrukturen, die den Anspruch erheben, demokratisch verfasst zu sein. Eine Reflexionspraxis zu ermöglichen, so lässt sich vermuten, setzt die Öffnung für partizipative Formen einer kollegialen Praxis voraus. In Anbetracht eines „Mainstream[s] der Kompetenzorientierung" (Fraefel 2016, 8; Liessmann 2020/2018) sowie beschleunigter Wege des Einstiegs in den Lehrberuf durch Quer- und Seiteneinstiege sowie verkürzte Lehramtsstudienzeiten (z. B. Geis-Thöne 2022; KMK 2023; Gröschner/de Zordo 2020) ist die Frage nach Möglichkeitsräumen für Reflexion, welche Professionalität einerseits (Helsper 2016) sowie die Umsetzung demokratischer Strukturen andererseits (Himmelmann 2005) ausmachen, hochaktuell.

Der folgende Beitrag fokussiert zunächst Reflexivität im Zusammenhang gesellschaftlicher und bildungspolitischer Transformationen, um einen historischen Rahmen für die sich anschließende Debatte zur pädagogischen Professionalität zu liefern. Diese wird dann in der Diskussion zwischen kompetenzorientiertem und strukturtheoretischem Ansatz ausgewählt skizziert, um anknüpfend auf machttheoretische Kritikpunkte an Reflexionskonzepten einzugehen. Das Referendariat als elementarer Abschnitt im Verlauf der beruflichen Ausbildung von Lehrkräften, das sowohl zur Reflexion als auch zur Ausrichtung von Unterricht auf demokratisches Lernen und Handeln befähigen soll (BASS 2021), wird schließlich zum Ausgangspunkt dafür, ein rekonstruktives Projekt vorzustellen, das sich im Medium von Unterrichtsnachbesprechungen empirischen Fragen nach Möglichkeiten und Grenzen von Reflexivität sowie demokratischer Partizipation widmet.

2. Reflexivität im Kontext gesellschaftlicher und bildungspolitischer Transformationen

2.1 Paradoxien der reflexiven Moderne

Gesellschaftliche Transformationen lassen sich als grundlegende Veränderungsprozesse verstehen, die soziologisch betrachtet als Strukturmerkmal der modernen Gesellschaft gelten. Im historischen Verlauf zeigt sich, dass mit der Moderne nicht nur ein epochaler Bruch mit der bis dahin geltenden Tradition verbunden wird, sondern auch, dass die Moderne selbst charakteristische Prozesse ausgebildet hat. Diese können etwa als Rationalisierung, Pluralisierung, Individualisierung und Zivilisierung oder als funktionale Differenzierung beschrieben werden (vgl. Van der Loo/Van Reijen, 1992; Luhmann 2012; Bauman 2003). Modernisierungsprozesse sind im Laufe ihres Vollzugs selbst noch einmal zum Gegenstand der eigenen Beobachtung geworden. Moderne Gesellschaften bilden somit Mittel aus, ihren Wandel sowie damit verbundene Prozesse und Transformationen zu beobachten, wodurch ihre Risiken und Krisenhaftigkeit sowie -anfälligkeit deutlich werden.

Um dies zu theoretisieren, hat beispielsweise Ulrich Beck die Begriffe der Risikogesellschaft und der reflexiven Moderne sowie die Unterscheidung zwischen erster und zweiter Moderne (anstelle von Postmoderne) in die gesellschaftstheoretische Debatte eingebracht (Beck 1986; Beck u. a. 1996). Während die erste Moderne dadurch gekennzeichnet sei, dass Modernisierungsprozesse ungebrochen etwa mit Fortschritt, Machbarkeit und Progression identifiziert werden, zeigen sich in der zweiten Moderne eben auch deren Risiken und Krisen. Dies bedeute allerdings nicht das Ende der ersten Moderne, denn ihr zuzurechnende Prozesse blieben ebenfalls bestehen. Vielmehr komme mit der Reflexion darauf ein weiteres orientierendes Motiv sozialer Handlungen und moderner Lebensführung hinzu.

Beck hatte hierbei in den 1980er Jahren sowohl Umweltrisiken des industriellen Wirtschaftens, der entfesselten Energiegewinnung angesichts begrenzter globaler Ressourcen und ihrer Ausbeutung vor Augen als auch damit verbundene weltgesellschaftliche Ungleichheiten im Blick, die bis heute z. B. globale

Migrationsbewegungen nach sich ziehen (vgl. Beck 1986; Beck/Poferl 2010). Ebenso ziehen moderne Prozesse fortschreitender Individualisierung zwar eine Loslösung von Lebensläufen aus tradierten Verhältnissen und Berufen nach sich (Beck/Beck-Gernsheim 1994). Doch angesichts von Transformationen etwa des Arbeitsmarktes folgen darauf entsprechende Krisen in biographischen Verläufen. Es ergeben sich somit durch den objektiv induzierten Bruch mit dem alten Überkommenen individuelle Freiheitsgewinne. Diese führen ihrerseits jedoch wiederum zu subjektiven Unsicherheiten und somit zu neuen Abhängigkeiten für die Subjekte. Es kommt zu einer paradoxen Entwicklung, deren aktuelle politische Folgen unlängst als „gekränkte Freiheit" (Amlinger/Nachtwey 2022) empirisch untersucht worden sind.

2.2 Primat von Kompetenz und Expertise

Pädagogische Organisationen und ihre Akteur*innen werden von derart grundlegenden Transformationen und Krisen ebenfalls erfasst. So lässt sich die Einrichtung eines einheitlichen europäischen Bildungsraums in diesem Zusammenhang als bildungspolitische Antwort auf die in den 1990er Jahren virulent werdende Krise der europäischen Arbeitsmärkte verstehen. Mit dem Konzept der „Wissensgesellschaft" (vgl. Bittlingmayer 2005) bildete sich rasch ein Begriff heraus, der strategisch Wissen als bedeutsame Größe spätkapitalistischen Wirtschaftens markierte. Der damit verbundene Bolognaprozess wurde zu einer Chiffre für die steuerungspolitisch induzierte Neuorientierung des gesamten Bildungswesens an Methoden des *new public managements* (Radtke 2014). Auch die erziehungswissenschaftliche Fachdisziplin wurde von diesen Transformationen erfasst. Es kam zur willfährigen Indienstnahme der sich dann folgend als Empirische Bildungsforschung abspaltenden Wissenschaft für ein global vergleichendes Monitoring mit den bekannten Folgen, die auch als Ökonomisierung von Bildung beschrieben worden sind (Höhne 2015). Möglich wurde diese – prinzipiell – weltweit vergleichende Dauerbeobachtung des Systems seit PISA 2001 durch die im Rahmen der OECD entwickelte Nomenklatur des Kompetenzbegriffs. Mit den in pädagogischen Organisationen zu vermittelnden Kompetenzen (Weinert 2001) sollte fortan Employability garantiert werden. Wurde damit zunächst eine zeitgemäße Variante des Bildungsbegriffes versprochen, ist Kompetenzorientierung inzwischen zu einem ubiquitären Statthalter für den Begriff Bildung selbst geworden, die nicht zuletzt aufgrund ihrer mangelnden Trennschärfe tendenziell von allen pädagogischen Einrichtungen zur Selbstbeschreibung ihres Tuns genutzt wird.

Eine weitere Folge der Transformation des Erziehungssystems zeigt sich in der zunehmenden Bedeutung von Expert*innen, die pädagogische Professionelle in ihrer Rolle, die sie für das Erziehungssystem spielen, weitgehend ersetzt zu haben scheinen. Frank Olaf Radtke hat hier mit „zeitdiagnostischer Absicht" (2014, 285) von einem „Aufstieg des Managers als Sozialfigur" (ebd., 286) gesprochen. Expert*innen zeichnen sich nicht nur dadurch aus, etwas besonders gut zu können und damit erfolgreich zu sein. Bei ihrer Expertise handelt es sich vielmehr um ein domänenspezifisches Wissen, das im Bildungssystem ebenfalls nach Kompetenzbereichen aufgeschlüsselt und evaluiert wird. So sollen sich beispielsweise unterrichtliche Vermittlungsbemühungen seitens des schulischen Personals mit den auf Seiten der Schüler*innen getesteten Kompetenzen verknüpfen lassen. Dem „Technologiedefizit" (Luhmann/Schorr 1979), mit dem die fehlende lineare Kausalität zwischen Vermittlung und Aneignung bezeichnet worden ist, wird mit einer „Technologieersatztechnologie" (Benner 1994) begegnet. Wenn auch sicherlich nicht von der Hand zu weisen ist, dass fachliche und fachdidaktische Kompetenzen von Lehrkräften zu einem Lernzuwachs bei Schüler*innen führen können, wird doch mit dem Kompetenzansatz unter der Hand eine Theorie pädagogischen Handelns im Sinne technologischer Reduktion vertreten. Diese blendet nicht nur organisationale und institutionelle Rahmungen weitgehend aus, sondern auch theoretische Einsätze wie die „Grundlosigkeit" der Pädagogik (Schäfer 2007), welche wiederum – als „Ungewissheit" (vgl. Helsper u. a. 2003) begriffen – ein bedeutsamer Ausgangspunkt von Professionalität sein könnte (Helsper 2021).

3. Reflexivität im Kontext der Debatten zu pädagogischer Professionalität

Dies bleibt nicht ohne Folgen für die berufliche Tätigkeit von Lehrkräften und die erziehungswissenschaftlichen Debatten zur pädagogischen Professionalität. Während mit der Figur des*r pädagogischen Professionellen systematisch und notwendig eine Reflexionsform pädagogischen Handelns verbunden ist, wird diese im Expert*innenmodell zu einer simplen Optimierungsformel verknappt. In ihr gelten Fähigkeiten und Fertigkeiten sowie das Wissen über ihren situativen Gebrauch, d. h. die seitens der Expert*innen zu erlernenden Kompetenzen, durchgängig als steigerungsfähig und optimierbar. Ein Scheitern pädagogischer Bemühungen etwa in der Schule wird im Umkehrschluss auf mangelndes Können der Lehrkräfte oder individuelle Fehler zurückgeführt. Die permanente Bereitschaft zur Beobachtung seiner selbst daraufhin, eigene Stärken und Schwächen zu diagnostizieren, um sich stetig weiterzuentwickeln, bildet die

Voraussetzung für den Kompetenzzuwachs. Damit ist ein Prozess umrissen, der sich berufsbiographisch auf Dauer stellen lässt. Bisweilen reüssiert in diesem Zusammenhang aber auch die Vorstellung charismatischer Lehrpersönlichkeiten, die auf Traditionen der geisteswissenschaftlichen Pädagogik zurückgeht (vgl. Rothland 2021).

Gegenüber diesen Tendenzen zur Individualisierung und Naturalisierung pädagogischen Handelns wird etwa im strukturtheoretischen Professionsmodell auf strukturelle Ungewissheiten hingewiesen, die ein immanentes Moment pädagogischer Tätigkeit selbst sind (Helsper 2021). In diesem Sinne ist pädagogisches Handeln strukturell *erstens* kein technisches, standardisierbares Handeln, das in der Anwendung regelkonformer Routinen besteht; *zweitens* kein Handeln, das allein in der Anwendung von Klassifikationen besteht, sondern systematisch mit dem Eigensinn der Adressat*innen rechnen muss, ohne deren Alterität vollständig zu verstehen (Kasuistik); *drittens* ein interaktives Handeln, das die Verständigung auf gemeinsame Rahmungen und ein Arbeitsbündnis erfordert und dennoch prekär bleibt (Aushandlung); *viertens* ein Handeln, das sowohl Vertrauen als auch Distanz erfordert und *fünftens* ein Handeln, das (psychisch) Neues ermöglicht, es aber nur anregen kann, weil seine Konstruktion nicht von außen steuerbar ist (vgl. Helsper 2001; Häcker u. a. 2016).

Schulische Lehr-Lernprozesse werden hier vielfach als durch soziale Verhältnisse gerahmt verstanden, denen wiederum Formen der Anerkennung entsprechen. Als Bedingung der Möglichkeit jedweder schulischen Vermittlung gilt in diesem Ansatz, dass ein Arbeitsbündnis zwischen den beteiligten Lehrkräften sowie jeweils den einzelnen Schüler*innen, den Eltern oder Erziehungsberechtigten sowie der Klasse oder Lerngruppe geschlossen wird. Angesichts struktureller Antinomien, welche die pädagogische Handlungspraxis kennzeichnen (Nähe und Distanz, Autonomie und Heteronomie, Organisation und Interaktion, Subsumtion und Rekonstruktion, Einheit und Differenz sowie Sache und Person, vgl. Helsper 2021), bleiben Arbeitsbündnisse jedoch prekär. Obwohl bereits geschlossen, können und müssen sie bisweilen und fallweise auch immer wieder erneuert werden.

Während im Rahmen vorherrschender kompetenzorientierter Modelle Reflexion etwa als notwendige Schlüsselkompetenz für den Aufbau, die Aufrechterhaltung und Weiterentwicklung pädagogischer Professionalität (Reintjes/Kunze 2022; siehe auch BASS 2021) verstanden wird, zeichnet sich Professionalität in strukturtheoretischer Perspektive hingegen durch einen wissenschaftlich-reflexiven Habitus aus, der sich in einem sowohl wissenschaftsbasierten als auch fallbezogen-reflexiven Umgang mit den Strukturen pädagogischen

Handelns realisiert (Helsper 2001). Im Sinne einer „doppelten Professionalisierung" (ebd. 140) sind erziehungswissenschaftlich kasuistisches Studium und (schul-)pädagogische Praxis wechselseitig aufeinander bezogen und miteinander vermittelt. Im strukturtheoretischen Ansatz erweist sich Reflexivität somit als konstitutiv für eine professionelle pädagogische Praxis, denn erst in der reflexiven Handhabung der Antinomien kann sich Professionalität eingedenk ihrer organisationalen Rahmung vollgültig realisieren.

4. Kritik an Reflexionskonzepten

Während also in der einen Variante pädagogischer Professionalität die normative Bedeutsamkeit reflexiver Konzepte für pädagogisches Handeln strukturtheoretisch begründet wird, mündet in der anderen Variante Reflexion in eine instrumentelle Form der Selbstbeobachtung zur Optimierung von Kompetenzen. An dieser Stelle lassen sich auch weitere kritische Stimmen aufgreifen (vgl. systematisch Helsper 2024). Aus subjektivierungstheoretischer Sicht beispielsweise wird formuliert, dass mit der Institutionalisierung von Reflexionsformaten selbstläufige Prozesse, die unabdingbar für Reflexivität seien, instrumentalisiert würden (Leonhard 2022). Wenn etwa in der ersten oder zweiten Phase der Lehrer*innenbildung zu Reflexionsprozessen aufgefordert und diese durch Formate wie Portfolioarbeit etc. eingefordert sowie als zu erbringende Leistung beurteilt werde, müssten sich angehende Lehrkräfte diesen Anforderungen unterwerfen. Es liegt somit nahe, dass Lernende, „deren eingeforderte Reflexionen zum Gegenstand der Leistungsbewertung werden, diese auch strategisch [nach den Erwartungen; Anm. d. Verf.] ausrichten" (Leonhard 2022, 88; siehe auch Munderloh 2018, 9). Vor diesem Hintergrund erscheint ein erzwungener Reflexionsprozess nicht nur als Lerngelegenheit fragwürdig. Vielmehr setzt die Kritik grundsätzlicher an: Um als lernendes Subjekt anerkannt zu werden, müssen sich die durch den Aufruf zur Reflexion Adressierten den damit verbundenen Normen, die ihnen in Gestalt solcher Anrufungen begegnen, sich in ein reflexives Selbstverhältnis setzen zu müssen, unterwerfen (vgl. Ricken u. a. 2019). Durch entsprechende „Reflexionsregime" (Leonhard 2022, 79) werden aus Individuen in den pädagogischen Institutionen ‚reflexive Subjekte', ohne dass die Normen als solche zur diskursiven Verhandlung stünden. Den Zwang, sich zu unterwerfen, besorgen die Individuen dabei selbst. Es kommt zu einer Führung durch Selbstführung. Unter diesen Bedingungen scheint Reflexion im Rahmen einer auf Kompetenzorientierung getrimmten Lehrer*innenbildung nicht allein den Charakter einer Ersatztechnologie zu besitzen, der seitens der Lernenden mit einem strategischen Management begegnet wird, sondern die im Reflexionsprozess von ihnen selbst zu offenbarenden Stärken und Schwächen stellen vielmehr eine Machttechnik dar, die ihnen als alternativlos erscheinen *muss*. Folgt man dieser pointierten Kritik an der Ausgestaltung von Reflexion in institutionalisierten pädagogischen Settings, hat dies erhebliche Folgen für die Einrichtung demokratischer Strukturen in der Lehrer*innenbildung. Denn ihr zufolge muss dabei nicht nur mit asymmetrischen Rollenbeziehungen gerechnet werden, sondern jegliche Anrufungen – also auch solche, zur Partizipation aufgefordert zu sein – müssen als Normen verstanden werden, denen es gilt, sich zu unterwerfen, um als demokratische*r Akteur*in anerkannt zu werden. Andererseits müssen Normen aus poststrukturalistischer Sicht iteriert werden, sollen sie für Praxis verbindliche bleiben. Daraus ergeben sich somit immer auch Möglichkeiten ihrer Veränderung. Die Frage stellt sich, unter welchen Bedingungen dies geschehen kann und geschieht.

5. Reflexivität im Kontext des Referendariats

Im Rahmen der Lehrer*innenbildung wird dem Referendariat eine besondere Bedeutung nicht zuletzt auch für die Ermöglichung von Reflexivität zugeschrieben (Peitz/Harring 2021). Viele Referendar*innen erleben die zweite Phase als lernintensive und „ertragreiche Initiation“ allerdings „im belastenden Ausnahmezustand“ (Englert u. a. 2006, 471), denn sie nehmen nicht selten „Verletzungen und Ohnmachtserfahrungen wahr und beschreiben die Erfahrung totaler Kontrolle“ (Combe/Kolbe 2004, 866). Bemängelt wird eine große Abhängigkeit und ein Mangel an Mitgestaltungsmöglichkeiten im Referendariat (Storr 2006, 75). Die Frage, wie Reflexivität, Selbstbestimmung und Partizipation unter diesen ambivalenten Voraussetzungen möglich sind, stellt sich im Kontext dieser Ausbildungsphase also in besonderer Weise.

Auch wenn die Ausgestaltung des Vorbereitungsdienstes aufgrund der föderalen Struktur des deutschen Bildungssystems in landesspezifischen Prüfungsordnungen geregelt ist, sind die übergeordneten Ziele bundesweit einheitlich (Kunz/Uhl 2021). Diese beziehen sich auf die Weiterentwicklung der in den „Standards für die Lehrer[*innen]bildung: Bildungswissenschaften“ (KMK 2019) beschriebenen Kompetenzbereiche: Unterrichten, Erziehen, Beraten, Beurteilen und Innovieren. Damit sind normative Erwartungen hinsichtlich Kompetenzen, „über die eine Lehrkraft zur Bewältigung der beruflichen

Anforderungen verfügen soll" (KMK 2019, 4) verbunden. Als zentrale Aufgabe stellt sich während des Referendariats die „beständig praktizierte Selbstreflexivität" (BASS 2021).

5.1 Praxis der Unterrichtsnachbesprechungen als Forschungsgegenstand

Während des 18-monatigen Referendariats in NRW finden in den beiden Unterrichtsfächern „in der Regel insgesamt zehn Unterrichtsbesuche" statt, zu denen die Lehramtsanwärter*innen eine kurze Planung vorzulegen haben (OVP 2011 §11, Fn 6). Konkret dienen die Besuche der Anleitung, Beratung, Unterstützung und Beurteilung (vgl. OVP 2024 § 11, Fn 6; vgl. auch § 10, Fn 5), wobei in die Benotung der Unterrichtsbesuche Planung, Durchführung und Nachbesprechung des Unterrichts einbezogen werden. Die gemeinsamen Nachgespräche mit Lehramtsanwärter*innen, Seminarausbilder*innen und Lehrkräften, die „in der Feldlogik explizit als Reflexion" bezeichnet werden können (Küper 2022, 102), stellen für die angehenden Lehrkräfte eine herausfordernde Bewährungsprobe dar (Küper/Thiel 2020). Sie sind zudem selbst als pädagogische Praxis anzusehen.

Die – sich zum Teil widersprechenden – Funktionen der Unterrichtsbesuche verweisen auf den Doppelcharakter des Referendariats insgesamt, als einer Lernsituation, „in der es vor allem darum geht, Kompetenzen zu erweitern, und einer Leistungssituation, bei der es darauf ankommt, Leistungen zu erbringen und eigene Fähigkeiten unter Beweis zu stellen, um gute Abschlussnoten zu erzielen" (Pereira Kastens u. a. 2020, 69). Analog dazu haben die Seminarleitungen in den Unterrichtsproben und ihrer anschließenden Nachbesprechung ebenfalls die Doppelrolle von Berater*innen und Beurteiler*innen inne. In diesem asymmetrisch vorstrukturierten Spannungsfeld stellt sich die Frage nach der interaktiven Ausgestaltung der Gespräche durch die beteiligten Akteur*innen vor dem Hintergrund ihrer subjektiven Theorien im Hinblick auf Ermöglichung und Schließung von Reflexion und Partizipation ebendieser. Die nähere Betrachtung der Unterrichtsnachbesprechungen bietet sich hier an, weil sie einerseits im Ausbildungskontext als institutionalisierte Reflexion gelten (Küper 2022) und andererseits in ihrer Ambivalenz von Beratung und Bewertung sowie von Lern- und Leistungssituation exemplarisch für die asymmetrischen Verhältnisse im Bildungssystem stehen, die eine selbstbestimmte Hinterfragung des eigenen Handelns sowie die Mitgestaltung durch Lernende erschweren können.

Da die Gespräche exemplarisch für eine Lehr-Lernsituation stehen, in der der Widerspruch zwischen Beratung und Bewertung von den Akteur*innen ausgehandelt werden muss, wird es als vielversprechend erachtet, sie empirisch-rekonstruktiv zu beforschen. Nicht zuletzt deshalb, weil sowohl die Interaktionslogiken der Gespräche als auch die jeweiligen Sinnbezüge und ihre Bedeutung für die Akteur*innen bislang nur wenig empirisch beleuchtet wurden (Küper 2022). Anders als zu den Unterrichtsnachbesprechungen im Rahmen universitärer Praxisphasen in der ersten Phase der Lehrer*innenbildung, liegen zu den Nachbesprechungen im spezifischen Kontext des Referendariats bislang nur vereinzelte Forschungsbefunde vor (vgl. Küper 2022; Peitz 2021; Schäfers 2017).

5.2 Zu Möglichkeiten und Grenzen von Reflexivität in Unterrichtsnachbesprechungen

Um einen ersten Einblick in die Interaktionsverläufe der Unterrichtsnachbesprechungen zu erhalten, wurden im Rahmen einer Pretest-Phase im Schuljahr 2022/2023 sowie einer laufenden Vorstudie im Schuljahr 2023/24 in Kooperation mit einem ZfsL in Nordrhein-Westfalen erste empirische Daten in Form von Audioaufnahmen mit anschließender Transkription erhoben. Aufgenommen wurden zum einen die Nachgespräche, die als Interaktionsprotokolle transkribiert wurden, zum anderen durch Leitfäden gestützte Einzelinterviews, die jeweils mit den Lehramtsanwärter*innen und den Seminarleitungen im Anschluss an die Nachgespräche geführt wurden. Während sich in den Interaktionsprotokollen die Prozesslogik der Nachgespräche selbst niederschlägt, bilden sich in den Interviews die jeweiligen Sichtweisen der Beteiligten auf die Gespräche ab.

Infolge des Spannungsverhältnisses zwischen Beurteilung und Beratung bzw. Kooperation und Bewertung (Wernet 2009) deuten sich in den Nachbesprechungen zahlreiche Widerspruchs- und Inszenierungsfelder an. So stehen die Referendar*innen unter dem Zwang, sich reflexiv zum eigenen Unterricht verhalten zu *müssen*. Zudem lastet im Kontext der Unterrichtsbesuche ein erheblicher Selektionsdruck auf allen Beteiligten, da ein Scheitern zum letztmöglichen Zeitpunkt nach einer mitunter langen Studien- und Ausbildungszeit erfolgen würde. Die Spannungen aufgrund hoher Verantwortung in einer strukturell asymmetrischen und an sich antinomisch konstituierten Interaktionssituation können die Ausbilder*innen auch nicht durch eine wertschätzende Interaktion auflösen. Erste Rekonstruktionen verweisen darauf, dass Versuche seitens der Seminarleitungen, insbesondere auf Wertschätzung ausgerichtete Feedbackrunden einzuführen, in denen ein kollegialer Austausch auf Augenhöhe suggeriert wird, seitens der Lehramtsanwärter*innen bisweilen nicht nur zu Irritationen, sondern zu einer Skepsis gegenüber dem ausgesprochenen Lob führt.

Die skizzierten Spannungs- und Widerspruchsfelder lassen vermuten, dass sich die angehenden Lehrkräfte in prägenden und lernintensiven Situationen nicht selbstläufig reflexiv verhalten können, sondern sich eher an die strukturell sowie individuell durch die Prüfenden vorgegebenen Erwartungen anpassen (müssen, wollen), um den Prüfungserfolg nicht zu gefährden (vgl. z. B. Storr 2006). „Die Handlungsmaxime für einen erfolgreichen Abschluss muss also lauten: ‚Passe Dich möglichst schnell an die geforderten Erwartungen an!'" (Munderloh 2018, 9).

6. Fazit und Ausblick

Angesichts der im Beitrag zunächst aufgespannten gesellschaftstheoretischen Debatte um Reflexivität als Strukturmerkmal moderner Gesellschaften lässt sich der Schluss ziehen, dass Reflexion auch als konstitutives Moment von pädagogischer Professionalität begriffen werden kann. Damit ist jedoch empirisch weder ein Kriterium gegeben, welche Qualität Reflexionsprozesse tatsächlich annehmen, noch, was unter Reflexion im Einzelnen verstanden wird. Somit kann im erziehungs- und bildungswissenschaftlichen Diskurs zwar als unstrittig gelten, dass Reflexion und Reflexivität im Rahmen pädagogischer Professionalität ein zentraler Stellenwert zugedacht wird (Häcker u. a. 2016), doch zeigt sich ebenso, dass die Begriffe höchst unterschiedlich verwendet und theoretisiert werden (Reintjes/Kunze 2022). Ihre Institutionalisierung in pädagogischen Organisationen ist theoretisch umstritten und praktisch umkämpft. Dies sollte anhand der skizzierten professionstheoretischen Debatte zwischen kompetenzorientierten und strukturtheoretischen Ansätzen deutlich geworden sein. Nichtsdestoweniger zeigt die diachrone Betrachtung der bildungspolitischen Transformationen die Vorherrschaft kompetenzorientierter Modelle in Theorie und Praxis. Machtkritische Argumente heben hervor, dass Reflexionsformate, wenn sie als Praktiken der individualisierten Selbstbeobachtung eingefordert werden, offenbar Funktionen der Kontrolle ausüben. Die pädagogisch Adressierten müssen sich den Normen der Institutionen unterwerfen, wollen sie anerkannt werden.

In Anbetracht der hiermit im Beitrag nachgezeichneten Lage liegt es nahe, die Frage nach Reflexivität im Referendariat, stärker als bislang in Ansätzen geschehen, empirisch zu konturieren sowie heuristisch Reflexion und Partizipation in ihrem wechselseitigen Bezug aufeinander zusammenzudenken. Im Rahmen der genannten Vorstudie soll daher folgenden Fragen weiter nachgegangen werden: Welche der Gesprächspraxis zugrundeliegenden Konzepte von Reflexion und Reflexivität lassen sich empirisch rekonstruieren und welchen Bezug stellen die Akteur*innen selbst dazu in den Interviews her? Wie konstellieren sie dabei normative Anforderungen an ihre Praxis im Kontext professionsbezogenen Wissens und Könnens (Helsper 2021) auf den Ebenen ihrer Praxis und Eigentheorie? Wie adressieren und subjektivieren sie ihr Gegenüber in den Nachbesprechungen (vgl. Reh/Ricken 2012) und welche Subjektivierungen zeigen sich wiederum auf ihrer jeweiligen Seite? Welche Konsequenzen ergeben sich daraus für eine partizipative Lehrer*innenbildung?

Aus theoretischer und empirischer Sicht ist die Forderung einer Prüfung der „entsubjektivierende[n] Qualifizierungsformen durch die Organisation und die Methoden des Referendariats" (Combe/Kolbe 2004, 873; Haupt u. a. 2021) hochaktuell und gilt ebenfalls für die in der gegenwärtigen „Bedarfskrise" (Behrens u. a. 2023) vielfältigen bildungspolitisch forcierten Maßnahmen der einzelnen Bundesländer zur Unterrichtsversorgung sowie für die Programme zum Seiten- und Quereinstieg.

Literatur

AMLINGER, Carolin/Nachtwey, Oliver (2022): Gekränkte Freiheit: Aspekte des libertären Autoritarismus. Berlin.

BASS (Bereinigte Amtliche Sammlung der Schulvorschriften NRW) (2021): Kerncurriculum für die Ausbildung im Vorbereitungsdienst. Verbindliche Zielvorgabe der schulpraktischen Lehrerausbildung in Nordrhein-Westfalen, 20–03, Nr. 21. Online: https://bass.schul-welt.de/anlagen/16482-1.pdf (Zugriff: 17.4.2024).

BAUMAN, Zygmunt (2003): Flüchtige Moderne: Frankfurt/M.

BECK, Ulrich (1986): Risikogesellschaft. Auf dem Weg in eine andere Moderne. Frankfurt/M.

BECK, Ulrich/Beck-Gernsheim, Elisabeth (Hg.) (1994): Riskante Freiheiten — Zur Individualisierung der Lebensformen in der Moderne. Frankfurt/M.

BECK, Ulrich/Giddens, Anthony/Lash, Scott (1996): Reflexive Modernisierung. Eine Kontroverse. Frankfurt/M.

BECK, Ulrich/Poferl, Angelika (2010): Große Armut, großer Reichtum: Zur Transnationalisierung sozialer Ungleichheit. Berlin.

BEHRENS, Dorthe/Forell, Matthias/Idel, Till-Sebastian/Pauling, Sven (2023): Lehrkräftebildung in der Bedarfskrise: Programme – Positionierungen – Empirie. Bad Heilbronn.

BENNER, Dietrich (1994): Läßt sich das Technologieproblem durch eine Technologieersatztechnologie lösen? Eine Auseinandersetzung mit den Thesen von N. Luhmann und K.-E. Schorr. In: Benner, Dietrich (Hg.): Studien zur Theorie der Erziehungswissenschaft. Pädagogik als Wissenschaft, Handlungstheorie und Reformpraxis. Weinheim, S. 231–246.

BITTLINGMAYER, Uwe H. (2005): „Wissensgesellschaft" als Wille und Vorstellung. In: Theorie u. Methode 31.

BUSCH, Matthias (2020): Demokratiebildung in der digitalisierten Gesellschaft. In: mateneen Praxishefte Demokratische Schulkultur, 4/2020, S. 5–13.

COMBE, Arno/Kolbe, Fritz-Ulrich (2004): Lehrerbildung. In: Helsper, Werner/Böhme, Jeanette (Hg.): Handbuch der Schulforschung. Wiesbaden, S. 853–877.

DOĞMUŞ Aysun/Geier, Thomas (2020): Rassismus als Fall? Zu den Möglichkeiten rassismuskritischer Kasuistik und reflexiver Inklusion in der Lehrer*innenbildung. In: Fabel-Lamla, Melanie/Kunze, Katharina/Moldenhauer, Anna/Rabenstein, Kerstin (Hg.): Kasuistik – Lehrer*innenbildung – Inklusion- Empirische und theoretische Verhältnisbestimmungen. Bad Heilbrunn, S. 120–133.

ENGLERT, Rudolf/Porzelt, Burkhard/Reese-Schnitker, Annegret/Stams, Elisa (2006): Innenansichten des Referendariats. Wie erleben angehende Religionslehrer/innen an Grundschulen ihren Vorbereitungsdienst? Eine empirische Untersuchung zur Entwicklung (religions)pädagogischer Handlungskompetenz. Berlin.

FRAEFEL, Urban (2016): Vorwort zur Schriftenreihe: Professionalisierung im Schulfeld: Von einem diskursiven Feld innerhalb der Lehrerinnen- und Lehrerbildung zu einem eigenständigen Forschungsbereich. In: Košinár, Julia/Leineweber, Sabine/Schmid, Emanuel (Hg.): Professionalisierungsprozesse angehender Lehrpersonen in den berufspraktischen Studien. Münster/New York, S. 7–12.

FRANK, Magnus/Geier, Thomas/Peitz, Marion/Ruberg, Christiane/Zipp-Timmer, Marie (2023): „Hier sitzen über 300 Lehrer". Diskursverhärtungen zum Lernen im Beruf. In: Porsch, Raphaela/Gollub, Patrick (Hg.): Professionalisierung von Lehrkräften im Beruf. Stand und Perspektiven der Lehrkräftebildung und Professionsforschung. Münster, S. 107–124.

GEIER, Thomas (2016): Reflexivität und Fallarbeit – Skizze zur pädagogischen Professionalität von Lehrerinnen und Lehrern in der Migrationsgesellschaft. In: Karakaşoğlu, Yasemin/Mecheril, Paul/Doğmuş Aysun (Hg.): Pädagogisches Können in der Migrationsgesellschaft. Wiesbaden, S. 179–199.

GEIS-THÖNE, Wido (2022): Lehrkräftebedarf und -angebot: bis 2023 steigende Engpässe zu erwarten. Szenariorechnungen zum INSM-Bildungsmonitor. Institut der deutschen Wirtschaft Köln e. V. Online: https://www.insm.de/fileadmin/insm-dms/text/bildung/Gutachten_Lehrermangel.pdf (Zugriff: 18.12.2024).

GRÖSCHNER, Alexander/de Zordo, Lea (2020): Lehrerbildung in der Hochschule. In: Hascher, Tina/Idel, Till-Sebastian/Helsper, Werner (Hg.): Handbuch Schulforschung. Wiesbaden, S. 1–20.

HAUPT, Selma/Hering, Sabine/Wever, Laura (2021): Kein Platz für mein Ethos. Zum Spannungsverhältnis von Professionalität, Ungewissheit und Subjektivität. In: Journal für LehrerInnenbildung 21/2021, S. 74–83.

HÄCKER, Thomas (2019): Reflexive Professionalisierung. Anmerkungen zu dem ambitionierten Anspruch, die Reflexionskompetenz angehender Lehrkräfte umfassend zu fördern. In: Degeling, Maria/Franken, Nadine/Freund, Stefan/Greiten, Silvia/Neuhaus, Daniela/Schellenbach-Zell, Judith (Hg.): Herausforderung Kohärenz: Praxisphasen in der universitären Lehrerbildung. Bildungswissenschaftliche und fachdidaktische Perspektiven. Bad Heilbrunn, S. 81–96.

HÄCKER, Thomas/Berndt, Constanze/Walm, Maik (2016): Reflexive Lehrerinnen- und Lehrerbildung in ‚inklusiven Zeiten'. Bad Heilbrunn.

HELSPER, Werner (2001): Praxis und Reflexion. Die Notwendigkeit einer „doppelten Professionalisierung" des Lehrers. In: Journal für Lehrerinnenbildung, 1/2001, S. 7–15.

HELSPER, Werner (2016): Lehrerprofessionalität – der strukturtheoretische Ansatz. In: Rothland, Martin (Hg.): Beruf Lehrer/Lehrerin. Münster, S. 103–125.

HELSPER, Werner (2021): Professionalität und Professionalisierung pädagogischen Handelns: Eine Einführung. Opladen/Toronto.

HELSPER, Werner (2024): Die Ambivalenz der Reflexion – zwischen professioneller Strukturnotwendigkeit, endloser Anspruchssteigerung und normierendem Reflexionsregime, i. E.

HELSPER, Werner/Hörster, Reinhard/Kade, Jochen (2003): Ungewissheit. Pädagogische Felder im Modernisierungsprozess. Weilerswist, S. 7–20.

HIMMELMANN, Gerhard (2005): Auf der Suche nach dem richtigen Weg zum Ziel: Forderung von Demokratiekompetenz in der politischen Bildung. In: Himmelmann, Gerhard/Lange, Dirk (Hg.): Demokratiekompetenz. Beiträge aus Politikwissenschaft, Pädagogik und politischer Bildung. Wiesbaden, S. 245–257.

HÖHNE, Thomas (2015): Ökonomisierung und Bildung: zu den Formen ökonomischer Rationalisierung im Feld der Bildung. Heidelberg.

KMK (Kultusministerkonferenz) (2019): Standards für die Lehrerbildung: Bildungswissenschaften. Beschluss der Kultusministerkonferenz vom 16.12.2004 i. d. F. vom 16.5.2019. Online: https://www.kmk.org/fileadmin/veroeffentlichungen_beschluesse/2004/2004_12_16-Standards-Lehrerbildung-Bildungswissenschaften.pdf (Zugriff: 5.5.2024).

KMK (Kultusministerkonferenz) (2023): KMK verabredet weitere Maßnahmen als Reaktion auf den Lehrkräftebedarf. Online: https://www.kmk.org/aktuelles/artikelansicht/kmk-verabredet-weitere-massnahmen-als-reaktion-auf-den-lehrkraeftebedarf.html (Zugriff: 17.3.2023).

KUNZ, Hagen/Uhl, Siegfried (2021): Allgemeine Ziele, Aufbau und Struktur des Vorbereitungsdienstes in den Bundesländern. In Peitz, Julia/Harring, Marius (Hg.): Das Referendariat. Ein systematischer Blick auf den schulpraktischen Vorbereitungsdienst. Münster, S. 15–27.

KÜPER, Judith Elisabeth (2022): Das Antworten verantworten. Zur (Re-)Konzeptualisierung praktischer pädagogischer Reflexion anhand von Unterrichtsnachgesprächen im Kontext der zweiten Phase der Lehrer:innenbildung. Bad Heilbrunn.

KÜPER, Judith/Thiel, Corrie (2020): „Das war mir dann zu weit weg von der Quelle" – Reflexion im Unterrichtsnachgespräch als Einführung in pädagogisches Urteilen. In: Sozialer Sinn 21/2020, S. 133–148.

LEONHARD, Tobias (2022): Reflexionsregime in Schule und Lehrerbildung. Zwischen guter Absicht und transintentionalen Folgen. In: Reintjes, Christian/Kunze, Ingrid (Hg.): Reflexion und Reflexivität in Unterricht, Schule und Lehrer:innenbildung. Bad Heilbrunn, S. 77–93.

LEONHARD, Tobias/Abels, Simone (2017): Der „reflective practitioner". Leitfigur oder Kategorienfehler einer reflexiven Lehrerinnen- und Lehrerbildung? In: Berndt, Constanze/Häcker,

Thomas/Leonhard, Tobias (Hg.): Reflexive Lehrerbildung. Traditionen – Zugänge – Perspektiven. Bad Heilbrunn, S. 46–55.

LIESSMANN, Konrad Paul (2018): Die Sprache der Bildungsreform. Über die Gewalt des Euphemismus. In: Slowakische Zeitschrift für Germanistik, 10/2018, S. 7–21.

LIESSMANN, Konrad Paul (2020): Bildung als Provokation (2. Aufl.). München.

LUHMANN, Niklas (2012): Soziale Systeme. Grundriss einer allgemeinen Theorie. Frankfurt/M.

LUHMANN, Niklas/Schorr, Karl Eberhard (1979): Das Technologiedefizit der Erziehung und die Pädagogik. In: Zeitschrift für Pädagogik 25/1979, S. 345–365.

MATHIAS, Miriam/Vogel, Peter (2024): Stellenausschreibungen als Spiegel der Disziplinentwicklung? Das Beispiel Allgemeine Erziehungswissenschaft. In: Erdmann, Daniel/Haupt, Selma/Hofbauer, Susann/Otterspeer, Lukas/Schreiber, Felix/Vogel, Katharina (Hg.): Allgemeine Erziehungswissenschaft. Daten und Positionen, S. 57–73.

MUNDERLOH, Olaf (2018): Das Referendariat aus der Sicht der Referendar/innen. Weinheim.

ORDNUNG DES VORBEREITUNGSDIESES DER STAATSPRÜFUNG FÜR LEHRÄMTER AN SCHULEN (OVP) (2024): Online: https://recht.nrw.de/lmi/owa/br_bes_text?anw_nr=2&gld_nr=2&ugl_nr=223&bes_id=17404&menu=1&sg=0&aufgehoben=N&keyword=ovp#det0#det0, (Zugriff: 18.12.2024).

PEITZ, Julia (2021): Feedback zu einer Mathematikstunde. Rekonstruktion von Orientierungen in Unterrichtsnachbesprechungen. In: Peitz, Julia/Harring, Marius (Hg.): Das Referendariat – ein systematischer Blick auf den schulpraktischen Vorbereitungsdienst. Münster, S. 169–188.

PEITZ, Julia/Harring, Marius (2021): Das Referendariat. Eine Einführung in den systematischen Blick auf den schulpraktischen Vorbereitungsdienst. In: Peitz, Julia/Harring, Marius (Hg.): Das Referendariat. Ein systematischer Blick auf den schulpraktischen Vorbereitungsdienst. Münster, S. 9–14.

PEREIRA KASTENS, Claudia/Döring-Seipel, Elke/Nolle, Timo (2020): Selbstwirksamkeit erlangen, Belastung reduzieren? Effekte des Feedbackverhaltens der Ausbilder/innen in Unterrichtsnachbesprechungen. In: Journal für Bildungsforschung Online Volume 12/2020, S. 67–90.

PHILIPP, Julia (2019): Prüfen reflexiver Praxis. Ein Kriterienraster zur Bewertung aus hochschuldidaktischer Perspektive. Poster auf der Tagung „Prüfen hoch3" der Universität Hamburg am 16. Und 17. Mai 2019.

RADTKE, Frank-Olaf (2014): Leerstelle Profession: Berater, Experten und Manager im deutschen Erziehungssystem. In: Schwarz, Martin P./Ferchhoff, Wilfried/Vollbrecht, Ralf (Hg.): Professionalität: Wissen – Kontext Sozialwissenschaftliche Analysen und pädagogische Reflexionen zur Struktur bildenden und beratenden Handelns. Bad Heilbrunn, S. 283–315.

REH, Sabine/Ricken, Norbert (2012): Das Konzept der Adressierung. Zur Methodologie einer qualitativ-empirischen Erforschung von Subjektivation. In: Miethe, Ingrid/Müller, Hans-Rüdiger (Hg.): Qualitative Bildungsforschung und Bildungstheorie. Opladen, S. 35–56.

REINTJES, Christian/Kunze, Ingrid (2022): Editorial: Reflexion und Reflexivität in Unterricht, Schule und Lehrer*innenbildung. In: Reintjes, Christian/Kunze, Ingrid (Hg.): Reflexion und Reflexivität in Unterricht, Schule und Lehrer*innenbildung. Bad Heilbrunn, S. 9–20.

RICKEN, Norbert/Casale, Rita/Thompson, Christiane (2019) (Hg.): Subjektivierung. Erziehungswissenschaftliche Theorieperspektiven. 1. Auflage. Weinheim/Basel.

ROTHLAND, Martin (2021): Die „Lehrerpersönlichkeit“: das Geheimnis des Lehrberufs? In: Die Deutsche Schule, 113/2021, S. 188–198.

SCHÄFER, Alfred (2007): Das Problem der Grundlosigkeit als Provokation der Pädagogik. In: Ricken, Norbert (Hg.): Über die Verachtung der Pädagogik: Analysen – Materialien – Perspektiven, Verlag für Sozialwissenschaften, Wiesbaden, S. 137–158.

SCHÄFERS, Frerk (2017): Normative Interaktion zwischen Ausbildenden und Referendarinnen bzw. Referendaren. Empirische (Re-)Konstruktion von „Beratungen“ in der Lehrerausbildung an einem Fallbeispiel. In: Hauser, Stefan/Luginbuhl, Martin (Hg.): Gesprächskompetenz in schulischer Interaktion – normative Ansprüche und kommunikative Praktiken. Bern, S. 216–257.

SCHAFFAR, Wolfram (2019): Globalisierung des Autoritarismus. Aspekte der weltweiten Krise der Demokratie. Berlin: Rosa-Luxemburg-Stiftung. vom 16.12.2004 i. d. F. vom 16.5.2019. Online: https://www.kmk.org/ (Zugriff: 5.5.2024).

STORR, Birgit (2006): „In der Lehrprobe da machst du 'ne Show“. Das Referendariat als Gegenstand rekonstruktiver Sozialforschung. Berlin.

TENORTH, Heinz-Elmar: Berufsethik, Kategorialanalyse, Methodenreflexion. Zum historischen Wandel des „Allgemeinen“ in der wissenschaftlichen Pädagogik, Zeitschrift für Pädagogik 30/1984, S. 49–68.

VAN DER LOO, Hans/van Reijen, Willem (1992): Modernisierung. Projekt und Paradox. München.

WALM, Maik/Wittek, Doris (2023): Lehrer:innenbildung in Deutschland -Überlegungen zur Situation und Perspektive der ‚Qualitätsfrage‘ in herausfordernden Zeiten. In: Behrens, Dorthe/Forell, Matthias/Idel, Till-Sebastian/Pauling, Sven (Hg.): Lehrkräftebildung in der Bedarfskrise. Programme – Positionierungen – Empirie. Bad Heilbrunn, S. 26–53.

WEINERT, Franz (2001): Leistungsmessungen in Schulen. Weinheim/Basel.

WERNET, Andreas (2009): Konformismus statt kollegiale Anerkennung: Fallstudien zur Ausbildungskultur im Referendariat am Beispiel von Beurteilungen. In: Pädagogische Korrespondenz 39/2009, S. 46–63.

SILVIA-IRIS BEUTEL, CHRISTIANE RUBERG

Wissenschaftliche Expertise zu zeitgemäßer Prüfungskultur im Kontext digitaler Bildung

Schulen fragen heute verstärkt nach einer Leistungsbeurteilung für eine besondere und innovative Lernqualität, um Kinder und Jugendliche zukunftszuversichtlich auf ihr Leben vorzubereiten. Dazu gehören die Anerkennung besonderer Leistungen von zivilgesellschaftlicher Bedeutung, die Zusammenarbeit der Schüler*innen und die Suche nach Öffentlichkeit für ihre Beiträge zur Nachhaltigkeitsagenda. Die Anlässe zur grundlegenden Veränderung der Prüfungskultur sind vielfältig. Im Folgenden werden wir eine erweiterte Fassung unserer diesbezüglichen Expertise für die DKJS[1]: „Zeitgemäße Prüfungskultur im Kontext digitaler Bildung" präsentieren und zunächst ein Thesentableau vorstellen, das die inhaltlichen Dimensionen der derzeitigen Diskussion aufzeigt, bevor wir relevante Forschungsbefunde präsentieren und in einem Ausblick Erkenntnisse für die weitere wissenschaftliche Begleitung, die schulpraktische Handhabe und politische Entscheidungen in den sechzehn Ländern aufzeigen.

1. Sechs Thesen zur Neugestaltung

1.1 Investition in Leistungsstärke: Neue Prüfungskultur

Ein zeitgemäßes Lern- und Leistungsverständnis ist individualisierend und inklusiv. Kinder und Jugendliche müssen in ihrem Lernen mitverantwortlich integriert und in Prüfungen gerecht – d. h. nach Maßgabe von Nachvollziehbarkeit, Transparenz und Beteiligung – beurteilt werden. Schüler*innen lernen nicht alle jeweils dasselbe zum selben Zeitpunkt. Daraus folgt, dass es förderlich und zweckrational ist, Prüfungen zeitlich, inhaltlich und in Blick auf Erwartungen, Ressourcen, Prozessdokumentation, Mitlernende und Ergebnisse zu differenzieren. Die Vorlage und die Abgaben der zu beurteilenden Leistungsdokumentationen und Präsentationen sowie deren Beurteilung bilden dabei eine Abfolge. Originalität und Wirkungssicherheit von Lernerfahrungen können gesichert

1 Die Expertise ist erschienen unter: https://www.dkjs.de/uploads/tx_lfnews/media/Expertise_Zeitgemaesse_Pruefungskultur.pdf (Zugriff: 14.12.2024).

werden. Das darin liegende Potenzial zur Förderung von Leistungsfähigkeit und Lernstärke bildet eine Brücke zur Überwindung von noch fehlendem Wissen, von Lernlücken und zu stärkenden Kompetenzen.

1.2 Diagnostik und Förderung: Formative Prüfungsanlage

Die Schule kann Prüfungen in individuellen oder gruppenbezogenen Formaten oder auch in Mischformen anerkennen. Ziel von dokumentierten Lernleistungen und damit auch von Leistungsbeurteilung sollte es sein, die Reflexions- und Handlungskompetenz der Kinder und Jugendlichen zu stärken, statt nur auf enggeführte, strukturierte Prüfungs- und Testsituationen hin auszubilden. Lernsituationen sollten möglichst für unterschiedliche Prüfungssituationen anschlussfähig werden.

Phasierungen mit verbindlichem dialogischem Feedback und Reflexionen zu kognitiven Lernstrategien stärken Leistungsdiagnose und Lernförderung zugleich. Damit kann eine wirksame Unterstützung von Lernprogression angestrebt und auch gewährleistet werden.

1.3 Partizipative Lehr-Lerndesigns: Flexible Prüfungsformate

Die pädagogisch-didaktische Moderation von Individualität einerseits und Gruppenzugehörigkeit andererseits, welche Lernausgangslagen beeinflussen und von den jeweiligen Lebensverhältnissen sowie sozialisationsbedingten Prägungen abhängig sind, verlangen über Bildungspläne hinausgehende Lerndesigns, die kooperative und gesellschaftlich gehaltvolle Bildungsarbeit einschließen. Eine kinderrechtlich verankerte und für die Förderung demokratischer Kompetenzen wirksame Lernkultur beteiligt Kinder und Jugendliche substanziell und sieht sie als handelnde Entscheidungsträger*innen ihres Lernens mit Anderen an. Schüler*innen entscheiden mit, was eine Leistung ist und welche Bedeutung ihr zukommt. Selbstgewählte Anmeldungen zu Tests und Gelingensnachweisen stärken die Kompetenz zur Selbsteinschätzung und die Navigation eigener Lernwege. Sie schaffen Flexibilisierung in Bildungsbiografien.

1.4 Demokratie und Nachhaltigkeit: Digitale Öffentlichkeit

Stehen Sozialität und Demokratieerfahrung im Mittelpunkt des Lernens, sind domänenverbindende Projektphasen bedeutsam, um sich in einer Zukunftsagenda mit den Jahrhunderthemen wie Klima, Gesundheit, Mobilität, Migration, Frieden und sozialem Ausgleich auseinanderzusetzen sowie an deren Bewältigung bewusst und rational mitzuwirken. Dabei entstehen Chancen, komplexe Kompetenzen auszubilden, mit Mehrdeutigkeit und Ungewissheiten umgehen zu können, Nachhaltigkeitsziele zu verfolgen und sich weltweit mit Anderen digital zu vernetzten. KI kann dabei individuelle Zugänge, Pläne und diagnostisches Feedback unterstützen sowie Sprach- und Bilderkennung fördern – bedarf aber stets der kritischen Reflexion und Begrenzung. Formate wie Projekt- und Vertiefungskurse oder individuelle Lernzeiten bieten Spielräume. Langzeitformate wie Facharbeiten und besondere Lernleistungen führen zu weiteren herausfordernden Leistungsformaten. Analog wie digital entstehen kreative, veröffentlichbare und damit wieder abrufbare mündliche und schriftliche Leistungen, die fortlaufend in einen Lernzyklus aufgenommen werden können und damit ebenso ein individuelles wie auch ein gemeinsames Portfolio begründen können.

1.5 Berechtigungswesen: Prüfungsfunktion

Ein zeitgemäßes Lern- und Leistungsverständnis sowie eine neue Prüfungskultur ändern von sich aus noch nicht die mit Ziffernnoten verbundenen Traditionen und Erwartungen im historisch gewachsenen Bildungswesen. Auch die Funktion und Dominanz des Berechtigungswesens im deutschen Bildungssystem kann mit einer innovativen Lern- und Prüfungskultur nicht entschärft werden. Dies gilt vor allem deshalb, weil es bei Ziffernzensuren und Berechtigungswesen auf der Entscheidungs- und Gestaltungsebene um politische Fragen sowie auf Ebene der gesellschaftlichen Erwartungen und Meinungsbildung um fest verankerte Traditionen und biographische Erfahrungsmuster geht. Notwendige politische Konzepte, Initiativen und Exekutivvorgänge, die grundlegende Veränderungen in dieser Struktur herbeiführen, können durch pädagogische Innovationen nicht ersetzt, potenziell jedoch fachlich begründet werden.

1.6 Einsatz digitaler Medien: Lernförderung als Maßstab

Die vielseitigen Anwendungen digitaler Technologien und insbesondere KI im Unterricht – sei es zur Personalisierung des Lernens, als Werkzeug zur Informationsbeschaffung oder als Unterstützung bei Feedback und Leistungsbeurteilung – werfen Fragen auf, die nicht allein innerschulisch beantwortet werden können. Stattdessen gilt es, diese im gesellschaftlichen und politischen Diskurs zu verhandeln. Dazu gehören zum Beispiel Aspekte, wie im Prozess digitaler Lernbegleitung und Leistungsbeurteilung mit Kreativität und Originalität umzugehen ist, wie Privatsphäre und Datenschutz respektiert und das Verhältnis zwischen Unterstützung und Überwachung bestimmt werden können. Digitale Tools bergen mit ihren Versprechen von Entlastung und Effizienzsteigerung insbesondere in Zeiten allgegenwärtigen Lehrkräftemangels das Risiko, einseitig als schnell verfügbare und zugleich günstige Kompensation fehlender Lehrpersonen verstanden und eingesetzt zu werden. Ihre Nutzung sollte sich jedoch danach richten, ob sie Eigenverantwortung, Beteiligung, Selbstwirksamkeit und Lernerfolge der Schüler*innen unterstützen und ermöglichen.

2. Aktueller Forschungsstand

2.1 Eine veränderte Prüfungskultur für mehr Bildungsgerechtigkeit

Eine digitalgestützte Prüfungskultur muss die Notensprache und allein summative Leistungsfeststellung überwinden und stattdessen formativ Lern- und Bildungserfolg anbahnen.

Die aktuellen Befunde zu fehlenden Schüler*innenkompetenzen und Lernrückständen (Betthäuser u. a. 2023; McElvany u. a. 2023; Stanat u. a. 2022) legen nahe, dass eine Veränderung der schulischen Lern- und Prüfungskultur zur Verwirklichung eines inklusiven Schulsystems unumgänglich ist. In einer repräsentativen Befragung von Schulleitungen (N=1.055) geben 78 Prozent der Befragten an, dass ihre Schüler*innen nicht die benötigte Lernunterstützung erhalten und 25 Prozent der Schüler*innen deutliche Lernrückstände aufweisen. An Schulen in herausfordernder Lage ist der Anteil mit 65 Prozent fast doppelt so hoch (Robert Bosch Stiftung 2023). Hinzu kommt, dass 48 Prozent der Befragten die traditionelle Prüfungspraxis als psychisch belastend für viele Schüler*innen erachten (Robert Bosch Stiftung 2023). Auch Schüler*innenbefragungen zeigen, dass eine deutliche Mehrheit Angst vor Klassenarbeiten hat (Fischer u. a. 2022; LBS-Kinderbarometer Deutschland 2016).

Insbesondere die „Funktionslogik der Notenhierachie“ (Hess 2020, 364) kann dazu führen, dass Schüler*innen sich eine selbstverantwortete Versagerposition zuschreiben, wie Hess (2020) in einer ethnographischen Studie mit Zweitklässler*innen herausarbeiten kann.

Dies betrifft insbesondere leistungsschwache Schüler*innen, bei denen die Notenvergabe eher mit negativen Effekten einhergehen kann als bei leistungsstarken Schüler*innen (Alm/Colnerud 2015).

2.2 Die Bezugsnormorientierung ist entscheidend für schulische Motivation und Selbstkonzept

> Eine digitalgestützte Prüfungskultur vergewissert sich der individuellen und kriterialen Bezugsnorm. Sie lässt dadurch Prozesssteuerung und Beteiligung der Schüler*innen im Sinne der Lernförderung, Motivation und Erfahrung von Selbstwirksamkeit zu.

Während Noten grundsätzlich inhaltsarm sind, erlauben individuell und formativ angelegte Prüfungsverfahren eine differenzierte Rückmeldung auch in Bezug auf Kriterien wie zum Beispiel Transparenz oder Fairness (Bohl 2022). Gleichwohl geht mit ihrem Einsatz nicht automatisch eine Verbesserung der Diagnosequalität einher (Bohl 2022). So gibt es Hinweise darauf, dass die Urteilsgenauigkeit von Lehrkräften gerade im Hinblick auf Kriterien, die im Zuge formativer Verfahren mitberücksichtigt werden, schwächer ausfällt als bei der Beurteilung der Fachleistung. Zu jenen Kriterien gehören Schüler*innenmerkmale ebenso wie das Konzentrationsvermögen und das Arbeits- und Sozialverhalten (Stang 2016).

In ihren Studien kommt Falkenberg (2023) zu dem Ergebnis, dass die kontinuierliche Kommunikation über die Beurteilungskriterien bei schwedischen Schüler*innen de facto zu einer verstärkten Noten- und Ergebnisorientierung führte und bei ihnen den Eindruck permanenter Überprüfung hinterließ. Auch die Lehrkräfte glichen ihre Bewertungsstrategien zunehmend summativen Verfahren an. Eine Tendenz des Einsortierens von Leistungen konnte identifiziert werden (Falkenberg 2023, 38). Die Ambivalenzen und kontraindizierten Effekte sprechen nicht per se gegen die Verfahren, sondern verlangen vielmehr „nach weiterer (kontextsensibler) Forschung“ (Falkenberg 2021, 101).

Entscheidend für die Bewertung der einzelnen Schüler*innenleistung ist die jeweilige Bezugsnormorientierung, denn sie „kann im Extremfall zu sehr unterschiedlichen Bewertungsergebnissen führen“ (Bohl 2022, 7). Die Bezugsnormorientierung kann die motivationale Entwicklung der Schüler*innen beeinflussen (Dickhäuser u. a. 2017). Insbesondere für leistungsschwächere Schüler*innen kann eine solche Orientierung motivationssteigernd sein (Rheinberg 2001). In inklusiven Grundschulklassen kann die Berücksichtigung der individuellen Bezugsnorm zu einer höheren Selbstwahrnehmung sozialer Partizipation von Kindern mit sonderpädagogischem Förderbedarf führen (Krawinkel u. a. 2017). Lohbeck (2017) kann zeigen, dass die Orientierung an der individuellen sowie an der kriterialen Bezugsnorm positive Effekte auf das mathematische Selbstkonzept von Viertklässler*innen haben kann. Die Befunde von Lintorf und Buch (2021), denen zufolge angehende Lehrkräfte sich häufig an der sozialen

Bezugsnorm orientieren, legen nahe, dass die Bedeutung der Bezugsnormorientierung für die Lernentwicklung der Schüler*innen weitaus stärker als bislang geschehen in der Lehrer*innenbildung thematisiert werden muss.

2.3 Selbstregulation und Metakognition in Prüfungssituationen können Erfolge sichern

Ein lernwirksamer und -förderlicher Unterricht und eine darauf bezogene Prüfungspraxis beziehen neben Fachwissen auch Reflexion mit ein. Digitale Mind-Mapping-Tools oder E-Portfolios können die metakognitiven Kompetenzen der Schüler*innen unterstützen und erweitern.

Forschungsbefunde zeigen, dass Selbstregulation eine wesentliche Voraussetzung für erfolgreiches schulisches Lernen darstellt (Weber u. a. 2022, 80). Schüler*innen entwickeln insbesondere dann selbstregulative Fähigkeiten, wenn metakognitive Fähigkeiten verknüpft mit fachlichen Inhalten vermittelt werden (Perels u. a. 2005; Perels u. a. 2009; Schmitz u. a. 2007; Schober u. a. 2008; Zimmerman u. a. 2011). Die Förderung selbstregulativen Lernens kann dazu beitragen, dass Schüler*innen ihre Lernerfahrungen positiver wahrnehmen und sich besser auf Prüfungen vorbereiten können.

Nach dem Drei-Phasen-Prozessmodell von Schmitz u. a. (2007) planen die Schüler*innen in der präaktionalen Phase zunächst was und wie sie lernen möchten. In der aktionalen Phase bearbeiten sie mit Hilfe kognitiver und metakognitiver Lernstrategien eine Aufgabe und überdenken in der anschließenden postaktionalen Phase perspektivisch, was sie bei der nächsten Planung und Bearbeitung modifizieren können (Schmitz u. a. 2007). Wird Unterricht in diesem Sinne lernwirksam und -förderlich gestaltet, liegt es nahe, auch in Prüfungssituationen und bei Klassenarbeiten nicht nur das fachliche Wissen abzufragen, sondern verstärkt die Dokumentation und Reflexion der metakognitiven Strategien einzubinden (Weber u. a. 2022). Digitale Mind-Mapping-Tools können Schüler*innen helfen, ihren Lernprozess zu strukturieren und zu visualisieren. E-Portfolios, Lern-Management-Systeme, digitale Tagebücher oder Blogs sowie interaktive Quiz-Tools können darüber hinaus Reflexionsanlässe und -fragen integrieren.

2.4 Dialog und Vergewisserung als Meilensteine einer neuen Prüfungskultur

Formative Verfahren erzeugen wechselseitige Einschätzungen, sichern Qualität und selbstkonzeptbezogene Effekte.

Die Entwicklung und Automatisierung positiver Lerngewohnheiten und Selbstregulationsstrategien wird insbesondere durch Selbstbeobachtung unterstützt (Dörrenbächer/Perels 2016; Fabriz u. a. 2014; Kanfer u. a. 2000; Landmann/Schmitz 2007) sowie durch eine regelmäßige und bewusste Anwendung selbstregulatorischer Lernstrategien (Wirth u. a. 2020). Studien zeigen, dass sich für die Förderung von Selbstbeobachtung und die regelmäßige Aktivierung von Lernstrategien insbesondere formative Assessment-Verfahren (Smit 2009; Smit u. a. 2017) wie Lerntagebücher (Schmitz/Wiese 2006), Reflexionsbögen oder Logbücher eignen (Beutel/Pant 2024). Durch eine prozessorientierte Dokumentation sowie den Dialog über Ist-Stand und Feedback erhalten Lehrkräfte und Lernende eine kontinuierliche Rückmeldung über den Lernstand der Schüler*innen. Lehrer*innen können den Unterricht bei Bedarf anpassen (Hattie/Zierer 2018; Sanders/Zierer 2019).

Internationale Befunde weisen insbesondere auf die positiven Effekte formativen Assessments hin (Black/Wiliam 1998; Bürgermeister/Saalbach 2018; Dunn/Mulvenon 2009; Kingston/Nash 2011; Kingston/Nash 2015; McLaughlin/Yan 2017). Einige Studien geben Hinweise darauf, dass für die Verbesserung der Lernleistungen die Schüler*innenpartizipation bedeutsam ist. Die Untersuchung von Meisels u. a. (2003) zeigt, dass schon Grundschüler*innen von formativer Lernbegleitung und Leistungsrückmeldung profitieren können und vor allem dann bessere Lernleistungen zeigen, wenn sie und ihre Eltern in die Gestaltung und Auswertung formativer Bewertungsmethoden eingebunden werden. Hinweise zu einem positiven Zusammenhang zwischen Schüler*innenpartizipation und Lernmotivation sowie zum Arbeitsverhalten und leistungsbezogenem Selbstkonzept finden sich bei Keuler (2019), Frisch (2019) und Holtappels (2004). Kunze (2022) kann positive Effekte für die Entwicklung des akademischen Selbstkonzeptes durch eine dialogbasierte Leistungsbeurteilung mit Portfolios dokumentieren und auch Brück-Hübner (2020) hebt das Potenzial von E-Portfolios für eine höhere Transparenz und Intersubjektivität der Leistungsbewertung hervor.

2.5 Feedback und Reflexion sind Fundamente einer zeitgemäßen Prüfungskultur

Schüler*innenseitige Fehlerkorrektur und Reflexion der eigenen Leistungserbringung können auch in Prüfungskontexten in die Bewertung mit einfließen. Digitale Tools können Lehrkräfte entlasten, setzen jedoch, um wirksam zu sein, auf entwicklungsbezogenes schüler*innenzentriertes Feedback.

Neben der Selbsteinschätzung ist auch das Lehrer*in-Schüler*in-Feedback in formativen Formaten ein zentrales Element, um Lernprozesse zu reflektieren, bei Bedarf zu modifizieren und dadurch lernwirksamer zu gestalten (Hattie 2013; Hattie u. a. 2021).

Hattie und Timperley (2007) unterscheiden in ihrem Feedback-Modell die Ebene der Aufgabe, des Prozesses, der Selbstregulation und des Selbst. Erste internationale Studien (Christensen 2015) lassen vermuten, dass die Feedbackebenen gegebenenfalls kontextabhängig ergänzt werden müssen. Dies geschieht beispielsweise durch eine Rückmeldungsebene, die eine kritische Einschätzung und Haltung zum Inhalt fördern kann. Zahlreiche Studien zeigen, dass Lernende vor allem aufgabenbezogenes Feedback von ihren Lehrer*innen erhalten und deutlich seltener hinsichtlich ihrer Selbstregulation (Brooks u. a. 2019; Gan 2011; Sanders/Zierer 2019; Van den Bergh u. a. 2010). Sanders und Zierer (2019) dokumentieren in einer qualitativ-quantitativ angelegten Studie mit Haupt- und Oberschüler*innen, dass sich eine klare Mehrheit der Lernenden mehr Feedback auf der Ebene der Selbstregulation wünscht, weil dies durch die Kontrolle des eigenen Lernprozesses und die Identifizierung von Fehlern eine „vertiefende Durchdringung der Aufgabe und der eigenen Lösung“ (Sanders/Zierer 2019, 599; Mandouit 2020) ermögliche. Im Rahmen einer zeitgemäßen, formativ angelegten Prüfungskultur scheint es somit konsequent, wenn eine individuelle Überarbeitung und Reflexion der Lernprodukte und Leistungen (z. B. bei Klassenarbeiten und Klausuren) und eine individuelle Fehlerkorrektur ebenfalls in die Gesamtbewertung mit einfließen. Um den individuellen Lernstand der Schüler*innen diagnostizieren und ein angepasstes Feedback geben zu können, wird aktuell vor allem adaptiven digitalen Lerntechnologien ein großes Potenzial zugeschrieben (Maier u. a. 2016).

Im Hinblick auf die Unterstützungsleistung digitaler Systeme ist von Bedeutung, wie die Schüler*innen das Feedback tatsächlich nutzen können. In einer Studie zu den Effekten computergestützter, formativer Tests mit unterschiedlichen Rückmeldeformaten im naturwissenschaftlichen Unterricht weisen Maier u. a. (2016) nach, dass Schüler*innen, die ein einfaches Feedback erhalten haben, besser abschnitten als ihre Mitlernenden, die kein oder ein sehr detailliertes

Feedback bekamen. Die Autor*innen vermuten, dass ein zu ausführliches Feedback die Schüler*innen im naturwissenschaftlichen Unterricht kognitiv überfordern kann und sie die Rückmeldung dann gar nicht beachten.

Eine formative Beteiligungspraxis erfordert darüber hinaus von Schüler*innen eine gut entwickelte Lesekompetenz, um schriftliche Feedbackformate sinnentnehmend zu verstehen. Laut IGLU 2021 (McElvany u. a.2023) erreichen jedoch 25,4 Prozent der Schüler*innen in Deutschland nicht die Kompetenzstufe III am Ende der Grundschulzeit, was ihre Befähigung zu schulischem Lernen und gesellschaftlicher Teilhabe einschränkt (Lorenz u. a. 2023). Dieser Anteil an leseschwachen Schüler*innen ist seit 2001 signifikant gestiegen, wobei die Gründe nicht nur in der steigenden Schüler*innenheterogenität und der Corona-Pandemie liegen (Frey u. a. 2023). Interessanterweise hat sich, trotz wachsender Leseschwäche von 2011 bis 2016, der Anteil der von Lehrkräften als förderbedürftig erachteten Schüler*innen im Lesen verringert (Bremerich-Vos u. a. 2017). Basierend auf den Ergebnissen von IGLU 2021 (McElvany u. a. 2023) ist es von Bedeutung, individuelle Diagnostik mit gezielter Leseförderung zu verbinden. Ein zentrales Anliegen sollte dabei die Verbindung von differenzierter Lesekompetenzmessung und formativer Förderung sein, die einen dialogischen Ansatz zur Leistungsbewertung ermöglicht.

2.6 Eine neue Prüfungspraxis erzeugt Verstehenskontexte bei Schüler*innen

Eine neue Prüfungspraxis braucht eine Kultur des Lerndialogs, die nicht allein auf die vorschnelle Passung von Aufgabe und Lösung zielt, sondern individuelle Bedeutungskontexte herausstellt.

Mit formativen Verfahren geht einher, sich selbst und das eigene Lernen zu reflektieren und diese Reflexion ebenfalls zum Gegenstand der Bewertung zu machen.

Ein Reflexionsformat, das in den letzten Jahren zunehmend erprobt und vereinzelt erforscht wird, sind Lernentwicklungsgespräche. Dabei reflektieren Schüler*innen, Lehrkräfte und auch Eltern in der Regel gemeinsam den bisherigen Lernprozess und die weitere Lernentwicklung. Erste Studien geben Hinweise auf die positive Wahrnehmung von Lernentwicklungsgesprächen durch alle Beteiligten (Beutel/Ruberg 2019; Bonanati 2018; Dollinger 2019; Ertl u. a. 2022). So zeigen Ertl u. a. (2022) in einer aktuellen Studie zu Lernentwicklungsgesprächen und motivationalen Aspekten des Lernens, dass diese von einer Mehrheit der Schüler*innen positiv eingeschätzt und beurteilt werden, da sie eine Selbsteinschätzung der Schüler*innen berücksichtigen, eine lernunterstützende Rückmeldung bieten sowie passende und hilfreiche Zielvereinbarungen ermöglichen. Während das schulische Selbstkonzept bei den teilnehmenden Schüler*innen im Studienzeitraum anstieg, veränderte sich die Anstrengungsbereitschaft nur dann, wenn die vereinbarten Lernziele auch von den Schüler*innen als passend und zielführend angesehen wurden. Darüber hinaus kann Knapp (2022) in einer Interviewstudie zu der Wirkung von Feedback in Lernentwicklungsgesprächen mit Grundschulkindern zeigen, dass Annahme und Wirkung des Feedbacks von den individuellen, subjektiven Themen und Deutungskonstruktionen der Kinder abhängen.

Insgesamt deutet sich dadurch weiterer Forschungsbedarf hinsichtlich der interaktiven und strukturellen Ausgestaltung der Gespräche an. Im Rahmen einer Studie, in der Lernentwicklungsgespräche rekonstruiert wurden, konnte Bonanati (2018) herausarbeiten, dass Lernentwicklung von den Gesprächsteilnehmenden vorrangig als eine Optimierung an die schulischen Erwartungen konstruiert wird. Die Gespräche sind weniger auf eine individuelle Lernreflexion bezogen als vielmehr auf Techniken der Selbstregulation. Diese zielen auf eine optimale Passung an die schulischen Erwartungen (Bonanati 2018, 416). Auch Leonhard (2022) verweist in einer Analyse von Selbstreflexionsinstrumenten darauf, dass „Schüler*innen oder Studierende, deren eingeforderte Reflexionen zum Gegenstand der Leistungsbewertung werden, diese auch strategisch daran ausrichten" (80). Gerade in Auseinandersetzung mit den eingangs skizzierten Jahrhundertthemen ist die Frage nach der Lebens- und Sinnrelevanz schulischer Aufgaben für die Schüler*innen zentral. Reflexionsaufforderungen und -anforderungen im Rahmen von bewerteten Lern- und Leistungssituationen sollten so sinnfällig gestaltet werden, dass sie zur „Bewältigung relevanter Fragen" (Leonhard 2022, 89) beitragen. Dass dies nicht durch eine Überbetonung von Regulations- und Selbstmanagementstrategien verhindert wird, ist eine zentrale Entwicklungsaufgabe innerhalb eines Bildungssystems, in dem Lernen, Verstehen und Gestalten im Mittelpunkt stehen.

Um die konkrete Ausgestaltung der Formate in ihrem Spannungsverhältnis von Lernen und Anpassung sowie ständiger Prüfung und kontinuierlicher Unterstützung (Falkenberg u. a., 2017) zu untersuchen, ist eine wissenschaftliche Begleitforschung schulischer Prüfungspraxis in Form von Interaktions- und Kommunikationsanalysen notwendig.

2.7 Digitalgestütztes kooperatives Lernen im Unterricht benötigt vielfältige Navigation

Auch in einer digitalgestützten Lern- und Prüfungskultur stehen die Lehrkraft sowie ihr didaktisches, diagnostisches und kommunikatives Handeln im Mittelpunkt.

Eine neue Lern- und Prüfungskultur setzt zunehmend auf Kooperation und Kollaboration. Die unterstützende Wirkung digitaler Medien auf den Wissenszuwachs, die Kompetenzentwicklung sowie die Wahrnehmung des Lernens in kooperativen Lernprozessen im Gruppenunterricht gelten als belegt (Chen u. a. 2018; Herrle u. a. 2022; Kammerl/Dertinger 2020). Herrle u. a. (2022) können in einer qualitativen Studie zum Einsatz digitaler Medien im Gruppenunterricht zeigen, dass es hierbei nicht die Technologie als solche ist, die Lernwirkungen erzeugt, sondern dass die lehrkraftseitige Gestaltung von Lernsettings sowie eine dialogische Begleitung als zentrale Gelingensbedingung digital gestützten kollaborativen Arbeitens in Gruppen anzusehen ist (Herrle u. a. 2022). Auch andere Befunde deuten an, dass sich die kommunikativen Strategien der Gruppensteuerung (Gillies u. a. 2008) sowie ein adaptives Eingehen auf den Gruppenprozess (Pauli/Reusser 2000) durch die Lehrkraft entscheidend für die Wirksamkeit erweisen. Auch nach Fischer u. a. (2013) wird bekräftigt, dass es sogenannte „collaboration scripts" der Lehrkräfte sind, die den Schüler*innen in kooperativen Phasen Orientierung geben können.

Im Zuge zunehmender Digitalisierung und einer verstärkten Integration von Technologie in den Unterricht steht damit weiterhin die Lehrkraft als Gestalter*in von Lernprozessen und Prüfungssituationen im Mittelpunkt (Scheiter 2021). Da auch digitale Tools „keine naturgegebenen, sondern von Menschen erschaffene Systeme mit impliziten Sichtweisen und Absichten sind, die eine Definitions- und Wirkmächtigkeit auf Nutzende und ihre Kontexte ausüben können" (Döbeli Honegger 2022, 306), sind sowohl eine diagnostisch-didaktische Expertise als auch der kritisch-reflexive Einsatz solcher Tools Ausdruck von Professionalität. Die Förderung und Ermöglichung von Partizipation, Kollaboration und Individualisierung in Lernbegleitung und Leistungsüberprüfung erfordert von Lehrkräften damit weitaus mehr als Anwendungssicherheit im Umgang mit digitalen Tools.

2.8 Hohe Professionsstandards für eine neue Prüfungspraxis entstehen in einer gemeinsamen Reformbewegung

Um eine zeitgemäße Prüfungskultur nachhaltig in die Praxis zu implementieren, benötigen Lehrkräfte politisch-administrative Unterstützung sowie wissenschaftliche Begleitung und eine reflektierte, netzwerkbezogene Praxis weiterer Schulen.

Der skizzierte Wissensstand zu einer veränderten Prüfungskultur legt nahe, dass es eine äußerst anspruchsvolle Aufgabe für Lehrkräfte ist, die tradierte Lern- und Prüfungskultur zu verändern. Buholzer u. a. (2020) weisen im Kontext ihrer Studie zu formativem Assessment im Mathematikunterricht von Primarpersonen darauf hin, dass es noch nicht gelingt, „Lehrpersonen so aus- und weiterzubilden, dass sie in der Lage sind, qualitativ hochstehendes, lernförderliches formatives Assessment im Unterricht umzusetzen“ (Buholzer u. a. 2020, 654). Darüber hinaus werden digitale Tools bisher in erster Linie als funktionale Hilfsmittel in individualisierten Lehr-Lernsettings genutzt. Lehrkräfte verbinden mit ihrem Einsatz jedoch noch keine grundlegende Veränderung ihrer Unterrichtskonzepte – das Grundfundament der Schule bleibt unverändert (Cerratto Pargman/Jahnke 2019; Wolf/Thiersch 2021).

Schulen, die sich in diesem Bereich entwickeln wollen, können sich in gemeinsamen Fortbildungen und Schulentwicklungsprozessen mit nachfolgendem Frageportfolio auseinandersetzen.

Die Weiterentwicklung neuer Prüfungsformate kann nur mit gut ausgebildeten Lehrkräften gelingen, die die Notwendigkeit einer neuen Lern- und Prüfungskultur erkennen und diese im Hinblick auf erfolgreiche Bildungsprozesse und -abschlüsse entwickeln. Für jedes Bundesland wird zudem angeregt, Schulnetzwerke zu bilden, wissenschaftliche Begleitung aktiv zu unterstützen sowie in den Gesetzen und Richtlinien Spielräume für eine neue Prüfungskultur zuzulassen.

Abb. 1: Fragenportfolio zur Neuausrichtung der Leistungsbeurteilung (Quelle: eigene Darstellung, S.-I. Beutel)

Empfehlungen für Politik und Administration:

Länderebene
- Förderung der Qualitätsentwicklung in Bezug auf eine moderne Konzeption von Leistung und eine damit verbundene Praxis der Leistungsrückmeldung und -beurteilung im Kontext der 16 landesspezifischen Bildungssysteme
- Regelungen zur Leistungsbeurteilung/ Leistungsrückmeldung mit Verbindlichkeit und schulspezifisch ausgestaltbaren Möglichkeiten/Freiräumen
- Länderspezifische Verankerung einer neuen Prüfungspraxis in den Lehrplänen, Stundentafeln, Personal- und Zeitressourcen
- Ausbildungsstätten der zweiten Phase/Zentren für schulpraktische Lehrer*innenausbildung

KMK – Länderkoordination
- Fortschreibung KMK-Empfehlung (StäwiKo) über zeitgemäße Lern-, Leistungs- und Prüfungskultur
- Etablierung einer vorbereitenden Länderarbeitsgruppe in der KMK

Universitäten/Hochschulen
- Ausdifferenzierung der Lehrer*innenbildung in Blick auf Leistungskonzepte/Leistungsportfolio/Kommunikations- und Evaluationsfeedback/Anerkennungspraxis
- Partizipative Governancekultur
- Projekte zum Monitoring „Leistungskonzepte und Leistungsbeurteilung" (z. B. als Teil einer Qualitätsoffensive ZLLP)
- Wissenschaftlicher Expert*innenrat
- Management der Qualitätsstrategie: Evidenz und Transfer

Bund/BMBF
- BMBF Forschungsverbünde, verlässliche Fördermittel, Zielperspektive Qualitätsoffensive: „Zukunftsfähige Lern-, Leistungs- und Prüfungskonzepte" – ZLLP" (oder: Zukunft Lernen und Leistung") als Impulsgeber für Wissenschaft und praxiswirksames Förderprogramm analog zur „Qualitätsoffensive Lehrerbildung"
- Kooperativer bundesweiter Kongress von KMK und BMBF, Wissenschaft, Schulpraxis und Zivilgesellschaft – Arbeitstitel: „Zukunftsfähige Lern-, Leistungs- und Prüfungskonzepte"

Schulebene – Schulpraxis
- Partizipative Governancekultur
- Digitale und analoge Lernumgebungen mit Selbststeuerung und Außenlerngruppen
- Notenfreiräume und Anerkennung von Äquivalenzleistungen, dynamische Gestaltung von Bildungsvita und Bildungsübergängen

Kommunale Verantwortungsträger/Schulaufsicht:
- Etablierung und Unterstützung von Modellschulen
- und Netzwerken mit aktiver Einbindung in den Bildungs- und Sozialraum

Zivilgesellschaftliche Akteure und Erfahrungen aus
- Stiftungen
- schulischen Unterstützungs- wie Kooperationsnetzwerken
- aus Programmen zum Ganztags- und Demokratielernen
- BNE-Initiativen/Modellkommunen und der Friedenspädagogik
- sowie die Integration der Selbstorganisationen/Gremien von Eltern und Schüler*innen

Wirtschaft
- Expertise und Erwartungen der Selbstorganisationen der Wirtschaft in Blick auf:
- Digitalisierung, MINT-Bildung
- Zielperspektiven nachhaltiger Entwicklung für den Wirtschaftsstandort Deutschland

Über die Deutsche Kinder- und Jugendstiftung

Die Deutsche Kinder- und Jugendstiftung (DKJS) setzt sich für Bildungserfolg und gesellschaftliche Teilhabe junger Menschen ein. Für dieses Ziel bringt sie Akteur*innen aus Staat, Wirtschaft, Praxis und Zivilgesellschaft zusammen und entwickelt mit ihnen Antworten auf aktuelle Herausforderungen im Bildungssystem. Die Vermittlung von wichtigen Zukunftskompetenzen und die Etablierung von demokratischen Beteiligungsstrukturen für Kinder und Jugendliche sind zwei Handlungsschwerpunkte der DKJS und in Zeiten von Fake News, Hass und Verschwörungstheorien im Internet wichtiger denn je. Mit regionalen und bundesweiten Programmen und Projekten stößt sie gemeinsam mit Partner*innen Veränderungsprozesse an. Ein Programm ist *bildung.digital.* Die gemeinsame Initiative der DKJS und ARAG SE unterstützt Schulen bundesweit dabei, Konzepte der digitalen Bildung zu entwickeln und zu verankern, die digitalen Kompetenzen der Schüler*innen zu stärken und damit gesellschaftliche Teilhabe zu ermöglichen. Dafür agiert das Programm nicht nur in bundesweiten Schulnetzwerken, sondern hat auch Impuls- und Qualifizierungsangebote für die verschiedenen Bildungsakteur*innen entwickelt – darunter das Impulsformat „update.bildung", in dessen Rahmen diese Expertise entstanden ist. Im *Kompetenznetzwerk Demokratiebildung im Jugendalter* erfährt die schulische und außerschulische Praxis ebenfalls Unterstützung. Gefördert vom Bundesministerium für Familie, Senioren, Frauen und Jugend (BMFSFJ), stärkt das Programm die Umsetzung von kooperativer und partizipativer Demokratiebildung – unter anderem durch die Entwicklung von Qualitätskriterien. Um die Verankerung von Beteiligungsstrukturen geht es im Programm *Stark im Land.* Junge Erwachsene im ländlichen Raum werden dabei unterstützt, ihre Lebenswelt aktiv mitzugestalten und Beteiligungsformen in ihren Gemeinden und Kommunen zu etablieren. Das Programm wird gefördert vom Sächsischen Staatsministerium für Soziales und Gesellschaftlichen Zusammenhalt.

Literatur

ALM, Frederik/Colnerud, Gunnel (2015): Teachers' Experiences of Unfair Grading. Educational Assessment, 02/2015, S. 132–150.

BETTHÄUSER, Bastian A./Bach-Mortensen, Anders M./Engzell, Per (2023): A systematic review and meta-analysis of the evidence on learning during the COVID-19 pandemic. In: Nature Human Behaviour, 03/2023, S. 375–385.

BEUTEL, Silvia-Iris/Pant, Hans A. (2025): Lernen ohne Noten. Alternative Konzepte der Leistungsbeurteilung. 2. überarb. Aufl. Stuttgart.

BEUTEL, Silvia-Iris/Ruberg, Christiane (2019): Lernbegleitung und Leistungsbeurteilung als Professionalisierungsanliegen von Lehrkräften. Evaluation der Pädagogischen Werkstatt: „Lernbegleitung und Leistungsbeurteilung: Fördern, beteiligen, dialogisch reflektieren". o. O.

BLACK, Paul/Wiliam, Dylan (1998): Assessment and classroom learning. In: Assessment in Education: Principles, Policy & Practice, 01/1998, S. 7–74.

BOHL, Thorsten (2022): Leistungsbeurteilung. Grundbegriffe und Grundlagen. In: Friedrich Jahresheft, 01/2022, S. 6–9.

BONANATI, Marina (2018): Lernentwicklungsgespräche und Partizipation. Rekonstruktionen zur Gesprächspraxis zwischen Lehrpersonen, Grundschülern und Eltern. Wiesbaden.

BREMERICH-VOS, Albert/Stahns, Ruven/Hußmann, Anke/Schurig, Michael (2017): Förderung von Leseflüssigkeit und Leseverstehen im Leseunterricht. In: Hußmann, Anke/Wendt, Heike/Bos, Wilfried/Bremerich-Vos, Albert/Kasper, Daniel/Lankes, Eva.Marie/McElvany, Nele/Stubbe, Tobias C./Valtin, Renate (Hg.): IGLU 2016. Lesekompetenzen von Grundschulkindern in Deutschland im internationalen Vergleich. Münster, S. 279–296.

BROOKS, Cam/Carrol, Annemaree/Gillies, Robyn M./Hattie, John (2019): A Matrix of Feedback for Learning. In: Australian Journal of Teacher Education, 04/2019, S. 14–32.

BRÜCK-HÜBNER, Annika (2020): ePortfolio und neue Lernkultur. Theoretische und empirische Studien zur Entwicklung von Schule. Baltmannsweiler.

BUHOLZER, Alois/Baer, Matthias/Zulliger, Sandra/Torchetti, Loredana/Ruelmann, Merle/Häflinger, Andrea/Lötscher, Hanni (2020): Formatives Assessment im alltäglichen Mathematikunterricht von Primarlehrpersonen: Häufigkeit, Dauer und Qualität. In: Unterrichtswissenschaft, 04/2020, S. 629–661.

BÜRGERMEISTER, Anika/Saalbach, Henrik (2018): Theoretischer Beitrag: Formatives Assessment: Ein Ansatz zur Förderung individueller Lernprozesse. In: Psychologie in Erziehung und Unterricht, 03/2018, S. 194.

CERRATTO PARGMAN, Teresa/Jahnke, Isa (2019): Emergent practices and material conditions in learning and teaching with technologies. Cham.

CHEN, Juanjuan/Wang, Monhong/Kirschner, Paul/Tsai, Chin-Chung (2018): The role of collaboration, computer use, learning environments, and supporting strategies in CSCL. A meta-analysis. In: Review of Educational Research, 06/2018, S. 799–843.

CHRISTENSEN, Vibeke (2015): Nettekster fanger og fænger. Multimodale tekster, feedback og tekstkompetence i danskundervisningen i udskolingen [Dissertation]. Aalborg Universität.

DICKHÄUSER, Oliver/Janke, Stefan/Praetorius, Anna-Katharina/Dresel, Markus (2017): The effects of teachers' reference norm orientations on students' implicit theories and academic self-concepts. In: Zeitschrift für Pädagogische Psychologie, 04/2017, S. 205–219.

DÖBELI HONEGGER, Beat (2022): Was unter „Individuelle Förderung und Digitalität" verstanden wird, ist oft sehr individuell ... und wird zunehmend von der eingesetzten Software geprägt. In: Die Deutsche Schule, 03/2022, S. 298–311.

DOLLINGER, Sonja (2019): Lernunterstützende Rückmeldung in Lernentwicklungsgesprächen. In: Zeitschrift für Grundschulforschung, 01/2019, S. 197–212.

DÖRRENBÄCHER, Laura/Perels, Franziska (2016): More is more? Evaluation of interventions to foster self-regulated learning in college. In: International Journal of Educational Research, 78/2016, S. 50–65.

DUNN, Karee E./Mulvenon, Sean W. (2009): A critical review of research on formative assessment. The limited scientific evidence of the impact of formative assessment in education. In: Practical Assessment, Research & Evaluation, 07/2009, S. 1–11.

ERTL, Sonja/Kücherer, Benjamin/Hartinger, Andreas (2022): Lernentwicklungsgespräche und die Entwicklung motivationaler Aspekte des Lernens. Zeitschrift für Grundschulforschung, 01/2022, S. 221–236.

FABRIZ, Sabine/Dignath, Charlotte/Poarch, Gregory J./Büttner, Gerhard (2014): Fostering self-monitoring of university students by means of a standardized learning journal. A longitudinal study with process analyses. In: European Journal of Psychology of Education, 02/2014, S. 239–255.

FALKENBERG, Kathleen (2021): Optimierung des Lernens. Über die Herausforderungen formativer Leistungsbeurteilung am Beispiel Schwedens. In: Terhart, Henrike/Hofhues, Sandra/Kleinau, Elke (Hg.): Optimierung. Anschlüsse an den 27. Kongress der Deutschen Gesellschaft für Erziehungswissenschaft. Opladen, S. 85–103.

FALKENBERG, Kathleen (2023): Anders prüfen ohne Noten. In: Pädagogik, 06/2023, S. 35–38.

FALKENBERG, Kathleen/Vogt, Bettina/Waldow, Florian (2017): Ständig geprüft oder kontinuierlich unterstützt? Schulische Leistungsbeurteilung in Schweden zwischen formativem Anspruch und summativer Notwendigkeit. In: Zeitschrift für Pädagogik, 03/2017, S. 317–333.

FISCHER, Ann-Christin/Dunkake, Imke/Ricking, Heinrich (2022): Ergebnisse einer quantitativen Untersuchung an Schulen zu Risikofaktoren bei Schulangst. In: Zeitschrift für Kinder- und Jugendpsychiatrie und Psychotherapie, 06/2022, S. 429–517.

FISCHER, Frank/Kollar, Ingo/Stegmann, Karsten/Wecker, Christof (2013): Collaboration scripts in computer-supported collaborative learning. In: Hmelo-Silver, Cindy/Chinn, Clark/Chan, Carol/O'Donnell, Angela (Hg.): The International Handbook of Collaborative Learning. New York, S. 403–419.

FREY, Andreas/Ludewig, Ulrich/König, Christoph/Krampen, Dorothea/Lorenz, Ramona/Bos, Wilfried (2023): Lesekompetenz von Viertklässlerinnen und Viertklässlern im internationalen Vergleich. 20-Jahre-Trend. In: McElvany, Nele/Lorenz, Ramona/Frey, Andreas/Goldhammer, Frank/Schilcher, Anita/Stubbe, Tobias C. Stubbe (Hg.): IGLU 2021: Lesekompetenz von Grundschulkindern im internationalen Vergleich und im Trend über 20 Jahre. Münster, S. 111–130.

FRISCH, Julia (2019): Leistungsbewertung partizipativ gestalten. In: mateneen: Praxishefte Demokratische Schulkultur, 03/2019, S. 23–25.

GAN, Joo S. M. (2011): The effects of prompts and explicit coaching on peer feedback quality [Dissertation]. Auckland Universität.

GILLIES, Robyn M./Ashman, Adrian/Terwel, Jan (Hg.). (2008): The teacher's role in implementing cooperative learning in the classroom. Boston.

HATTIE, John (2013): Lernen sichtbar machen. Überarb. deutschspr. Ausgabe von „Visible Learning“. Baltmannsweiler.

HATTIE, John/Crivelli, Jill/Van Gompel, Kristin/West-Smith, Patti/Wike, Kathryn (2021): Feedback that leads to improvement in student essays: Testing the hypothesis that „Where to Next“ feedback is most powerful. Frontiers in Education, 06/2021, S. 1–9.

HATTIE, John/Masters, Deb (2011): The evaluation of a student feedback survey. Cognition.

HATTIE, John/Timperley, Helen (2007): The Power of Feedback. Review of Educational Research, 01/2007, S. 81–112.

HATTIE, John/Zierer, Klaus (2018): Visible Learning. Auf den Punkt gebracht. Baltmannsweiler.

HERRLE, Matthias/Hoffmann, Markus/Proske, Matthias (2022): Unterrichtsgestaltung im Kontext digitalen Wandels: Untersuchungen zur soziomedialen Organisation Tablet-gestützter Gruppenarbeit. In: Zeitschrift für Erziehungswissenschaft, 06/2022, S. 1389–1408.

HESS, Annette (2020): Disziplin und Leistung im Alltag einer zweiten Grundschulklasse. Eine ethnographische Studie. Wiesbaden.

HOLTAPPELS, Heinz G. (2004): Beteiligung von Kindern in der Schule. In: Deutsches Kinderhilfswerk e. V. (Hg.): Kinderreport Deutschland 2004. Daten, Fakten, Hintergründe. München, S. 259–274.

KAMMERL, Rudolf/Dertinger, Andreas (2020): Guter Unterricht mit mobilen Medien. Eine Darstellung einschlägiger Konzepte und aktueller Forschungsbefunde. In: Meister, Dorothee M./ Mindt, Ilka (Hg.): Mobile Medien im Schulkontext. Wiesbaden, S. 47–78.

KANFER, Frederick H./Reinecker, Hans/Schmelzer, Dieter (2000): Selbstmanagement-Therapie. Ein Lehrbuch für die klinische Praxis (3. Aufl.). Berlin.

KEULER, Charlotte (2019): Unterricht partizipativ gestalten. In: mateneen: Praxishefte Demokratische Schulkultur, 03/2019, S. 5–8.

KINGSTON, Neal/Nash, Brooke (2011): Formative assessment: A meta-analysis and a call for research. In: Educational Measurement: Issues and Practice, 04/2011, S. 28–37.

KINGSTON, Neal/Nash, Brooke (2015): Erratum. Formative assessment: A meta-analysis and a call for research. In: Educational Measurement: Issues and Practice, 02/2015, S. 55.

KNAPP, Damaris (2022): Wie Kinder Lerngespräche verstehen. Sinnkonstruktionen und Bedeutungshorizonte. In: Gläser, Eva/Poschmann, Julia/Büker, Petra/Miller, Susanne (Hg.): Reflexion und Reflexivität im Kontext Grundschule. Perspektiven für Forschung, Lehrer:innenbildung und Praxis. Bad Heilbrunn, S. 176–181.

KRAWINKEL, Stefanie/Südkamp, Anna Sarah/Tröster, Heinrich (2017): Soziale Partizipation in inklusiven Grundschulklassen. Bedeutung von Klassen- und Lehrkraftmerkmalen. In: Empirische Sonderpädagogik, 03/2017, S. 277–295.

KUNZE, Lisa (2022): Dialogbasierte Leistungsbeurteilung mit Portfolios. Theoretische Grundlagen, praktische Umsetzungsmöglichkeiten und empirische Befunde. Münster.

LANDMANN, Meike/Schmitz, Bernhard (2007): Welche Rolle spielt Self-Monitoring bei der Selbstregulation und wie kann man mit Hilfe von Tagebüchern die Selbstregulation fördern? In: Gläser-Zikuda, Michaela (Hg.): Lernprozesse dokumentieren, reflektieren und beurteilen. Lerntagebuch und Portfolio in Bildungsforschung und Bildungspraxis. Bad Heilbrunn, S. 149–169.

LBS-KINDERBAROMETER DEUTSCHLAND (2016): Stimmungen, Trends und Meinungen von Kindern aus Deutschland. Ergebnisse des Erhebungsjahres 2015. Berlin.

LEONHARD, Tobias (2022): Reflexionsregime in Schule und Lehrerbildung. Zwischen guter Absicht und transintentionalen Folgen. In: Reintjes, Christian/Kunze, Ingrid (Hg.): Reflexion und Reflexivität in Unterricht, Schule und Lehrer:innenbildung. Bad Heilbrunn, S. 77–93.

LINTORF, Katrin/Buch, Susanne R. (2021): Stabile Präferenz oder flexibel am Diagnoseziel orientiert? Die Bezugsnormwahl angehender Lehrkräfte. In: Zeitschrift für Pädagogische Psychologie, 02–03/2021, S. 107–118.

LOHBECK, Annette (2017): Die individuell präferierte Bezugsnormorientierung und das Selbstkonzept von Grundschulkindern im Fach Mathematik. In: Zeitschrift für Pädagogische Psychologie, 01/2017, S. 41–55.

LORENZ, Ramona/McElvany, Nele/Schilcher, Anita/Ludewig, Ulrich (2023): Lesekompetenz von Viertklässlerinnen und Viertklässlern im internationalen Vergleich. Testkonzeption und Ergebnisse von IGLU 2021. McElvany, Nele/Lorenz, Ramona/Frey, Andreas/Goldhammer, Frank/Schilcher, Anita/Stubbe, Tobias C. Stubbe (Hg.): IGLU 2021: Lesekompetenz von Grundschulkindern im internationalen Vergleich und im Trend über 20 Jahre. Münster, S. 53–87.

MAIER, Uwe/Randler, Christoph/Wolf, Nicole (2016): Effekte von computergestützten, formativen Tests mit unterschiedlichen Rückmeldeformaten auf Lernleistungen im naturwissenschaftlichen Unterricht, 02/2016, S. 241–262.

MANDOUIT, L. (2020): Investigating how students receive, interpret, and respond to teacher feedback [Dissertation]. Melbourne Universität.

MCELVANY, Nele/Lorenz, Ramona/Frey, Andreas/Goldhammer, Frank/Schilcher, Anita/Stubbe, Tobias C. (Hg.). (2023): IGLU 2021: Lesekompetenz von Grundschulkindern im internationalen Vergleich und im Trend über 20 Jahre. Münster.

MCLAUGHLIN, Timothy/Yan, Zheng (2017): Diverse delivery methods and strong psychological benefits: A review of online formative assessment. In: Journal of Computer Assisted Learning, 06/2017, S. 562–574.

MEISELS, Samuel J./Atkins-Burnett, Sally/Xue, Yange/DiPrima Bickel, Donna (2003): Creating a system of accountability. The impact of instructional assessment on elementary children's achievement test scores. In: Education Policy Analysis Archives, 09/2003, S. 1–18.

PAULI, Christine/Reusser, Kurt (2000): Zur Rolle der Lehrperson beim kooperativen Lernen. In: Schweizerische Zeitschrift für Bildungswissenschaften, 03/2000, S. 421–442.

PERELS, Franziska/Dignath, Charlotte/Schmitz, Bernhard (2009): Is it possible to improve mathematical achievement by means of self-regulation strategies? Evaluation of an intervention in regular math classes. In: European Journal of Psychology of Education, 01/2009, S. 17–31.

PERELS, Franziska/Gürtler, Tina/Schmitz, Bernhard (2005): Training of self-regulatory and problem-solving competence. In: Learning and Instruction, 02/2005, S. 123–139.

RHEINBERG, Falko (2001): Bezugsnormorientierung. In: Rost, Detlef H. (Hg.): Handwörterbuch pädagogische Psychologie (Schlüsselbegriffe, 2. Aufl.). Weinheim, S. 55–61.

ROBERT Bosch Stiftung (2023): Das Deutsche Schulbarometer. Aktuelle Herausforderungen aus Sicht von Schulleitungen. Ergebnisse einer Befragung von Schulleitungen allgemein- und berufsbildender Schulen. Stuttgart.

SANDERS, Benedikt/Zierer, Klaus (2019): Schulisches Feedback. Welche Formen von Feedback verwenden Lehrende und wie lernwirksam schätzen Lernende diese ein? In: Pädagogische Rundschau, 06/2019, S. 589–601.

SCHEITER, Katharina (2021): Lernen und Lehren mit digitalen Medien. Eine Standortbestimmung. In: Zeitschrift für Erziehungswissenschaft, 05/2021, S. 1039–1060.

SCHMITZ, Bernhard/Landmann, Meike/Perels, Franziska (2007): Das Selbstregulationsprozessmodell und theoretische Implikationen. In: Landmann, Meike/Schmitz, Bernhard (Hg.): Selbstregulation erfolgreich fördern. Praxisnahe Trainingsprogramme für effektives Lernen. Stuttgart, S. 312–326.

SCHMITZ, Bernhard/Wiese, Bettina S. (2006): New perspectives for the evaluation of training sessions in self-regulated learning. Time-series analyses of diary data. In: Contemporary Educational Psychology, 01/2006, S. 64–96.

SCHOBER, Barbara/Wagner, Petra/Reimann, Ralph/Spiel, Christiane (2008): Vienna E-Lecturing (VEL): Learning how to learn self-regulated in an internet-based blended learning setting. In: International Journal on E-Learning, 04/2008, S. 703–723.

SMIT, Robbert (2009): Die formative Beurteilung und ihr Nutzen für die Entwicklung von Lernkompetenz. Eine empirische Studie in der Sekundarstufe I. Baltmannsweiler.

SMIT, Robbert/Bachmann, Patricia/Blum, Verena/Birri, Thomas (2017): Effects of a rubric for mathematical reasoning on teaching and learning in primary school. In: Instructional Science, 05/2017, S. 603–622.

STANAT, Petra/Schipolowski, Stefan/Schneider, Rebecca/Sachse, Karoline A./Weirich, Sebastian/Henschel, Sofie (Hg.) (2022): IQB-Bildungstrend 2021. Kompetenzen in den Fächern Deutsch und Mathematik am Ende der 4. Jahrgangsstufe im dritten Ländervergleich. Münster.

STANG, Justine (2016): Zur Urteilsgenauigkeit von Mathematiklehrkräften. Genauigkeitsbeeinflussende Faktoren, Stabilität und Auswirkungen [Dissertation]. Universität Passau.

VAN DEN BERGH, Linda/Ros, Anje/Beijaard, Douve (2010): Feedback van basisschoolleerkrachten tijdens actief leren. De huidige praktijk. Enschede.

WEBER, Xenia-Lea/Schuster, Corinna/Göritz, Stina/Stebner, Ferdinand (2022): Prüfungssituationen neu denken. Das Zusammenspiel von Lernprozess, Lernprodukt und Prüfungssituation. In: Friedrich Jahresheft, 01/2022, S. 80–81.

WIRTH, Joachim/Stebner, Ferdinand/Trypke, Melanie/Schuster, Corinna (2020): An interactive layers model of self-regulated learning and cognitive load. In: Educational Psychology Review, 04/2020, S. 1127–1149.

WOLF, Elke/Thiersch, Sven (2021): Optimierungsparadoxien. In: MedienPädagogik: Zeitschrift für Theorie und Praxis der Medienbildung, 42/2021, S. 1–21.

ZIMMERMAN, Barry J. (2011): Enhancing self-reflection and mathematics achievement of at-risk urban technical college students. In: Psychological Test and Assessment Modeling, 01/2011, S. 141–160.

ESTHER DOMINIQUE KLEIN

„Why don't our kids deserve that?"

Eine konzeptionelle Annäherung an die kollektive Aushandlung moralischer Bewertungen der Deservingness von Schüler*innen aus marginalisierten Herkunftsmilieus

1. Einleitung

Gesellschaftliche Herausforderungen der 2020er Jahre – etwa die Auswirkungen des Klimawandels oder Angriffe auf die demokratischen Strukturen der BRD – bedrohen insbesondere die Freiheit und Lebenschancen von Menschen aus sozioökonomisch benachteiligten sowie migrantisch geprägten Herkunftsmilieus und machen die gesellschaftliche Teilhabe dieser Gesellschaftsgruppen relevanter denn je. Zugleich zeigt sich, dass Schüler*innen aus Familien mit Zuwanderungsgeschichte und/oder aus sozioökonomisch benachteiligten Familien in Deutschland systematisch geringere Bildungschancen haben und bspw. auch durchschnittlich über ein geringeres politisches Wissen verfügen als Schüler*innen aus privilegierteren Milieus (Hahn-Laudenberg u. a. 2024), was wiederum in geringere Teilhabechancen mündet.

Schule kann einerseits durch Lerngelegenheiten, Förderangebote und zusätzliche Ressourcen geringere Bildungsressourcen in den Familien *kompensieren* (z. B. Deimel/Abs 2022). Andererseits leisten schulische Strukturen und Handlungspraxen auch einen aktiven Beitrag zur Reproduktion geringerer Bildungschancen, etwa durch institutionalisierte Diskriminierungspraktiken (Gomolla/Radtke 2009) oder defizitorientierte Erwartungen (Klein/Bronnert-Härle 2022; Nelson/Guerra 2013). Solche Handlungspraxen und Strukturen lassen sich nicht nur hinsichtlich des fachlich-kognitiven Lernens feststellen; Schüler*innen aus marginalisierten Milieus berichten bspw. auch systematisch weniger Partizipationsmöglichkeiten an ihren Schulen (Deimel u. a. 2020; Kahne/Middaugh 2008).

Zugleich wird ihr Vertrauen in politische Institutionen dadurch beeinflusst, wie sie sich durch Schule adressiert fühlen (Ziemes/Abs 2024). Sowohl die Frage, wie Schüler*innen aus marginalisierten Milieus ihre eigenen Handlungsmöglichkeiten einschätzen als auch die tatsächlich von ihnen erbrachten fachlichen Leistungen werden zudem durch ihre Wahrnehmung des Meritokratieprinzips beeinflusst (Darnon u. a. 2018; Madeira u. a. 2019; Major u. a. 2007). Ihre geringere Teilhabe an Gesellschaft könnte also auch damit zusammenhängen, dass ihnen in Schule vermittelt wird, dass sie diese nicht ‚verdient' haben.

Während es bereits einzelne Studien gibt, die sich den Prozessen der kollektiven Vermittlung von Zuschreibungen und Erwartungen insbesondere an Schüler*innen aus marginalisierten Milieus widmen (Forell 2020; Helsper u. a. 2018), bleibt bislang unklar, inwiefern hier auch kollektive Deutungsmuster des ‚Verdienstes' der Schüler*innen hineinspielen und wie diese ausgehandelt werden. Der Beitrag möchte hierzu eine erste Annäherung leisten, indem der politikwissenschaftliche Ansatz der *Deservingness* (z. B. van Oorschot 2000) auf den Schulbereich bezogen wird, um entsprechende schulische Aushandlungsprozesse beobachtbar zu machen.

2. Die moralische Bewertung von Deservingness

Studien zu Schulen, die einen hohen Anteil an Schüler*innen aus marginalisierten Herkunftsmilieus beschulen, verweisen darauf, dass für deren Fähigkeit, ihren Schüler*innen zum Bildungserfolg zu verhelfen, neben Entwicklungszielen und systematischen Arbeitsstrukturen und -prozessen insbesondere auch Fragen der *Schulkultur* entscheidend sind (im Überblick Klein 2018a). Helsper (2008) versteht unter Schulkultur eine symbolische Ordnung innerhalb von Schulen, die durch die handelnde Auseinandersetzung der schulischen Akteur*innen mit strukturellen Bedingungen und dem eigenen ‚Idealbild' von Schule entsteht. Diese Ordnung entscheidet darüber, welche Deutungsmuster und Handlungspraxen innerhalb einer Schule erwünscht, toleriert oder tabuisiert sind. Im Kontext der eingangs erwähnten Schulen ist insbesondere bedeutsam, auf welche Weise die mit der Herkunft der Schüler*innen einhergehenden Herausforderungen an das Handeln der Pädagog*innen sowie die damit verknüpften Passungsprobleme zwischen Lehrkräften und Schüler*innen ausgehandelt werden (z. B. Forell 2020; Helsper u. a. 2018) – und inwiefern diese Aushandlung ein eher auf Pathologisierung oder *Empowerment* der Schüler*innen ausgerichtetes Handeln evozieren (Klein/Bronnert-Härle 2022; Racherbäumer 2017).

Welche Rolle in diesem Zusammenhang schulkulturelle Aushandlungen des ‚Verdienstes' gerade von marginalisierten Schüler*innen mit Blick auf Bildungschancen und gesellschaftliche Teilhabe spielen, ist bislang vor allem mit Blick auf schulische Leistungen analysiert worden (Helsper u. a. 2018). Anzeichen dafür, dass Überlegungen zum ‚Verdienst' für die Pädagog*innen an Schulen, die einen hohen Anteil an Schüler*innen aus marginalisierten Milieus beschulen, eine Rolle spielen, bieten zudem vereinzelte Studien aus der internationalen Bildungsforschung (Anagnostopoulos 2006; Órdenes 2018) sowie Äußerungen von schulischen Akteur*innen in den Forschungszusammenhängen der Autorin (Bronnert-Härle/Klein in Vorb.; Klein 2018b). Exemplarisch sei dies an zwei Interviewpassagen illustriert:

„I would use that as my strategy with teachers and said like, ‚Why don't our kids deserve that? [...]‘ I would try to play on that emotion that, number one, our kids deserve it." (Interview mit Schulleitung in den USA, Herv. durch Autorin; Klein, 2018b, 37)

„Natürlich haben wir teilweise eine schwierige Schülerklientel, mit der wir uns auch auseinandersetzen müssen. Wir versuchen aber immer mehr, einfach auch die vielen netten Kinder zu sehen, die es absolut verdient haben, dass wir uns ganz viel Mühe mit unserem Job geben, weil die uns brauchen." (Interview mit Schulleitung in Deutschland, Herv. durch Autorin; Bronnert-Härle/Klein, im Erscheinen)

In den Passagen wird deutlich, dass von den Interviewten abseits von einem rechtlichen Anspruch auf Förderung auf einer moralischen Ebene ausgehandelt wird, welches Engagement durch die Pädagog*innen die Schüler*innen *verdient* haben.

2.1 Verdienst als grundlegendes Gestaltungsprinzip von Schule

‚Verdienst‘ als zentrale Bewertungsgröße von Schule schlägt sich sowohl in den Strukturprinzipien des Bildungssystems als auch in den Handlungspraxen innerhalb von Schulen nieder (Helsper u. a. 2018). Dem meritokratischen Prinzip liegt zugrunde, dass sich die ungleiche Verteilung von Lebenschancen durch individuelle Leistungen und Anstrengungen der Betroffenen legitimieren lässt (Becker/Hadjar 2009). Im Sinne der Verteilungsgerechtigkeit wird dabei in der Regel argumentiert, dass das Prinzip nur dann als ‚gerecht‘ anzuerkennen sei, wenn die Leistungen nicht auf Eigenschaften zurückzuführen sind, die nicht in der Macht der einzelnen Person liegen (im Überblick Stojanov 2011).

In den beiden o. g. Interviewpassagen stehen nicht direkt die Lebenschancen der Schüler*innen zur Debatte, sondern es wird die Frage verhandelt, inwiefern sie es ‚verdient‘ haben, dass die Lehrkräfte für sie besondere Anstrengungsleistungen erbringen. Die Passagen zeigen, dass die beiden Schulleitenden für das ‚Verdienst‘ der Schüler*innen sehr unterschiedliche Kriterien heranziehen, die nicht im direkten Zusammenhang mit ihren schulischen Leistungen stehen:

Während eine Person den Verdienst mit der strukturellen Benachteiligung der Schüler*innen begründet, verweist die andere Person vor allem auf die ‚Schwierigkeit' der Schüler*innen, welche bedeute, dass diese die Anstrengung der Lehrkräfte eben *nicht* oder zumindest in einem geringeren Maße verdient hätten. Die Passagen verweisen damit auf zwei verschiedene Kategorien, nämlich die *Bedürftigkeit der Schüler*innen* und deren *Verhalten*.

2.2 Der Deservingness-Ansatz

Um diese Kategorien weiter auszudifferenzieren, kann auf den Ansatz der *Deservingness* zurückgegriffen werden, der es ermöglicht, die Bewertung von ‚Verdienst' systematisch zu analysieren. Das Konzept wird vor allem in der politikwissenschaftlichen Forschung verwendet, um die öffentliche Meinung gegenüber sozialpolitischen Entscheidungen sowie die Solidarität gegenüber marginalisierten Gruppen zu analysieren (van Oorschot 2000) – also die im Diskurs ausgehandelte moralische Bewertung, ob eine Person die mit einem formalen Recht einhergehenden Güter oder Ressourcen auch tatsächlich ‚verdient' (Streinzer/Tošić 2022; Tarkiainen 2022). Im Kontext sozialstaatlicher Maßnahmen zeigt sich, dass die diskursive Zuschreibung von Deservingness gesellschaftlicher Subgruppen hierarchisiert ist. So wird bspw. älteren Menschen oder Familien mit Kindern mit Blick auf finanzielle Unterstützung in der Regel eine höhere Deservingness zugeschrieben als arbeitslosen Menschen (van Oorschot 2000). Für die Bewertung sind empirisch beschreibbare Kriterien (CARIN-Kriterien) grundlegend, die von den Gruppen unterschiedlich gut erfüllt werden (van Oorschot 2000):

- *Control*: Grad der Kontrolle über bzw. Verantwortung für die Bedürftigkeit, die die Person(engruppe) selbst hat
- *Attitude*: Verhalten der Person(engruppe) gegenüber den Unterstützenden, insbesondere ihre Fügsamkeit und Dankbarkeit
- *Reciprocity*: Mehrwert der Person(engruppe) bzw. inwiefern sie sich die Unterstützung ‚erarbeitet hat'
- *Identity*: Identität der Person(engruppe), d. h. ihre Nähe zu den Bewertenden (z. B. Alter, soziale und kulturelle Merkmale)
- *Need*: (zugeschriebene) Bedürftigkeit der Person(engruppe)

Arbeitslose Menschen etwa werden dann als weniger deserving wahrgenommen, wenn sie vermeintlich Kontrolle über ihre Situation haben; Kriegsflüchtlinge werden als mehr deserving wahrgenommen als Armutsflüchtlinge (Tarkiainen 2022). Die CARIN-Kriterien treten zudem in Kombination auf; das Bild von ‚arbeitsscheuen' Sozialhilfeempfangenden enthält sowohl Bewertungen der Kontrolle über die Situation als auch des Verhaltens und der Reziprozität (Theiss 2023).

Tarkiainen (2022) verweist darauf, dass die (Nicht-)Anerkennung von Deservingness eine kontext- und situationsspezifische, moralische Einschätzung sei, die durch Werte und affektive Einstellungen der bewertenden Person beeinflusst werde, wobei die Kategorien in der Bewertung meist nicht so eindeutig sind, sich teilweise widersprechen und ihnen insgesamt komplexere Überzeugungssysteme zugrunde liegen.

3. Annäherung an Deservingness im Schulkontext

Die Deservingness-Forschung fokussiert bislang insbesondere die moralische Bewertung der Deservingness von Erwachsenen, die von sozialstaatlichen Maßnahmen adressiert werden. Vereinzelte Studien aus dem Schulkontext, die mit dem Deservingness-Ansatz arbeiten, prüfen, inwiefern die Bewertung der Deservingness an strukturelle, schulische Selektionsmechanismen geknüpft ist und Einfluss auf die Unterstützung hat, die Lehrkräfte ihren Schüler*innen gegenüber aufbringen (Anagnostopoulos 2006). Insgesamt ist das Konzept bislang aber nicht systematisch für den Schulbereich ausgearbeitet. Ausgehend von den fünf CARIN-Kriterien (van Oorschot 2000) soll im Folgenden auf Basis empirischer Befunde aus der Schulforschung überlegt werden, auf welche Weise die moralische Bewertung der Deservingness von Schüler*innen aus marginalisierten Milieus – mit Blick auf die Vergabe von Ressourcen, Anerkennung und Respekt sowie die Anstrengungsleistungen von Lehrkräften – innerhalb von Schulen ausgehandelt werden könnte.

Control

An Meritokratie bzw. Eigenverantwortung orientierte Überzeugungen zur ‚Fairness' von Ungleichheiten und Privilegien sind unter schulischen Akteur*innen grundsätzlich weit verbreitet (Clycq u. a. 2014; Mintrop/Órdenes 2017). Stammen Schüler*innen aus marginalisierten Milieus, tendieren Lehrkräfte zudem stärker dazu, die Ursachen für geringere Leistungen oder unerwünschtes Verhalten bei den Schüler*innen selbst zu verorten (z. B. van den Bergh u. a. 2010). Inwiefern *Control* eine Rolle in der moralischen Bewertung der Deservingness von Schüler*innen spielt, dürfte auch eine Frage der Altersgruppe sein und bei älteren Schüler*innen eine höhere Bedeutung haben, als bei Grundschüler*innen (Stojanov 2011). Vereinzelt finden sich Hinweise darauf, dass die Bewertung der

Schüler*innen auch teilweise mit einer Bewertung der Deservingness ihrer Eltern konfundiert ist, denen wiederum größere Kontrolle über ihre Situation zugeschrieben wird (Kollender 2022).

Attitude

Insbesondere an Schulen, die einen hohen Anteil an Schüler*innen aus marginalisierten Milieus beschulen, hat die Bewertung des Verhaltens eine besondere Relevanz und es lässt sich häufig eine Konzentration auf Formen des ‚sozialen Lernens' bzw. ein repressiver Umgang mit Verhaltensweisen, die als unpassend wahrgenommen werden, beobachten (Hertel 2014; Klein 2017). Insbesondere das Verhalten von *Students of Color* wird häufig deutlich schärfer bewertet als das Verhalten von Schüler*innen aus privilegierteren Milieus (Rocha/Hawes 2009; Skiba u. a. 2014).

Reciprocity

In Programmen zur Unterstützung von Schüler*innen aus marginalisierten Herkunftsmilieus findet sich vielfach das Motiv der Förderung besonderer ‚Talente'; den Reciprocity-Gedanken adressieren diese Förderangebote zum Beispiel dann, wenn die Förderung mit einem sozialen Nutzen der Förderung gerechtfertigt wird (Giesinger 2008). Die Frage, welchen Nutzen die Unterstützung der Schüler*innen für die Gesellschaft hat, dürfte zudem insbesondere dann eine exponierte Rolle spielen, wenn das System bzw. die Menschen im System ohnehin sehr belastet sind, etwa durch Ressourcen- und Lehrkräftemangel.

Identity

Aushandlungen von Nähe und Distanz manifestieren sich insbesondere im Umgang mit Habitusdifferenzen (Kramer/Helsper 2010), beispielsweise mit Blick auf den monolingualen Habitus im deutschen Schulsystem (Gomolla/Radtke 2009). Zudem finden sich Befunde, in denen sich eine deutliche Positionierung des ‚Wir' und ‚Sie' von Lehrkräften gegenüber Eltern mit Zuwanderungsgeschichte finden (Kollender, 2022). Forschung aus den USA zeigt zudem, dass sowohl Unterstützungs- als auch Sanktionierungsmaßnahmen für *Students of Color* ungünstiger ausfallen, wenn die Lehrkräfte nicht *People of Color* sind (Hart/Lindsay 2024; Holt/Gershenson 2019; Rocha/Hawes 2009).

Need

Die ‚Bedürftigkeit' der Schüler*innen dürfte schließlich bei der Bewertung, welche Ressourcen ihnen zustehen, im Rahmen pädagogischen Handelns eine grundlegende Rolle spielen. Wie die Bedürftigkeit vor dem Hintergrund von Marginalisierung konstruiert wird, hat z. B. Racherbäumer (2017) analysiert. Sie konnte in ihrer Studie drei verschiedene Perspektiven herausarbeiten, wobei der Typ ‚Fürsorge' besonders relevant ist. Lehrkräfte, die diesem Typ zugeordnet werden, konstruieren bei ihren Schüler*innen einen „besonderen Bedarf" (Racherbäumer 2017, 131) sowohl mit Blick auf ihre fachlich-kognitive Entwicklung als auch aus einer sozial-emotionalen Perspektive. Diese ‚Diagnose' geht einher mit einer Pathologisierung der Schüler*innen: Weil sie aufgrund ihrer Herkunft so ‚bedürftig' sind, können an sie auch keine größeren Anforderungen gestellt werden. Die Folge sind reduzierte Erwartungen insbesondere mit Blick auf das fachlich-kognitive Lernen der Schüler*innen.

4. Fazit

Menschen aus marginalisierten Herkunftsmilieus haben geringere Bildungs- und Teilhabechancen. Dabei gibt es Hinweise darauf, dass diese fehlende Teilhabe nicht nur Ausdruck einer geringeren politischen Bildung ist, sondern auch die Selbstwahrnehmung der Menschen widerspiegelt, die oftmals durch Negativzuschreibungen und Selbstbeschuldigungen geprägt ist (Madeira u. a. 2019; Major u. a. 2007). Da Schule nicht nur durch strukturelle Bedingungen, sondern auch durch die Handlungspraxen der Pädagog*innen entscheidend zur Reproduktion von Ungleichheiten beitragen kann, muss die Frage gestellt werden, ob die gesellschaftliche Teilhabe marginalisierter Menschen auch deshalb geringer ist, weil sie in Schule gelernt haben, dass sie bestimmte Möglichkeiten in der Gesellschaft nur dann ‚verdient' haben, wenn sie sich aus ihren Herkunftsmilieus ‚emanzipieren'.

Das Ziel des vorliegenden Beitrags bestand darin, ein Analyseraster vorzuschlagen, mit dem die kollektive Aushandlung moralischer Bewertungen der Deservingness von Schüler*innen aus marginalisierten Milieus an Schulen analysiert werden kann. Die knappe Zusammenschau empirischer Befunde aus dem Schulbereich, die auf die CARIN-Kriterien (van Oorschot 2000) bezogen werden, lässt vermuten, dass solche kollektiven Aushandlungsprozesse an Schulen durchaus Deutungsmuster hervorbringen können, in denen die Deservingness der Schüler*innen mit Blick auf die besondere Anstrengungsleistung der Lehrkräfte infrage gestellt wird – zumal wenn diese Anstrengungsleistung unter erschwerten Bedingungen (bspw. im Kontext von Lehrkräftemangel) zu erbringen ist. Wie solche Aushandlungsprozesse erfolgen, welche Informationen und Merkmale hierbei eine Rolle spielen, welche Deutungsmuster und Handlungspraxen diese erzeugen und wie diese wiederum die Einschätzung der Schüler*innen beeinflussen, welche Form der Teilhabe sie ‚so wie sie sind' verdient haben, sollte deshalb in Zukunft systematisch empirisch beleuchtet werden.

Literatur

ANAGNOSTOPOULOS, Dorothea (2006): „Real Students" and „True Demotes". Ending social promotion and the moral ordering of urban high schools. In: American Educational Research Journal, 01/2006, S. 5–42.

BECKER, Rolf/Hadjar, Andreas (2009): Meritokratie – Zur gesellschaftlichen Legitimation ungleicher Bildungs-, Erwerbs- und Einkommenschancen in modernen Gesellschaften. In: Becker, Rolf (Hg.): Lehrbuch der Bildungssoziologie. Wiesbaden, S. 35–59.

BRONNERT-HÄRLE, Hanna/Klein, E. Dominique (im Erscheinen): Leading with an Equity Vision as a Driver of Instructional Change at Schools Serving Marginalized Communities? Evidence from Four German Schools. In: Hugo, J./Assmann, C./Schmidt, A./Semisch, D. (Hg.): Educational Leadership and Children's Rights?, S. 21–37.

CLYCQ, Noel/Nouwen, Ward/Vandenbroucke, Anneloes (2014): Meritocracy, deficit thinking and the invisibility of the system: Discourses on educational success and failure. In: British Educational Research Journal, 05/2014, S. 796–819.

DARNON, Céline/Wiederkehr, Virginie/Dompnier, Benoît/Martinot, Delphine (2018): „Where there is a will, there is a way". Belief in school meritocracy and the social-class achievement gap. In: British Journal of Social Psychology, 01/2018, S. 250–262.

DEIMEL, Daniel/Abs, Hermann J. (2022): Soziale Ungleichheit und politische Partizipationsbereitschaft bei Jugendlichen. In: Beutel, Wolfgang/Gloe, Markus/Himmelmann, Gerhard/Lange, Dirk/Reinhardt, Volker/Seifert, Anne (Hg.): Handbuch Demokratiepädagogik. Frankfurt/M., S. 257–266.

DEIMEL, Daniel/Hoskins, Bryony/Abs, Hermann J. (2020): How do schools affect inequalities in political participation: compensation of social disadvantage or provision of differential access? In: Educational Psychology, 02/2020, S. 146–166.

FORELL, Matthias (2020): Öffnung und Begrenzung des Gymnasiums: Institutionsverständnisse angesichts einer sich verändernden gymnasialen Schülerschaft. Münster.

GIESINGER, Johannes (2008): Begabtenförderung und Bildungsgerechtigkeit. In: Ullrich, Heiner/Strunck, Susanne (Hg.): Begabtenförderung an Gymnasien. Entwicklungen, Befunde, Perspektiven. Wiesbaden, S. 271–291.

GOMOLLA, Mechtild/Radtke, Frank-Olaf (2009): Institutionelle Diskriminierung. Die Herstellung ethnischer Differenz in der Schule (3. Aufl.). Wiesbaden.

HAHN-LAUDENBERG, Katrin/Goldhammer, Frank/Ateş, Rukiye (2024): Politisches Wissen und Argumentieren. Konzeptuelles Wissen über Zivilgesellschaft und System, Grundwerte, Partizipation und Identität. In: Abs, Hermann J./Hahn-Laudenberg, Katrin/Deimel, Daniel/

Ziemes, Johanna F. (Hg.): ICCS 2022. Schulische Sozialisation und politische Bildung von 14-Jährigen im internationalen Vergleich. Münster, S. 41–76.

HART, Cassandra. M. D./Lindsay, Constance A. (2024): Teacher-student race match and identification for discretionary educational services. In: American Educational Research Journal, 03/2024, S. 474–507.

HELSPER, Werner (2008): Schulkulturen – die Schule als symbolische Sinnordnung. In: Zeitschrift für Pädagogik, 01/2008, S. 63–80.

HELSPER, Werner/Dreier, Lena/Gibson, Anja/Kotzyba, Katrin/Niemann, Mereke (2018): Exklusive Gymnasien und ihre Schüler. Passungsverhältnisse zwischen institutionellem und individuellem Schülerhabitus. Wiesbaden.

HERTEL, Thorsten (2014): Zwischen Normbruch, Widerstand und ambivalenter Affirmation. In: Hagedorn, Jörg (Hg.): Jugend, Schule und Identität: Selbstwerdung und Identitätskonstruktion im Kontext Schule. Wiesbaden, S. 385–402.

HOLT, Stephen B./Gershenson, Seth (2019): The Impact of demographic representation on absences and suspensions. In: Policy Studies Journal, 04/2019, S. 1069–1099.

KAHNE, Joseph/Middaugh, Ellen (2008): Democracy for some: The civic opportunity gap in high school. In: Circle Working Paper, 59/2008, S. 1–30.

KLEIN, E. Dominique (2017): Bedingungen und Formen erfolgreicher Schulentwicklung in Schulen in sozial deprivierter Lage. Eine Expertise im Auftrag der Wübben Stiftung. Essen.

KLEIN, E. Dominique (2018a): Erfolgreiches Schulleitungshandeln an Schulen in sozial deprivierter Lage: Eine Zusammenschau zentraler Grundlagen und Befunde aus der nationalen und internationalen Bildungsforschung. Expertise im Auftrag der Wübben Stiftung. Essen.

KLEIN, E. Dominique (2018b): Transformationale Führung und Daten in Schulen in sozial deprivierter Lage. In: Die Deutsche Schule, 01/2018, S. 27–46.

KLEIN, E. Dominique/Bronnert-Härle, Hanna (2022): Defizitorientierungen von Lehrkräften und ihr Zusammenhang mit der Führungspraxis an Schulen in sozialräumlich deprivierter Lage. In: Zeitschrift für Pädagogik, 05/2022, S. 691–710.

KOLLENDER, Ellen (2022): „Und das nenn' ich Nehmermentalität." Rassistische Adressierungen von Eltern in der Schule im Kontext des sozialstaatlichen Aktivierungsdiskurses. In: Akbaba, Yalız/Bello, Bettina/Fereidooni, Karim (Hg.): Pädagogische Professionalität und Migrationsdiskurse. Wiesbaden, S. 167–190.

KRAMER, Rolf-Torsten/Helsper, Werner (2010): Kulturelle Passung und Bildungsungleichheit – Potenziale einer an Bourdieu orientierten Analyse der Bildungsungleichheit. In: Krüger, Heinz-Hermann/Rabe-Kleberg, Ursula/Kramer, Rolf-Torsten/Budde, Jürgen (Hg.): Bildungsungleichheit revisited: Bildung und soziale Ungleichheit vom Kindergarten bis zur Hochschule. Wiesbaden, S. 103–125.

MADEIRA, Ana F./Costa-Lopes, Rui/Dovidio, John F./Freitas, Gonçalo/Mascarenhas, Mafalda, F. (2019): Primes and consequences: A systematic review of meritocracy in intergroup relations. Frontiers in Psychology, 10/2019, S. 1–21.

MAJOR, Brenda/Kaiser, Cheryl, R./O'Brien, Laurie T./McCoy, Shannon K. (2007): Perceived discrimination as worldview threat or worldview confirmation: Implications for self-esteem. In: Journal of Personality and Social Psychology, 06/2007, S. 1068–1086.

MINTROP, Rick/Órdenes, Miguel (2017): Teacher work motivation in the era of extrinsic incentives: Performance goals and pro-social commitments in the service of equity. In: Education Policy Analysis Archives, 44/2017, S. 1–40.

NELSON, Sarah W./Guerra, Patricia L. (2013): Educator beliefs and cultural knowledge: Implications for school improvement efforts. In: Sage Journals, 01/2013, S. 67–95.

ÓRDENES, Miguel (2018): Commitment as struggle: Teachers serving students in the face of socioeconomic adversity [Dissertation]. University of California, Berkeley.

RACHERBÄUMER, Kathrin (2017): Rekonstruktionen zu Bedeutung und Funktionen der Lehrer-Schüler-Beziehung aus Sicht von Lehrerinnen und Lehrern an Schulen in sozial benachteiligter Lage. In: Manitius, Veronika/Dobbelstein, Peter (Hg.): Schulentwicklungsarbeit in herausfordernden Lagen. Münster, S. 123–139.

ROCHA, Rene R./Hawes, Daniel P. (2009): Racial diversity, representative bureaucracy, and equity in multiracial school districts. In: Social Science Quarterly, 02/2009, S. 326–344.

SKIBA, Russell J./Chung, Choong-Geun/Trachok, Megan/Baker, T. L. (2014): Parsing disciplinary disproportionality: Contributions of infraction, student, and school characteristics to out-of-school suspension and expulsion. In: American Educational Research Journal, 04/2014, S. 640–670.

STOJANOV, Krassimir (2011): Bildungsgerechtigkeit. Rekonstruktionen eines umkämpften Begriffs. Wiesbaden.

STREINZER, Andreas/Tošić, Jelena (2022): Deservingness. Reassessing the moral dimensions of inequality. In: Tošić, Jelena/Streinzer, Andreas (Hg.): Ethnographies of deservingness. Unpacking ideologies of distribution and inequality. New York, S. 1–30.

TARKIAINEN, Laura (2022): Deservingness in welfare policy and practice. Discursive and rhetorical approaches. London.

THEISS, Maria (2023): How does the content of deservingness criteria differ for more and less deserving target groups? An analysis of Polish online debates on refugees and families with children. In: Journal of Social Policy, 04/2023, S. 962–980.

VAN DEN BERGH, Linda/Denessen, Eddie/Hornstra, Lisette/Voeten, Rinus (2010): The implicit prejudiced attitudes of teachers. Relations to teacher expectations and the ethnic achievement gap. In: American Educational Research Journal, 02/2010, S. 497–527.

VAN OORSCHOT, Wim (2000): Who should get what, and why? On deservingness criteria and the conditionality of solidarity among the public. In: Policy & Politics, 01/2000, S. 33–48.

ZIEMES, Johanna F./Abs, Hermann J. (2024): Individuelle und schulische Sozialisationsbedingungen von Vertrauen in politische Institutionen. In: Zeitschrift für Pädagogik, 01/2024, S. 199–215.

HANNA PFÄNDER, LAURA BRAUN

Schulen in herausfordernden Lagen weiterentwickeln

Ergebnisse einer Befragung und Handlungsempfehlungen aus Sicht von Schulleitungen

1. Einleitung

Spätestens seit dem „Startchancen"-Programm des Bundes und der Bundesländer, mit dem 4.000 Schulen in herausfordernder Lage über einen Zeitraum von zehn Jahren in ihrer Entwicklung unterstützt werden sollen, sind diese Schulen in den Fokus der wissenschaftlichen und bildungspolitischen Diskussion gerückt (zur Übersicht über weitere Unterstützungsprogramme für Schulen in herausfordernder Lage siehe Braun/Pfänder 2022; Böttcher u. a. 2022). Aber was macht eigentlich eine „herausfordernde" Lage von Schulen aus? Ein Blick in die Forschung zeigt, dass es auf diese Frage aktuell keine eindeutige Antwort gibt (Böttcher u. a. 2022; Manitius/Dobbelstein 2017). Neben der Fülle an Bezeichnungen, wie etwa „Schulen in herausfordernder Lage", „Schulen in sozial deprivierter Lage", „Schulen in schwieriger Lage" oder auch „Schulen im Brennpunkt", unterscheiden sich auch die Verständnisweisen darüber, was diese Schulen konkret charakterisiert, deutlich (Böttcher u. a. 2022; Manitius/Dobbelstein 2017). Häufig werden unter „herausfordernder Lage" Standorte verstanden, in denen die wohnräumliche Segregation und eine eingeschränkte gesellschaftliche Teilhabe bei den Bewohner*innen besonders ausgeprägt sind (van Ackeren u. a. 2021; Fölker u. a. 2015). Im Vergleich zu anderen Standorten haben die Bewohner*innen beispielsweise ein hohes Armutsrisiko, eine niedrige Bildungsqualifikation und empfangen überdurchschnittlich häufig Sozialhilfe (van Ackeren u. a. 2021; Fölker u. a. 2015; Friedrichs/Triemer 2008). Schulen an solchen Standorten sind zumeist durch einen hohen Anteil an sozioökonomisch benachteiligten Schüler*innen aus bildungsfernen Elternhäusern mit und ohne Migrationsgeschichte gekennzeichnet (van Ackeren u. a., 2021; Fölker u. a., 2015; Friedrichs/Triemer, 2008). Trotz der Unterschiede in den vorliegenden Definitionsversuchen (siehe z. B. Böttcher u. a. 2022; Beierle u. a. 2019; Manitius/Dobbelstein 2017) ist diesen gemeinsam, dass die Schulen mit herausfordernden Problemkonstellationen konfrontiert sind, die besondere Anstrengungen erfordern und diese sie bei unzureichenden Problemlösestrategien in eine kritische Lage, letztlich auch zum „Failing“ (z. B. Huber 2012), bringen können (Holtappels u. a. 2017).

Angesichts der komplexen Problemlagen, mit denen diese Schulen konfrontiert sind, ist es entscheidend, ihre spezifischen Herausforderungen genauer zu verstehen, um so in einem nächsten Schritt gezielte Unterstützungsmaßnahmen entwickeln zu können. Trotz zunehmender bildungspolitischer und wissenschaftlicher Beschäftigung mit Schulen in herausfordernder Lage sind empirische Forschungsarbeiten dazu, was eine Schule in herausfordernder Lage in Deutschland ausmacht, welche Bedeutung etwa die Zusammensetzung der Schüler*innenschaft auf das Lernen in der Schule und im Unterricht hat und welche Ressourcen den Schulen für ihre anspruchsvolle Aufgabe zur Verfügung stehen, noch vergleichsweise rar (zusammenfassend z. B. Böttcher u. a. 2022). Auch mangelt es an Forschung, die der Frage nachgeht, welche Strategien die Schulen unterstützen können (Böttcher u. a. 2022; Weishaupt 2022). Hier setzt der im folgenden vorgestellten Ansatz des impaktlab der *Wübben Stiftung Bildung* an, der eine systematische Befragung von Schulleitungen zur Situation von Schulen in herausfordernden Lagen mit konkreten Empfehlungen aus Sicht der Praxis für ihre Weiterentwicklung und Unterstützung verzahnt. In diesem Beitrag werden ausgewählte Ergebnisse der Befragung zusammen mit konkreten Handlungsempfehlungen aus Sicht von Schulleitungen vorgestellt.

2. Untersuchungsansatz

Für den Untersuchungsansatz hat das impaktlab, die wissenschaftliche Einheit der Stiftung, gemeinsam mit einem Team aus Schulpraktiker*innen einen gemeinsamen mehrphasigen Praxisforschungsansatz (hierzu Pfänder/Warnke 2023) angestoßen. Dabei wurde eine Situationsbeschreibung an Schulen in herausfordernder Lage mithilfe einer Online-Befragung organisiert und in einem gemeinsamen, kommunikativen Prozess systematisch mit der vertiefenden Sicht der Schulleitungen verzahnt und dokumentiert.

Befragung „Schule im Brennpunkt 2023“

Auf wissenschaftlicher (z. B. van Ackeren u. a. 2021; Böttcher u. a. 2022; Huber u. a. 2022) und praxisbezogener Basis (insbesondere das „PerspektivPapier“, Wübben Stiftung, 2022) wurden für die Befragung sechs zentrale Betrachtungsdimensionen zur Beschreibung der Situation an den Schulen festgelegt: 1.) Voraussetzungen der Schüler*innen, 2.) Lernen in Schule und Unterricht, 3.) schulische Ressourcen, 4.) Personal an der Schule, 5.) Eltern als Bildungs- und Erziehungspartner*innen sowie 6.) Leitung an der Schule. Darüber hinaus wurden offene Fragen u. a. zu den derzeit größten Herausforderungen gestellt.

Für die Online-Befragung der Schulleitungen wurden im Januar 2023 rund 300 Schulleitungen aus vier Bundesländern (Berlin, Nordrhein-Westfalen, Rheinland-Pfalz und Schleswig-Holstein) angeschrieben, die im Kontext verschiedener Programme für Schulen in herausfordernder Lage der *Wübben Stiftung Bildung* eingebunden waren. Als „Schulen in herausfordernder Lage" wurden nur solche Schulen in die Auswertung einbezogen, in denen entweder mindestens 50 Prozent der Kinder eine andere Herkunftssprache als Deutsch haben oder mindestens 50 Prozent der Kinder aus Familien kommen, die Leistungen nach dem Zweiten Sozialgesetzbuch beziehen (Weishaupt 2022). Die finale und zur Auswertung der vorliegenden Ergebnisse genutzte Stichprobe umfasst N=149 Leitungen von Schulen, die unter das beschriebene Kriterium fallen. Der Großteil der befragten Schulleitungen arbeitet an Grundschulen (N=120).

Handlungsempfehlungen „Chancen schaffen"

Um Vorschläge zur Verbesserung der Praxis abzuleiten, wurde eine Gruppe von acht Schulleitungen aus den vier an der Befragung beteiligten Bundesländern gebeten, ihre Vorstellungen zur Unterstützung der Schulen in herausfordernder Lage zu formulieren. Grundlage hierfür waren neben den individuellen Erfahrungen der Schulleitungen auch die Ergebnisse der Befragung „Schule im Brennpunkt 2023". In einem mehrtägigen Prozess wurden die Schulleitungen von einem Moderationsteam begleitet und bei der Erarbeitung und Dokumentation der Empfehlungen unterstützt. Die bereits in der Befragung verwendeten sechs Betrachtungsdimensionen bildeten auch hier die strukturelle Grundlage. In der entstandenen Publikation „Chancen schaffen. Zur Situation von Schulen im Brennpunkt" (Wübben Stiftung Bildung 2023b) liefert das Team eine Konkretisierung der schulischen Herausforderungen und formuliert Empfehlungen insbesondere für die Bildungsadministration und -politik.

3. Ausgewählte Ergebnisse der Befragung und Handlungsempfehlungen aus Sicht der Schulleitungen

Im Folgenden werden Ergebnisse und Handlungsempfehlungen zu den ausgewählten Dimensionen „Voraussetzungen der Schüler*innen", „Lernen in Schule und Unterricht", „Personal an der Schule" sowie „Eltern als Bildungs- und

Erziehungspartner*innen" dargestellt. Diese Dimensionen decken weitgehend die Bereiche ab, in denen die Schulleitungen in der durchgeführten Befragung die aktuell größten Herausforderungen für ihre Schulen sehen (zu den weiteren Ergebnissen und Handlungsempfehlungen siehe Wübben Stiftung Bildung 2023a; Wübben Stiftung Bildung 2023b).

3.1 Voraussetzungen der Schüler*innen

Ergebnisse der Befragung

Die Ergebnisse der Befragung zeigen zunächst, dass die Schüler*innen an den Schulen mit einer Vielzahl ungünstiger Voraussetzungen starten. So besuchten an den befragten Schulen in herausfordernder Lage durchschnittlich 17,4 Prozent (*SD*=19,9) der Schüler*innen vor ihrer Schulzeit keine Kindertagesstätte. Im bundesweiten Vergleich sind es lediglich 8 Prozent (Autor*innengruppe Bildungsberichterstattung 2022). Der Anteil von Schüler*innen mit sonderpädagogischem Förderbedarf liegt bei durchschnittlich 8,2 Prozent (*SD*=5,1). Der Bundesdurchschnitt liegt bei 3,4 Prozent (*SD*=5,1). Zusätzlich vermuten die Schulleitungen bei durchschnittlich weiteren 14,1 Prozent (*SD*=11,1) der Schüler*innen einen Förderbedarf, der bislang noch nicht diagnostiziert wurde. Darüber hinaus hat nach Angaben der Schulleitungen mehr als jedes vierte Kind (*M*=27,9 Prozent; *SD*=19,2) an den Schulen bereits eine psychische oder physische Ausnahmesituation erlebt (z. B. Flucht, Gewalt oder Verwahrlosung).

Insgesamt attestieren die Schulleitungen den Kindern beim Schuleintritt einen hohen Unterstützungsbedarf. Am größten wird dieser im Bereich der Sprachkompetenzen gesehen. Diesen stufen drei Viertel der Befragten als eher groß oder sehr groß ein. Im Bereich der Fachkompetenzen (74,3 Prozent) sowie der sozial-emotionalen Kompetenzen (74,4 Prozent) beschreiben ebenfalls knapp drei Viertel der Befragten den Unterstützungsbedarf als eher groß oder sehr groß. Auch im Bereich der körperlich-motorischen Kompetenzen charakterisiert mehr als die Hälfte der Schulleitungen (60,0 Prozent) den Unterstützungsbedarf als eher groß oder groß.

Handlungsempfehlungen

Die Handlungsempfehlungen der Schulleitungen legen eine frühzeitige Förderung der Kinder nahe, um ihre Eingangsvoraussetzungen beim Schuleintritt zu verbessern. Konkret kann beispielsweise ein Screening im Elementarbereich mit anschließender verpflichtender Förderung zur Absicherung ausreichender Kompetenzen dazu beitragen, später aufwendige Fördermaßnahmen zu minimieren (Ständige Wissenschaftliche Kommission der Kultusministerkonferenz

2022). Darüber hinaus ist eine obligatorische Vorschule für die Kinder aus Sicht der Schulleitungen ratsam. Zudem wird gerade in herausfordernder Lage die Zusammenarbeit mit den Kindertagesstätten bzw. eine frühzeitige Kontaktaufnahme mit den Eltern, deren Kinder keine Kindertagesstätte besuchen, als bedeutsam erachtet, um etwa geeignete Fördermaßnahmen für die Kinder (wie Sprachkurse oder Ergotherapie) einzuleiten.

3.2 Lernen in Schule und Unterricht

Ergebnisse der Befragung

In Bezug auf die jeweils gültigen Lehrpläne gibt ein deutlicher Großteil der Befragten (86,1 Prozent) an, dass diese im Schwierigkeitsniveau und Umfang eher nicht oder gar nicht zum Lern- und Entwicklungsstand ihrer Schüler*innenschaft passen. Zudem sieht die überwiegende Mehrheit der Befragten (79,0 Prozent) eher keine oder gar keine thematische Passung der Lehrpläne zur Lebensrealität der Schüler*innen. Ähnlich verhält es sich mit der Passung gängiger Lehrwerke (68,4 Prozent bzw. 68,6 Prozent).

Darüber hinaus wurden in der Befragung weitere hinderliche Bedingungen für das Lernen in Schule und Unterricht abgefragt. Hierbei stimmen alle Schulleitungen (100 Prozent) der Aussage eher oder völlig zu, dass die Lernbedingungen durch die fehlende elterliche Unterstützung beeinträchtigt werden. Als eher oder voll zutreffende Beeinträchtigungen für das Lernen nennen die Schulleitungen vor allem die häufige kognitive Abwesenheit der Schüler*innen (89,8 Prozent), Störung des Unterrichts (73,2 Prozent) sowie Aggressivität unter Schüler*innen (65,9 Prozent).

Handlungsempfehlungen

In ihren Handlungsempfehlungen raten die Schulleitungen u. a. zu mehr Flexibilität bei der Umsetzung der Curricula, um eine Passung an die Möglichkeiten und Bedarfe der Kinder zu gewährleisten. Dabei fordern sie einen erhöhten inhaltlichen Spielraum und mehr Zeit, um sich stärker auf die Vermittlung der Basiskompetenzen (Deutsch, Mathematik und sozial-emotionale Kompetenzen) zu konzentrieren und gleichzeitig einen notwendigen höheren Praxis- und Lebensweltbezug sicherzustellen. Diese Forderungen gehen für die Schulleitungen auch einher mit einer zentral bereitgestellten digitalen Diagnostik, die in eine individualisierte Förderung in evaluierten Programmen mündet (Ständige Wissenschaftliche Kommission der Kultusministerkonferenz 2022) sowie mit ausreichend Raum und Personal für die Bildung von bedarfsgerechten Kleingruppen zur individualisierten Intensivförderung. Darüber hinaus werden aus

Sicht der Schulleitungen wichtige Potenziale in einem ausgebauten und personell gut ausgestatteten Ganztagsbereich in schulischer Verantwortung gesehen (Ständige Wissenschaftliche Kommission der Kultusministerkonferenz 2022). Dieser sollte eine Angebotsvielfalt bieten, die etwa dazu beiträgt, sowohl fachübergreifende (z. B. soziale) als auch fachbezogene Kompetenzen zu stärken.

3.3 Personal an der Schule

Ergebnisse der Befragung

Die personellen Ressourcen der Schule werden von 75,0 Prozent der Befragten als sehr schlecht oder eher schlecht eingeschätzt. Mit Blick auf die Lehrkräftekollegien zeigt sich, dass an 95,1 Prozent der befragten Schulen Lehrkräfte beschäftigt sind, die keine Lehramtsqualifikation haben (d. h. Quer- und Seiteneinsteiger*innen oder Vertretungslehrkräfte). Laut einer repräsentativen Umfrage liegt der entsprechende Anteil der Schulen bundesweit bei 60,0 Prozent (forsa Gesellschaft für Sozialforschung und statistische Analysen mbH 2022). Ein näherer Blick auf die Zusammensetzung der Lehrkräftekollegien verdeutlicht, dass durchschnittlich 17,8 Prozent (*SD*=11,3) der Personen, die als Lehrkräfte arbeiten, keine Lehramtsqualifikation haben. Dabei lassen sich sowohl Schulen identifizieren, an denen alle Lehrkräfte eine Lehramtsqualifikation besitzen, als auch Schulen, an denen über die Hälfte des Kollegiums (52,2 Prozent) keine grundständig ausgebildeten Lehrkräfte sind.

Zudem wird die Belastung der Kollegien insgesamt als zu hoch wahrgenommen. So stimmen etwa 89,3 Prozent der Schulleitungen eher oder völlig zu, dass der Beruf die Gesundheit des Kollegiums belastet. Eine mögliche Erklärung hierfür ist, dass nach Einschätzung der Befragten durchschnittlich etwa ein Drittel (33,7 Prozent; *SD*=13,3) der Arbeitszeit der Lehrkräfte auf nicht-unterrichtsbezogene Tätigkeiten zurückgeht. Auf die Bitte, die drei wichtigsten nicht-unterrichtsbezogenen Tätigkeitsbereiche der Lehrkräfte anzugeben, wird am häufigsten der Kontakt mit Eltern (80,3 Prozent), der Umgang mit Konfliktsituationen (72,5 Prozent) sowie Dokumentations- und Verwaltungsarbeit (38,7 Prozent) genannt.

Handlungsempfehlungen

Um ausreichend qualifiziertes Personal an Schulen in herausfordernder Lage sicherzustellen, schlägt die Gruppe von Schulleitungen eine sozialindexbasierte, faire Personalzuweisung vor (Möller/Bellenberg 2017; Ständige Wissenschaftliche Kommission der Kultusministerkonferenz 2022). Zur Personalakquise sollen zudem bestehende Modelle weiterentwickelt und neue Modelle gedacht werden

(Seiten- und, Quereinstieg oder Laufbahnwechsel). Darüber hinaus fordern die Schulleitungen mehr Flexibilität und Autonomie bei der Personaleinstellung.

Eine weitere Handlungsempfehlung der Schulleitungen ist ein realitätsadäquates Arbeitszeitmodell für Lehrkräfte in herausfordernder Lage, das neben der Unterrichtsverpflichtung und den Korrekturarbeiten auch die vielfältigen spezifischen Aufgaben an Schulen in herausfordernder Lage abbildet. Dabei müssten aus Sicht der Schulleitungen insbesondere die intensive Beratungsarbeit mit den Sorgeberechtigten und des multiprofessionellen Teams berücksichtigt werden.

3.4 Eltern als Bildungs- und Erziehungspartner*innen

Ergebnisse der Befragung

Wie oben bereits angedeutet, geben alle befragten Schulleitungen an, dass die fehlende Unterstützung der Eltern das schulische Lernen der Schüler*innen erschwert. Der Anteil der Eltern, zu denen die Schule keinen Kontakt hat, wird von den Schulleitungen durchschnittlich auf 15,4 Prozent (*SD*=15,9) geschätzt. Hier zeigt sich eine große Varianz in den Angaben der Schulleitungen. Auf die Frage nach den drei größten Barrieren in der Zusammenarbeit mit Eltern nennen 91,9 Prozent der Befragten sprachliche Barrieren, 66,2 Prozent das Desinteresse der Eltern und 64,7 Prozent die (emotionale) Überforderung der Eltern als größte Barrieren.

Handlungsempfehlungen

Die Schulleitungen empfehlen u. a., sich verstärkt um die Gewinnung der Eltern als Bildungs- und Erziehungspartner*innen zu bemühen. Die Kollegien benötigen umfangreiche Unterstützung durch die Sozialarbeit, um Kontakt zu den Eltern aufzubauen und eine Schnittstelle zur Jugendhilfe bzw. offenen Jugendarbeit anbieten zu können. Das Konzept der Familiengrundschulzentren (Hackstein u. a. 2023) wird hierbei als ein gelungenes Beispiel genannt.

Des Weiteren wird ein niedrigschwelliger Zugang zu Dolmetscher*innen sowie mehrsprachiges Informationsmaterial in einfacher Sprache zum Schulsystem und anderen gängigen Alltagsfragen als wichtig erachtet. Dies ist auch notwendig, um Eltern beispielsweise als Mitsprecher*innen in schulischen Gremien zu aktivieren.

4. Diskussion und Fazit

Ausgehend von der ausbaufähigen Befundlage zu Schulen in herausfordernder Lage war das Anliegen des hier skizzierten Ansatzes, eine Beschreibung der schulischen Situation mit konstruktiven Verbesserungsvorschlägen aus der Praxis zu verzahnen. Die Befragung „Schule im Brennpunkt 2023" und das „Chancen schaffen"-Papier bilden dabei einen umfassenden Impuls, der wissenschaftliche Erkenntnisse mit schulpraktischen Erfahrungen in einem gemeinsamen Rahmen verbindet. Zusammenfassend weisen sie auf ein deutliches Ungleichgewicht der bestehenden Herausforderungen mit den zur Verfügung stehenden Ressourcen hin und machen konkrete Unterstützungsansätze deutlich.

Das „Startchancen"-Programm und andere Initiativen zur passgenauen Unterstützung von Schulen in herausfordernden Lagen können von den Erkenntnissen der Befragung „Schule im Brennpunkt 2023" und dem „Chancen schaffen"-Papier profitieren. Diese liefern einen wertvollen, mehrperspektivischen Blick auf die Besonderheiten dieser Schulen, den es allerdings in künftigen, breiter angelegten Forschungsvorhaben weiter zu schärfen gilt. Insbesondere scheint eine nähere Betrachtung des Unterrichts in herausfordernder Lage lohnenswert, um gezielte Entwicklungsimpulse für die Verbesserung der schulischen Lerngelegenheiten und -prozesse – im Sinne der Schüler*innen – zu setzen.

Literatur

ACKEREN, Isabell van/Holtappels, Heinz Günter/Bremm, Nina/Hillebrand-Petri, Annika (Hg.) (2021): Schulen in herausfordernden Lagen – Forschungsbefunde und Schulentwicklung in der Region Ruhr. Das Projekt „Potenziale entwickeln – Schulen stärken". Weinheim.

AUTOR*INNENGRUPPE BILDUNGSBERICHTERSTATTUNG (2022): Bildung in Deutschland 2022. Ein indikatorengestützter Bericht mit einer Analyse zum Bildungspersonal. Online: https://www.bildungsbericht.de/de/bildungsberichte-seit-2006/bildungsbericht-2022/pdf-dateien-2022/bildungsbericht-2022.pdf (Zugriff: 23.4.24).

BEIERLE, Sarah/Hoch, Carolin/Reißig, Birgit (2019): Schulen in benachteiligten sozialen Lagen. Untersuchung zum aktuellen Forschungsstand mit Praxisbeispielen. Deutsches Jugendinstitut. Online: https://www.dji.de/veroeffentlichungen/literatursuche/detailansicht/literatur/28019-schulen-in-benachteiligten-sozialen-lagen.html (Zugriff: 1.5.24).

BÖTTCHER, Wolfgang/Brockmann, Lilo/Meierjohann, Tabea/Wiesweg, Johannes (2022): Was brauchen Schulen in herausfordernden Lagen? Studie im Auftrag des Netzwerk Bildung. Friedrich Ebert Stiftung. Online: https://library.fes.de/pdf-files/a-p-b/19077.pdf (Zugriff: 1.5.24).

BRAUN, Laura/Pfänder, Hanna (2022): Unterstützung von Schulen in herausfordernden Lagen: Eine vergleichende Darstellung aktueller Programme. In: Wübben Stiftung (Hg.): impaktmagazin. Programme & Strukturen für Schulen im Brennpunkt. Düsseldorf, S. 5–19.

FÖLKER, Laura/Hertel, Thorsten/Pfaff, Nicolle (Hg.). (2015): Brennpunkt(-)Schule: Zum Verhältnis von Schule, Bildung und urbaner Segregation. Opladen.

FORSA GESELLSCHAFT FÜR SOZIALFORSCHUNG UND STATISTISCHE ANALYSEN mbH (2022): Die Schule aus Sicht der Schulleiterinnen und Schulleiter. Lehrkräftemangel und Seiteneinstieg. Ergebnisse einer bundesweiten repräsentativen Befragung. Online: https://www.vbe.de/fileadmin/user_upload/VBE/Service/Meinungsumfragen/2023-03-06_forsa-Umfrage_Lehrkraeftemangel_und_Seiteneinstieg_Bericht.pdf (Zugriff: 23.4.24).

FRIEDRICHS, Jürgen/Triemer, Sascha (2008): Gespaltene Städte? Soziale und ethnische Segregation in deutschen Großstädten. Wiesbaden.

HACKSTEIN, Philipp/Micheel, Brigitte/Stöbe-Blossey, Sybille (2023): Familiengrundschulzentren im Sozialraum. Gelingensbedingungen für eine kontextsensible Zusammenarbeit zwischen Grundschule und Familien. In: Forell, Matthias/Bellenberg, Gabriele/Gerhards, Lukas/Schleenbecker, Lena (Hg.): Schule als Sozialraum im Sozialraum. Theoretische und empirische Erkundung sozialräumlicher Dimensionen von Schule. Münster, S. 97–108.

HOLTAPPELS, Heinz G. u. a. (2017): Schulen in herausfordernden Problemlagen – Typologien, Forschungsstand und Schulentwicklungsstrategien. In: Manitius, Veronika/Dobbelstein, Peter (Hg.): Schulentwicklungsarbeit in herausfordernden Lagen. Beiträge zur Schulentwicklung. Münster, S. 17–35.

HUBER, Stephan G. (2012): Failing Schools – besonders belastete Schulen. Merkmale dysfunktionaler Schulsituationen. In: SchulVerwaltung spezial, 02/2012, S. 4–6.

HUBER, Stephan G./Helm, Christoph/Strietholt, Rolf/Pruitt, Jane/Schneider, Julia A./Schwander, Marius/Preisig, Louis/Heister, Hannah M./Hoffmann, Juliana/Forcella, Yanick/Schmidt, Jossif/Niederfriniger, Julia (2022): Qualität und Nutzen des Programms impakt schulleitung der Wübben Stiftung. Erste ausgewählte wissenschaftliche Befunde im Rahmen einer qualitativen und quantitativen Längsschnittstudie mit Vergleichsgruppendesign zur Qualitätseinschätzung des Programms und der Programmbausteine sowie zu den Veränderungen in den Schulen. Online: https://bildungsmanagement.net/wp-content/uploads/sites/4/2022/09/Huber-et-al._2022_Qualitaet-und-Nutzen-impakt-schulleitung_erganzt.pdf (Zugriff: 23.4.24).

MANITIUS, Veronika/Dobbelstein, Peter (2017): Die doppelte Herausforderung: Schulentwicklungsarbeit in herausfordernden Lagen unterstützen. In: Manitius, Veronika/Dobbelstein, Peter (Hg.): Schulentwicklungsarbeit in herausfordernden Lagen. Beiträge zur Schulentwicklung. Münster, S. 9–16.

MÖLLER, Gerd/Bellenberg, Gabriele (2017): Ungleiches ungleich behandeln. Standortfaktoren berücksichtigen – Bildungsgerechtigkeit erhöhen – Bildungsarmut bekämpfen. In: Gewerkschaft Erziehung und Wissenschaft. Online: https://www.gew-nrw.de/fileadmin/user_upload/Kampagne_Bildung-weiter-denken/GEW-NRW-Moeller-Bellenberg-Studie-Sozialindex-gesamt-Ungleiches-ungleich-behandeln.pdf (Zugriff: 23.4.24).

PFÄNDER, Hanna/Warnke, Markus (2023): Ansatzpunkte für Praxisforschung aus Perspektive von Stiftungen. In: Sozialmagazin, 10/2023, S. 27–34.

STÄNDIGE WISSENSCHAFTLICHE KOMMISSION DER KULTUSMINISTERKONFERENZ (2022): Basale Kompetenzen vermitteln -Bildungschancen sichern. Perspektiven für die Grundschule. Gutachten der Ständigen Wissenschaftlichen Kommission der Kultusministerkonferenz (SWK). In: Ständige Konferenz der Kultusminister der Länder in der Bundesrepublik Deutschland. Online: https://www.kmk.org/fileadmin/Dateien/pdf/KMK/SWK/2022/SWK-2022-Gutachten_Grundschule.pdf (Zugriff: 23.4.24).

WEISHAUPT, Horst (2022): Wann sind Grundschulen in „sozial schwierigen Lagen" und was bedeutet dies für Lehrkräfte, Schülerinnen und Schüler? In: Die Deutsche Schule, 01/2022, S. 89–111.

WÜBBEN STIFTUNG (Hg.) (2022): PerspektivPapier – Was Schulen in herausfordernden Lagen leisten und was sie brauchen. In: Wübben Stiftung Bildung. Online: https://www.wuebben-stiftung-bildung.org/wp-content/uploads/2022/06/220606_WS_impaktSL_PerspektivPapier.pdf (Zugriff: 23.4.24).

WÜBBEN STIFTUNG BILDUNG (2023a): Chancen schaffen. Zur Situation von Schulen im Brennpunkt. In: Wübben Stiftung Bildung. Online: https://www.wuebben-stiftung-bildung.org/wp-content/uploads/2023/05/WSB_Chancen_schaffen_Papier_2023.pdf (Zugriff: 23.4.24).

WÜBBEN STIFTUNG BILDUNG (2023b): Schule im Brennpunkt 2023 – Eine Befragung des impaktlab der Wübben Stiftung Bildung. In: Wübben Stiftung Bildung. Online: https://www.wuebben-stiftung-bildung.org/wp-content/uploads/2023/05/WSB_Schulen_im_Brennpunkt_Web.pdf (Zugriff: 23.4.24).

SILVIA-IRIS BEUTEL, MARTIN GOY, CHRISTIANE RUBERG, FALKO SCHUMPICH

Digitalisierung und Professionalisierung in Netzwerken

Konzepte und Befunde leitungsorientierter Schulentwicklungsprogramme in der Metropole Ruhr

1. Einleitung

Die Digitalisierung spielt in der Lehrkräftebildung eine zunehmend bedeutende Rolle (Lorenz u. a. 2022). Schulleitungen und Kollegien stehen in Verantwortung, die damit verbundenen Entwicklungsaufgaben aufzunehmen, Innovations- und Gestaltungsstärke zu zeigen und insbesondere vor dem Hintergrund der aktuell von der empirischen Bildungsforschung erneut aufgezeigten Deutlichkeit von Lerndefiziten und Kompetenzschwächen der Kinder und Jugendlichen (Autor:innengruppe Bildungsberichterstattung 2024) für mehr Bildungsgerechtigkeit einzutreten. Es gilt förderliche Lehr-Lerndesigns zu entwickeln, die Heranwachsende auf mündige Teilhabe in der digitalisierten Gesellschaft vorbereiten. Diese Agenda realisiert sich nicht nebenbei in der ohnehin durch Lehrkräftemangel belasteten Alltäglichkeit der Schule, sondern bedarf der professionellen Unterfütterung und Begleitung. Hierfür initiierte Programme, von denen dieser Beitrag berichten wird, zielen auf moderne Lern- und Leistungskonzepte unter den Bedingungen der Digitalität und demokratischen Profilbildung in regionalen Bildungslandschaften, die mit ihren Erträgen zudem überregional Wirkung entfalten sollen. Es handelt sich um adaptive, praxisorientierte Fortbildungsprogramme zur Förderung digitalisierungsbezogener Führungs- und Steuerungskompetenzen, die agil nach Standortpassung einerseits und Netzwerkbindung andererseits fragen. Praxisrelevanz und Praktikabilität sind hierbei ebenso Kerngedanken wie Kollaboration und Reflexion im Sinne eines interpretativen Reviews der eigenen Praxis im Verhältnis zu den übergeordneten Entwicklungszielen dieser Programme. Auf diese Weise treten auch, erwachsenendidaktisch moderiert, adressat*innen- und inhaltsspezifische Gelingensbedingungen im Umgang mit digitalen Medien sowie deren führungsbezogene und kommunikative Potenziale in den Blick.

In der Schulpädagogik ist bekannt: Vorhaben gelingen an Schulen mit starken, zur Selbstreflexion durch Coachings angeregten Leitungen, die im Sinne von „Teamleadership“ in geteilter Verantwortung auch Kolleg*innen an Leitungs- und Führungsaufgaben partizipieren lassen, sodass „Lehrkräfte mit Führungsverantwortung [...] als Bindeglieder die Personal-, Unterrichts- und Schulentwicklung stärken [können]“ (Kriesche 2014, 40; vgl. auch Beutel/Ruberg 2023a; Halbritter, 2008; Harazd u. a. 2008; Ratzki 2015; Riedel/Braunreuther 2017). In diesem Sinne gelten Steuergruppen als zentrales Gremium und wichtige Voraussetzung für das Change Management (Berkemeyer/Holtappels 2007; Huber 2010), sodass ihre Qualifizierung und Fortbildung zentrale Professionalisierungsanliegen markieren (Huber/Feldhoff 2009). Hierbei ergeben sich angesichts des digitalisierungsbezogenen Handlungsdrucks substanzielle Bedarfe an Unterstützungen für schulische Entwicklungsprozesse sowie an begleitender Forschung zur Vergewisserung und Reflexion der entsprechenden Prozess- und Ergebnisqualität. Vor diesem Hintergrund stellt der vorliegende Beitrag in konziser Weise Konzepte und Befunde von zwei eigenständigen, inhaltlich jedoch verbundenen Forschungsprojekten leitungsbezogener Schulentwicklung im Bereich der Digitalisierung vor: zum ersten aus dem Projekt „Klasse!Digital – Ganzheitliche Schul- und Unterrichtsentwicklung für heute und morgen“, das nach der Binnensteuerung von Schule in der Digitalität fragt und hierzu relevante Strategien für das schulische *Change Management* durch Steuergruppen untersucht, zum zweiten aus dem Projekt „impakt schulleitung digital“, welches die Rolle von Schulleiter*innen fokussiert und deren Leitungshandeln im Kontext digitalisierungsspezifischer Schulentwicklungsprozesse in den Blick nimmt. Mit der konsekutiven Darstellung der beiden Projekte geht die Blickrichtung des Beitrags somit von einer kooperativen und stärker ganzheitlichen Perspektive auf leitungsorientierte Schulentwicklung hin zu einer vertiefenden und differenzierten Betrachtung des Schulleitungshandelns im engeren Sinne.

2. Das Programm „Klasse!Digital – Ganzheitliche Schul- und Unterrichtsentwicklung für heute und morgen“

Das Programm „Klasse!Digital – Ganzheitliche Schul- und Unterrichtsentwicklung für heute und morgen“ knüpft an die einleitend skizzierten Bedarfe und Möglichkeiten an und richtete sich an Schulen, Schulleitungen und Lehrkräfte aller Schulformen aus den Regierungsbezirken Arnsberg, Münster und Düsseldorf in ihren digitalisierungsbezogenen Vorhaben. Die Teilnehmenden wurden dabei auf der Grundlage der aktuellen Gesetze und Vorgaben des Ministeriums für Schule und Bildung des Landes Nordrhein-Westfalen und den daraus abgeleiteten Rahmenrichtlinien, der Handreichung zur lernförderlichen Verknüpfung von Präsenz- und Distanzunterricht sowie dem Medienkompetenzrahmen NRW in ihren individuellen Schulentwicklungsprozessen sowie ihrer regionalen Vernetzung unterstützt (Medienberatung NRW 2020; MSB NRW o. J.). Digitalisierung als Schulentwicklungsthema wurde dabei als ganzheitlicher Prozess verstanden, der vielfältige Dimensionen umfasst, darunter: „Digitale Transformation in Gesellschaft und Schule", „Bildungspolitische Rahmung", „Zeitgemäßer, guter Unterricht: Präsenz, Distanz, Hybrid", „Kompetenzen von Lehrenden und Lernenden", „Ausstattung und Infrastruktur" sowie „Präventionsarbeit und Datenschutz" (Klasse!Digital 2021a). Das Programm wurde von Mai 2021 bis Dezember 2022 gemeinsam vom Ministerium für Schule und Bildung des Landes Nordrhein-Westfalen, der Wübben Stiftung (ab April 2023: Wübben Stiftung Bildung) sowie der RuhrFutur gGmbH gefördert. Nachfolgend wird zunächst die inhaltliche Ausrichtung dargestellt.

Die Programm-Bausteine 1 bis 4

Das Programm „Klasse!Digital – Ganzheitliche Schul- und Unterrichtsentwicklung für heute und morgen" hatte das Ziel, die einzelschulischen Digitalisierungsprozesse durch passgenaue Lehrkräftefortbildungen zu fördern und die teilnehmenden Schulen aus der Metropole Ruhr miteinander zu vernetzen (RuhrFutur o. J.a). Durch ein digitalisiertes und individualisiertes Bildungsangebot in vier verschiedenen Bausteinen sollten die teilnehmenden Schulen insbesondere die Unterrichtsqualität und damit das Angebot individueller Förderung für die Schüler*innen verbessern. Darüber hinaus sollten mit der Einrichtung von Study Halls (Lernräume mit digitaler Ausstattung) Schüler*innen, deren Elternhäuser keine geeigneten Arbeits- und Lernmöglichkeiten anbieten, einen entsprechenden schulischen Lernort erhalten und im selbstorganisierten und individuellen Lernen Hilfe erfahren (RuhrFutur, o. J.b).

In Baustein 1 (*Digitale Schul- und Unterrichtsentwicklung*) wurden 49 Schulen verschiedener Schulformen in ihrem digitalen Entwicklungsprozess unterstützt, wobei individuelle Entwicklungspläne mit RuhrFutur vereinbart wurden. Das Fortbildungsangebot umfasste Steuergruppenqualifizierungen, einzelschulische Prozessbegleitungen, fachliche Qualifizierungen und den Zugang zu einer Lernplattform. Im Rahmen von Baustein 2 (*Veranstaltungen*) wurden monatliche Fortbildungen als digitale oder Präsenzveranstaltungen in Form von Webinaren, Workshops, Vorträgen und Fachtagungen angeboten. Das Angebot richtete sich an alle Programmteilnehmer*innen und war auch für weitere Interessengruppen zugänglich. Der Baustein 3 (*Digitale Schulentwicklung light*), an dem insgesamt 21 Schulen verschiedener Schulformen teilgenommen haben, richtete sich an Schulen, die in den letzten Jahren bereits an einem Schulentwicklungsprogramm mit Steuergruppenqualifizierung teilgenommen hatten. Er umfasste digitale Webseminare, einzelschulische Prozessbegleitungen und den Zugang zu einer Lernplattform. An Baustein 4 (*Study Halls*) nahmen 14 weiterführende Schulen teil, um durch die Umsetzung entsprechender schulischer Raumkonzepte individuelle Lernmöglichkeiten für Schüler*innen ohne häuslichen Lernort zu schaffen. Das Angebot beinhaltete die Begleitung bei der Konzeptentwicklung, Netzwerktreffen, einzelschulische Prozessbegleitungen, Hospitationsmöglichkeiten und thematisch passende Vorträge.

Zielsetzung und Einbettung der Begleitforschung im Programm „Klasse!Digital"

Die wissenschaftliche Begleitforschung unter der Leitung von Prof. Dr. Silvia-Iris Beutel fokussierte von Mai 2021 bis März 2023 insbesondere die Angebote der Bausteine 1 und 3, wobei Design und Vorgehen der Begleitforschung an die agile Programmentwicklung von „Klasse!Digital" angepasst wurden (siehe auch Beutel u. a. 2025).

Neben den Einschätzungen zur Prozess- und Ergebnisqualität der Programmteilnahme lag ein Fokus der Begleitforschung auf der Steuergruppenarbeit sowie auf dem Zusammenspiel von Schulleitung, Steuergruppe und dem weiteren Kollegium beim *Change Management* des Schulentwicklungsprozesses in allgemeiner (u. a. Berkemeyer u. a. 2008; Berkemeyer 2022; Feldhoff 2011/2022) und digitalisierungsbezogener Hinsicht (u. a. Eickelmann/Gerick 2017; Engec u. a. 2021). Aus diesen theoretischen Zugängen wurde eine Reihe zusammenhängender, thematisch gegliederter Fragestellungen für die Begleitforschung abgeleitet, für deren Bearbeitung unterschiedliche Modi der Operationalisierung in Form qualitativer und quantitativer Erhebungen gewählt wurden. Als verbindende Rahmenperspektive kann ein programmspezifisch adaptiertes Strukturmodell der Schulqualität herangezogen werden (siehe Abbildung 1). Dieses in Anlehnung an Konzeptionen von Ditton (2017), Holtappels/Voss (2008) sowie Huber u. a. (2022) spezifizierte Modell basiert im Sinne klassischer Schuleffektivitäts- und -qualitätsmodelle auf Strukturannahmen im Sinne des CIPO-Ansatzes (*Context-Input-Process-Outcome*; Stufflebeam 1972; Maag Merki 2021). In Erweiterungen dieses Modells werden die als Input-, Prozess- und Ergebnisqualitätsmerkmale gefassten Dimensionen von Schulqualität sowie ihr

Verhältnis zu dem sozialräumlichen Schulkontext zu Aspekten der Schulentwicklungsarbeit in Bezug gesetzt, um die auf eine Qualitätsverbesserung gerichteten Bemühungen von Schulen inhaltlich berücksichtigen, strukturell darstellen und analytisch einbeziehen zu können (Holtappels 2008; in rezenter Anwendung u. a. Holtappels/Brücher 2021).

Dabei adressierten die Erhebungen zwei ineinandergreifende Ebenen digitalisierungsbezogener Schulentwicklung: *erstens* die Wahrnehmungen der Angebote (Bausteine) und Einschätzungen zu deren Wirksamkeit durch die Teilnehmenden mit Blick auf die jeweiligen schulischen Entwicklungsziele sowie *zweitens* zentrale Aspekte der schulischen Situation, insbesondere unterschiedliche Schulqualitätsdimensionen, unter besonderer Fokussierung der Rolle der Steuergruppe. Die Anlage der Instrumente war dabei geleitet von zentralen Erkenntnissen der oben genannten Schulentwicklungsforschung zu Steuerungsstrukturen und -prozessen sowie von Modellen digitalisierungsbezogener Schulentwicklung.

In dem in Abbildung 1 dargestellten Modell, das der wissenschaftlichen Begleitforschung des Programms „Klasse!Digital" als theoretisch-systematisierende Folie diente, werden entsprechend die Ebene der Schulentwicklungsarbeit (hier: die angebotenen Programmbausteine und deren Wahrnehmung durch die teilnehmenden Akteur*innen) sowie die Ebene der Schulqualitätsdimensionen berücksichtigt.
In dem Modell werden Annahmen über relevante Eingangs-, Prozess- und Ergebnisfaktoren auf beiden Ebenen zudem in ihrem internen sowie aufeinander bezogenen Bedingungsgefüge veranschaulicht. Die Berücksichtigung von Kontextfaktoren sollte kein Schwerpunkt der Begleitforschung sein, dennoch sind die sozialen Kontexte der schulischen Situation und der Schulentwicklungsarbeit selbstverständlich auch bei diesem Modellzuschnitt mitzudenken. Die in Abbildung 1 dargestellte Struktur der betrachteten Faktoren und ihrer Relationen ergibt die Rahmungen und Felder, in welche die in den Erhebungen der Begleitforschung adressierten Konstrukte eingeordnet sind.

Der Forschungszugriff umfasste zunächst eine Dokumentenanalyse der Bewerbungsunterlagen derjenigen Schulen, deren Steuergruppenmitglieder an den Programmangeboten der Bausteine 1, 3 und 4 teilnahmen. Der Gesamtblick auf die Maßnahmen und auf den einzelschulischen Nutzen der Teilnahme an den jeweiligen Bausteinen erfolgte daran anschließend quantitativ durch zwei standardisierte Online-Befragungen der am Programm teilnehmenden Steuergruppenmitglieder sowie qualitativ durch vertiefende Expert*inneninterviews, die ebenfalls mit Steuergruppenmitgliedern durchgeführt wurden (siehe auch Abbildung 2).

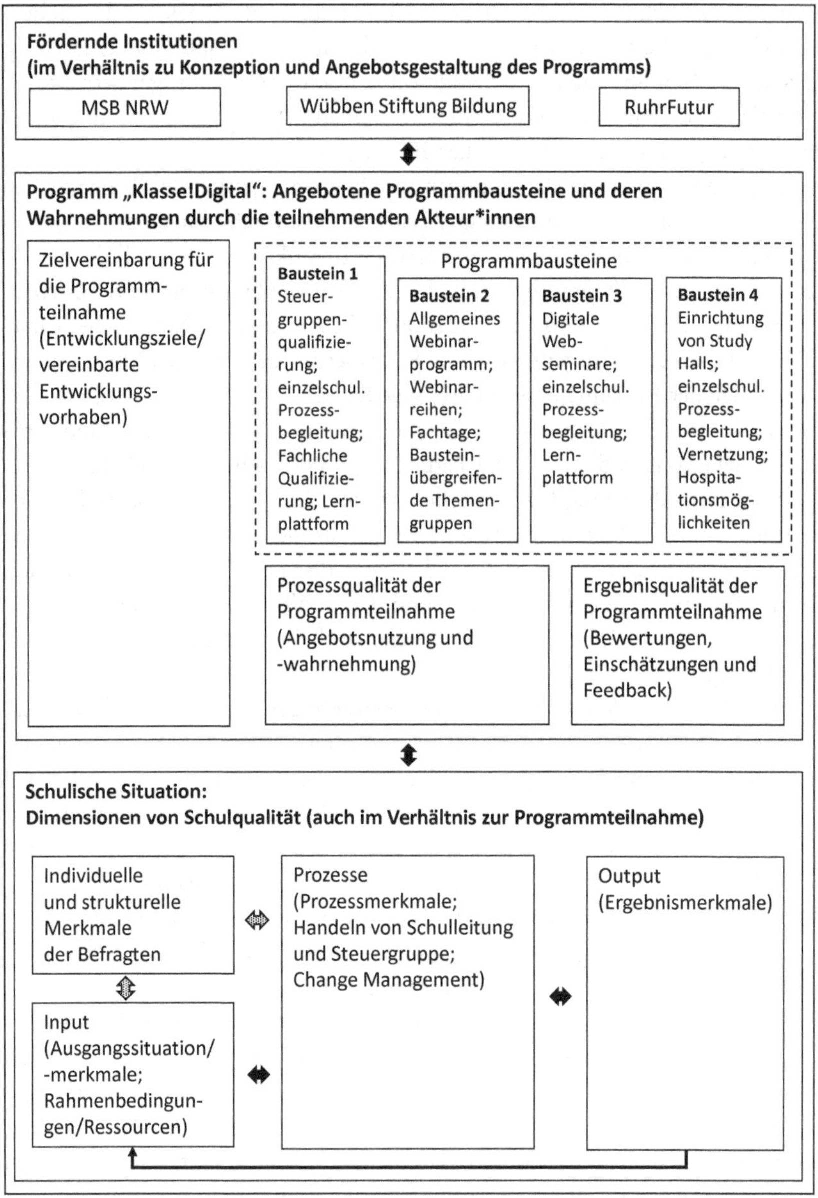

Abb. 1: Dimensionen eines programmspezifisch adaptierten Strukturmodells der Schulqualität als ordnende Rahmung zu adressierender Konstrukte – wissenschaftliche Begleitforschung des Programms „Klasse!Digital" (in Anlehnung u. a. an Ditton 2017; Holtappels/Voss 2008; Huber u. a. 2022; vgl. auch Beutel u. a. 2023)

Die Fragebogenerhebungen fokussierten Prozess- und Ergebnisqualitätsmerkmale auf Ebene der Programmteilnahme sowie Input- und Prozessqualitätsmerkmale auf Ebene der schulischen Situation, die im Folgenden knapp und beispielhaft erläutert werden sollen (zu einer detaillierten Darstellung der erhobenen Konstrukte vgl. Beutel u. a. 2023).

Mit Blick auf die *Ebene der Programmteilnahme* (im Sinne der Nutzung und Bewertung der Programmangebote) erfassten die Fragenbogenerhebungen Angaben von Steuergruppenmitgliedern zu verschiedenen Aspekten der Prozessqualität der Programmteilnahme, zu denen beispielsweise Qualitätseinschätzungen bezüglich der einzelschulischen Prozessbegleitung oder die Nutzungshäufigkeit der Fortbildungsangebote in Baustein 2 zählen. Im Hinblick auf die Ergebnisqualität der Programmteilnahme wurden beispielsweise Einschätzungen der Organisationsveränderung durch das Gesamtprogramm erfasst.

Hinsichtlich der *Ebene der schulischen Situation* wurden zudem Angaben von Steuergruppenmitgliedern zu schulischen Input- bzw. Ausgangslagen wie beispielsweise räumliche, personelle und materielle Ressourcen erfragt sowie individuelle und strukturelle Merkmale der Befragten wie die Funktion an der Schule oder die Dauer der Steuergruppenmitgliedschaft erfasst. Weiterhin wurden in dieser Erhebung auch Fragen zu verschiedenen innerschulischen Prozessen gestellt, die durch die Programmteilnahme beeinflusst werden sollten. Hierzu zählten beispielsweise Einschätzungen zum Leitungshandeln von Schulleitung und Steuergruppe, schulkulturelle Aspekte wie gemeinsame schulische Ziele, weiterhin die Innovationsbereitschaft im Kollegium sowie spezifische digitalisierungsbezogene Aspekte von Organisations- und Kooperationsentwicklung als Facetten des Schulentwicklungsprozesses.

Weitere Aspekte der im Modell adressierten Dimensionen wurden im Rahmen der übrigen Komponenten der wissenschaftlichen Begleitforschung erfasst: In der Dokumentenanalyse wurden die vereinbarten Entwicklungsvorhaben untersucht, ebenso die digitale Infrastruktur der Schulen zu Programmbeginn und die berichteten Schulentwicklungsvorerfahrungen. Darüber hinaus wurden Expert*inneninterviews mit Steuergruppen- und Schulleitungsmitgliedern durchgeführt, um vertiefende Einblicke in Hintergründe, Zusammenhänge und Ge- bzw. Misslingensbedingungen von Schulentwicklungsprozessen sowie in Bedingungen der schulpraktischen Implementierung von Innovationen zu erlangen.

Insbesondere die Expert*inneninterviews geben vertiefende Einsichten in die Gelingensbedingungen und Herausforderungen von Change Management-Prozessen und digitalisierungsspezifischer Schulentwicklung, sie generieren reichhaltige Informationen über inner- und außerschulische Kontexte und erlauben, das Bedingungsgefüge erfolgreicher Passungsgestaltungen programmgestützter Schulentwicklungsarbeit aufzudecken und nachzuzeichnen. Die Einzelfallperspektiven werden flankiert durch die Befunde der zweiten quantitativen Erhebung. Die folgende Abbildung 2 zeigt die Erhebungsschritte der wissenschaftlichen Begleitforschung im Überblick.

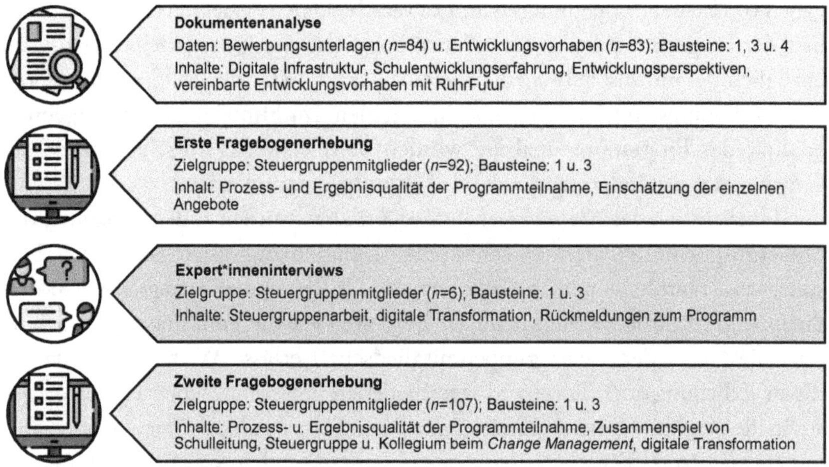

Abb. 2: Erhebungskomponenten der wissenschaftlichen Begleitforschung des Programms „Klasse!Digital" (Quelle: eigene Darstellung)[1]

Insgesamt wurden im Rahmen der Dokumentenanalyse die Bewerbungsunterlagen (n=84) und Entwicklungsvorhaben (n=83) der teilnehmenden Schulen betrachtet. An den Online-Befragungen nahmen n=92 (Erhebung 1) bzw. n=107 (Erhebung 2) Steuergruppenmitglieder teil, an den Expert*inneninterviews n=6 Steuergruppenmitglieder. Vor dem Hintergrund der Erhebungsbeteiligung und möglicher Motivations- und Selbstselektionseffekte bei der Teilnahme an Programm und Erhebungen stehen die im Folgenden berichteten und im Schlussteil diskutierten Befunde zunächst für die Erhebungsteilnehmenden selbst und sind entsprechend behutsam einzuordnen.

1 Icons erstellt von Freepik – Flaticon.

3. Zentrale Befunde der Begleitforschung im Programm „Klasse!Digital"

Im Ergebnis zeigt die Dokumentenanalyse der Bausteine 1 und 3, dass die Ausgangslagen und Entwicklungsbedarfe der Schulen sehr heterogen waren und die Schulen mit sehr unterschiedlichen Voraussetzungen und Vorerfahrungen in das Programm gestartet sind (zur großen Varianz digitalisierungsbezogener Ausgangslagen und Bedarfe an Schulen in Deutschland siehe auch Eickelmann u. a. 2018; forsa 2019). Für die begleitenden Angebote im Rahmen von „Klasse!Digital" bedeutete dies die Notwendigkeit einer konzept- und passgenauen Ausrichtung auf die Fortschrittsperspektiven der Einzelschulen.

Darüber hinaus konnten im Kontext der Begleitforschung wesentliche Gelingensbedingungen erfolgreicher Steuergruppenarbeit herausgestellt werden. Im Zuge der *Steuergruppenkonstitution* bestätigen sich in den Interviews unter anderem die Relevanz transparenter Wahlverfahren, einer paritätischen Zusammensetzung sowie einer frühzeitigen Klärung des Selbstverständnisses. Zur *Verankerung der Steuergruppe* im Kollegium tragen das Mandat des Kollegiums und die Klärung der jeweiligen Zuständigkeiten bei, insbesondere aber eine starke Repräsentanz der Steuergruppe, die Identifikationsmöglichkeiten für große Teile des Kollegiums bietet (Feldhoff 2011, 141–142). Dementsprechend ist es eine wichtige Aufgabe der Steuergruppe, „über ein klares Mandat und ein aufgabenbezogenen [sic!] Handeln Klarheit und Transparenz für sich und das Kollegium herzustellen" (Feldhoff 2018, 727). *Ziel- und Rollenklarheit der Steuergruppe* werden unter anderem gestärkt, wenn eine kollegiale und anerkennende Arbeitsatmosphäre ermöglicht wird sowie die Rollen zwischen Schulleitung, Steuergruppe und Kollegium abgestimmt sind. Ein zentrales Element im Programm „Klasse!Digital" ist die einzelschulische Prozessbegleitung vor Ort. Diese wurde in allen Erhebungsschritten und -formaten als positiv und unterstützend hervorgehoben, dabei profitiert die Steuergruppe in den Interviewaussagen insbesondere im Hinblick auf die Ziel- und Rollenklarheit von der externen Begleitung. Ergänzend dazu zeigt sich im Rahmen der quantitativen Erhebung, dass der externe Blick Professionalität sichern kann, indem das eigene Stärkenprofil der Schulen durch die Außenperspektive sichtbar wird. Schaut man zudem auf die Zusammensetzung der Teilnehmenden in den Netzwerkgruppen, kann eine gewisse Heterogenität der Gruppenkomposition entwicklungsförderlich sein, wenn die jeweilige Zielmatrix vergleichbar oder ähnlich angelegt ist.

Die *Schulleitung* nimmt in der Steuergruppe eine besondere Rolle ein. Ihre Mitarbeit ist dann besonders zielführend, wenn sie durch die Kolleg*innen die notwendige Entlastung erfährt und Entwicklungsvorhaben als gemeinsame Professionalisierungsprozesse begriffen werden (Berkemeyer u. a. 2008; Beutel/Ruberg 2023a).

Auch wenn die Rückmeldungen der Teilnehmenden im Rahmen der wissenschaftlichen Begleitforschung insgesamt eine tendenziell positive Einschätzung des Unterstützungserlebens durch das Programm formulieren, legen einzelne Rückmeldungen im Rahmen der Interviewstudie nahe, dass die Zusammenarbeit von Steuergruppe und Schulleitung kein Selbstläufer ist, sondern insbesondere im Hinblick auf die komplexen sowie durchaus auch unterschiedlichen Rollenerwartungen und Aufgabenportfolios von Schulleitungen konfliktreich sein kann (z. B. hinsichtlich Zeitkontingenten, Ressourcenfragen, Erträgen) (Feldhoff 2018). Dies zeigt sich auch daran, dass in den Interviews eine Vielfalt von Rollenbezeichnungen aus den Beschreibungen zu erschließen war, wie z. B. „Entscheidungsträger*in", „Realitätschecker*in", „Manager*in" und „Impuls-" und „Ressourcengeber*in" bis zu „Repräsentant*in" und „Steuergruppenmitglied". Es wird deutlich, dass in der Professionalisierungsabsicht Einigkeit vorherrschen kann, damit aber gleichwohl unterschiedliche Verantwortungs- und Handlungsoptionen einhergehen können, die auch bis in die Außendarstellung der Schule reichen.

4. Das Programm „impakt schulleitung digital"

Die besondere Rolle und das komplexe Aufgabenportfolio von Schulleitungen aufgreifend, richtete sich das von der Wübben Stiftung Bildung in Kooperation mit der Bezirksregierung Düsseldorf durchgeführte Programm „impakt schulleitung digital" an Schulleitungen von Schulen in herausfordernden Lagen im Regierungsbezirk Düsseldorf mit dem Ziel, entsprechende Schulen „digitaler und demokratischer zu gestalten und einen Beitrag zu mehr Bildungsgerechtigkeit zu leisten" (Hallay/Konietzko 2022, 44). Somit ist eine programmatische Anschlussfähigkeit an die im vorherigen Kapitel skizzierten Perspektiven im Rahmen von „Klasse!Digital" geboten. Insbesondere vor dem Hintergrund der Coronapandemie waren Schulen „vor vielfältige [neue] Herausforderungen" (Bezirksregierung Düsseldorf 2020, Abs. 1) gestellt, sodass Schulleitungen verstärkt dazu angehalten sind, „neue Denkweisen und Methoden [zu] entwickeln, um angemessene Entscheidungen für die Schule und nicht zuletzt auch für sich selbst zu treffen" (ebd.). Bei diesem Prozess unterstützt das Programm „impakt schulleitung digital" unter Rückbezug auf die zwei zentralen Handlungsfelder von Schulleitungen: Schulmanagement und pädagogische Führung. Die Trias

„mich selbst führen, mein Team führen, meine Schule führen" stellt dabei ein bedeutendes Leitmotiv des gesamten Angebots dar.

Das „Unterstützungsprogramm für Leitungen von Schulen in sozioökonomisch benachteiligter Lage" (Hallay/Konietzko 2022, 44) findet zum Teil digital sowie teilweise in Präsenz statt und ermöglicht den teilnehmenden Schulleitungen „einen professionellen Rahmen, um sich auszutauschen, voneinander zu lernen, ein Netzwerk aufzubauen sowie Leitungsfragen und konkrete Themen der Schulentwicklung in verschiedenen Formaten zu beleuchten" (Bezirksregierung Düsseldorf 2020, Abs. 2). Insbesondere der Netzwerkgedanke liegt somit dem Programmaufbau zugrunde und berücksichtigt, dass „schulische Innovationsprozesse [...] Zusammenarbeit verschiedener Akteure sowie eine Koordination auf verschiedenen Ebenen" erfordern (Endberg u. a. 2020, 87), wobei insbesondere „der Zusammenschluss von Schulen in Netzwerken [...] hilfreich sein [kann], um Schulentwicklungs-, Innovations- und Transformationsprozesse zu unterstützen" (ebd.).

Um die Schulleitungen und ihren aktuellen schulischen Entwicklungsprozess zu begleiten, setzt sich „impakt schulleitung digital" das übergeordnete Ziel, „Schulleitungen und ihre Schulen an ihren jeweiligen Entwicklungsständen ab[zu]holen und an jeder Schule den individuellen Prozess der Schulentwicklung explizit [zu] unterstützen" (Wübben Stiftung Bildung o. J., Abs. 5). Zur Gewährleistung dieser spezifischen Unterstützung ist das Programm in sechs Bausteine unterteilt. Konkret umfassen diese die Masterteams, die Coaching Circles, die Netzwerktreffen, das Forum Schulaufsicht, eine Schulentwicklungsbegleitung, ein persönliches Coaching sowie ein Schulentwicklungsbudget (in Höhe von 3.000 Euro), welches den Schulleitungen für individuelle Entwicklungsvorhaben zur Verfügung gestellt wird.

Während den Schulen die Schulentwicklungsbegleitung, das Coaching und das Schulentwicklungsbudget stets individuell zur Verfügung gestellt werden, erfolgen Masterteams und Coaching Circles jeweils einmal im Monat sowie Netzwerktreffen viermal im Jahr zentralisiert. Insgesamt erstreckt sich das Programm über eine Projektlaufzeit von zwei Jahren, welche auf Wunsch um ein weiteres Jahr der Begleitung und Verstetigung sowie der weiteren Nutzung der Ressourcen verlängert werden kann. Im Rahmen dieser mehrjährigen professionellen, unterstützenden Begleitung gelten die Wertschätzung der Schulleitungen und ihrer Arbeit sowie die Bildung professioneller Lerngemeinschaften als zentrale Ziele von „impakt schulleitung digital".

Hierbei gründet sich das Programm auf die beiden Säulen Führungskräfteentwicklung sowie Schulentwicklung und fokussiert in besonderem Maße vier übergeordneten Programmziele, welche auf Digitalisierungsprozesse der Schule, Demokratiebildung, Bildungsgerechtigkeit sowie Allgemeine Führungskompetenz gerichtet sind. In insgesamt drei Phasen des Programms (Innehalten und aufbauen, Projekte umsetzen und steuern sowie verstetigen und sichern) werden diese kontinuierlich berücksichtigt und bearbeitet. Der hierbei stets berücksichtigte digitale Kontext verdeutlicht die Nähe des Programms zum Anstoß digitaler Transformationsprozesse im Bereich der Schulentwicklung, welche inhaltlich insbesondere die Realisierung gesteigerter Bildungsgerechtigkeit (Meinel 2021) ermöglichen soll. Dabei stehen Schulleitungen gerade im Rahmen der „Dimensionen digitalisierungsbezogener Schulentwicklung" (Eickelmann/Gerick 2017, 70) in besonderer koordinativer und organisatorischer Verantwortung (Graf-Schlattmann u. a. 2019). Zudem bedarf es für eine nachhaltige schulische Demokratiebildung einer „aktiven demokratiepädagogischen Schulentwicklung" (Busch 2020, 6), welche durch die Schulleitungen forciert, unterstützt und langfristig getragen werden muss.

Die Allgemeine Führungskompetenz rahmt dabei die drei inhaltlichen Schwerpunktsetzungen, indem die Schulleitungsprofessionalisierung in besonderem Maße die Weiterentwicklung und Reflexion der eigenen Führungskompetenz zur wirksamen, nachhaltigen Schulentwicklung (von Ilsemann/Kretschmer 2020) im bereits erwähnten Dreiklang von „sich selbst führen, sein Team führen, seine Schule führen" aufgreift.

Die Begleitforschung im Programm „impakt schulleitung digital"

Im Rahmen der Begleitforschung des Programms standen mit Blick auf zugrundeliegende Fragestellungen *erstens* die Motivation von Schulleitungen zur Teilnahme sowie Qualifizierung, *zweitens* die Identifikation von Lernprozessen und -ergebnissen im Rahmen digitaler Lerngelegenheiten, *drittens* Gelingens- und Misslingenserfahrungen auf personeller und struktureller Ebene, *viertens* die Identifikation von Bedingungen und die jeweilige Außensteuerung zur nachhaltigen Gestaltung von Professionalisierungsangeboten für Schulleitungen sowie *fünftens* der Beitrag von Professionalisierungsangeboten zur Bildung dauerhafter über die Einzelschule hinausgehender professioneller Lerngemeinschaften im Vordergrund.

Zu den theoretischen Bezügen und Rahmungen der wissenschaftlichen Begleitforschung im Programm „impakt schulleitung digital" sowie zu dem hierbei berücksichtigten empirischen Forschungsstand sei an dieser Stelle in beispielhafter Auswahl auf Arbeiten von Lipowsky/Rzejak 2019, Klein/Tulowitzki 2020 sowie Tulowitzki/Gerick 2020 verwiesen, in denen unter anderem die

Notwendigkeit einer nachhaltigen und qualitätsvollen Angebotsausrichtung und Ergebnissicherung ersichtlich wird, die für dieses Projekt grundlegend waren. Im Hinblick auf eine Konzeption, innerhalb der die in den o. g. Fragestellungen adressierten Forschungsaspekte strukturell eingeordnet werden konnten und die eine systematische Integration der zu erhebenden Konstrukte erlaubte, ergaben sich hierbei auch inhaltliche Nähen zu dem in der Begleitforschung zum Programm „Klasse!Digital“ herangezogenen Modell der Schulqualität (siehe Abbildung 1), da bei dessen Entwurf entsprechende Modellierungen im Programm „impakt schulleitung“ (Huber u. a. 2022) berücksichtigt wurden.

Die Umsetzung der wissenschaftlichen Begleitforschung erfolgte anhand von vier Erhebungskomponenten: einer umfangreichen Dokumentenanalyse, zwei Fragebogenerhebungen mit unterschiedlichen Zielgruppen und Erhebungsinstrumenten sowie leitfadengestützten Expert*inneninterviews.

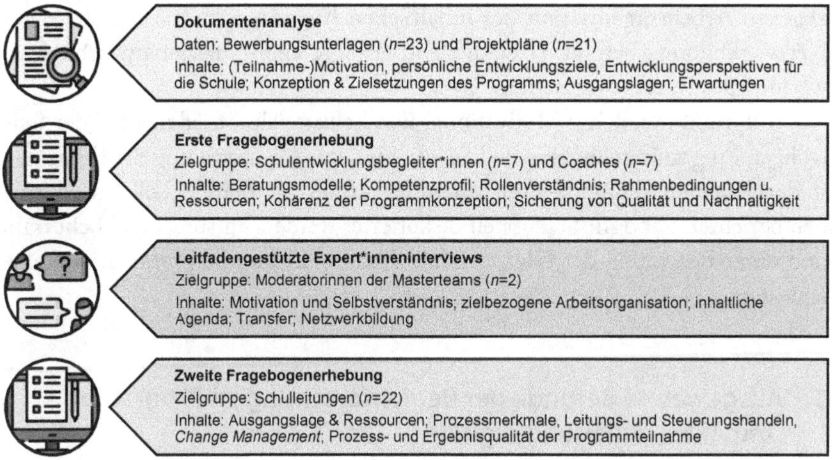

Abb. 3: Erhebungskomponenten der wissenschaftlichen Begleitforschung des Programms „impakt schulleitung digital“ (Quelle: eigene Darstellung)[2]

Den ersten qualitativen Zugriff auf die Forschungsdaten ermöglichte die Dokumentenanalyse der eingereichten Bewerbungsunterlagen und Projektpläne der teilnehmenden Schulleitungen. Diese wurden inhaltlich anhand der Kategorien (Teilnahme-)Motivation, persönliche Entwicklungsziele, Entwicklungsperspektiven für die Schule sowie anhand der Konzeption und Zielsetzung der programmbezogenen Projekte, Ausgangslagen und Erwartungen ausgewertet. Ein

---

2 Icons erstellt von Freepik – Flaticon.

besonderer Fokus lag hierbei insbesondere auch auf der Verknüpfung der von den Schulleitungen gemachten Angaben mit den Inhaltsbereichen des Referenzrahmens Schulqualität NRW sowie den übergeordneten Programmzielen.

Mittels der Fragebogenerhebungen wurden im Rahmen der ersten Erhebung die Schulentwicklungsbegleiter*innen und Coaches quantitativ zu Verwendung findenden Beratungsmodellen, zum notwendigen Kompetenzprofil und Rollenverständnis, zu Rahmenbedingungen und Ressourcen, zur Kohärenz der Programmkonzeption sowie zur Sicherung der Qualität und Nachhaltigkeit befragt. Im Rahmen der zweiten Fragebogenerhebung erfolgten Angaben seitens der Schulleitungen zu Ausgangslagen und Ressourcen, zu Prozessmerkmalen, zum Leitungs- und Steuerungshandeln, zum Change Management sowie zur Prozess- und Ergebnisqualität der Programmteilnahme. Die Zielgruppe der Moderatorinnen der Masterteams wurde durch qualitative leitfadengestützter Expert*inneninterviews zur Motivation und zum Selbstverständnis, zur zielbezogenen Arbeitsorganisation, zur inhaltlichen Agenda, zum Transfer sowie zur Netzwerkbildung befragt. Anschließend erfolgte eine inhaltsanalytische Auswertung des Interviewmaterials.

Aufgrund möglicher Motivations- und Selbstselektionseffekte bei der freiwilligen Programmteilnahme und angesichts der Größenordnung der Fallzahlen in den Erhebungskomponenten scheint es ratsam, die Befunde, die im Folgenden berichtetet und im Schlussteil diskutiertet werden, entsprechend behutsam und unter Beachtung der Grenzen ihrer Reichweite zu interpretieren und einzuordnen.

5. Ausgewählte Befunde der Begleitforschung im Programm „impakt schulleitung digital"

Parallel zu den Befunden aus „Klasse!Digital" zeigt sich auch anhand der Erhebungen zur Programmteilnahme im Rahmen von „impakt schulleitung digital" eine deutliche Heterogenität hinsichtlich der Ausgangslagen und Teilnahmemotivationen der Schulleitungen sowie bezüglich des Inhalts und Umfangs der angegebenen Entwicklungsziele und -perspektiven. Die Ergebnisse der Dokumentenanalyse weisen zudem darauf hin, dass die individuelle Relevanz- und Prioritätensetzung der Teilnehmenden im Entwicklungsprozess durchaus variabel ausgeprägt ist. Aufgrund dynamisch wechselnder Herausforderungen bedarf es ständiger Anpassungsleistungen der Schulen an gegenwärtige Entwicklungsnotwendigkeiten, welche im Tagesgeschäft sinnvollerweise zu priorisieren sind.

Dadurch kann jedoch eine längerfristige Perspektive, welche im Schulentwicklungsprozess verfolgt wird, etwa um ein spezifisches Thema nachhaltig anzulegen, zu implementieren und in geeigneter Weise zu verstetigen, stark irritiert werden. Schulen müssen also in der Lage sein, flexibel auf kurzfristige Anforderungen zu reagieren sowie adäquate Lösungen zu entwickeln, dabei aber gleichzeitig immer auch ihre langfristigen Entwicklungsperspektiven berücksichtigen, um Schulentwicklung als nachhaltigen Prozess zu gestalten. Infolgedessen ergeben sich herausfordernde Voraussetzungen in Bezug auf „den erwarteten Nutzen und die subjektiv wahrgenommene Relevanz“ (Lipowsky/Rzejak 2021, 60) von Fortbildungsangeboten, welchen im Programm durch eine konsequent umgesetzte agile und differenzierte Passungsgestaltung jedoch bereits begegnet wird. Dadurch kann einer zu starken Abweichung der individuellen Erwartungen und Ziele von den tatsächlichen Programminhalten entgegengewirkt und es können gegenwärtige Entwicklungsnotwendigkeiten aufgegriffen werden (Richter 2016).

Demgegenüber zeigen die teilnehmenden Schulleitungen übergreifend auch den Wunsch, die einzelschulbezogene Perspektive auf den eigenen Schulalltag zugunsten eines Blicks in das Netzwerk zu überwinden, um Austausch und Perspektiverweiterung zu erfahren. In diesem Zusammenhang dürfen durch das Netzwerk individuelle Bedarfe aber nicht überdeckt und müssen Entwicklungsspielräume für die Einzelschule weiterhin ermöglicht werden. Zudem fordern die Schulleitungen professionelle Unterstützung und Begleitung ein, gerade weil sie sich der dynamischen Entwicklungsnotwendigkeiten bewusst sind und wissen, dass sie diese mit einem Höchstmaß an Professionalität beantworten müssen (Illeris 2006; Lipowsky 2014; Lipowsky/Rzejak 2021). Die zentrale Motivation und Erwartungen der Schulleitungen bezüglich der Programmteilnahme sind für einen differenzierten Überblick in Abbildung 4 noch einmal zusammenfassend dargestellt.

Die Ergebnisse der wissenschaftlichen Begleitforschung im Bereich schulischer Digitalisierungsprozesse weisen darauf hin, dass die digital gestützte Unterrichts- und Lernentwicklung als zentraler Aspekt mit besonderer Relevanz auf unterschiedlichen Adressierungsebenen wahrgenommen wird. Dabei interpretieren die Schulleitungen Digitalisierung nicht nur im Sinne einer Nutzung digitaler Hilfsmittel, sondern vornehmlich als veränderte Lehr-Lern-Praxis, mit der das Ziel, den Unterricht „individualisierter, differenzierter, selbstgesteuerter, kollaborativer und unter vielfältigerem Materialeinsatz zu gestalten“ (Endberg u. a. 2020), verfolgt wird. Zum einen geht es darum, in Blick auf Zukunftsthemen didaktisch innovativ handeln zu müssen, zum anderen aber auch darum,

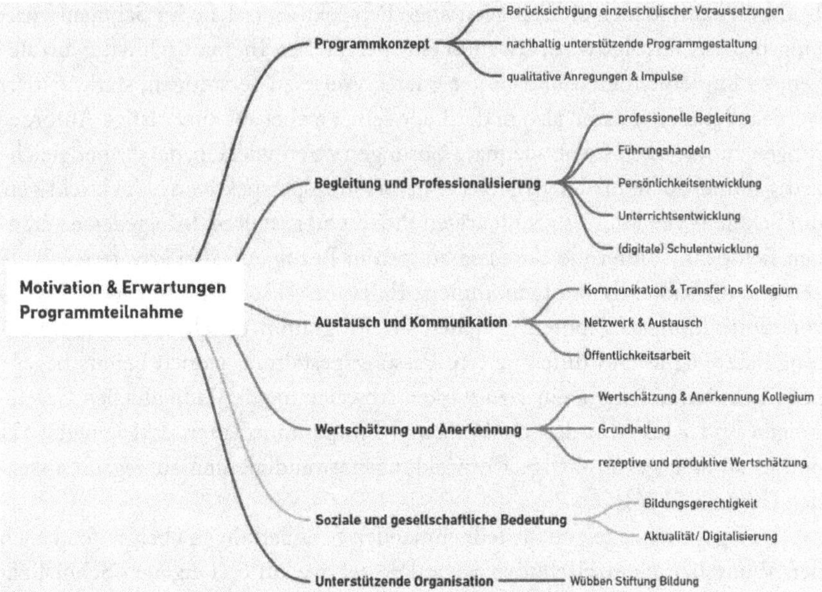

Abb. 4: Zentrale Motivation und Erwartungen der Schulleitungen bezüglich der Programmteilnahme (Quelle: eigene Darstellung)

der wahrgenommenen Dichte und Unterschiedlichkeit der Schüler*innen in ihren Lern- und Lebensvoraussetzungen gerecht zu werden und damit Individualisierung und Kooperation der Lernenden untereinander anders zu moderieren. Gleichzeitig muss den Schüler*innen in Bezug auf Lehren und Lernen mit anderen Feedbackprozessen, einer anderen Prüfungskultur sowie einer anderen Art von Selbststeuerung und Eigenaktivität begegnet werden. Infolgedessen verdeutlichen die Befunde, dass Digitalisierungsprozesse letztendlich auch als Möglichkeit zur Steigerung der Bildungsgerechtigkeit gedacht werden (Meinel 2021). Zur Realisierung derartiger Zielvorstellungen ist allerdings zunächst eine Erweiterung digitaler Kompetenzen insbesondere kommunikativer und kollaborativer Art sowie des Umgangs mit digitalen Medien, um diese sinnstiftend und für die Schüler*innen nachvollziehbar einsetzen zu können, seitens der Lehrkräfte notwendig, was demnach in digitalisierungsbezogenen Fortbildungsangeboten forciert werden sollte (Meier u. a. 2021). Daran anknüpfend geht aus den Rückmeldungen der Schulleitungen weiterhin hervor, dass (digitalisierungsbezogene) Schulentwicklung entsprechende Ressourcen auf unterschiedlichen Ebenen erfordert, die oftmals nicht in ausreichendem Maße vorhanden sind.

In den Rückmeldungen der teilnehmenden Schulleitungen konnten eine hohe programmumfassende Haltung der Wertschätzung, die lange Programmlaufzeit, eine ausgeprägte Professionalität und starke Praxisorientierung, eine gewinnbringende Vernetzung der einzelnen Programmbausteine, eine agile Passungsgestaltung sowie eine gute Vernetzung als wahrgenommene spezifische Kernaspekte der Programmgestaltung im Rahmen von „impakt schulleitung digital“ identifiziert werden. Zugleich geben diese Kernaspekte wesentliche Hinweise, worauf sich das außergewöhnlich hohe Commitment der Teilnehmenden zurückführen lassen könnte, und bieten einen Ausgangspunkt für die tiefergehende Ermittlung von Gelingensbedingungen erfolgreicher Schulentwicklungsprogramme und Qualifizierungsmaßnahmen.

6. Entwicklungsfelder schulischer Netzwerkarbeit im Kontext digitaler Transformation

Vor dem Hintergrund dieser Befunde lassen sich folgende zentrale Ergebnisse der Begleitforschung als Thesen für eine perspektivische Weiterentwicklung von strukturellen und inhaltlichen Aspekten der Programme festhalten, deren Wirksamkeit durch eine entsprechend weiterentwickelte Begleitforschung abzubilden wäre (siehe auch Beutel u. a. 2025).

Zusammenarbeit in nicht-hierarchischen Settings mit Moderation versehen

Die Begleitforschung verweist darauf, dass die Zusammenarbeit in den Steuergruppen aufgrund verschiedener Rollenerwartungen zwischen Schulleitung und Kolleg*innen konflikthaft sein kann. Eine programmseitige Moderation der Gruppentreffen und insbesondere Begleitung der Schulleitungen kann darin unterstützen, mit den verschiedenen Erwartungen und Anforderungen umzugehen, so dass agile Entwicklungsabsichten weiterverfolgt werden können. Der Erfahrungsvorsprung in Programmen, wie etwa im Programm „impakt schulleitung“ der Wübben Stiftung Bildung, kann hier als großes Potenzial gesehen werden.

Selbstwirksamkeitserfahrungen und Erwartungsmanagement in Schulentwicklungsprogrammen konzeptionell verankern

Voraussetzung für gelingende Entwicklungsprozesse ist, dass Fortbildungen als lernintensiv und zielführend wahrgenommen werden. Fortbildungsprogramme erweisen sich als nachhaltig, wenn Zielorientierung, Selbstwirksamkeitserwartungen sowie persönliche Relevanz in ausreichend hohem Maße gegeben sind.

Um Erwartungsdiskrepanzen vorzubeugen, sind eine transparente und klare Kommunikation der Programmziele ebenso zentral wie eine prozessbegleitende metakognitive Bearbeitung durch Aktivitäts- und Reflexionsphasen mit entsprechender Unterstützung.

Zielbezogenes Matching der Netzwerkgruppen für einzelschulische Entwicklungsprozesse synergetisch nutzen

Damit die Netzwerkarbeit Synergieeffekte entfalten kann, erweist sich vor dem Hintergrund der Befunde der wissenschaftlichen Begleitforschung ein Matching der Gruppen als relevant, das die entwicklungsbezogene Zielmatrix der einzelnen Schulen stärker berücksichtigt. Damit dies gewährleistet werden kann, ist zu Beginn der Zusammenarbeit eine eingehende Evaluation der Bewerbungsunterlagen im Hinblick auf Ausgangslagen, Entwicklungsfortschritte und Zielperspektiven der Schulen sinnvoll.

Kursangebote differenziell und agil gestalten

Die Erhebungen sowie die Interviews in beiden Programmen deuten an, dass die unterschiedlichen Entwicklungsstadien der Schulen individuelle Lernangebote erfordern. *Blended learning*-Formate können ein Weg sein, differenzierte Angebote für Einzelschulen zu schaffen, die dann gemeinsam im Netzwerk moderiert und bearbeitet werden.

Digitalisierung als Innovationstreiber für neues Lernen einbeziehen

Unter dem Eindruck des aktuellen und auch zukünftig zu erwartenden Lehrkräftemangels brauchen Schulleitungen und Lehrer*innen Unterstützung, auch in multiprofessionell zusammengesetzten Teams innovative Meilensteine im Zuge der digitalen Transformation bewältigen zu können und Schule ebenso wie Kinder und Jugendliche auf die Erwartungen und Gestaltungsmöglichkeiten einer noch offenen gesellschaftlichen Zukunft vorzubereiten. Dies umfasst insbesondere, „komplexe Kompetenzen auszubilden, mit Mehrdeutigkeit und Ungewissheiten umgehen zu können, Nachhaltigkeitsziele zu verfolgen und sich weltweit mit Anderen digital zu vernetzen" (Beutel/Ruberg 2023b, 2). Der resiliente Umgang mit Ungewissheit kann gelingen, wenn Kommunikation, Beteiligung und forschende Haltung aller an Schule Beteiligten in Lehr-Lernkultur gepflegt werden und das Verständnis von zeitgemäßem Lernen und modernen Funktionen des Prüfungswesens auf Inklusion, Nachhaltigkeit und Qualitätssicherung ausgerichtet sind.

Als Fazit und Ausblick lässt sich pointiert resümieren, dass Schulentwicklung im Kontext der Digitalität adaptiv, kontextualisiert, moderiert und ressourcenstark veranschlagt werden sollte. Unübersehbar scheint, dass Schulen zum einen auch in spezifischen und bedarfsorientierten Programmen einer hinreichenden Trennschärfe in Blick auf ihre individuellen Konzepte und deren Fortschreibung bedürfen, zum anderen aber in ihren Anliegen auch eine Art kollaborativen Brückenschlag realisiert sehen möchten. Dies gilt es in Blick auf Angebote und deren Nachhaltigkeit stetig zu bedenken. Zudem ist hervorzuheben, dass eine wissenschaftliche Begleitung bereits bei der Ausschärfung von Zielvereinbarungen sinnvoll erscheint, um eine Reflexion der jeweiligen schulischen Ausgangslagen und Entwicklungsbedarfe im Verhältnis zu Programmangeboten von Beginn an und gerade bei Schulen mit geringen Schulentwicklungskapazitäten zu unterstützen und eine möglichst gute, adaptive Passung der Angebotsnutzungen an die schulischen Entwicklungsziele vorzubereiten. Darüber hinaus ermöglicht erst eine hohe Beteiligung der schulischen Akteur*innen an den Erhebungen der Begleitforschung, die eigentlich selbstverständlich sein sollte, deren Verbindlichkeit es aber gerade in Zeiten multipler Herausforderungen und geringer personeller und zeitlicher Ressourcen an Schulen als Projektcommitment zunehmend zu sichern gilt, dass Evaluationsbefunde Projekterträge der Schulentwicklung abbilden und auch schulische Bedarfe der Projektentwicklung sichtbar machen können. Vor allem ist aber auch festzuhalten: Es bleibt eine anhaltende und durch Forschung weiter zu begleitende Herausforderung hinsichtlich der Sicherung von Unterrichtsqualität und Profilbildung in der Schulentwicklung im Rahmen einer Kultur der Digitalität, vor allem nach der Kompetenz- und Teilhabeerfahrung der Lernenden zu fragen. Insofern bemisst sich der Erfolg dieser Projekte immer auch an der Frage, was eine qualitätsvolle Fort- und Weiterbildung in Blick auf die Zukunftssicherung von Kindern und Jugendlichen leistet.

Literatur

AUTOR:INNENGRUPPE BILDUNGSBERICHTERSTATTUNG (2024): Bildung in Deutschland 2024. Ein indikatorengestützter Bericht mit einer Analyse zu beruflicher Bildung. Bielefeld.

BERKEMEYER, Nils (2022): Interne Steuerung. In: Harring, Marius/Rohlfs, Carsten/Gläser-Zikuda, Michaela (Hg.): Handbuch Schulpädagogik. Münster, S. 817–825.

BERKEMEYER, Nils/Feldhoff, Tobias/Brüsemeister, Thomas (2008): Schulische Steuergruppen – ein intermediärer Akteur zur Bearbeitung des Organisationsdefizits der Schule? In: Langer, Romas(Hg.): ‚Warum tun die das?' Governanceanalysen zum Steuerungshandeln in der Schulentwicklung. Wiesbaden, S. 149–172.

BERKEMEYER, Nils/Holtappels, Heinz Günter (Hg.) (2007): Schulische Steuergruppen und Change Management. Theoretische Ansätze und empirische Befunde zur schulinternen Schulentwicklung. Weinheim.

BERKEMEYER, Nils/Manitius, Veronika/Müthing, Kathrin/Bos, Wilfried (2009): Ergebnisse nationaler und internationaler Forschung zu schulischen Innovationsnetzwerken. In: Zeitschrift für Erziehungswissenschaft, 12/2009, S. 667–689.

BEUTEL, Silvia-Iris/Goy, Martin/Ruberg, Christiane/Schumpich, Falko (2023): Interner Abschlussbericht der wissenschaftlichen Begleitforschung. „Klasse!Digital – Ganzheitliche Schul- und Unterrichtsentwicklung für heute und morgen". Dortmund.

BEUTEL, Silvia-Iris/Goy, Martin/Ruberg, Christiane/Schumpich, Falko (2025): Konzeption und Durchführung des Schulentwicklungsprogramms „Klasse!Digital" und seiner wissenschaftlichen Begleitforschung – Reflexionen zur Bedeutung des sozialräumlichen Kontexts und der Wissenschafts-Praxis-Relation. In: van Ackeren-Mindl, Isabell/Göbel, Kerstin/Ropohl, Mathias (Hg.): Bildungsforschung und Bildungspraxis: gemeinsam im regionalen Kontext. Schule, Unterricht und Lehrkräftebildung entwickeln in der Metropole Ruhr. Münster.

BEUTEL, Silvia-Iris/Ruberg, Christiane (2023a): Schule ohne Noten braucht Team Leadership. In: Pädagogische Führung, 2/2023, S. 47–50.

BEUTEL, Silvia-Iris/Ruberg, Christiane (2023b): Expertise- Zeitgemäße Prüfungskultur im Kontext digitaler Transformation. Deutsche Kinder und Jugendstiftung GmbH (Hg.): Online: https://www.bildung.digital/artikel/zeitgemaesse-pruefungskultur (Zugriff: 2.7.24).

BEZIRKSREGIERUNG DÜSSELDORF (2020): Unterstützung für Schulleitungen bei Digitalisierung und Distanzlernen. Die Verbindung von Distanz- und Präsenzunterricht, Digitalisierung, neue Organisationsformen für das Kollegium oder die Qualitätssicherung des Unterrichts. Online: https://www.brd.nrw.de/presse/pressemitteilungen/unterstuetzung-fuer-schulleitungen-bei-digitalisierung-und-distanzlernen (Zugriff: 8.11.2023).

BUSCH, Matthias (2020): Demokratiebildung in der digitalisierten Gesellschaft. In: mateneen Praxishefte Demokratische Schulkultur, 04/2020, 5–13.

DITTON, Hartmut (2017): Zum Wirkungszusammenhang der schulischen Handlungsebenen. In: Steffens, Ulrich/Maag Merki, Katharina/Fend, Helmut (Hg.): Schulgestaltung. Aktuelle Befunde und Perspektiven der Schulqualitäts- und Schulentwicklungsforschung. Grundlagen der Qualität von Schule, Bd. 2. Münster. S. 59–84.

EICKELMANN, Birgit/Gerick, Julia (2017): Lehren und Lernen mit digitalen Medien – Zielsetzungen, Rahmenbedingungen und Implikationen für die Schulentwicklung. In: Scheiter, Katharina/Riecke-Baulecke, Thomas (Hg.): Lehren und Lernen mit digitalen Medien. Strategien, internationale Trends und pädagogische Orientierungen. (Schulmanagement Handbuch, Bd. 164. München, S. 54–81.

EICKELMANN, Birgit/Bos, Wilfried/u. a. (Hg.) (2018): ICILS 2018 #Deutschland. Computer- und informationsbezogene Kompetenzen von Schülerinnen und Schülern im zweiten internationalen Vergleich und Kompetenzen im Bereich Computational Thinking. Münster.

ENDBERG, Manuela/Gageik, Lisa/Hasselkuß, Marco/van Ackeren, Isabell/Kerres, Michael/Bremm, Nina/Düttmann, Tobias/Racherbäumer, Kathrin (2020): Schulentwicklung im Kontext der Digitalisierung. Innovation und Transformation durch schulische Netzwerkarbeit. In: Schulverwaltung Niedersachsen, 31/2020, S. 87–90.

ENGEC, Lara-Idil/Endberg, Manuela/van Ackeren, Isabell (2021): Expertise zur Situation der Fortbildungs- und Unterstützungssysteme für Schulentwicklung im Kontext der Digitalisierung in Deutschland Bundesweite Ergebnisse und grundlegende Einschätzungen aus dem Forschungsprojekt „ForUSE-digi" im Rahmen des Metavorhabens „Digitalisierung im Bildungsbereich". Universität Duisburg-Essen, Arbeitsgruppe Bildungsforschung. Wiesbaden.

FELDHOFF, Tobias (2022): Schulische Steuergruppen – Konzept, theoretische Grundlagen, Befunde und Forschungsbedarf. In: Harring, Marius/Rohlfs, Carsten/Gläser-Zikuda, Michaela (Hg.): Handbuch Schulpädagogik. Münster, S. 794–804.

FORSA (2019): Die Schule aus Sicht der Schulleiterinnen und Schulleiter – Digitalisierung und digitale Ausstattung. Ergebnisse einer bundesweiten Repräsentativbefragung. Online: https://www.vbe.de/fileadmin/user_upload/VBE/Service/Meinungsumfragen/2019-04-17_forsa-Bericht_SL_Digitalisierung_Bund.pdf (Zugriff: 2.12.2022).

GRAF-SCHLATTMANN, Marcel/Meister, Dorothee/ Oevel, Gudrun/Wilde, Melanie (2019): Digitalisierungsstrategien auf dem Prüfstand. Eine empirische Untersuchung auf Basis der Grounded-Theory-Methodologie an deutschen Hochschulen. In: Hafer, Jörg/Mauch, Martina/ Schumann, Marlen (Hg.): Teilhabe in der digitalen Bildungswelt. Waxmann, S. 14–25.

HALBRITTER, Maria (2008): Die Arbeit im Schulleitungsteam. Ein Bericht aus der Praxis. In: Schulmanagement, 39/2008, S. 15–17.

HALLAY, Margaret/Konietzko, Sebastian (2022): Schule digital, demokratisch und bildungsgerecht leiten. »impakt schulleitung digital« – Ein hybrides Unterstützungsprogramm für Leitungen von Schulen in sozioökonomisch benachteiligter Lage. In: SchulVerwaltung NRW, 2/2022, S. 44–46.

HARAZD, Bea/Gieske, Mario/Rolff, Hans-Günter (2008): Herausforderungen an Schulleitung: Verteilung von Verantwortung und Aufgaben. In: Bos, Wilfried/Holtappels, Hans Günter/ Pfeiffer Hermann/Rolff, Heinz Günther/Schulz-Zander, Renate (Hg.): Jahrbuch der Schulentwicklung. Daten, Beispiele und Perspektiven (15). Weinheim, S. 225–256.

HOLTAPPELS, Hans Günter/Brücher, L. (2021). Entwicklungen in den Projektschulen: Qualitätsverbesserungen und Aufbau von Schulentwicklungskapazität. In: van Ackeren, Isabell/ Holtappels, Hans Günter/ Bremm Nina/ Hillebrand-Petri, Annika (Hg.): Schulen in herausfordernden Lagen – Forschungsbefunde und Schulentwicklung in der Region Ruhr. Das Projekt „Potenziale entwickeln – Schulen stärken". Weinheim, S. 128–166.

HOLTAPPELS, Hans Günter/Voss, Andreas (2008): Schulqualität. In: Holtappels, Hans G./ Klemm, Klaus/Rolff, Hans-Günter (Hg.): Schulentwicklung durch Gestaltungsautonomie. Ergebnisse der Begleitforschung zum Modellvorhaben ‚Selbstständige Schule' in Nordrhein-Westfalen. Münster, S. 62–76.

HUBER, Stephan Gerhard (Hg.) (2010): Handbuch für Steuergruppen. Grundlagen für die Arbeit in zentralen Handlungsfeldern des Schulmanagements. Köln.

HUBER, Stephan Gerhard/Feldhoff, Tobias (2009): Steuergruppen – theoretische Verortung und empirische Forschung. In: Huber, Stephan Gerhard (Hg.): Handbuch für Steuergruppen. Grundlagen für die Arbeit in zentralen Handlungsfeldern des Schulmanagements. Köln, S. 13–21.

HUBER, Stephan Gerhard/Helm, Christoph/Strietholt, Rolf/Pruitt, Jane/Schneider Julia A./ Schwander, Marius/Preisig, Louis/Heister, Hannah M./Hoffmann, Juliana/ Forcella, Yannick/ Schmidt, Jossif/Niederfinger, Julia (2022): Qualität und Nutzen des Programms impakt schulleitung der Wübben Stiftung. Erste ausgewählte wissenschaftliche Befunde im Rahmen einer qualitativen und quantitativen Längsschnittstudie mit Vergleichsgruppendesign zur Qualitätseinschätzung des Programms und der Programmbausteine sowie zu den Veränderungen in den Schulen, Zwischenbericht, September 2022. Online: https://bildungsmanagement.net/wp-content/uploads/sites/4/2022/09/Huber-et-al._2022_Qualitaet-und-Nutzen-impakt-schulleitung.pdf (Zugriff: 8.3.2023).

ILLERIS, Knud (2006): Das Lerndreieck. Rahmenkonzept für ein übergreifendes Verständnis vom menschlichen Lernen. In: Nuissl, Ekkehard (Hg.): Vom Lernen zum Lehren. Lern- und Lehrforschung für die Weiterbildung. Bielefeld, S. 29–41.

KLEIN, Esther D./Tulowtzki, Pierre (2020): Die Fortbildung von Schulleiter*innen in Forschung und Praxis – ein Systematisierungsversuch. In: Die Deutsche Schule, 112/2020, S. 257–276.

KRIESCHE, Julia (2014): Einführung neuer Führungsstrukturen an Schulen: Eine Studie zur Personalführung an Schulen. Bayreuth.

LIPOWSKY, Frank (2014): Theoretische Perspektiven und empirische Befunde zur Wirksamkeit von Lehrerfort- und -weiterbildung. In: Terhart, Ewald/Bennewitz, Hedda/Rothland, Martin (Hg.): Handbuch der Forschung zum Lehrerberuf. Münster, S. 511–541.

LIPOWSKY, Frank/Rzejak, Daniela (2019): Empirische Befunde zur Wirksamkeit von Fortbildungen für Lehrkräfte. In: Institut für Lehrerfortbildung (Hg.): Zur Wirksamkeit und Nachhaltigkeit von Lehrerfortbildung. Qualitätssicherung und Qualitätsentwicklung. Katholischer Lehrerfort- und -weiterbildung. Wermelskirchen, S. 34–74. Online: https://www.ifl-fortbildung.de/fileadmin/user_upload/20190329_IfL_Fachtagung_Fortbildungsqualitaet_V5.pdf#page=34 (Zugriff: 10.7.24).

LIPOWSKY, Frank/Rzejak, Daniela (2021): Fortbildungen für Lehrpersonen wirksam gestalten. Ein praxisorientierter und forschungsgestützter Leitfaden. Gütersloh.

LORENZ, Ramona/ Yotyodying, Sittipan/Eickelmann, Birgit/Endberg, Manuela (Hg.) (2022) Schule digital – der Länderindikator 2021. Lehren und Lernen mit digitalen Medien in der Sekundarstufe I in Deutschland im Bundesländervergleich und im Trend seit 2017. Münster.

MAAG MERKI, Katharina (2021): Schulqualitätsforschung. In: Hascher, Tina/Idel, Till-Sebastian/ Helsper, Werner (Hg): *Handbuch Schulforschung* (3. Auflage, First Online). Wiesbaden.

MEDIENBERATUNG NRW (Hg.) (2020): Medienkompetenzrahmen NRW (3. Aufl.). Online: https://medienkompetenzrahmen.nrw/fileadmin/pdf/LVR_ZMB_MKR_Broschuere.pdf (Zugriff: 23.9.2022).

MEIER, Monique/Thoms, Lars-Jochen/Becker, Sebastian/Finger, Alexander/Kremser, Erik/Huwer, Johannes/Kotzebue, Lena von/Bruckermann, Till/Thyssen, Christoph (2021). Digitale Transformation von Unterrichtseinheiten – DiKoLAN als Orientierungs- und Strukturierungshilfe am Beispiel Low-Cost-Photometrie mit dem Smartphone. In: Graulich, Nicole/Huwer,

Johannes/Banerji, Amitabh (Hg.): Digitalisation in Chemistry Education. Digitales Lehren und Lernen an Hochschule und Schule im Fach Chemie. Münster, S. 13–28.

MEINEL, Christoph (2021): Eine Chance für mehr Bildungsgerechtigkeit. Digitale Transformation der Schulen. Schulverwaltung NRW, 32/2021, S. 168–171.

MSB NRW – Ministerium für Schule und Bildung des Landes Nordrhein-Westfalen (Hg.) (o. J.): Handreichung zur lernförderlichen Verknüpfung von Präsenz- und Distanzunterricht. Online: https://xn--broschren-v9a.nrw/fileadmin/Handreichung_zur_lernfoerderlichen_Verknuepfung/pdf/Handreichung-Distanzunterricht.pdf (Zugriff: 23.9.2022).

RATZKI, Anne (2015): Schulleitung heute: Gruppe von Einzelkämpfern oder Team? Wie aktuelle Herausforderungen sich durch Teamarbeit besser bewältigen lassen. In: Schulverwaltung. Nordrhein-Westfalen, 26/2015, S. 260–262.

RICHTER, Dirk (2016): Lehrerinnen und Lehrer lernen: Fort- und Weiterbildung im Lehrerberuf. In: Rothland, Martin (Hg): Beruf Lehrer/Lehrerin. Ein Studienbuch. Münster, S. 245–260.

RIEDEL, Ulrike/Braunreuther, Antje (2017): Planung im Team. Leitung und Planung im Team: geteilte Verantwortung – geteilte Zeit. In: GS aktuell, 140/2017, S. 24–27.

RUHRFUTUR gGmbH (o. J. a): Homepage Klasse!Digital – Ganzheitliche Schul- und Unterrichtsentwicklung für heute und morgen. Online: https://www.ruhrfutur.de/klasse-digital (Zugriff: 14.11.2022).

RUHRFUTUR gGmbH (o. J. b): Homepage RuhrFutur. Online: https://www.ruhrfutur.de/ (Zugriff: 1.11.2022).

STUFFLEBEAM, Daniel L. (1972): Evaluation als Entscheidungshilfe. In: Wulf, Christoph (Hg.): Evaluation. Beschreibung und Bewertung von Unterricht, Curricula und Schulversuchen (Erziehung in Wissenschaft und Praxis, Bd. 18). München, S. 113–145.

TULOWITZKI, Pierre/Gerick, Julia (2020): Schulleitung in der digitalisierten Welt. Empirische Befunde zum Schulmanagement. In: Die Deutsche Schule, 112/2020, S. 324–337.

WÜBBEN STIFTUNG BILDUNG (o. J.): Impakt schulleitung. Online: https://www.wuebben-stiftung-bildung.org/programme/impakt-schulleitung/ (Zugriff: 8.11.2023).

NORBERT DIESING, WOLFGANG BEUTEL

Demokratisierung des Lernens

Lösungsansätze für ein Lehr- und Lernsystem im Wandel

1. Einleitung

Die Demokratisierung von Bildung und Lernen, damit der beiden institutionellen Kernelemente der Schule – von Unterricht und Sozialisation – ist ein Dauerbrenner in Pädagogik und Bildungspolitik sowie zugleich eine scheinbar unlösbare Aufgabe. Wir wollen in unserem Beitrag zu den Erfahrungen und Konzepten, die an der Green Gesamtschule in Duisburg seit Jahren entwickelt, implementiert und stetig erweitert werden, Einblicke und Antwortperspektiven für die Herausforderung von Demokratiebildung sowie demokratischer Schulentwicklung geben: Dabei liegt der Schwerpunkt auf Unterrichtsentwicklung und reflektierten Formen des kooperativen Lernens in einer adaptiven Form, die an dieser Schule entfaltet und stetig verbessert wird.

2. Vielfalt und Bildungsgerechtigkeit – Unauflösbarer Gegensatz oder gesamtgesellschaftliche Aufgabe?

Demokratische Schulentwicklung kann sehr verschiedene Wege gehen und unterschiedliche Schwerpunkte in der Formulierung und Rekonstruktion der dabei genutzten Instrumente und Strategien setzen. Im Mittelpunkt der hier gewählten Darstellung steht das Spannungsfeld zwischen Gerechtigkeitserwartung und dem Umgang mit der Vielfalt der Schüler*innen. Wir versuchen, ausgehend von diesem herausfordernden Begriffspaar, eine Anschauung der Projekte und Lehr-Lernstrategien der Schule und damit von den aktuellen und stetig weiter zu entwickelnden Formen der Unterrichtsplanung und -durchführung zu geben. Dadurch wollen wir sowohl den Alltag des Lernens und Lehrens als auch zugleich die übergreifende Entwicklungsaufgabe einer demokratischen, individualisierenden und perspektivisch gerechten Praxis des Lebens und Lernens an der Schule aufzeigen sowie die damit verbundenen Herausforderungen diskutieren.

2.1 Gerechtigkeit

„Das Thema ‚Gerechtigkeit' ist jedem, der es mit der Schule zu tun hat oder der in seinen Schulerinnerungen kramt, unmittelbar gegenwärtig" (Flitner 1987, 15–16). Nicht nur, dass jeder von uns mindestens eine Spur einer Ungerechtigkeitserfahrung mit der eigenen Schul- und Bildungsbiografie zu verbinden weiß, haben wir doch als beruflich tätige Pädagog*innen auch die Unterschiede der Lernvoraussetzung und der sozialen Hintergründe der Schule sowohl als biographische Erfahrung als auch in unserer professionsspezifischen Verbindung mit der Schule stets vor unseren Augen. Bis heute ist bekannt, dass insbesondere das Bildungswesen in Deutschland das ihm eigene Ziel einer gerechten und differenzierenden Förderung erfolgreicher Bildung nicht für alle Schüler*innen ermöglicht – und damit zwangsläufig ungerecht ist. Die PISA-Studien zeigen dieses besorgniserregende Strukturmerkmal mit großer Regelmäßigkeit und umso drängender vor dem Hintergrund von deren Anspruch, diese Einsichten als Folge evidenzbasierter empirischer Forschung zu formulieren: „Neben dem generell eher mittelmäßigen Abschneiden des deutschen Schulsystems bei diesem Ranking zeigte sich erneut eine enge Verbindung zwischen der sozialen Herkunft und den Bildungsbeteiligungschancen. Das deutsche Schulsystem gleicht soziale Ungleichheit nicht aus, mehr noch, es reproduziert diese sogar" (Faller 2019, 24).

Dieses Faktum gibt Anlass zu weitergehenden Anstrengungen und Reformen, um es zu ändern. Jüngere Debattenbeiträge der Erziehungswissenschaft versuchen zudem, dieser Aufgabe durch Ausdifferenzierung der Bezugsnormen für „Bildungsgerechtigkeit" entgegenzuwirken – oder soll man sagen, sich partiell ihr zu entziehen: „Gerechtigkeit in Bezug auf Bildung ist hergestellt, wenn jedes Kind ein Bildungsniveau erreicht, das ihm ein gutes Leben in einer modernen Gesellschaft ermöglicht", formuliert Johannes Giesinger (2007, 379). Damit wird eine Art „Schwellen-Konzeption von Bildungsgerechtigkeit" (ebd.) formuliert, die darauf verweist, dass Lernen und Bildung eben auch durch individuell entfaltete kognitive Leistungen und damit schülerbezogene Formen der Meritokratie im Sinne einer anzuerkennenden individuellen Leistungsbestrebung anerkannt werden müssen, wozu auch die Wahrnehmung von deren Ausbleiben gehört.

Damit ist eine Form der Differenzierung angesprochen, die im Wesentlichen darauf setzt, dass Schüler*innen eben den Impuls zum Lernen selbst haben oder entwickeln müssen. Sie müssen in dieser Sicht das Lernen und gute Abschlüsse erreichen wollen. Diese eher meritokratische Leistungsorientierung wird jedoch den Herausforderungen, vor denen die Schulen – und damit große Anteile der dort beschulten Kinder und Jugendlichen – heute stehen, nicht wirklich gerecht werden können. Sie lädt sie dazu ein, den ebenfalls skandalösen Fakt zu vergrößern, welcher sich in der hohen Zahl von Absolvent*innen des bundesdeutschen Bildungswesens zeigt, die die Schule trotz langer Besuchszeiten ohne Abschluss verlassen. Es wird deutlich, dass die Schule um die Anstrengung, Bildungsgerechtigkeit gerade auch im und durch die Formen des Lernens zu verbessern, nicht herumkommt.

2.2 Vielfalt

Dieses Erfordernis verbindet sich mit der zunehmenden Vielfalt innerhalb der Schüler*innenschaft und der darin liegenden Notwendigkeit und Chance zugleich, diese Vielfalt anzuerkennen und damit pädagogisch produktiv umzugehen. Heute ist mehr denn je die seit den 1990er-Jahren mit großer Energie aufgekommene Diskussion um eine „Pädagogik der Vielfalt" (Prengel 2019 erstmals 1993) ein Treiber für diesen herausfordernden Anspruch an die schulische Praxis. Es gilt dabei, den in eben „vielfältiger" Art und Weise erscheinenden Formen der Verschiedenheit von Biografien, Neigungen, ethnischen, sozialen und kulturellen Hintergründen sowie den daraus resultierenden Ansprüchen, Bedürfnissen und Möglichkeiten des Lernens produktiv entgegenzukommen. Spricht Prengel in ihrer impulsgebenden Studie noch davon, dass erstens bereits die Grundschulpädagogik diesem Vielfaltserfordernis verstärkt entsprechen müsse, so formuliert sie zweitens solche Differenzrepräsentationen vor allem für drei leitende Polaritäten: In vorderster Linie steht der Unterschied zwischen Mann und Frau und die damit einhergehende, anhaltende und meist scharfe Benachteiligung von Mädchen und Frauen generell. Dies betrifft verschiedene Seiten von Schule und Bildung – beispielhaft die Kommunikation, die Rollenerwartung, die moralisch-psychologische Entwicklung und letztlich auch die Beeinflussung von meist gegenüber den männlichen Jugendlichen benachteiligten Lebens- und Zukunftsentwürfen, die die Schulzeit und die pädagogische Erfahrung für Mädchen und junge Frauen sozialisatorisch begrenzen. Der zweite Aspekt betrifft die zunehmende Wahrnehmung der Interkulturalität in der modernen Gesellschaft. In den 1990er-Jahren wurde durch die Politik in der Bundesrepublik die Tatsache, dass Deutschland ein Einwanderungsland bereits seit langem geworden war, noch immer abgewehrt. Der Zuzug und die Integration unterschiedlicher Kulturen und der damit verbundenen Religionen sowie kulturellen Differenzen wurde erst langsam ein Thema der Pädagogik in den Schulen. Heute ist dieser Bereich von Vielfalt überall präsent und zugleich inzwischen durch den aufgekommenen politischen Populismus und indifferente Ängste in weiten Bevölkerungsgruppen auch für die Schulen eine besonders politische Herausforderung. Der dritte Aspekt ist nach Prengel die durch die stetige Reform der Förderpädagogik erreichte

Einsicht darin, dass eine Ausgrenzung von körperlich und anderweitig benachteiligten Kindern und Jugendlichen durch die abgrenzende Praxis der Sonderpädagogik wenig zeitgemäß und weder für eine vielfaltsorientierte Gesellschaft noch für Menschen – und damit auch Schüler*innen – die mit Einschränkungen zurecht kommen wollen und müssen, besonders hilfreich ist: „Mädchen und Jungen, behinderte und nichtbehinderte Menschen, Angehörige verschiedener Kulturen, Subkulturen und Gesellschaftsschichten: Ihnen allen steht Bildung zu“ (Prengel 1993/2019, 1).

Viele Aspekte dieser beiden Entwicklungslinien von Gerechtigkeitsdiskurs und den Debatten zu Vielfalt, die sich nur scheinbar im Gegensatz zueinander befinden, prägen bis heute – vielleicht muss man gar sagen: gerade heute – die Anforderungen an eine moderne pädagogische Praxis insbesondere in der Schule. Sie sind zugleich die sich in den Kindern und Jugendlichen abbildenden Aufgaben einer auch in der Schule zu realisierenden Demokratie, in der Vielfalt zu pflegen und in jeder Hinsicht individuell zu fördern ist sowie Nachteilssituationen nicht nur zu erkennen, sondern durch Unterstützung und Förderung auch möglichst auszugleichen sind. So gesehen ist die didaktische Rekonstruktion innovativer, verantwortungsbezogener und individualisierender Formen eines kooperativen Lernens an der Green Gesamtschule auch eine Antwort auf die stets offene demokratische Frage in der Schule.

2.3 Bildungssystem und Druck

Zu dieser grundsätzlichen Spannung treten weitere Faktoren hinzu. Zum einen steht in den 2020er-Jahren das Schulsystem insgesamt und mithin jede einzelne Schule schon deshalb unter Druck, weil die Frage der Versorgung der Lehramt-Stellen in den Schulen seit mehreren Jahren problematisch und faktisch offen ist. Es ist hinreichend bekannt, dass Stellen oft nicht besetzt werden können, weil mehr Lehrkräfte aus Altersgründen das System verlassen, als entsprechend qualifizierte Nachwuchskräfte eingestellt werden können. „Quereinsteiger“ tragen dazu bei, die weithin sichtbaren Mängel abzudämpfen, doch kann diese auch politisch geförderte Strategie der Personalversorgung die professionsspezifischen Besonderheiten des Bildungswesens kaum zureichend abdecken. Hinzu kommen Entwicklungen wie der in der Wirtschaft und Politik stets thematisierte Fachkräftemangel, dessen Ausprägung aus wirtschaftlicher und politischer Sicht auch der fehlenden Steuerungsleistung des Schulsystems zugeschrieben wird.

Besonders herausfordernd ist der dynamische Prozess der Digitalisierung, der in der Gesellschaft deutlich schneller voranschreitet, als er pädagogisch-professionell in der Schule gestaltet und genutzt werden kann (Heldt 2025).

Schließlich hat zudem die Corona-Pandemie massive Auswirkungen auf die Schulen, das Bildungswesen insgesamt und v. a. die Schüler*innen in dieser Zeit gehabt. Nach der jüngsten vom Wirtschaftsdienst des Ifo-Instituts erhobenen Erwartungslage und Einschätzung des Bildungswesens durch die Bevölkerung wird Sorge und Skepsis sichtbar: „Verschiedene Indikatoren weisen auf eine beunruhigende Lage der schulischen Qualität in Deutschland hin“ (Werner u. a. 2023, 48). Insbesondere die Versorgungsfrage, aber eben auch die Leistung des Schulsystems und die Probleme der „schleppenden Digitalisierung“ sowie einer „Trägheit des Systems“ (Werner u. a. 2023) werden angemahnt.

Nun ist die Schule als System und in vielen Fällen auch als individuelle pädagogische Handlungseinheit eigentlich immer „unter Druck“, könnte man provozierend formulieren. Dies gilt in besonderer Weise für die der Schule durch ihren Zweck sowie ihre gesetzliche Bestimmung zugeschriebenen Aufgabe, zur Mitbürgerlichkeit in der verfassten liberalen Demokratie hin erzieherisch zu wirken. Auch hier entsteht eine Grundspannung, denn die Schule ist durch ihre eigentliche Bestimmung und Aufgabe in der funktionsteiligen Gesellschaft der postindustriellen Moderne zunächst eben keine Demokratie, sondern eine hochrationale und auf Effizienz zugeschnittene Institution, die dem Bestand der modernen Gesellschaft und ihrer Weiterentwicklung funktional dienlich und verpflichtet ist (Beutel 2016). Die „guten Schulen“, die sich dieser mehrdimensionalen Druck- und Spannungslage auf kreative Weise stellen, sind zahlreich – wenngleich auch keinesfalls die große Mehrheit im System. Dennoch sind interessante und vielfältig handelnde Schulen in weitaus größerer Zahl aktiv, als man zunächst vermuten möchte. Die Green Gesamtschule in Duisburg gehört zu der Reihe dieser besonderen und guten Schulen. Sie versucht durch konsequente anerkennende Bindung ihrer Schülerschaft an die Schule selbst und durch ihre stetige Anstrengung, moderne und reflektierte Formen des Lernens zu realisieren, mit diesem Widerspruch ebenso wie mit den aktuellen bildungspolitischen und sozialen Herausforderungen produktiv umzugehen.

2.4 Die Green Gesamtschule – Lernen in herausforderndem Umfeld

Die Green Gesamtschule wurde 2015 als Sekundarschule Rheinhausen neu gegründet.[1] Sie wandelt sich im Jahr 2020 zur integrierten Gesamtschule Körner-

---

1 In Abschnitt 1.1 wird auf Formulierungen aus folgendem Text zurückgegriffen: Beutel, Wolfgang: Demokratie, Schulleben und soziales Miteinander auf Distanz? Vernachlässigte Aspekte von Schule und politischer Bildung während der Corona-Krise. In: Heldt/Beutel/Lange (2023), 114–127; hier besonders 123/124.

platz und profiliert sich seit Beginn eines größeren Schulentwicklungsprozesses mit einer Didaktik und Methodik des „Kooperativen Lernens" nach Kathy und Norm Green (2018) – hier liegt auch der Grund für die 2021, während der Corona-Pandemie, beschlossene Namenspatenschaft. Das Schulkonzept weist die Schule nicht nur als Ergebnis von kollegialem Engagement und Stadtteilpolitik für die Idee der integrierten Gesamtschule in einem sozial herausfordernden Quartier aus, sondern dezidiert als „demokratische Schule" (Green Gesamtschule 2022, 6 ff.). Im Mittelpunkt aller didaktischer Innovation und gezielter sowie fachlich begleiteter Schulentwicklung liegen dabei die anwendungsbezogenen Konsequenzen des „kooperativen Lernens", das zugleich als „eigenverantwortliches Lernen" der Schüler*innen verstanden und ausdifferenziert wird – aktuell in einer erweiterten Form: es geht dann um „kooperatives Lernen extended" oder „KL-extended".

Die Schule hat zudem ein enges Netz an Kooperationspartnern in der Region, die diese Bestrebungen engagiert unterstützen. Mit gezielten Aufgabenverteilungen in multiprofessionellen Teams, in denen die Lehrenden und die anderen pädagogischen Fachkräfte kooperativ gearbeitet haben, gelingt es schließlich, nahezu alle Schüler*innen – auch während der pandemiebedingten Phasen des „Lockdowns" in den Jahren 2020/21 – anzusprechen sowie eine Art „digital transformierten" Schullebens aufrecht zu erhalten. Wesentlicher Bestandteil war dabei auch der Kommunikationsweg über die Handys der Schüler*innen, da in vielen Familien keine PC-Ausstattung zur Verfügung stand. Trotz all dieser digitalen Begrenzungen gibt es regelmäßigen Kontakt, Video-Unterricht mit reger Schüler*innen-Beteiligung und auch Events wie eine „digitale Party".

Dabei mussten die Schüler*innen stets eine Mitverantwortung übernehmen – was die didaktischen Konzeptionen und die Lernstrategien, von denen hier die Rede sein wird, bis heute wesentlich mitbestimmt. Nicht zuletzt hat der Einblick in die oft schwierigen Lebens- und Alltagsbedingungen von Schüler*innen während der pandemiebedingten digitalen Unterrichtszeiten die Sensibilität des Kollegiums und dessen Motivation zur Unterstützung der Lernenden maßgeblich gestärkt.

Mit dem „kooperativen Lernen" geht lehrerseitig eine besondere Notwendigkeit für genau geplante und verlässliche Teamarbeit einher. Auch dieser Tatbestand stiftet eine der Voraussetzungen für die Strategie, das „kooperative Lernen" didaktisch weiterzuentwickeln und als Teil des professionellen unterrichtlichen Handelns zu stabilisieren.

3. Wie lernen wir an der Green Gesamtschule? – Ein Stufenmodell zum Aufbau von Selbstlernkompetenzen

Lernen ist eine Tätigkeit und ein subjektbezogener Vorgang, der sich stufenweise in sozialen Prozessen vollzieht, bei denen neues Wissen dadurch entsteht, dass in Interaktion mit dem jeweiligen Gegenüber Begriffe geklärt, aufgebaut, ausgebaut und präzisiert werden. Der Wissenszuwachs wird in Interaktion abgeglichen und dadurch gefestigt oder korrigiert (Kunter/Trautwein 2013, 36 ff.). Das so gewonnene Wissen kann anschließend in unterschiedlichen Kontexten angewendet werden und neue Bedeutungen erzeugen, deren Stimmigkeit ebenfalls in diskursiven Prozessen ausgehandelt wird. Für ein gelingendes Lernen ist es notwendig, dass dieser Austausch auf einem Niveau angesiedelt ist, das den je aktuellen Entwicklungs- und Ausbildungsstand der Lernenden berücksichtigt und gleichzeitig so anregend ist, dass ein Lernanreiz gegeben ist – die Lernpsychologie spricht dann von einer Zone der proximalen Entwicklung (Kunter/Trautwein 2013, 37). Darüber hinaus ist für alle Lernprozesse eine tragfähige, sozial belastbare Beziehungsebene der Beteiligten unabdingbar. Menschen müssen sich kennen und Vertrauen zueinander haben, damit Lernen gelingen kann. Diese gestufte Progression von Lernprozessen bezieht sich auf nahezu alle Kompetenzbereiche – von den klassischen schulischen Kompetenzen, die im Wesentlichen unter den Begriffen Sachkompetenz, Methodenkompetenz, Urteilskompetenz und Handlungskompetenz zusammengefasst werden über soziale und personelle Kompetenzen bis hin zu spezifischen Kompetenzen, wie Empathie und Ambiguitätstoleranz, die für ein demokratisches Denken, Handeln und Kommunizieren unabdingbar sind, die mithin Bestandteil demokratischer Handlungskompetenz sind.

3.1 Weshalb sind Stufenmodelle für die Unterrichtsgestaltung notwendig?

Lehrkräfte stehen regelmäßig vor der Herausforderung, dass sie eine sehr komplexe Situation sofort realistisch einschätzen müssen – andernfalls droht das unweigerliche Scheitern des Lehr-Lernprozesses. Stufenmodelle können eine wertvolle Hilfe bei der praktischen Unterrichtsgestaltung sein, weil sie komplexe Lernprozesse vereinfacht und idealtypisch darstellen und damit der Lehrkraft Orientierung in Blick auf den aktuelle Lern- und Entwicklungsstand sowie der anstehenden Lernschritte geben. Sofern sie gut gemacht und erprobt sind, sind Stufenmodelle ein probates Mittel, um der Komplexität der Situation gerecht zu werden und zugleich erfolgsorientiert sowie handlungsfähig zu bleiben.

Es gibt in der pädagogischen Forschung und Entwicklung verschiedene Modelle der Beschreibung von Lernen in Stufenfolgen, die sich in zentralen Punkten ähneln, so etwa die entwicklungspsychologischen Stufenmodelle von Erik H. Erikson, Jean Piaget und Lawrence Kohlberg (Gudjons 2008, 112 ff.). Eines dieser in der Praxis erprobten und wissenschaftlich bestätigten Stufenmodelle wird an der Green Gesamtschule zur Unterstützung des eigenen didaktisch-pädagogischen Konzeptes systematisch eingesetzt. Hierbei handelt es sich um das Stufenmodell zur Öffnung des Unterrichts in der didaktischen Aufbereitung von Falko Peschel (2002). Dieses Modell wurde dabei konzeptionell verbunden mit den bildungstheoretischen Grundlagen des kooperativen Lernens (Green/Green 2018) und bildet die Basis einer eigens entwickelten Lernsystematik, mit der die Schüler*innen der Green Gesamtschule gezielt und strukturiert im Aufbau von Lern-, Sach- und übergeordneten Kompetenzen gefördert werden.

3.2 Wie hilft uns das Stufenmodell in der pädagogischen Arbeit?

Bei diesem Ansatz, der an der Green Gesamtschule als „KL-extended" – im Sinne einer Beschreibung eines erweiterten kooperativen Lernens – bezeichnet wird, werden die Schüler*innen auf Stufe eins dieses Modells in verschiedenen kommunikativen, methodischen und persönlichen Basiskompetenzen unterrichtet, um dann – darauf sukzessive aufbauend – zu einer methodischen, organisatorischen sowie inhaltlichen und schließlich auch sozialen sowie persönlichen Kompetenz der Selbstbestimmung zu kommen. Das pädagogische Ziel liegt also darin, dass die Schüler*innen mit Hilfe eines Stufenmodells sich von angeleiteten Lernenden zu selbstbestimmten und selbstwirksamen Individuen entwickeln können, die sich Wissen und Bildung eigeninitiativ aneignen. In diesem Prozess verändert sich die Rolle der Lehrkraft von der Lernanleitung hin zur Lernbegleitung. Damit ist zugleich angesprochen, dass sich die Didaktik und das Management von Unterricht qualitativ erheblich wandelt. Das zeigt sich exemplarisch darin, dass die Lernprozesse auf Stufe eins (Vorstufe des geöffneten Unterrichts zur Erlangung von Basiskompetenzen) noch stark von der Lehrkraft strukturiert werden. Mit zunehmendem Lernkompetenzaufbau bei den Schüler*innen wird diese äußere Struktur abgebaut und es werden Freiräume in die Verantwortung der Lernenden gegeben.

3.3 Die vier Stufen zur Selbstbefähigung

Eine typische Situation im täglichen Unterricht ist, dass Schüler*innen in Arbeitssituationen durch unangepasstes Verhalten auffallen, was in privaten Gesprächen, Kichern und Nichtteilnahme am Arbeitsprozess sichtbar wird. Dieses

Verhalten ist aber in den wenigsten Fällen auf eine destruktive Grundhaltung zurückzuführen. Vielmehr besteht der Grund für diese Unterrichtsstörungen in den meisten Fällen in einer kognitiven, emotionalen oder sozialen Überforderung der Schüler*innen (Becker/Ewering 2021, 50). Der Aufbau von Basiskompetenzen – Arbeitsorganisation, Methodensicherheit, kommunikativen Handlungsmuster u. a. – zur Vermeidung der genannten Unterrichtsstörungen könnte in einem Verhaltenskonflikt gegenüber der angestrebten Vermittlung von Arbeitstechniken, z. B. durch Lesestrategien (kognitive Überforderung), Maßnahmen des Teambuildings (soziale Überforderung) oder vertrauensbildenden Übungen (emotionale Überforderung) liegen.

Sind diese Basiskompetenzen hinreichend angelegt, verfügen die Lernenden auf Stufe zwei in Hinsicht auf ihr methodisches Vorgehen über größere Freiheiten bis hin zur freien Methoden- und Verfahrenswahl in den Lernprozessen. Hier werden Wege und Umwege in den Verfahren von den Schüler*innen anschließend reflektiert, besprochen und optimiert – die Lehrkraft unterstützt diese Reflexionsprozesse (Peschel 2002). Auf dieser Stufe ist die Öffnung der Unterrichtsstruktur auf die Auswahl des methodischen Zugangs begrenzt (Brüning/Saum 2009). Die Definition des Stundenthemas, die Materialauswahl und die Bewertung der Unterrichtsergebnisse obliegt jedoch weiterhin der Lehrkraft.

Sobald die Lernenden Lernprozesse methodisch selbstständig und zielorientiert gestalten können, sind sie potenziell in der Lage, auf Stufe drei des Modells zu arbeiten. Auf dieser Stufe können Schüler*innen mit einer ergänzenden Materialauswahl oder selbst recherchierten Materialien einen erweiterten oder alternativen Zugang zum Unterrichtsgegenstand wählen. Die Stundenthemen im Einzelnen können gemeinsam mit den Lernenden festgelegt werden. Auch bei der Zielerwartung kann die Lehrkraft vom eigenen Erwartungshorizont abweichen. Besonders bei letzterem hat sich gezeigt, dass hier Flexibilität immer sinnvoll ist, da Schüler*innen regelmäßig zu Lösungsvorschlägen kommen, die inhaltlich schlüssig sind und zugleich von der Lehrkrafterwartung abweichen. Die Festlegung der Reihenthemen hängt hingegen von den Kernlehrplänen und den schulinternen Lehrplänen, ab. Man muss allerdings anmerken, dass diese Stufe nicht von jeder Lerngruppe erreicht wird.

Die vierte Stufe der sozial-integrativen Öffnung ist als Ergänzung des Unterrichts auf der Ebene des sozialen Miteinanders zu verstehen (ebd.). Auf dieser Stufe setzen die Schüler*innen die erlernten Sozial-, Methoden-, Organisations- und Anwendungskompetenzen um, ohne dabei auf die Unterstützung durch die Lehrkraft zurückzugreifen. Dies betrifft neben der Methoden-, Material-, Zielorientierung (Stufen 1–3) auch die Themenwahl. Die Lehrkraft wird zu einem*r Lernpartner*in. Dies macht deutlich, dass das Erreichen der vierten Stufe im deutschen Regelschulsystem nicht vorgesehen ist, da die entsprechenden Unterrichtsreihenthemen von den Kernlehrplänen der jeweiligen Landesministerien für Schule und Bildung vorgegeben sind. Daher ist das Erreichen der vierten Stufe eher als Fernziel zu verstehen. Manche Schulen, unter anderen die Green Gesamtschule, nutzen jedoch ihre pädagogischen Freiheiten, um z. B. in projektbezogenen Unterrichtskonzepten Lernsettings zu schaffen, die zur Förderung eines auf Mündigkeit und Demokratie zielenden Selbstkonzepts der Schüler*innen zu fördern. Darauf kommen wir später nochmals zurück.

4. KL-extended – Ein didaktisches Modell zum Aufbau von (über) fachlichen, kommunikativen und kollaborativ-demokratischen Lernkompetenzen

Der Ansatz des Kooperativen Lernens kam in den 2000er Jahren über Kathy und Norm Green, die in Kanada mit dieser Herangehensweise bemerkenswerte Lernfortschritte bei Lerngruppen in herausfordernden Lagen erzielten, nach Deutschland. Im Zentrum dieser Lerntheorie, die auf den Forschungsergebnissen von Johnson u. a. (1990) aufbaut, steht das Lernen in Gruppen mit dem Prinzip der gegenseitigen Abhängigkeit (für Lernerfolg sind die Schüler*innen aufeinander angewiesen) sowie dem Zusammenspiel von Konstruktions- und Co-Konstruktionsprozessen. Individuelle Ergebnisse (Konstruktion) werden in Kleingruppen verglichen, korrigiert, ergänzt und angepasst – das ist die Co-Konstruktion (Green/Green 2018, 78). Im deutschsprachigen Raum wurde dieser sehr auf Gruppendynamik ausgerichtete Ansatz durch die methodischen Zugänge von Ludger Brüning und Tobias Saum ergänzt (2009). Im direkten Vergleich lässt sich feststellen, dass Green/Green die gruppendynamischen Prozesse sowie das gemeinschaftliche Lernen in das Zentrum ihrer Theorie stellen, während Brüning/Saum den methodischen Teil betonen. Diese Ansätze bereichern sich gegenseitig und liefern uns wichtige Impulse, um mit Gruppen kooperativ sowie erfolgs- und zielorientiert zu arbeiten. Was beiden Ansätzen fehlt, ist eine stringente Systematik, die erklärt, wie kooperative Kompetenzen von der Basis, der angeleiteten Bewältigung von basalen Arbeits- und Kommunikationsprozessen, bis hin zur selbstgesteuerten und selbstwirksamen Bewältigung von kooperativen Lernprozessen aussieht. Kurz: Wie befähige ich Schüler*innen mit noch nicht hinreichend ausgeprägten methodischen-, sozialen- und kommunikativen Kompetenzen dazu, mündige Selbstlernende zu werden?

Bei vielen Schüler*innen kann davon ausgegangen werden, dass diese Fähigkeiten teilweise durch die elterliche Erziehung vermittelt werden. Bei anderen Schüler*innen muss die Schule hierbei eine kompensatorische Funktion übernehmen. Dabei ist es dem persönlichen Geschick der Pädagog*innen überlassen, wie und ob die sinnvollen Ansätze zusammengeführt werden, um Lernende zu begleiten.

Genau an dieser Stelle setzt die an der Green Gesamtschule entwickelte Systematik des erweiterten kooperativen Lernens „KL-extended" an. Um allen Lehrenden ein griffiges Werkzeug zum sukzessiven Aufbau von kooperativen Lernkompetenzen an die Hand zu geben, wurden die Ansätze von Green/Green sowie von Brüning/Saum in das dargelegte Stufenmodell integriert. So wurden Planungsvorlagen geschaffen, die den Aufbau von Selbstlernkompetenzen systematisch ermöglichen. Diese Planungsvorlagen sind jedoch nur ein Teil der Lösung, da uns hier nur schemenhaft verdeutlicht wird, welche Etappen erforderlich sind, um das Endergebnis zu erreichen. In der praktischen Ausgestaltung müssen auf jeder Stufe eine ganze Reihe von Mikroschritten eingeführt und durch spezifische Strukturelemente ergänzt werden. In den folgenden Kapiteln sollen diese in ihren Grundzügen vorgestellt werden.

5. Grundlagen

In den Lerntheorien gibt es heute viele Ansätze, die sich damit auseinandersetzen, wie man effizient und zielorientiert lernen kann. Es liegen Untersuchungen vor, die die Wirkung dieser Ansätze belegen. Daher wissen wir, dass effektives Lernen einer klar benennbaren Systematik folgt und kein zufälliger, unterbewusster oder rein bedarfsorientierter Prozess ist (Hattie 2013). Es wird deutlich, dass effektives Lernen ein aktiver Konstruktionsprozess ist, der sich in sozialen Kontexten vollzieht. Entscheidend ist hierbei, dass Wissen nur in Interaktion mit anderen Personen aufgebaut, präzisiert und korrigiert werden kann (Kunter/Trautwein 2013). Vor diesem Hintergrund nutzen wir im Kooperativen Lernen Konstruktions- und Co-Konstruktionsprozesse in verschiedenen Sozialformen wie Einzel-, Kleingruppen- und Plenumsarbeit, um die Erkenntnisgewinnung in unterschiedlichen Kommunikationssituationen zu ermöglichen (Green/Green 2018, 32).

Um eine möglichst hohe Lernzielorientierung bei den Schüler*innen zu erreichen, müssen im Unterricht zwei Faktoren, die oft konkurrierend wirken, miteinander interagieren: Die Unterrichtssituation, die vor allem durch das

Classroom-Management und die curricularen Vorgaben bestimmt wird, also die äußere Faktoren sowie die motivationale Orientierung der Schüler*inneninteressen, die eine Komponente intrinsischer Motivation darstellen (Kunter/Trautwein 2013). Das erzeugt einen auf den ersten Blick fast unmöglichen Spagat, der nur durch eine kluge Choreografie didaktisch-methodischer Begleitung gelingen kann, die an der Green Gesamtschule im Konzept des „KL-extended" zusammengestellt und aufeinander abgestimmt sind. Kl-extended umfasst, dem Grundprinzip des Kooperativen Lernens folgend Elemente des gezielten Teambuildings, wie Warm-Up, das Prinzip der positiven Abhängigkeit und eine wertschätzende Atmosphäre im Lernraum, in der positive Gefühlszustände gefördert werden. Erst wenn die Gelingensbedingungen einer solcherart auf Anerkennung und Individualität ausgerichteten Kommunikation gelegt sind, empfinden sich die Schüler*innen als bedeutsamer Teil des didaktischen Konstrukts im Lernen und können ihr Wissen an andere weitergeben oder dieses in Co-Konstruktionsprozessen erweitern und vertiefen.

In der für das Kooperative Lernen obligatorischen Tischgruppe erleben die Schüler*innen eine soziale Eingebundenheit. Dadurch wird auch ihre intrinsische Motivation, sich mit dem Unterrichtsgegenstand auseinander zu setzen, unterstützt. Die gelebte positive Beziehung zu den Schüler*innen ermöglicht, dass die Lehrkraft den Lernenden die Bedeutung und Zweckbezogenheit der Lerninhalte vermitteln kann, was wiederum die Anstrengungsbereitschaft beim Lernen unterstützten kann. Ferner helfen positive Rückmeldeformen wie das Feedbackraster dabei, die Effektivität der eigenen Lernprozesse begleitend einzuschätzen und ggf. zu korrigieren.

5.1 Die Sichtstruktur – Alles, was ich sehen kann

Ein wichtiges Mittel zur Differenzierung von Lernprozessen ist die Unterteilung in Sichtstruktur und Tiefenstruktur, wobei in der aktuellen Diskussion um den Lernerfolg besonders die Bedeutung der Tiefenstruktur betont wird (Hattie 2013). Aus unterrichtspraktischer Perspektive gilt es, Lernerfolge erst dann zu betonen, wenn sich Sichtstruktur und Tiefenstruktur gegenseitig ergänzen: Die beste Sichtstruktur ist ineffektiv, wenn sie nicht durch Tiefenstrukturen gestützt wird; die beste Tiefenstruktur läuft ins Leere, wenn es der Lehrperson nicht gelingt, diese durch Sichtstrukturen aus dem Abstrakten in das unmittelbar unterrichtlich Erfahrbare zu überführen. Wir gehen hierbei vom Verständnis der Sicht- und Tiefenstruktur nach Kunter/Trautwein (2013) aus, demzufolge die Sichtstruktur die beobachtbaren und messbaren Unterrichtsebenen – Organisationsformen, Methoden, Sozialformen – umfasst. Die

Tiefenstruktur bezieht sich auf Merkmale, die nur indirekt beobachtet werden können: Aufmerksamkeitssteuerung, kognitive Aktivierung, effektive Lernzeit.

Eine umfassende Darstellung der für guten Unterricht notwendigen Sichtstrukturen würde den Rahmen dieser Ausführungen sprengen. In aller Kürze soll hier auf einige wesentliche Elemente hingewiesen werden, die wir für das Konzept „KL-extended" als zentral dafür erachten, guten Unterricht zu gestalten:

5.2 Konstruktion und Co-Konstruktion – Lernen findet im Think-Pair-Share statt

Das Think-Pair-Share-Verfahren – eine Grundstrategie des Kooperativen Lernens – bildet an der Green Gesamtschule die Basis aller Lehr- und Lernprozesse. Das bedeutet, dass die Schüler*innen zum Unterrichtsgegenstand in einer Stillarbeitsphase „Think" zuerst einen eigenen Zugang finden, um etwa eine These oder Frage zu entwickeln, die sie in der Tischgruppe diskutieren können. Die hier gefundenen Lösungen und Positionen werden in einer zweiten Phase des „Pair" mit den anderen Ergebnissen, die in der Peer-Group entstanden sind, abgeglichen. Dem folgt eine Art „dialektischen Verfahrens", um die Ergebnisse zu korrigieren, zu optimieren und zu ergänzen. Green und Green sehen darin einen entscheidenden Co-Konstruktionsprozess (2008). Erst in der letzten Phase des „Share" werden die dann erreichten Ergebnisse dem Plenum präsentiert. Hier ist die Lehrkraft das letzte Korrektiv, das die Deutungshoheit in Blick auf inhaltliche Stimmigkeit und Vollständigkeit der Unterrichtsergebnisse hat. In der Think-Phase werden die Schüler*innen dazu aufgefordert, ein eigenständiges Ergebnis mit möglichst wenig Hilfe von außen zu erarbeiten. In der zweiten Pair-Phase haben die Tischgruppen die Möglichkeit, sich Hilfe bei der Lehrperson zu holen. Es muss betont werden, dass der Lenkungsgrad der Lehrperson in allen drei Phasen des TPS vom jeweiligen Entwicklungs- und Ausbildungsstand der Lerngruppe abhängig ist, also adaptiv in die Lernsituation eingepasst werden muss.

5.3 Direkte Instruktionen zur Arbeits- und Organisationskompetenz

Um eine möglichst hohe effektive Lernzeit zu erreichen, benötigt der Unterricht auf der Ebene der Sichtstruktur unterstützende Angebote, die es den Schüler*innen ermöglichen, die Unterrichtszeit optimal zu nutzen. Hilfreich hierfür sind: ritualisierte Materialregeln, visualisierte Gesprächsregeln, die mit messbaren Beobachtungskriterien hinterlegt werden, sowie Tischgruppenrollen und ein Zufallsprinzip zur Überprüfung der Unterrichtsergebnisse (Kunter/Trautwein 2013). Für diese Aspekte finden sich in der Literatur zahlreiche im Unterricht gut erprobte Beispiele. Die Methode des Feedbackrasters, wie sie an der Green

Gesamtschule praktiziert wird, ist von der Schule adaptiv in die eigenen Bedingungen eingepasst und soll deshalb hier vorgestellt werden:

Das Feedbackraster ist eine Methode der direkten Rückmeldung zum Arbeitsverhalten der Tischgruppe im Unterricht. Es wird für jede Stunde neu angelegt und gibt ein Feedback zu jeder Unterrichtsphase. Dafür wird auf einer Tafelseite ein Feedbackraster für die Tischgruppen visualisiert (z. B. T1, T2, T3, T4, ... untereinanderschreiben). Jede gelungene Arbeitsphase, in der die gesamte Tischgruppe ein positives Arbeitsverhalten zeigt, wird in dem Feedbackraster nonverbal vermerkt (z. B. Haken setzen, Symbole wandern auf einer Entwicklungslinie). Bei diesem Feedbackverfahren gibt es keine Negativbewertung, vielmehr wird lernförderliches Verhalten rückgemeldet. Am Ende der Stunde erhält die Tischgruppe mit den meisten Positivrückmeldungen einen Tischgruppenpunkt, der auf einer Sammelkarte vermerkt wird. Hat die ganze Klasse gut gearbeitet, gibt es zusätzlich einen Klassenpunkt. Die Tischgruppen, die innerhalb eines festgesetzten Zeitpunkts die meisten Punkte erhalten, bekommen dafür Anerkennung. Das gleiche gilt für die gesamte Klasse, wenn diese eine verabredete Anzahl von Klassenpunkten erreicht.

Mit diesem Anerkennungs- oder auch Belohnungssystem erhalten die Schüler*innen nicht nur eine Rückmeldung zu ihrem Arbeitsverhalten in Echtzeit. Der Wettbewerbscharakter dieses Verfahrens fördert zugleich die Anstrengungsbereitschaft der Schüler*innen und verbessert so die Lernerfolge auf eine für die Lehrkraft sehr einfach umsetzbare Art und Weise (Grüner/Hilt 2009).

6. Die methodische Ebene

Schüler*innen benötigen – je nach Entwicklungs- und Ausbildungsstand – unterschiedliche strukturelle Unterstützung bei der Bewältigung von Lernprozessen. Bei „KL-extended“ haben wir verschiedene Methodenbausteine zu den grundlegenden Bereichen wie Arbeitsmethoden, Lesestrategien, Bearbeitung von diskontinuierlichen Texten sowie Methoden zur Förderung der Urteils- und Anwendungskompetenz zusammengestellt, die allesamt im Think-Pair-Share-Verfahren durchgeführt werden und mittels Methodenplakaten in jeder Klasse visualisiert sind.

6.1 Die Tiefenstruktur

Während die Sichtstruktur relativ leicht in Lernprozessen anzuleiten ist, verhält es sich bei der Aktivierung der Tiefenstruktur ungleich schwerer. Denn hierbei geht es um Prozesse, bei denen die Aufmerksamkeit der Schüler*innen zielorientiert, effektiv und sinnstiftend angeleitet und impulsgebend gefördert werden soll. Jede Lehrkraft kann ein Lied davon singen, wie schwierig es ist, eine Gruppe in der Pubertät befindlicher Jugendlicher zu einer möglichst effektiven Lernzeit zu motivieren. Die äußeren Faktoren, die für das Gelingen zu berücksichtigen sind, sind nicht nur äußerst vielfältig, sondern variieren von Situation zu Situation in teils atemberaubender Geschwindigkeit. Ohne ein gesundes Maß an Empathie, Erfahrung und einer konstruktiven schüler*innorientierten Grundhaltung ist eine gezielte Aufmerksamkeitslenkung mit hoher kognitiver Aktivierung bei den Lernenden kaum zu erzielen. Neben diesem persönlichen Setting, über das jede Lehrkraft verfügen sollte, gibt es weitere Aspekte, die für die erfolgreiche Etablierung von für die Tiefenstruktur wirksamen Prozessen notwendig sind. Hier liegen mittlerweile fundierte wissenschaftliche Ergebnisse vor, die deutlich belegen, dass Verfahren der Klassenführung oder des Classroom-Managements, Methoden zur kognitiven Aktivierung sowie die unterstützende Kommunikation zwischen der Lehrkraft und den Lernenden zu messbar besseren Lernergebnissen führen (Kunter/Trautwein 2013). Die Herausforderung besteht darin, die sinnvollen, weil zielführenden Versatzstücke, welche in der pädagogisch-didaktischen Beratungsliteratur sowohl gedruckt als auch online reichhaltig zu finden sind, so miteinander zu kombinieren, dass im Unterricht eine sinnstifte Kommunikation mit einem entsprechenden „Lernoutput“ entsteht. Genau damit haben wir eine fünfte Gelingensbedingung definiert, die für die erfolgreiche Anleitung von Prozessen der Tiefenstruktur unverzichtbar ist: Die sinnvolle Orchestrierung von nachweißlich zielführenden didaktisch-pädagogischen Handlungsmustern.

Im Konzept „KL-extended“ arbeitet das Kollegium der Green Gesamtschule darauf hin, diese fünf Elemente in je ähnlicher Intensität zu nutzen. Das bedeutet, dass wir z. B. in Blick auf das „persönliche Setting“ den Lehrkräften Beratungsangebote, Mikrofortbildungen und strukturelle Hilfen zum Ausbau der entsprechenden Anwendungskompetenzen und einer zugehörige Profilbildung anbieten, die teils verpflichtend, teils bedarfsorientiert vom Kollegium genutzt werden. Nach dem Team- und Fortbildungskonzept der Green Gesamtschule finden diese Beratungs- und Fortbildungsangebote in unterschiedlichen Settings – von der Einzelberatung über Kleingruppenmeetings bis hin zu Veranstaltungen für das Gesamtkollegium – zu den Themen Beziehungsarbeit, pädagogisches Handeln und Unterrichtsentwicklung statt. Das Gleiche gilt für die Bereiche der kognitiven Aktivierung und der unterstützenden, sinnstiftenden Kommunikation im Klassenzimmer.

Leitendes Prinzip bei der Umsetzung des Konzepts KL-extended ist es, die verschiedenen Einzelaspekte in ein Gesamtkonzept von Unterricht zu integrieren sowie diese Integrationsleistung im fachlichen Austausch des Kollegiums stetig und verlässlich zu reflektieren.

6.2 Die Unterrichtschoreografie

Wenn wir von der Demokratisierung des Lernens sprechen, geraten Lernmodelle in den Blick, die eine kompensatorische Wirkung in Blick auf die in unseren Lerngruppen und Klassen konstitutiv anzutreffende soziale und damit auch sozialisatorisch wirksame Ungleichheiten entfalten. Wenn wir uns also eine Unterrichtschoreografie vorstellen wollen, die es alle Schüler*innen ermöglichen soll, zu selbstbestimmenden Lernenden und auf unter anderem diesem Wege zu mündigen Bürger*innen zu werden, müssen wir das hier umrissene Stufenmodell mit den Erfahrungen und Instrumenten des Kooperativen Lernens kombinieren. Damit ist gemeint, dass die Lehrkräfte einen idealtypischen Verlaufsplan für ihren Unterricht entwickeln oder erhalten, der eine Übersicht über die methodischen Kenntnisse, Beobachtungskriterien sowie den einzelnen Lern- und Arbeitsschritten bereithält, die notwendig sind, um die jeweils anstehende Entwicklungsphase erfolgreich zu bewältigen. Hier fließen also die Strukturelemente des Stufenmodells mit denen des Kooperativen Lernens und denen der Sicht- und Tiefenstrukturen zusammen.

6.3 Formen der Kooperativen Freiarbeit

Mit dem Ziel, den Schülerinnen und Schülern die Möglichkeit einzuräumen, sich auf der vierten Stufe des Stufenmodells auszuprobieren, wurde an der Green Gesamtschule einerseits das Projekt der „Kooperativen Freiarbeit" in den Lernzeiten und andererseits der Projekttag „EidA" (Einstieg in den Ausstieg) in die Stundentafel integriert. „Einstieg in den Ausstieg" ist auf den ersten Blick ein gewollt irritierender Name für eine didaktische Planungsstrategie. Er ist in der Green Gesamtschule ein Merkmal für die grundlegende Veränderung der schulischen Unterrichtsroutine im Sinne des Ausstiegs aus der fachgeteilten, einzelstundenbezogenen und stetig abgegrenzte curriculare Einzelziele durchforstenden Unterrichts hinter verschlossenen Klassenzimmertüren hin zu kompetenzförderlichen, durch die Lernenden mitverantworteten und letztlich demokratischen Formen des Lernens und einer entsprechenden Unterrichtsstruktur. Jeder unserer Kolleg*innen muss einen solchen „Einstieg in den Ausstieg" wagen. Dies gilt an der Green Gesamtschule seit Beginn ihrer gezielten Strukturveränderungen in der Lern- und Unterrichtsorganisation.

Die Kooperative Freiarbeit setzt in den Jahrgangsstufen ein, in denen eine hinreichend ausgeprägte Selbstlernkompetenz vorausgesetzt werden kann. Hier wählen die Schülerinnen und Schüler aus einem Aufgabenpool, der die Fächer Mathematik, Englisch und Deutsch umfasst, eigenständig das Fach und die zu bearbeitenden Aufgabenformate aus, die dann in der Gruppe kooperativ bearbeitet werden. Auch die Überprüfung der Lernergebnisse und des Lernerfolges besorgt die Tischgruppe, sodass die Verantwortung für den Lernprozess von der Fächer-, über die Themen- und Materialwahl bis hin zur Lernzielüberprüfung bei den Lernenden selbst liegt. Naturgemäß ist es so, dass nicht alle Lerngruppen über gleichermaßen ausgeprägte Lern- und Organisationskompetenzen verfügen. Deshalb muss hier die Lehrkraft dabei unterstützen, den Lernstand der Gruppe treffend einzuschätzen und ggf. Strukturierungshilfen geben, um den Lernerfolg sicherzustellen. Mit zunehmender organisatorischer Sicherheit der Schüler*innen nimmt sich die Lehrkraft auch hier zurück und übernimmt letztlich nur noch eine beratende Funktion. Das Lernen gilt als besonders erfolgreich, wenn die Lehrkraft für dessen Gelingen nicht mehr aktiv Sorge tragen muss. Dieses Konzept ergänzt an der Green Gesamtschule den Regelunterricht in der Sekundarstufe I wöchentlich für 90 Minuten.

Um eine sozialintegrative Öffnung zu erreichen, geht die Green Gesamtschule an ihrem Projekttag EidA noch einen Schritt weiter. Im Rahmen dieses Konzeptes findet an einem Tag in der Woche kein Unterricht im Regelformat statt. Stattdessen wird fächer- und stundenübergreifend in Projekten unterrichtet. Die Themenfindung, die Ausgestaltung der Projekte sowie die Projektorganisation und Zieldefinition wird auch hier zunehmend in die Hände der Schüler*innen gelegt. Auch wenn in der Sekundarstufe I nur wenige Lerngruppen in der Lage sind, solche Projekte autark und weitgehend ohne Hilfe durch die Lehrkraft zu gestalten, kommen zahlreiche Schüler*innen in der abschließenden Reflexion des Planungs- und Arbeitsprozesses zu gewinnbringenden Erkenntnissen, die sie in Blick auf ihre Persönlichkeitsentwicklung mittel- bis langfristig entscheidend bereichert.

7. KL-Extended: Didaktik für ein Bildungssystem der Zukunft!?

Es konnte gezeigt werden, welcher pädagogisch-didaktischen Strategie gefolgt werden kann, wenn es darum geht, die Partizipationsqualität sowie die Lernmöglichkeiten der Schüler*innen an der Green Gesamtschule in Duisburg durch eine gezielte Strategie der Modernisierung von Unterricht und der Verbesserung der Unterrichtsqualität zu fördern. Es liegt auf der Hand, dass die Schule mit ihrer vor Jahren beschlossenen und zügig umgesetzten Strategie der Schulentwicklung durch Kooperatives Lernen einen anspruchsvollen Weg gegangen ist und diesen jetzt mit dem Entwicklungsanspruch von KL-extended weitergehen und insbesondere die damit zugrunde gelegten didaktischen Strategien weiter ausdifferenzieren, anwenden und in ihrer Wirkung auch evaluieren wird.

Die Kooperationswilligkeit und -fähigkeit des Kollegiums ist dabei ebenso eine grundlegende Voraussetzung wie eine diesen Anspruch begleitende Form der didaktischen Reflexion, der Steuerung dieser Schulentwicklungsstrategie durch eine kollegiale Gruppe, die unterschiedliche Verantwortungsbereiche gestaltet, pflegt und verantwortet. Dies geschieht in Kooperation mit der didaktischen Leitung der Schule sowie dem Schulleitungsteam.

Die hier dargestellte Entwicklung möchte nicht nur einen Beitrag zur Konkretisierung demokratischer Schulentwicklung auf der Ebene von Unterricht, Didaktik und Lernen leisten, sondern verweist auch auf die positive Erfahrung öffentlicher und fachlicher Anerkennung, wie sie durch den Deutschen Schulpreis und die damit verbundenen Fortbildungs-, Präsentations- und Reflexionsmöglichkeiten gegeben sind. Denn durch die 2021 erworbene Preisträgerschaft und das damit zugänglich gewordene Netzwerk sowie Fortbildungsangebot konnte das Konzept eines individualisierenden kooperativen Lernens präzisiert und weitergeführt werden.

In der Green Gesamtschule sehen Schulleitung, Schulentwicklungsgruppe, das Kollegium und die Schulgemeinde insgesamt mit der Praxis und der stetigen Weiterentwicklung des kooperativen Lernens nicht nur eine Reaktion auf die Anforderungen, die der Schule durch ihre unmittelbare Lage in einem sozialen Brennpunkt aufgegeben sind. Sie erkennen darin auch eine besondere Modernität dieser Art, Lernen zu organisieren. Das geschieht zwischen den Polen der durch die effizienzorientierte Leistungsgesellschaft getriebenen Entwicklung des Schulsystems durch Qualitätssicherung auf Basis evidenter Datenerhebungen im internationalen Kontext von PISA auf der einen Seite. Auf der anderen Seite reagiert diese IGS mit dem pädagogischen Anspruch, eine Schule für die Kinder und Jugendlichen vor Ort zu gestalten, die deren Bedürfnissen und Rechte auf Teilhabe Genüge leistet. Dies realisiert sie mit der Perspektive, Teilhabegerechtigkeit auch im Erreichen höherer Schulabschlüsse anzustreben und damit dem Bildungsversprechen zu entsprechen, dass auch ihre Schüler*innen individuelle Bildungsziele in Anspruch nehmen dürfen.

Die Green Gesamtschule erarbeitet damit eine unterrichtliche Handlungsmöglichkeit, passend zur Blickrichtung des bereits eingangs unserer Darstellung zitierten Pädagogen Andreas Flitner, der schon Ende der 1970er-Jahre vehement auf die Gerechtigkeitsansprüche von Kindern und Jugendlichen gegenüber der Schule als Institution aufmerksam gemacht hat, indem er fragt: „Brauchen die Schulen, um ihren Schülern und deren sozialen und kulturellen Voraussetzungen gerecht zu werden, nicht ein hohes Maß eigener Initiative und Flexibilität?" (Flitner 1987, 43) Genau darauf gibt die Green Gesamtschule mit ihrem KL-extended-Projekt eine offensichtlich wirksame und beachtenswerte Antwort.

Literatur

BECKER, Bastian/Ewering, Tanja (2021): Praxisleitfaden Kooperatives Lernen und Heterogenität. Aktivierende Klassenführung für Inklusion und gemeinsames Lernen, Weinheim.

BEUTEL, Wolfgang (2016): Demokratiepädagogik als Querschnittsaufgabe aktueller Schulentwicklung. In: Die Deutsche Schule, 108/2016, S. 226–238.

BRÜNING, Ludger/Saum, Tobias (2009): Erfolgreich unterrichten durch Kooperatives Lernen, 2 Bde., 5. überarb. Aufl., Essen.

FALLER, Christiane (2019): Bildungsgerechtigkeit im Diskurs. Eine diskursanalytische Untersuchung einer erziehungswissenschaftlichen Kategorie. Wiesbaden.

FLITNER, Andreas (1987): Gerechtigkeit als Problem der Schule. In: Ders.: Für das Leben – oder für die Schule? Pädagogische und politische Essays, S. 15–44.

GIESINGER, Johannes (2007): Was heißt Bildungsgerechtigkeit? In: Zeitschrift für Pädagogik 53/2007, S. 362–381.

GREEN, Norm/Green, Kathy (2018): Kooperatives Lernen im Klassenraum und im Kollegium. Das Trainingsbuch. 8. Auflage, Seelze.

GREEN GESAMTSCHULE (2024): https://www.green-gesamtschule.de/ (Zugriff: 8.7.2024).

GRÜNER, Thomas/Hilt, Franz (2009): Bei Stopp ist Schluss! Werte und Regeln vermitteln (1. bis 10. Klasse), Hamburg.

GUDJONS, Herbert (2008): Pädagogische Grundwissen. Überblick – Kompendium – Studienbuch, 10. akt. Auflage, Bad Heilbrunn.

HATTIE, John (2013): Lernen sichtbar machen. Überarbeitete deutschsprachige Ausgabe von „Visible Learning" besorgt von Beywl, Wolfgang u. Zierer, Klaus, Baltmannsweiler.

HELDT, Inken (2025): Worüber sprechen wir, wenn wir über Digitalisierung sprechen? In: Beutel, Wolfgang/Kenner, Steve/Lange, Dirk (Hg.): Demokratiebildung. Eine Orientierung. Frankfurt/M., S. 92–103.

JOHNSON, David W./Johnson, Roger T./Johnson Holubec, Edythe (1990): Cooperation in the Classroom. Minnesota.

KUNTER, Mareike/Trautwein, Ulrich (2013): Psychologie des Unterrichts. Paderborn.

PESCHEL, Falko (2002): Qualitätsmaßstäbe – Hilfen zur Beurteilung der Offenheit von Unterricht, In: Drews, Ursula/Wallrabenstein, Wulf (Hg.): Freiarbeit in der Grundschule. Offener Unterricht in Theorie, Forschung und Praxis. Frankfurt/M., S. 160–171.

PRENGEL, Annedore (2019): Pädagogik der Vielfalt. Verschiedenheit und Gleichberechtigung in Interkultureller, Feministischer und Integrativer Pädagogik. Wiesbaden; erstmals 1993, Opladen.

WERNER, Katharina/Freundl, Vera/Pfaehler, Franziska/Wedel, Katharina/Wößmann, Ludger (2023): Was die Deutschen über die Qualität der Schulen denken – Ergebnisse des zehnten ifo Bildungsbarometers 2023 ifo Schnelldienst, 2023, 76, Nr. 09, 37–50, München.

LEIF MÖNTER

Transformative Bildung

Krise, Konzept, Kritik

Einleitung

Transformatives Lernen steht im Bildungsdiskurs in jüngerer Zeit hoch im Kurs. Verantwortlich für die Renaissance des bereits Ende der 1970er Jahren geprägten Begriffs ist das Ansinnen einer Weiterentwicklung von Bildungsbemühungen, die sich unter dem Begriff einer Bildung für nachhaltige Entwicklung zusammenfassen lassen. Denn deren Ausgangspunkt, der sich als sozialökologische Krise fassen lässt, hat in den vergangenen Jahren beständig an Bedeutung gewonnen. Dass Bildungsarbeit dabei eine zentrale Rolle zukommt, ist unumstritten. Aber welche Ansätze und Konzepte hierbei geboten sind, wird unter dem Begriff transformativen Lernens bzw. transformativer Bildung breit diskutiert.

Ausgehend von der aktuellen Situation bemüht sich der vorliegende Beitrag, unter Bezugnahme auf die Ursprünge des Konzepts transformativen Lernens Eckpunkte der aktuellen Diskussion um transformative Bildung zu umreißen und in Beziehung zu Ansätzen einer Bildung für nachhaltige Entwicklung zu stellen. In einem letzten Schritt werden ausgewählte Implikationen thematisiert.

Sozialökologische Krise als Ausgangspunkt

„Unsere Lebensweise macht krank und zerstört die natürlichen Lebensgrundlagen." Mit dieser (zunächst) sehr deutlichen Feststellung beginnt das aktuelle Hauptgutachten des wissenschaftlichen Beirats der Bundesregierung für Globale Umweltveränderungen (WBGU 2023, 1). Angesichts übergreifender sozialökologischer Krisenerscheinungen wird schon seit längerem eine gesellschaftliche „Große Transformation" (WBGU 2011) für erforderlich erachtet. Schneidewind (2019, 11) führt aus, dass es eines ökologischen, technologischen, ökonomischen, institutionellen und kulturellen Umbruchsprozesses bedürfe, um Entfaltungschancen für Menschen innerhalb planetarer Grenzen heute und zukünftig zu ermöglichen. Als planetare Grenzen bzw. *planetary boundaries* werden dabei ökologische Belastungsgrenzen bezeichnet, ab deren Erreichung die Resilienz von Erdsystemprozessen gefährdet ist (vgl. Steffen u. a. 2015). Wie der vom

Stockholm Resilience Centre (2023) in Anlehnung an Richardson et al. (2023) zusammengestellten Abb. 1 zu entnehmen ist, hat sich die Situation in den letzten 15 Jahren deutlich verschärft. Waren 2009 noch drei planetare Grenzen ausgeschöpft oder überschritten, sind es aktuell sechs: Funktionale und genetische Vielfalt im Kontext von Biodiversität, Strahlungsantrieb im Kontext Klimawandel, Überladung mit neuartigen Stoffen sowie Veränderungen in biogeochemischen Kreisläufen bei Phosphor und Stickstoff. Darüber hinaus nähert sich die Versauerung der Ozeane ihrer planetaren Grenze.

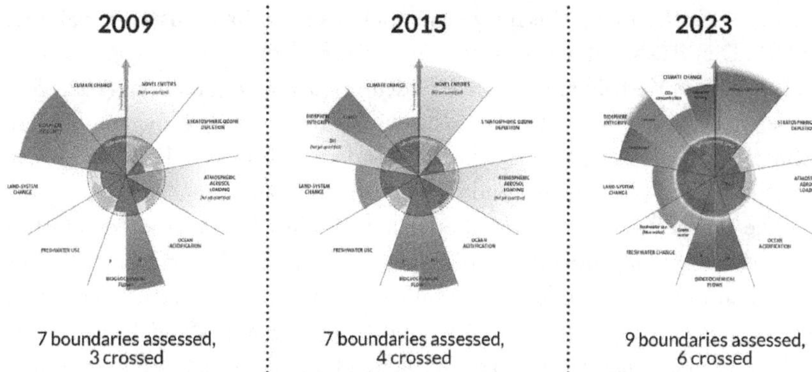

Abb. 1: The 2023 update to the Planetary boundaries (Quelle: Stockholm Resilience Centre 2023)

Diese ökologischen Herausforderungen lassen sich kaum trennen von Fragen sozialer Deprivilegierung und globaler Disparitäten, „denn die Dynamiken, die zu diesen Entwicklungen geführt haben, sind maßgeblich durch ein kapitalistisches Wirtschafts- und Gesellschaftsmodell in den Ländern des Globalen Nordens verursacht worden“ (Singer-Brodowski/Taigel 2020, 357). Diesem Wirtschaftsmodell liegt eine internationale Konkurrenz der Standorte mit sehr persistenten Resultaten unter dem Axiom des Wachstums zugrunde, dessen sozialökologische Auswirkungen und Folgekosten systematisch externalisiert werden. „Die ohnehin schon ungleich verteilte ungleiche Betroffenheit hinsichtlich der Folgen klimatischer Veränderungen einzelner Länder wird zusätzlich verschärft durch die wirtschaftlichen und politischen Möglichkeiten, mit den Folgen von klimatischen Veränderungen umzugehen.“ (ebd.)

Angesichts tiefgreifender sozialer, politischer ökonomischer und ökologischer Krisenerscheinungen besteht weitgehend Einigkeit, dass eine Transformation im Sinne von Nachhaltigkeit erforderlich ist. Wenig Einigkeit zeigt sich hingegen, wenn es um konkrete Ziele dieser Transformation geht, ihr notwendiges Ausmaß, die Geschwindigkeit und die Wege zur Erreichung (vgl. Pettig/Ohl 2023, 5). Der aktuelle Diskurs inkludiert dabei verschiedene Spannungsfelder, die nicht immer offen angesprochen werden (vgl. Lang-Wojtasik 2019, 8). Die gesellschaftspolitische Auseinandersetzung um die Begriffshegemonie von Transformation etwa reicht von einer rein technologisch zu meisternden Herausforderung (qualitatives Wachstum; vgl. Büchele/Pelinka 2012) über die Entwicklung „postwachstumstauglicher Lebensstile und Versorgungssysteme" (Paech 2022, 521) – bzw. von „Green Growth" über „Degrowth" (vgl. Schmelzer/Vetter 2019, 148 ff.) – bis hin zu einer radikalen Kapitalismuskritik (vgl. ebd., 100 ff.). Den Aushandlungsprozessen über den Bedeutungsinhalt von Transformation kommt deshalb eine zentrale Bedeutung zu. Pettig und Ohl (2023, 5 f.) verweisen darauf, dass „diese sich nicht nur auf technische Lösungen und ökonomische Programme beziehen [dürfen], sondern [ ] auch eine Reflexion gesellschaftlicher Notwendigkeiten und Möglichkeiten beinhalten" sollten.

Die skizzierte sozialökologische Krise kann den Ausgangspunkt transformatorischer Bildungsprozesse markieren, die dann stattfinden können, „wenn Menschen mit Herausforderungen konfrontiert werden, für deren Bearbeitung die eingespielten Figuren ihres Welt- und Selbstverhältnisses nicht mehr ausreichen" (Koller 2023, 188), und eingespielte Handlungsorientierungen deshalb infrage gestellt werden.

Transformative Bildung

Die Etablierung einer transformativen Bildung wird als ein notwendiger Baustein gesellschaftlicher Transformation gefordert. In Deutschland wurde eine solche Bildung vor allem durch das Hauptgutachten „Welt im Wandel. Gesellschaftsvertrag für eine große Transformation" des WBGU (2011) gefordert. Dort werden vier Reflexions- und Handlungsbereiche identifiziert, die als ‚Transformatives Quartett' die Zusammenhänge zwischen gesellschaftlicher Transformation und Bildung umreißen. Transformationsforschung und Transformationsbildung zielen dabei auf notwendige grundlegende Veränderungen und die Bedingungen der Umsetzung ab. Unter transformativer Forschung und transformativer Bildung werden konkrete Aspekte, Technologien, Methoden und Informationen zusammengefasst, durch die ein Umbauprozess ermöglicht werden kann (WBGU 2011, 23; siehe Tab. 1).

Dabei ist zunächst festzuhalten, dass Bildung grundsätzlich transformativ angelegt ist, insofern sie auf eine Veränderung des Selbst abzielt (vgl. Scheunpflug 2019, 63 f.; Buttigieg/Calleja 2021). Vor dem Hintergrund, dass „vorgefasste

Wissensbestände sich als unzureichend erwiesen haben, eine lebbare Welt zu erhalten“ (Schreiber/Nöthen 2023, 2), soll transformative Bildung einen grundsätzlichen Prozess initiieren, in dem etablierte Denk- und Handlungsweisen überdacht und neue, vielleicht auch noch unbekannte Wege für eine Transformation entwickelt werden (vgl. Pettig/Ohl 2023, 7). Laut Umweltbundesamt (2021, 15) geht es um ein „tiefgreifendes Verlernen zuvor unkritisch erlernter Denk-, Fühl- und Handlungsmuster“.

Transformationsfelder	Gegenstand	Leitfrage
Transformationsforschung	Forschung zu bevorstehenden Gestaltungsaufgaben der Transformation	*Welche Transformation ist notwendig?*
Transformative Forschung	Forschung zu konkreten Methoden und Strategien für die Transformation	*Wie kann Transformation gelingen?*
Transformationsbildung	Transformation von Bildung zur Förderung von Teilhabe und eines systemischen Verständnisses von Handlungsoptionen	*Welche Bildung hat transformatives Potenzial?*
Transformative Bildung	Inhalte und Kontexte zur konkreten Umsetzung transformativer Bildungsziele	*Welche Bildungsinhalte und -kontexte sind geeignet, Transformation zu befördern?*

Tab. 1: Transformatives Quartett (Quelle: Lathan/Mönter/Wittlich 2024, 142; in Anlehnung an WBGU 2011, 23 f.; Lang-Wojtasik 2019, 11 f.)

Mittlerweile liegen viele Ansätze transformativer Bildung vor, so dass sich die „Debatten und Initiativen kaum auf einen Nenner bringen lassen“ (Schreiber/Nöthen 2023, 1). In manchen Ansätzen wird von transformativem Lernen, in anderen von transformativer Bildung gesprochen. Über die Unterscheidung lässt sich vortrefflich diskutieren (vgl. etwa Koller 2023, 184 ff.). Dieser Aspekt soll an dieser Stelle aber nicht vertieft werden, zumal eine „dichotome Gegenüberstellung von Lernen und Bildung“ als durchaus umstritten und hinsichtlich einer potentiell hierarchisierenden Vorstellung als problematisch gelten kann (Koller 2023, 184). In diesem Beitrag steht deshalb der Terminus ‚transformative Bildung‘ im Vordergrund; lediglich mit Bezug auf die Begrifflichkeit des im Folgenden behandelten Konzept von Mezirow wird von transformativem Lernen gesprochen.

Transformatives Lernen nach Mezirow

Vor dem Hintergrund der Vielzahl unterschiedlicher aktueller Ansätze sei an die Ursprünge erinnert, die in der der Theorie des transformativen Lernens liegen.

Dieses wurde in den späten 1970er Jahren im angloamerikanischen Raum entwickelt, insbesondere durch die Arbeit von Mezirow. Als Reaktion auf seine Forschungsergebnisse zur Erwachsenenbildung untersuchte er, wie es zu einer Veränderung von Bedeutungsperspektiven (*meaning perspectives*) kommen kann. Diese Bedeutungsperspektiven konstituieren ein „Bündel gewohnheitsmäßiger Erwartungen, das einen zur Orientierung dienenden Bezugsrahmen darstellt, den wir zur Projektion unserer Symbolmodelle verwenden und der als (gewöhnlich stillschweigendes) System von Überzeugungen zur Interpretation und Bewertung der Bedeutung von Erfahrung dient“ (Mezirow 1997, 35). Grundsätzlich bestünde die Tendenz, an diesen Bedeutungsperspektiven festzuhalten. Transformative Lernprozesse könnten aber dann einsetzen, wenn Problemstellungen nicht mehr durch etablierte Handlungsstrategien gelöst werden können und desorientierende Dilemmata entstehen. „Die Anlässe transformativer Lernprozesse können dabei biographische Krisen, wie Scheidungen, der Tod eines nahen Menschen, die Migration in einen anderen Kulturraum oder der Verlust des Arbeitsplatzes u. a. m., darstellen. Sie können jedoch auch durch weniger tiefgreifende Irritationen entstehen.“ (Singer-Brodowski/Taigel 2020, 359).

Mezirow (1978; 1997) beschreibt transformative Lernprozesse als eine Reihe von Schritten, die zu einer kritischen Reflexion bestehender Annahmen und Überzeugungen führen. Diese Reflexion ermöglicht es den Lernenden, ihre Perspektiven zu verändern und neue, integrativere und differenziertere Weltansichten zu entwickeln. Es geht insofern um eine grundlegende Veränderung des „Welt- und Selbstverhältnisses von Menschen“ (Koller 2023, 15), wenn eine Konfrontation mit Problemlagen auftritt, für deren Bewältigung das bisherige Verhältnis nicht ausreicht. Ob es sich dabei notwendigerweise um Krisenerfahrungen als Voraussetzung transformativer Lernprozesse handeln muss, ist dabei umstritten (vgl. ebd., 188 ff.). Nach Mezriows (1997) Modell ist transformatives Lernen ein komplexer Prozess, der zehn Phasen beinhaltet (siehe Abb. 2).

Ziele transformativer Bildung

Die Hauptziele transformativer Bildung umfassen die Förderung kritischen Denkens, die Entwicklung eines tieferen Selbstbewusstseins und die Fähigkeit zur Selbstverwirklichung. Nicht ein spezifischer Lehrstoff steht im Mittelpunkt, sondern vielmehr ist „eine Prozessperspektive der Veränderung von Bedeutung sowie eine damit einhergehende gesteigerte Reflexivität“ (Singer-Brodowski/Taigel 2020, 359). Diese Ziele sind eng miteinander verknüpft und fördern eine umfassende persönliche Transformation. Als Voraussetzung einer solchen Veränderung der Bedeutungsperspektive kann eine Irritation gelten, die akzentuiert

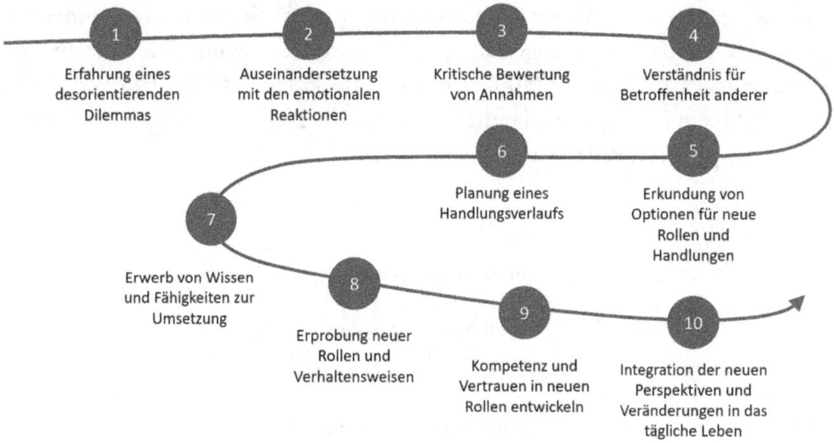

Abb. 2: Phasen des Transformationsprozesses (Quelle: nach Mezirow 1997)

werden soll. „Was uns aus dem Konzept bringt, irritiert oder verstört, was unser Selbst- oder Weltbild ins Wanken bringt, bekommt häufig wenig Platz in unserem Alltag und Leben, wird nicht beachtet oder marginalisiert." (Bähr et al. 2019, 3) In diesen Irritationsmomenten liegt aber das spezifische Bildungspotenzial: „Gerade weil uns Irritationen persönlich angehen, unseren Blick erweitern und in Kontakt mit Aspekten bringen, die uns fremd und unverständlich erscheinen, erscheint es uns aus didaktischer Perspektive sinnvoll, diese in ihrer Komplexität theoretisch und empirisch zu reflektieren." (ebd.) Angestrebt wird ein Lernprozess, der „von der Irritation eingeschliffener Denk- und Handlungsmuster über die Erprobung alternativer Wege und Möglichkeiten sowie die tiefgründige Reflexion von sich dort vollziehenden Erfahrungen zur Integration neuer Perspektiven in das eigene Leben" (Pettig/Ohl 2023, 7) verläuft. Darin liegt auch nach Brookfield (2000, 129) das kritisch-emanzipatorische Potenzial des Ansatzes.

Kritik an und Erweiterung von einer Bildung für nachhaltige Entwicklung (BNE)

Wenn es um transformatorische Bildungsprozesse geht, wird in aktuellen Debatten zumeist auf das Programm einer Bildung für nachhaltige Entwicklung (BNE) fokussiert (vgl. Schreiber/Nöthen 2023, 3). Unter diesem auch durch die Roadmap der UNESCO (2020) international gesetzten Titel firmiert inzwischen eine Vielzahl unterschiedlicher Ansätze, weshalb übergreifende Charakterisierungen schwerfallen. Allgemein gefasst zielt BNE darauf, Lernende dazu zu befähigen, sich als Akteur*innen für eine sozial-ökologische Transformation einzusetzen und diese mitzugestalten (vgl. Umweltbundesamt 2021, 12). In Anlehnung an Vare und Scott (2007; vgl. auch Rieckmann 2021) legen Pettig und Ohl (2023) ein Konzept vor, das drei unterschiedliche Ausrichtungen bzw. „Strömungen" von BNE differenziert (siehe Abb. 3).

Abb. 3: Unterschiedliche Strömungen einer BNE (Quelle: verändert nach Pettig/Ohl 2023, 6)

Unter *BNE 1* sind demnach Ansätze zu fassen, die ein gemeinhin als nachhaltig erachtetes Verhalten fördern. Es geht darum, mit Nachhaltigkeit verbundene Werte zu vermitteln und von Expert*innen „als nachhaltig erkannte Verhaltensweisen zu fördern" (Rieckmann 2021, 6). Dazu zählen etwa Maßnahmen zur Energieeinsparung oder zur Abfallvermeidung. Im Zentrum einer *BNE 2* steht die Fähigkeit zur Kritik und zur Reflexion von öffentlichen Positionen und Diskursen, etwa aus Politik, Ökonomie und Wissenschaft. Nachhaltige Entwicklung wird dabei „nicht als ein geschlossener Experten-Diskurs, sondern als ein offener gesellschaftlicher (Lern-)Prozess" (ebd., 7) gesehen. Im Sinne der emanzipatorischen Ausrichtung sollen hierbei auch Unsicherheiten und Widersprüche nicht ausgeblendet, sondern akzentuiert werden. „Das Lernen ist dann vor allem ein kollaborativer und reflexiver Prozess, in dem die Lehrkraft nicht einfach vorgibt, was richtig und nachhaltig ist, sondern in dem nach Wegen, Möglichkeiten und Alternativen gesucht wird, und diese auch diskutiert, abgewogen und hinterfragt werden." (Pettig/Ohl 2023, 6) Im Sinne von *BNE 3* geht es vor allem darum, nach einem produktiven Umgang mit potenziell lähmenden Widersprüchen im Kontext von Nachhaltigkeitsfragen zu suchen. Angesichts unsicherer Zukünfte gilt es dabei, entsprechend die Gefühle und Gedanken der Lernenden ins Zentrum zu rücken. „Das bedingt auch eine veränderte Lernkultur, in der ein reflexiver Umgang mit eigenen Weltsichten ebenso selbstverständlich ist wie der Anspruch, selbstbestimmte Teilhabe an der Aushandlung einer lebenswerten Zukunft möglich zu machen." (ebd.)

Verbreitete BNE-Ansätze fokussieren häufig auf BNE 1 und zielen primär auf eine individuelle Verhaltensänderung, während strukturelle Fragen und eine kritische Auseinandersetzung mit politökonomischen Interessen und Machtfragen stellenweise ausgeblendet werden. Exemplarisch wird dies etwa deutlich an der Zusammenfassung auf der Homepage des BMBF (o. J.): „BNE ermöglicht es allen Menschen, die Auswirkungen des eigenen Handelns auf die Welt zu verstehen und verantwortungsvolle, nachhaltige Entscheidungen zu treffen." Kritisieren lässt sich daran eine vorwiegend auf Symptome und Herausforderungen ausgerichtete Praxis, die sich zu wenig mit den systemischen Ursachen auseinandersetzt (vgl. Umweltbundesamt 2021, 13). Hasse (2010, 54) macht darauf aufmerksam, dass unter dem eher diffusen Ziel der Nachhaltigkeit und der „Utopie einer am Konsens orientierten gesellschaftlichen Praxis" die kritische Auseinandersetzung mit politischen und ökonomischen Differenzen bzw. Antagonismen ausgeblendet werden kann. „So werden einerseits Interessenkonflikte und Machtasymmetrien kaum beachtet, woraus die Gefahr entsteht, einfache Lösungen globaler Probleme zu vermitteln, statt multiperspektivisches Verstehen und Bewusstsein für deren komplexe Verflechtungen anzubahnen. Andererseits wird die Vereinbarung der Nachhaltigkeitsdimensionen als utopisches Machbarkeitsideal formuliert und deren Erfüllung dem Individuum auferlegt." (Pettig 2021, 7). Als Gelingensbedingung für transformatives Lernen im Kontext von Nachhaltigkeit wird eine stärkere Berücksichtigung politisch-struktureller Ursachen aktueller Nichtnachhaltigkeit gefordert, wozu etwa divergierende Interessen und existente Machtverhältnisse gehören. Unter Bezugnahme auf Boström et al. (2018) stellen Singer-Brodowski und Taigel (2020, 362) heraus, dass Lernende unter dieser Bedingung „etwa institutionelle Strukturen (Trägheit und Strukturkonservatismus von Organisationen) hinterfragen, soziale Praktiken (alternative, gemeinschaftliche und disruptive Praktiken von sozialen Bewegungen) aufgreifen und gesellschaftliche Konflikte über Nachhaltigkeitsproblematiken thematisieren" können.

Auch in der aktuellen Roadmap der UNESCO (2020, 18) wird die kritische Reflexion gesellschaftlicher Grundannahmen und die Betonung des Politischen hervorgehoben (vgl. Umweltbundesamt 2021, 14). Insofern erscheint eine Differenzierung zwischen den drei Ausrichtungen von BNE sinnvoll, in der sowohl die Potenziale als auch Grenzen instrumenteller Ansätze sowie die Möglichkeiten einer Erweiterung um transformative Ansätze deutlich werden.

Implikation der Individualisierung

Seit Mezirow wurde der Ansatz beständig weiterentwickelt und variiert, weshalb von einer prozessorientierten Theorie gesprochen werden kann. Die Potenziale des Ansatzes liegen darin, ein grundsätzliches Umdenken zu befördern und vermeintliche Sachnotwendigkeiten in Frage zu stellen. Kritisieren lässt sich aber an dem Ansatz von Mezirow, dass individuelle Prozesse zu stark in den Fokus gerückt und kollektive eher ausgeblendet werden (vgl. O'Sullivan 2002, 3). Potenziell werden bestehende politökonomische Strukturen nicht angemessen analytisch betrachtet, etwa die Notwendigkeit und das Primat von Wachstum in einer kapitalistischen Ökonomie. Wenn als Ausgangspunkt das Urteil steht, Probleme der Nachhaltigkeit verdankten sich mehr oder minder statischen „Bedeutungsperspektiven", droht eine Tendenz zur Individualisierung und Psychologisierung, die den analytischen Blick für politische Gesetzmäßigkeiten verstellen kann.

Die Perspektive „wir alle müssen umdenken" verlagert tendenziell Verantwortlichkeiten und entpolitisiert. Einem Fischer in Somalia stehen andere Handlungsoptionen offen als einer Managerin eines DAX-Unternehmens; ein Regierungschef eines G7-Landes ist in einem ganz anderen Maße verantwortlich für (nicht)nachhaltige Entscheidungen als eine Straßenbahnschaffnerin etc. Insofern ist bei der dem Beitrag vorangestellten Aussage („Unsere Lebensweise macht krank und zerstört die natürlichen Lebensgrundlagen"; WBGU 2023, 1) das Possessivpronomen durchaus zu hinterfragen, wenn damit gesellschaftliche Unterschiede getilgt werden. Nur aus der Logik heraus, dass eben alle von den ökologischen Entwicklungen betroffen (gemacht) sind, ergibt sich im Umkehrschluss nicht, dass auch alle die gleiche Möglichkeit und Verantwortung für nichtnachhaltige Entwicklungen tragen.

Vertreter*innen transformativer Bildung sind sich dieser Implikationen durchaus bewusst. So betont bereits Mezirow, dass transformativen Lernprozessen eine ideologiekritische Haltung und Gesellschaftskritik inhärent sein müsse. Die Veränderung von Bedeutungsperspektiven hat demnach „eine rigorose Kritik aller ent-menschlichenden sozialen, politischen und wirtschaftlichen Strukturen zur Folge, die auf Ideologien basieren. In der Praxis, der Verbindung von Reflexion und Handeln, unternehmen die Lernenden dann Handlungen zur

Herbeiführung eines sozialen Wandels“ (Mezirow 1997, 115). Fraglich ist dabei aber, ob diese skizzierten Strukturen tatsächlich auf Ideologien basieren – oder ob selbige nicht eine (notwendige) Begleitmusik zu geltenden politökonomischen Gesetzmäßigkeiten darstellen. Ähnlich hebt Pettig (2021, 9) das Ziel hervor, „implizite Macht- und Deutungsstrukturen sowie gesellschaftliche Narrative aufzudecken, die Enkulturation unserer Sicht- und Denkweisen erfahrbar zu machen, diese in einem reflexiven Prozess verhandelbar zu machen und hierüber prinzipiell einer Transformation zugänglich zu machen“. Bedeutungsperspektiven etwa in Bezug auf Mensch-Natur-Verknüpfungen und gesellschaftliche Machtverhältnisse sollten so einem Wandel unterzogen werden (ebd.).

Gesellschaftliche Veränderung bedarf sicherlich in einem ersten Schritt einer ideologiekritischen Haltung, die sich Alternativen gegenüber öffnet und vermeintliche bestehende Sachnotwendigkeiten hinterfragt. Damit ist die Arbeit einer kritisch analytischen Bildung jedoch nicht getan. Vielmehr setzt erst dann die Auseinandersetzung mit den die Gesellschaft konstituierenden Interessen und Antagonismen ein. Wenn aber einzig (oder akzentuiert) die Veränderung der individuellen Bewusstseinsebene als Inhalt einer Bildung verstanden wird, dann droht eine individualistische Betrachtung, die eine Analyse der politischen Ökonomie eher ausblendet, denn einer Kritik unterzieht.

Implikation der Normativität

Im Zentrum einer transformativen Bildung steht ein „neues Wissenschaftsverständnis, das sich nicht mehr auf Werturteilsfreiheit beruft, sondern sich auf die konkreten Probleme der Gesellschaft ausrichtet“ (Kanning/Meyer 2019, 15). Eine solche normative Ausrichtung, die Selbst- und Weltbilder sowie Normen und Werte adressiert, ist durchaus diskussionswürdig. „Im Zentrum einer nachhaltigkeitsbezogenen Bildung eröffnet sich stets ein Spannungsverhältnis zwischen der Dringlichkeit der Umwelt- und Klimakrise sowie dem damit verbundenen Handlungsdruck einerseits und der Überzeugung, dass es falsch ist, jungen Menschen eine bestimmte Art und Weise des nachhaltigen Denkens und Handelns aufzuoktroyieren.“ (Pettig/Ohl 2023, 6). Darin offenbart sich ein Widerspruch, denn „kritische Bildung ist zuallererst ein Prozess der Emanzipation, d. h. der Förderung des eigenen Denkens und Handelns anhand der Reflexion und Dekonstruktion herrschender Machtverhältnisse und Narrative, um mündig für die eigenen Überzeugungen einstehen und diese über Teilhabe an demokratischen Aushandlungsprozessen verwirklichen zu können“ (Pettig 2021, 6).

Es wird etwa das Ziel formuliert, „geeignete Narrative des Wandels“ zu entwickeln, „um diese über kreative Formen der Wissenskommunikation in den

Alltagsdiskurs einzuspeisen“ (WBGU 2011, 24). Dies wirft die Frage auf, inwieweit derlei Narrationen auf Grundlage einer vorgegebenen Betrachtungsweise mit dem Überwältigungsverbot vereinbar sind, wie es bereits im Beutelsbacher Konsens als 1. Axiom (vgl. Wehling 1977) formuliert wurde. Dieses besagt, dass Lernende nicht im Sinne einer erwünschten Meinung beeinflusst und so an der „Gewinnung eines selbstständigen Urteils“ behindert werden dürfen. Ansonsten drohe eine Indoktrination, die „mit der Rolle des Lehrers in einer demokratischen Gesellschaft und der – rundum akzeptierten – Zielvorstellung von der Mündigkeit des Schülers“ (Wehling 1977, 24) unvereinbar erscheine. Im Sinne von Mündigkeit sollten „Narrationen“ vermieden bzw. besser noch diskursanalytisch reflektiert werden. In jedem Fall gilt es, zugrunde gelegte Werturteile und normative Setzungen kritisch zu reflektieren (vgl. Kanning/Meyer 2019). Ansonsten geht mit einer solchen intentionalen Ausrichtung die „Gefahr einer Instrumentalisierung der Lernenden im Dienst der gesellschaftlichen Transformation“ einher (Singer-Brodowski 2016, 14; vgl. Singer-Brodowski/Taigel 2020, 364).

Eine vergleichbare Problematik zeigt sich auch bezüglich des Kontroversitätsgebots (2. Axiom). Pettig und Ohl verweisen auf eine Antinomie, die sich der Dringlichkeit der Probleme verdankt: „Denn weder ist es realistisch, dass Lernende unstrittige Lösungen für die sozial-ökologische Krise in kürzester Zeit erarbeiten, noch ist es erstrebenswert, vom Anspruch abzurücken, diese finden zu wollen, bzw. angesichts der Dringlichkeit sozialer und ökologischer Krisen finden zu müssen.“ (Pettig/Ohl 2023, 8) Gerade dieses Spannungsverhältnis ließe sich im Sinne des 3. Axioms des Beutelsbacher Konsenses (Interessenlage) aufgreifen, nach dem Lernende dazu befähigt werden sollen, nach Wegen zu suchen, die vorgefundene politische Lage im Sinne ihrer Interessen zu beeinflussen (vgl. Wehling 1977). Spätestens hier müssen sich transformative Bildungsbemühungen bewusst sein, dass sie notwendig politisch (bildend) sind. Insgesamt gilt es, derlei Diskurse im Kontext von transformativer Bildung stärker zu berücksichtigen (vgl. Singer-Brodowski 2016, 14; Singer-Brodowski/Etzkorn/von Seggern 2019). Es stellt sich die Frage, wie politisiert ein handlungsorientiertes Bildungskonzept sein *muss*, um transformativ wirken zu können – und wie politisiert es sein *darf*, um dem Leitgedanken eines Überwältigungsverbotes zu entsprechen (vgl. Matz/Knake/Garbe 2017).

Fazit

Ansätze transformativer Bildung (oder transformativen Lernens) verfügen über das Potenzial, gerade in ihrer Hinterfragung von Axiomen einer Bildung für nachhaltige Entwicklung, Bemühungen um eine kritisch-emanzipatorische Bildung voranzubringen. Trotz der Komplexität der Ansätze kann insbesondere die Hinterfragung etablierter Vorstellungen und Denkmuster einen Beitrag zur Förderung kritischen Denkens leisten, die nötiger erscheint denn je. Eine Gefahr liegt zugleich in der stellenweise starken Fokussierung auf die Veränderung (individueller) Bedeutungsperspektiven, die tendenziell droht, eine kritische Analyse gesellschaftspolitischer Strukturen auszublenden. Eine ideologiekritische Perspektive sollte insofern den Ausgangs- und nicht den Endpunkt von Bildungsbemühungen markieren, da ansonsten eine Individualisierung und eine Entpolitisierung droht. Es obliegt der zukünftigen Entwicklung und der praktischen Umsetzung, inwiefern sich die Erwartungen bewahrheiten, dass mit der Betonung transformativer Bildung stärker emanzipatorische und kritische Analysen Berücksichtigung erfahren.

Literatur

BÄHR, Ingrid u. a. (2019): Irritation im Fachunterricht. Didaktische Wendungen der Theorie transformatorischer Bildungsprozesse. In: Bähr, Ingrid u. a. (Hg.): Irritation als Chance. Bildung fachdidaktisch denken. Wiesbaden, S. 3–39.

BMBF (Bundesministerium für Bildung und Forschung) (o. J.): Was ist BNE? Online: https://www.bne-portal.de/bne/de/einstieg/was-ist-bne/was-ist-bne_node.html (Zugriff: 1.6.2024).

BOSTRÖM, Magnus u. a. (2018): Conditions for Transformative Learning for Sustainable Development: A Theoretical Review and Approach. In: Sustainability 10/12, 4479. DOI: 10.3390/su10124479

BROOKFIELD, Stephen D. (2000): Transformative Learning as Ideology Critique. In: Mezirow, J (Hg.): Learning as transformation. Critical perspectives on a theory in progress. San Francisco, S. 125–148.

BÜCHELE, Herwig/Pelinka, Anton (2012): Qualitatives Wirtschaftswachstum – eine Herausforderung für die Welt. Innsbruck.

BUTTIGIEG, Karen/Calleja, Colin (2021): Bildung and transformative learning theory: Two peas in a pod? In: Journal of Transformative Education, 19/2, S. 166–185.

HASSE, Jürgen (2010): „Globales Lernen". Zum ideologischen Gehalt einer Leer-Programmatik. In: Schrüfer, Gabriele/Schwarz, Ingrid (Hg.): Globales Lernen. Ein geographischer Diskursbeitrag. Münster u. a., S. 45–61.

KANNING, Helga/Meyer, Christiane (2019): Verständnisse und Bedeutungen des Wissenstransfers für Forschung und Bildung im Kontext einer Großen Transformation. In: Abassiharofteh, Milad/Baier, Jessica u. a. (Hg.): Räumliche Transformation – Prozesse, Konzepte, Forschungsdesigns (=Forschungsberichte der ARL [Akademie für Raumentwicklung in der Leibniz-Gemeinschaft], 10). Hannover, S. 9–28.

KOLLER, Hans-Christoph (2023): Bildung anders denken. Einführung in die Theorie transformatorischer Bildungsprozesse. 3. erweiterte und aktualisierte Auflage. Stuttgart.

LANG-WOJTASIK, Gregor (2019): Gesellschaftliche Transformation und transformatorische Bildungsarbeit – einleitende Gedanken. In: Lang-Wojtasik, Gregor (Hg.): Bildung für eine Welt in Transformation. Global Citizenship Education als Chance für die Weltgesellschaft. Opladen, S. 7–17.

LATHAN, Hannah/Mönter, Leif/Wittlich, Christian (2024): Planetary Health in der Bildung. Ein Beitrag zur nachhaltigen Transformation in Städtischen und ländlichen Räumen. In: Finger, Anne/Badelt, Ole u. a. (Hg.): Transformationsprozesse in Stadt und Land. Erkenntnisse, Strategien und Zukunftsperspektiven (=Forschungsberichte der ARL [Akademie für Raumentwicklung in der Leibniz-Gemeinschaft], 23). Hannover, S. 136–161.

MATZ, Eugenia/Knake, Sebastian u. a. (2017): „Gibt's das auch in postkolonial?" Globales Lernen vor dem Hintergrund postkolonialer Kritik. In: Emde, Oliver/Jakubczyk, Uwe u. a. (Hg.): Mit Bildung die Welt verändern? Globales Lernen für eine nachhaltige Entwicklung (=Schriftenreihe „Ökologie und Erziehungswissenschaft" der Kommission Bildung für eine nachhaltige Entwicklung der DGfE). Leverkusen, S. 91–109.

MEZIROW, Jack (1978): Perspective Transformation. In: Adult Education Quarterly, 28/2, S. 100–110.

MEZIROW, Jack (1997): Transformative Erwachsenenbildung (= Grundlagen der Berufs- und Erwachsenenbildung, 10). Baltmannsweiler.

O'SULLIVAN, Edmund (2022): The Project and Vision of Transformative Education. Integral Transformative Learnin. In: O'Sullivan, Edmund/Morrell, Amish; O'Connor, Mary Ann (Hg.): Expanding the Boundaries of Transformative Learning. New York, S. 1–12.

PAECH, Niko (2022): Quadratur des Kreises. Irrwege der Nachhaltigkeitsforschung aus wachstumskritischer Perspektive. In: Forschung und Lehre 29/7, S. 520–521.

PETTIG, Fabian (2021): Transformative Lernangebote kritisch-reflexiv gestalten. Fachdidaktische Orientierungen einer emanzipatorischen BNE. In: GW-Unterricht 162/2, S. 5–17.

PETTIG, Fabian; Ohl, Ulrike (2023): Transformatives Lernen für einen sozial-ökologischen Wandel. Facetten eines zukunftsfähigen Geographieunterrichts. In: Praxis Geographie 1/2023, S. 4–9.

RICHARDSON, Katherine u. a. (2023). Earth beyond six of nine Planetary Boundaries. Science Advances, 9/37. DOI: 10.1126/sciadv.adh2458

RIECKMANN, Marco (2021): Reflexion einer Bildung für nachhaltige Entwicklung aus bildungstheoretischer Perspektive. In: Religionspädagogische Beiträge. Journal for Religion in Education. 44/2, 5–16. DOI: 10.20377/rpb-153

SCHEUNPFLUG, Annette (2019): Transformatives Globales Lernen – eine Grundlegung in didaktischer Absicht. In: Lang-Wojtasik, G. (Hg.): Bildung für eine Welt in Transformation. Global Citizenship Education als Chance für die Weltgesellschaft. Leverkusen, S. 63–74.

SCHMELZER, Matthias/Vetter, Andrea (2019): Degrowth/Postwachstum zur Einführung. Hamburg.

SCHNEIDEWIND, Uwe (2019): Die große Transformation. Eine Einführung in die Kunst des gesellschaftlichen Wandels. Frankfurt/M.

SCHREIBER, Verena/Nöthen, Eva (2023): Transformative Geographische Bildung. Einleitung. In: Schreiber, Vernea/Nöthen, Eva (Hg.): Transformative Geographische Bildung. Schlüsselprobleme, Theoriezugänge, Forschungsweisen, Vermittlungspraktiken. Berlin, 1–6. DOI: https://doi.org/10.1007/978-3-662-66482-7_1

SINGER-BRODOWSKI, Mandy (2016): Transformative Bildung durch transformatives Lernen. Zur Notwendigkeit der erziehungswissenschaftlichen Fundierung einer neuen Idee. In: ZEP: Zeitschrift für internationale Bildungsforschung und Entwicklungspädagogik 39 (1), S. 13–17.

SINGER-BRODOWSKI, Mandy/Etzkorn, Nadine/von Seggern, Janne (2019): One Transformation Path Does Not Fit All-Insights into the Diffusion Processes of Education for Sustainable Development in Different Educational Areas in Germany. In: Sustainability 11/1, 269. DOI:10.3390/su11010269

SINGER-BRODOWSKI, Mandy/Taigel, Janina (2020): Transformatives Lernen im Zeitalter des Anthropozäns. In: Sippl, Carmen/Rauscher, Erwin/Scheuch, Martin (Hg.): Das Anthropozän lernen und lehren (= Pädagogik für Niederösterreich, 9). Innsbruck, S. 357–368.

STEFFEN, Will u. a. (2015): Planetary boundaries: Guiding human development on a changing planet. In: Science 347/6223, 736–745. DOI: 10.1126/science.1259855

STOCKHOLM RESILIENCE CENTRE (2023): Planetary boundaries. Online: https://www.stockholmresilience.org/research/planetary-boundaries.html (Zugrif: 1.6.2024).

UMWELTBUNDESAMT (Hg.) (2021): Transformatives Lernen durch Engagement. Ein Handbuch für Kooperationsprojekte zwischen Schulen und außerschulischen Akteur*innen im Kontext von Bildung für nachhaltige Entwicklung. Dessau-Roßlau. Online: https://www.umweltbundesamt.de/publikationen/transformatives-lernen-durch-engagement (Zugriff: 1.6.2024).

UNESCO (2020): Education for sustainable development: A roadmap. Paris. Online: https://unesdoc.unesco.org/ark:/48223/pf0000374802/PDF/374802eng.pdf.multi (Zugriff: 2.6.2024).

VARE, Paul/Scott, William (2007): Learning for a Change: Exploring the Relationship Between Education and Sustainable Development. In: Journal of Education for Sustainable Development, 1(2), S. 191–198 DOI: 10.1177/097340820700100209

WBGU [Wissenschaftlicher Beirat der Bundesregierung Globale Umweltveränderungen] (Hg.) (2023): Hauptgutachten: Gesund leben auf einer gesunden Erde. Berlin.

WBGU [Wissenschaftlicher Beirat der Bundesregierung Globale Umweltveränderungen] (Hg.) (2011): Welt im Wandel. Gesellschaftsvertrag für eine große Transformation. Berlin.

WEHLING, Hans-Georg (1977): Konsens à la Beutelsbach? Nachlese zu einem Expertengespräch. In: Widmaier, Benedikt/Zorn, Peter (2016) (Hg.): Brauchen wir den Beutelsbacher Konsens? Eine Debatte der politischen Bildung. Frankfurt/M., S. 19–27.

INKEN HELDT

Globale Bildung als transformative Bildung?

Der UN-Generalsekretär António Guterres sieht die Menschheit „russisches Roulette mit unserem Planeten spielen" (dpa 2024). Der jüngste Sachstandsbericht des Intergovernmental Panel on Climate Change (IPCC 2023) untermauert, dass die fortschreitende globale Erwärmung überall auf der Welt zu gravierenden Veränderungen führt, wobei die Geschwindigkeit vieler Änderungen im Klimasystem seit dem letzten Bericht nochmals zugenommen hat.

Die im Beitrag aufgeworfene Frage lautet vor diesem Hintergrund nicht, ob eine schulische Auseinandersetzung mit Fragen einer sozial-ökologischen Transformation notwendig ist, sondern die aufgeworfene Frage bezieht sich auf die Möglichkeiten von Bildung im Auftrag der Transformation: Wie können die normativen Ansprüche von globaler, nachhaltigkeitsbezogener Bildung und Demokratiebildung zusammengedacht werden, wenn das grundgelegte Bildungsverständnis einerseits das absolute Verfügungsrecht des Menschen über sich selbst einfordert, andererseits aber bestimmte Werte und Normen postuliert werden, die dem Menschen im Rahmen von ‚Globaler Bildung' bzw. ‚Bildung für nachhaltige Entwicklung' vermittelt werden sollen?

Im ersten Teil diskutiert der Beitrag kursorisch aktuelle bildungspolitische Entwicklungen sowie wissenschaftliche Kontroversen, Positionen und Befunde des dynamischen Feldes Globaler Bildung. Die im zweiten Teil entfaltete These lautet, dass die Auseinandersetzung mit normativen Themen nicht eine gezielte Beeinflussung der Bildungsadressaten im Sinne der ‚Akzeptanz' einer wie immer gearteten Fassung von Klimaschutz, Nachhaltigkeit oder Globaler Gerechtigkeit anstrebt, vielmehr geht es um eine Analyse und Kritik der jeweils aktuellen Ausprägungen und Gefährdungen dieser Ansprüche.

1. Was heißt hier ‚Globale Bildung'?

Sowohl Globale Bildung als auch Global Citizenship Education sind Konzeptionen, die auf Herausforderungen einer sich globalisierenden Weltgesellschaft und der in ihr stattfindenden Transformationsprozesse reagieren. Definitionen und Abgrenzungen von und zwischen Global Citizenship Education und

Globalem Lernen werden von zahlreichen (bildungs)politischen Akteur*innen wie auch aus wissenschaftlichen Diskursen unterschiedlicher Disziplinen heraus vorgeschlagen. Dabei entziehen sich die Begriffe und ihre Verhältnisbestimmung einer konsensuellen Bestimmung (für eine Typologie von Ansätzen vgl. Pashby et al. 2020). Für Christel Adick eignet sich der Begriff Globales Lernen als ein Oberbegriff zur Förderung und Strukturierung solcher Unterrichtsgegenstände, deren Fokus die gesamtmenschheitliche Lebenspraxis mit dem Ziel eines planetarischen Bewusstseins ist (Adick 2023, 46).

Werner Wintersteiner geht vom Konzept Global Citizenship Education aus, das für ihn „zunächst eine bestimmte Perspektive auf Bildung (global), verbunden mit einer bestimmten Werthaltung (globale Gerechtigkeit) und einem Bildungsziel (global citizens)“ ist. Global Citizenship Education kann dabei als ein Bildungs-Paradigma und auch als konkreter Bildungsinhalt konzeptualisiert werden (Wintersteiner 2021, 10).

In diesem Beitrag findet der Ausdruck ‚Globale Bildung‘ (statt ‚Global Citizenship Education‘) Verwendung, er ist als Begriff umstandsloser anschlussfähig an die in Deutschland geführten Debatten und bildungspolitischen Initiativen. Unabhängig von seiner konkreten begrifflichen Benennung und Akzentuierung zeichnet sich das Themenfeld durch eine große Aktualität und eine hohe Dynamik aus, konzeptionelle Suchbewegungen unter anderem zur Friedens-, Menschenrechtsbildung, Klimabildung, Bildung für Nachhaltige Entwicklung oder zum Konzept der Imperialen Lebensweise sind ein lebhaftes Diskursfeld, in dem die ‚Bausteine‘ von Globaler Bildung verhandelt werden (Adick 2023, 46). Eine besondere Rolle unter den genannten Konzepten kommt Bildung für nachhaltige Entwicklung (BNE) zu. Dieses hat mit der Verabschiedung der Sustainable Development Goals (SDG) der Vereinten Nationen im Jahre 2015 einen neuen Aufschwung und zugleich eine explizite Akzentuierung in Richtung Globaler Bildung bekommen (Lang-Wojtasik und Schönborn 2020, 4). Das Konzept der BNE wird als Schlüsselinstrument zur Erreichung der SDG definiert. Die Verknüpfung von Globalem Lernen, SDGs und BNE spiegelt sich in dem gemeinsamen Ziel wider, solche Lernprozesse zu befördern, die zu einer nachhaltigen Transformation der Weltgesellschaft führen. Unter den SGDs firmiert ein eigenes, dem Sektor ‚Bildung‘ zugedachtes Ziel (das SDG 4), dessen eines Unterziel (das SDG 4.7) sich speziell mit den Anliegen des Globalen Lernens befasst und wie folgt lautet: „Bis 2030 sicherstellen, dass alle Lernenden die notwendigen Kenntnisse und Qualifikationen zur Förderung nachhaltiger Entwicklung erwerben, unter anderem durch Bildung für nachhaltige Entwicklung und nachhaltige Lebensweisen, Menschenrechte, Geschlechtergleichstellung, eine

Kultur des Friedens und der Gewaltlosigkeit, Weltbürgerschaft und die Wertschätzung kultureller Vielfalt und des Beitrags der Kultur zu nachhaltiger Entwicklung“ (UNESCO 2021b, 14).

Auf der Ebene von bildungspolitischen Programmatiken werden Globale Bildung und Bildung für nachhaltige Entwicklung pausenlos fortgeschrieben (Adick 2023, 51): Auf die UN-Dekade zu BNE (2005–2014) folgte das Weltaktionsprogramm BNE (2015–2019), und seit 2020 befinden wir uns nun in der entscheidenden Dekade zur Vollendung der Agenda 2030. Die UNESCO verabschiedete eine gesonderte ‚Berliner Erklärung zur Bildung für nachhaltige Entwicklung‘ (UNESCO 2021a), die das Ziel einer strukturellen Verankerung von Bildung für Nachhaltige Entwicklung in allen Bildungsbereichen, d. h. von der frühkindlichen Bildung bis zur Hochschul- und Erwachsenenbildung und einschließlich der beruflichen Bildung verfolgt (Adick 2023, 51).

1.1 Globale Bildung im bildungspolitischen Fokus: Aktuelle Rahmungen und Empfehlungen

Auch in den Curricula und Leitlinien der Bundesländer finden sich in den letzten Jahren zunehmend globale Fragen und das Ziel nachhaltiger Entwicklung (vgl. für einen aktuellen Überblick Holst 2023; KMK 2023). Zum einen spiegeln sich hier wahrnehmbare gesellschaftliche Transformationen. Zum anderen dürfte ab dem Jahr 2007 auch eine curriculare Innovation der Kultusministerkonferenz (KMK) Wirkung entfaltet haben: ein mit Unterstützung des Bundesministeriums für wirtschaftliche Zusammenarbeit und Entwicklung erarbeiteter, inzwischen in aktualisierter Auflage publizierter „Orientierungsrahmen für den Lernbereich globale Entwicklung“ (KMK und BMZ 2016). Dieser begründet zwar kein neues Unterrichtsfach, stellt aber dennoch „so etwas wie einen neuen Typ eines ‚Quasi-Lehrplans‘ für den Lernbereich dar“ (Adick 2023, 49). Er zielt darauf ab, den Ländern in der Form von Curricula-Bausteinen eine umfassende Empfehlung zur Gestaltung der Curricula zu unterbreiten, um globale Fragestellungen und Perspektiven in den deutschen Schulunterricht zu integrieren. Der normative Hintergrund dieses Rahmens basiert auf dem Leitbild der nachhaltigen Entwicklung. Der Orientierungsrahmen hat Globales Lernen somit explizit als Bestandteil der BNE etabliert. Während sich der Rahmen bisher auf nahezu alle Fächer der Grundschule, die Sekundarstufe I und die berufliche Bildung bezog, wird er seit 2025 auch auf die Sekundarstufe II ausgeweitet.

Ein weiteres im bildungspolitischen Kontext relevantes Dokument ist die von der Kultusministerkonferenz (KMK) veröffentlichte „Empfehlung zur Bildung für nachhaltige Entwicklung in der Schule“ dessen erste Fassung von 2007 im Sommer 2024 aktualisiert wurde (KMK 2024). Die KMK-Empfehlung ist dem Orientierungsrahmen bildungspolitisch gesehen übergeordnet. Sie legt den Einzug von Globaler Bildung in die öffentlichen Schulen des föderalen deutschen Bildungswesens allgemein nahe (Adick 2023, 50).

1.2 Globale Bildung im Fokus von Surveyforschung und Bildungsmonitoring: Aktuelle Befunde

Die Inhaltsbereiche von Globaler Bildung und BNE finden in der aktuellen wissenschaftlichen Umfrageforschung und im Bildungsmonitoring dezidiert Beachtung. Die Jugendstudien des SINUS-Instituts (Calmbach et al. 2024), die Befunde von ICCS 2022 (Abs et al. 2024), die Ergebnisse zu globaler Kompetenz im Rahmen von PISA (Sälzer und Roczen 2018) sowie die Erkenntnisse des deutschen Monitorings zur Bildung für nachhaltige Entwicklung (Grund und Brock 2022) zeigen übereinstimmend, dass viele Jugendliche Einstellungen und Kompetenzen aufweisen, die den Zielen von BNE entsprechen (Birindiba Batista et al. 2024, 177) und die als Anknüpfungspunkte der Bildungspraxis dienen können.

Die International Civic and Citizenship Education Study (ICCS) untersucht Perspektiven und Fragestellungen zur BNE aus einer international vergleichenden Perspektive und im Kontext von politischer Bildung und Demokratie an Schulen: BNE im Sinne der Arbeitsdefinition der ICCS fokussiert darauf, „Kompetenzen zu vermitteln, die es den Lernenden ermöglichen, ihr eigenes Verhalten zu reflektieren und die zukünftigen Auswirkungen von heutigen Verhaltensweisen zu berücksichtigen". (Abs et al. 2024, 17). In den teilnehmenden Bundesländern, wie in fast allen beteiligten Nationen, nehmen mindestens drei Viertel der Schüler*innen Umweltverschmutzung als eine bedeutende Bedrohung für die Zukunft der Erde wahr (Abs et al., 2024, 17). Die Schüler*innen zeigen ein Bewusstsein für die Bedeutung sowohl individueller Handlungen als auch kollektiver politischer Maßnahmen, um Umwelt- und Klimaschutz effektiv zu adressieren. Auch eine Diskrepanz zwischen (nachhaltigem) Bewusstsein und den tatsächlichen (nicht-nachhaltigen) Handlungsweisen tritt als Studienbefund zutage (Abs et al. 2024, 194–195).

Auch die SINUS-Jugendstudie 2024 dokumentiert eine intensive Auseinandersetzung der Jugendlichen mit dem Klimawandel und seinen Folgen (vgl. im Folgenden Calmbach et al. 2024, 195–196). Die Befragten der SINUS-Jugendstudie 2024 sind der Ansicht, dass die Menschheit vergleichsweise tatenlos auf eine ökologische Katastrophe zusteuert – und fühlen sich frustriert, ängstlich und ohnmächtig. Die anhaltende Tendenz der Menschheit zu selbstzerstörerischem Verhalten und die fortwährende Zerstörung der eigenen Lebensgrundlagen stoßen auf Unverständnis. Im Hinblick auf die eigene Zukunft sowie die Zukunft der nachfolgenden Generationen besteht die weit verbreitete Erwartung, dass sich die Lage weiter verschärfen wird und die Lebensqualität entsprechend abnehmen wird.

2. Transformative Bildung zwischen Kontroversität und Normativität

Debatten über den Anspruch von Kontroversität in der Vermittlung von nachhaltigkeitsbezogenen Werten und Handlungsweisen prägen bildungs- bzw. (fach-) didaktische Diskurse seit Jahrzehnten. Die im Konzept und im thematischen Zuschnitt von Globaler Bildung liegende Normativität löst regelmäßig die Kritik aus, es würden die Grundsätze des Beutelsbacher Konsens verletzt.

Der Beutelsbacher Konsens ist der derzeit zentrale normative Bezugshorizont für politische Bildung, auch wenn dessen Auslegung nicht unumstritten ist. Er gilt in der Politikdidaktik als eine „von allen anerkannte Lehrmeinung“ (Widmaier und Zorn 2016, 11) und als eine „Art informelles Grundgesetz der politischen Bildung“ (Grammes 2016, 165). Im Beutelsbacher Konsens werden drei Grundprinzipien politischer Bildung entfaltet: das Überwältigungsverbot, das Kontroversitätsgebot und der Interessenbezug der Schüler/-innen (vgl. Wehling 2016, 24).

Unter dem Kontroversitätsgebot wird gefasst, dass das, was „in Wissenschaft und Politik kontrovers ist, [...] auch im Unterricht kontrovers erscheinen“ (Wehling 2016, 24) muss. Unter Umständen sollte die Lehrkraft eine „Korrekturfunktion“ (ebd.) übernehmen und in der Klasse marginalisierte Positionen „besonders herausarbeiten“ (ebd.). In diesem Prinzip geht es also darum, dass hegemoniale Standpunkte in ihrer Bedeutung relativiert werden. „Anlässlich der Aktion „Meldeplattformen Neutrale Schulen“ der Partei Alternative für Deutschland (AfD) wurde die Frage nach dem Wertebezug des Beutelsbacher Konsens unlängst einer öffentlichen Klärung zugeführt: Die Schule an sich wie auch der Beutelsbacher Konsens sind nicht wertneutral, sondern werden von menschenrechtlichen Werten und Haltungen getragen.

Im Kontext von BNE und Globalem Lernen ergibt sich auf dem Hintergrund des Beutelsbacher Konsens die Frage: Ist es überwältigend, Schüler*innen zu umweltbewusstem Handeln zu motivieren oder z. B. Lernstrategien zu entwerfen, die Schüler*innen ermutigen, für einen reduzierten Konsum einzutreten?

Und darf unter dem Verweis der Kontroversität auch der Klimawandel geleugnet werden? (Gärtner 2024, 43)

Bernd Overwien (2016) erteilt dem Generalverdacht der Überwältigung in Bildungskonzepten von Globaler Bildung und BNE eine Absage und akzentuiert den normativen Hintergrund des Beutelsbacher Konsens sowie den Verweisungszusammenhang zwischen BNE und dem international anerkannten Leitbild nachhaltiger Entwicklung, das sich etwa im Anfang der 1990er-Jahre hinzugefügten Artikel 20a des Grundgesetzes widerspiegelt. Der besagte Artikel verpflichtet den Staat, Maßnahmen zu ergreifen, um die natürlichen Lebensgrundlagen zu schützen und die Umwelt zu bewahren.

Johannes Drerup (2021) schlägt zur Bestimmung von angemessener Kontroversität sowohl ein politisches als auch ein epistemisches Kriterium vor. Das politische Kriterium besagt im Wesentlichen, dass grundlegende Werte, wie Menschenrechte und individuelle Freiheiten, nicht in Kontroversen zur Disposition gestellt werden sollten. Hingegen sind politische Positionen, die über diese grundlegenden Werte hinausgehen, einer Kontroverse zuzuführen. Das epistemische Kriterium besagt, dass nur solche Perspektiven in der der Bildungspraxis als Kontroversen berücksichtigt werden sollten, die vernünftig, gut begründet und empirisch fundiert sind und die den fachspezifischen wissenschaftlichen Rationalitäts-, Methoden- und Argumentationsstandards entsprechen. Positionen, die beispielsweise die Existenz des Klimawandels leugnen und damit direkt oder indirekt wissenschaftliche Standards ignorieren, sollten nicht als gleichwertige Perspektiven in schulische Lernprozesse eingebracht werden (vgl. Gärtner 2024, 43) . In dieser Logik wäre die Tatsache ‚Klimawandel' *nicht* als Kontroverse zu behandeln, gleichwohl aber wäre die Frage angemessener Umgangsstrategien durchaus kontrovers aufzugreifen.

Die in manchen BNE-Programmatiken festgelegten Ziele von Bildung erzeugen die Vorstellung, sozialwissenschaftliche Didaktik sei Teil eines Zweck-Mittel-Verhältnisses. Der Zweck der Fachdidaktik sei durch bildungspolitische Empfehlungen vorgegeben. Die Fachdidaktik hat Mittel und Verfahren zu entwickeln, mit welchen jene Ziele verlässlich erreicht werden können. Bildung wird die Rolle zugesprochen, in der sie Akzeptanz für etwas schaffen soll, was andere gesetzt haben.

Es ergibt sich jedoch ein Problem bei diesem Ansatz: Er stellt Menschen in den Dienst eines ihm vorausliegenden Zwecks (vgl. im Folgenden Heldt 2022). Im Sinne eines Bildungsverständnisses, das sich durch Achtung vor der lebenspraktischen Eigenverantwortlichkeit jedes Einzelnen auszeichnet und sich unter das Regulativ der Selbstbestimmung und Autonomie der Lernenden stellt, kann das Ziel von (transformativer) Bildung nicht in der Vermittlung vorgegebener Ziele und vorbestimmter Wahrheiten liegen. Der menschenrechtliche Anspruch der Selbstbestimmung von Individuen ist durch nichts zu hintergehen – weder durch das politische Apriori eines Gesellschaftsvertrages noch durch den im politischen Diskurs hergestellten und abgesicherten Konsens über bestimmte Bildungsziele. Insofern sind etwa die KMK-Erklärung und die in ihr ausbuchstabierten Bildungsziele kein letzter Geltungsgrund, der durch die Fachdidaktik einfach affirmativ umzusetzen wäre. Eine Bestimmung von Bildung ist nötig, die den Menschen nicht den je aktuell vorherrschenden Auslegungen von Nachhaltigkeit unterwirft, sondern ihn selbst zum Werten in Selbstbestimmung und Verantwortung ermutigt, als Ausdruck freier Selbstbestimmung. Insofern besteht das Ziel der Auseinandersetzung mit dem Lerngegenstand nicht in der ‚Akzeptanz' von Strategien der Nachhaltigkeit oder globaler Gerechtigkeit, sondern es geht vor allem um eine Analyse und Kritik ihrer jeweils aktuellen Ausprägungen und Gefährdungen. Nachhaltige Entwicklung und globale Gerechtigkeit werden als Gegenstand von Bildung verstanden, nicht als ihr Ziel.

3. Transformative Bildung und die Zumutung einer dialogischen Bildungspraxis

Der sozialwissenschaftliche Unterricht ist dazu aufgefordert, in dialogischen Lernprozessen grundlegend zu erarbeiten, was nachhaltige Entwicklung jenseits einer ‚Konsensfiktion' (Hamborg 2020, 173) auszeichnet und was sie dazu legitimiert, als möglicher Maßstab einer erstrebenswerte Gesellschaftsgestaltung zu fungieren. Eine solche Auseinandersetzung ist relevant, denn nachhaltige Entwicklung ist keine selbstverständlich geteilte Überzeugung, an die in inhaltlichen Diskussionen appelliert werden könnte. Krisen, Gefährdungen und Instrumentalisierungen von Strategien der Nachhaltigkeit oder globalen Gerechtigkeit müssen nicht nur diagnostiziert, sondern auch auf ihre gesellschaftliche Dimension hin analysiert werden (Lingenfelder und Rohwerder 2024, 4).

Im Rahmen einer bildungspraktischen Verständigung über normative Maßstäbe sind Deutungsmuster, Wissensbestände und Fragestellungen, die Lernende in ihrer Auseinandersetzung mit dem Thema selbst hervorbringen, ein geeigneter Ausgangspunkt (vgl. im Folgenden Heldt 2022). Die von den Bildungsadressaten artikulierten Sichtweisen werden nicht als ein unüberschreitbarer

Rahmen der inhaltlichen Auseinandersetzung verstanden, sondern unter der Frage betrachtet, durch welche Erkenntnisse der Sozialwissenschaften und anderer Wissenssphären sie ihrerseits lernproduktive Denkanregungen erhalten können. Damit verknüpft sich ein Verständnis von Wissenschaft, das diese nicht szientistisch wertneutral, sondern normativ auf menschenwürdige Ordnungsbildung gerichtet begreift (Heldt 2018, 14). Sozialwissenschaftlichen Erklärungsmodellen werden dabei keine epistemisch privilegierte Position zugeschrieben: Es geht nicht darum, das vermeintlich defizitäre Sachverständnis der Lernenden durch wissenschaftlich verbürgte Informationen möglichst effektiv zu ersetzten. Vielmehr geht es um die Ermöglichung und die Ermutigung der Lernenden dazu, bestehende Vorstellungsbestände und Überzeugungen einer kritischen Reflexion und Weiterentwicklung zu unterziehen, die eigene politische Urteilsfähigkeit zu stärken und sich selbst als politisch handlungsfähige/-n Akteur*in anzuerkennen. Mit Nohl geht es um die „Zumutung von Lebens- oder Handlungsorientierungen", die dann nötig wird, wo Menschen nicht selbstläufig – etwa über Bildungs- oder Sozialisationsprozesse – neue Orientierungen entfalten. Die neuen Orientierungen können seitens der Bildungssubjekte dabei (zunächst) als den eigenen, momentanen Interessen und Befindlichkeiten durchaus entgegengesetzt erfahren werden (Nohl 2024, 25). So verstandene dialogische Prozesse dürfen Streit und Kontroversen beinhalten. Ein Fixpunkt der Diskussion kann in der gemeinsam nachzugehenden Frage bestehen, in welcher Gesellschaft wir wie leben wollen – im Sinne eines Politikverständnisses, „das Konflikt als Bestandteil begreift, aber auch auf Konsens gerichtet ist, in dem Sinne, dass politisches Handeln darin besteht, sich mit anderen zusammenzuschließen und gemeinsam zu handeln" (Lingenfelder und Rohwerder 2024, 7).

Petrik (2011) weist darauf hin, wie wichtig es ist, „kontrovers-provokante Positionen im Rahmen demokratischer Ordnungsvorstellungen nicht mit fachlichen Fehlern [zu] verwechseln" (Petrik 2011, 79), auch normativ unerwünschte Deutungsmuster wie die Leugnung des Klimawandels also als notwendige Lernetappen auf dem Weg zu differenzierten Konzepten zu betrachten. Werden bestimmte Vorstellungen und Überzeugungen als normativ unzulässig geächtet und im Unterricht als unerwünschte Äußerungen abqualifiziert, bringen Schüler*innen derartige Vorstellungen nicht mehr zur Sprache. Wenn einzelne Adressat*innen von Bildungsangeboten sich beispielsweise, wie es die SINUS-Studie nahelegt, genervt zeigen vom ‚Diktat der Nachhaltigkeit" (vgl. Calmbach et al. 2024, 85), ist es sinnvoll, diese subjektiven Überzeugung nicht von vornherein als unangemessen zu tabuisieren, sondern in eine Auseinandersetzung mit ihnen einzutreten.

Ansonsten bleibt für das Bildungssubjekt eine wichtige Möglichkeit versperrt, seine bisherige Vorstellungswelt durch neue Einsichten zu erweitern, Denkalternativen zu erkennen und die eigene Urteilskraft zu schärfen. Genau hierdurch würde der Mensch in seinem vernunftbegabten autonomen Wesen missachtet, welches durch Reflexion gefördert und befähigt werden kann, eigene Entscheidungen in Fragen von Moral und Sittlichkeit zu fällen und selbstverantwortlich zu handeln (vgl. Draken 2020, 53).

Bildung, insbesondere eine transformative Bildung im Bereich ökologischer Fragen, liegt nur dann vor, wenn Menschen in freier Selbstbestimmung ihre eigenen Orientierungen zu diesen Themen entwickeln und sich dabei – was den transformativen Charakter von Bildung ausmacht – wesentlich verändern (Singer-Brodowski und Taigel 2020, 363; Nohl 2024, 34). Transformative Bildungsprozesse können insofern durch gezielte Irritationen und Impulse pädagogisch angeregt, aber nicht erzwungen werden.

Literatur

ABS, Hermann Josef u. a. (Hg.) (2024): ICCS 2022. Schulische Sozialisation und politische Bildung von 14-Jährigen im internationalen Vergleich. Münster, New York.

ADICK, Christel (2023): Globales Lernen als Antwort auf Globalisierung? In: Baader, Meike Sophia u. a. (Hg.): Politische Bildung in Transformation – Transdisziplinäre Perspektiven. Wiesbaden, S. 43–64.

BIRINDIBA BATISTA, Igorn u. a. (2024): Nachhaltigkeit. Zukunftsbedrohungen, Einstellungen, nachhaltiges Verhalten und Schulkontexte. In: Abs, Hermann Josef u. a. (Hg.): ICCS 2022. Schulische Sozialisation und politische Bildung von 14-Jährigen im internationalen Vergleich. Münster, New York, S. 177–198.

CALMBACH, Marc u. a. (2024): Wie ticken Jugendliche? 2024. Lebenswelten von Jugendlichen im Alter von 14 bis 17 Jahren in Deutschland. Bonn: BpB.

DPA (2024): Guterres beklagt „russisches Roulette" mit dem Planeten. In: Zeit online, 5.6.2024. Online: https://www.zeit.de/news/2024-06/05/guterres-beklagt-russisches-roulette-mit-dem-planeten (Zugriff: 15.1.2025).

DRAKEN, Klaus (2020): Nach-denken als wirksames Element moralischen Lernens. In: Markus Tiedemann (Hg.): Migration, Menschenrechte und Rassismus. Herausforderungen ethischer Bildung. Paderborn. (Schöningh, Fink and mentis Religious Studies, Theology and Philosophy E-Books Online, Collection 2020, ISBN), S. 53–72.

DRERUP, Johannes (2021): Kontroverse Themen im Unterricht. Konstruktiv streiten lernen. Reclam Bildung und Unterricht. Ditzingen.

GÄRTNER, Claudia (2024): Klimaverantwortung. Gesellschaftsaufgabe und Bildungsauftrag. Wiesbaden.

GRAMMES, Tilman (2016): Ein pädagogischer Professionsstandard der politischen Bildung. Fachdidaktisches Denken mit dem Beutelsbacher Konsens. In: Benedikt Widmaier (Hg.): Brauchen wir den Beutelsbacher Konsens? Eine Debatte der politischen Bildung. Bonn: BpB, S. 155–165.

GRUND, Julius/Brock, Antje (2022): Formale Bildung in Zeiten von Krisen – die Rolle von Nachhaltigkeit in Schule, Ausbildung und Hochschule. Kurzbericht des Nationalen Monitorings zu Bildung für nachhaltige Entwicklung (BNE) auf Basis einer Befragung von > 3.000 jungen Menschen und Lehrkräften. Hg. v. Institut Futur. Berlin.

HAMBORG, Steffen (2020): Bildung in der Krise. Eine Kritik krisendiagnostischer Bildungsentwürfe am Beispiel der Bildung für nachhaltige Entwicklung. In: Kminek, Helge u. a. (Hg.): Kontroverses Miteinander. Interdisziplinäre und kontroverse Positionen zur Bildung für eine nachhaltige Entwicklung. Frankfurt/M., S. 169–184.

HELDT, Inken (2018): Die subjektive Dimension von Menschenrechten. Wiesbaden.

HELDT, Inken (2022): Menschenrechte als normative Leitkategorie der gesellschaftswissenschaftlichen Bildung. In: zdg (1), S. 22–39.

HOLST, Jorrit (2023): Bildung für nachhaltige Entwicklung (BNE): Auf dem Weg in den Mainstream, doch mit welcher Priorität? Analyse von Koalitionsverträgen, BNE- und Nachhaltigkeitsstrategien, Weiterbildungsgesetzen, Bildungsberichten und weiteren Dokumenten von Bund, Ländern und Stiftungen: Kurzbericht des Nationalen Monitorings zu Bildung für nachhaltige Entwicklung (BNE). Institut Futur, Freie Universität Berlin.

IPCC (2023): Synthesebericht zum Sechsten IPCC-Sachstandsbericht (AR6). Hauptaussagen aus der Zusammenfassung für die politische Entscheidungsfindung (SPM). Version vom 19. April 2024. Online: https://www.de-ipcc.de/media/content/Hauptaussagen_AR6-SYR.pdf (Zugriff: 15.1.2025).

KMK (2023): Bildung für nachhaltige Entwicklung – Informationen der Länder. (Beschluss der KMK vom 9.2.2023). Online: https://www.kmk.org/themen/allgemeinbildende-schulen/weitere-unterrichtsinhalte-und-themen/bildung-fuer-nachhaltige-entwicklung.html (Zugriff: 15.1.2025).

KMK (2024): Empfehlung der Kultusministerkonferenz zur Bildung für nachhaltige Entwicklung in der Schule. (Beschluss der Kultusministerkonferenz vom 13.6.2024). Berlin.

KMK/BMZ (2016): Orientierungsrahmen für den Lernbereich Globale Entwicklung. im Rahmen einer Bildung für nachhaltige Entwicklung. Ein Beitrag zum Weltaktionsprogramm „Bildung für nachhaltige Entwicklung“. 2. aktualisierte und erweiterte Auflage. Berlin.

LANG-WOJTASIK, Gregor/Schönborn, Selina (2020): Development Education – Globales Lernen – Global Citizenship Education. Bleibende Aporien und strategische Offerten im Weltkollektiv. Münster, New York.

LINGENFELDER, Julia/Rohwerder, Jan (2024): Transformative politische Bildung als Brücke zwischen Wissen und Handeln in der sozial-ökologischen Krise. DIE. Bonn (DIE Resultate). Online: https://www.die-bonn.de/id/42063 (Zugriff: 15.1.2025).

NOHL, Arnd-Michael (2024): Bildung, Gemeinwohlerziehung oder politische Erziehung für nachhaltige Entwicklung? In: Kminek, Helge u. a. (Hg.): Bildung für eine nachhaltige Entwicklung im Umbruch? Beiträge zur Theorieentwicklung angesichts ökologischer, gesellschaftlicher und individueller Umbrüche. Leverkusen-Opladen, S. 15–40.

OVERWIEN, Bernd (2016): Der Beutelsbacher Konsens im Kontext Globalen Lernens und der Bildung für nachhaltige Entwicklung. In: Widmaier, Benedikt/Zorn, Peter (Hg.): Brauchen wir den Beutelsbacher Konsens? Eine Debatte der politischen Bildung. Bonn: BpB, S. 260–268.

PASHBY, Karen u. a. (2020): A meta-review of typologies of global citizenship education. In: Comparative Education 56 (2), S. 144–164. DOI: 10.1080/03050068.2020.1723352

PETRIK, Andreas (2011): Das Politische als soziokulturelles Phänomen. Zur Notwendigkeit einer wertebezogenen, soziologischen und lernpsychologischen Modellierung politischer Basiskonzepte am Beispiel „politische Grundorientierungen". In: Autorengruppe Fachdidaktik (Hg.): Konzepte der politischen Bildung. Eine Streitschrift. Schwalbach/Ts., S. 69–94.

SÄLZER, Christine/Roczen, Nina (2018): Die Messung von Global Competence im Rahmen von PISA 2018. Herausforderungen und mögliche Ansätze zur Erfassung eines komplexen Konstrukts. Zeitschrift für Erziehungswissenschaft 21 (2018) 2, S. 299–316. In: Zeitschrift für Erziehungswissenschaft 21. DOI: 10.25656/01:15520

SINGER-BRODOWSKI, Mandy/Taigel, Julia (2020): Transformatives Lernen im Zeitalter des Anthropozäns. In: Sippl, Carmen u. a. (Hg.): Das Anthropozän lernen und lehren. Innsbruck, S. 357–370.

UNESCO (2021a): Berliner Erklärung zur Bildung für nachhaltige Entwicklung. Berlin. Online: https://www.unesco.de/bildung/bildung-fuer-nachhaltige-entwicklung/weltkonferenz-berliner-erklaerung (Zugriff: 15.1.2025).

UNESCO (2021b): Bildung für nachhaltige Entwicklung. Eine Roadmap : #ESDfor2030, #BNE2030. Bonn: Deutsche UNESCO-Kommission e. V.

WEHLING, Hans-Georg (2016): Konsens à la Beutelsbach? Nachlese zu einem Expertengespräch. Textdokumentation aus dem Jahr 1977. In: Benedikt Widmaier und Peter Zorn (Hg.): Brauchen wir den Beutelsbacher Konsens? Eine Debatte der politischen Bildung. Bonn: BpB, S. 19–27.

WIDMAIER, Benedikt/Zorn, Peter (2016): Konsens in der politischen Bildung? Zur Einführung. In: Widmaier, Benedikt/Zorn, Peter (Hg.): Brauchen wir den Beutelsbacher Konsens? Eine Debatte der politischen Bildung. Bonn: BpB, S. 9–14.

WINTERSTEINER, Werner (2021): Deutschunterricht als Global Citizenship Education. Ein Vorschlag zum Mit- und Weiterdenken. In: zur deutschdidaktik, S. 10–21.

MAGDALENA BUDDEBERG, JULIA LEMKE

Der gemeinsame Beitrag von Bildung für nachhaltige Entwicklung und Demokratiebildung für eine gesellschaftliche Transformation

1. Einleitung

Die aktuellen globalen und gesellschaftlichen Herausforderungen durch den Klimawandel und die Überschreitung weiterer planetarer Grenzen (Richardson u. a. 2023) unterstreichen die Dringlichkeit einer gesellschaftlichen Transformation in Richtung einer nachhaltigen Entwicklung. Der Wissenschaftliche Beirat der Bundesregierung Globale Umweltveränderungen (WBGU) postulierte in seiner Forderung nach einer „Großen Transformation" bereits 2011 einen Gesellschaftsvertrag, der ökologische und demokratische Zukunftsverantwortung als kollektive Aufgabe sieht, um die Gefährdungen der Menschheit als Teil des Erdsystems (z. B. durch den Klimawandel) abzuwenden (WBGU 2011). Bildung wird in diesem Rahmen auf internationaler und nationaler Ebene ein hoher Stellenwert zugesprochen. Mit dem Konzept Bildung für nachhaltige Entwicklung (BNE) wird dabei das Ziel verfolgt, Lernende dazu zu befähigen, partizipativ am demokratisch ausgerichteten gesellschaftlichen Transformationsprozess teilzuhaben (Rieckmann 2022). Diese Zielsetzung deutet Überschneidungen mit dem Konzept der Demokratiebildung an. Im Rahmen dieses Beitrags wird daher das Verhältnis BNE und Demokratiebildung/-pädagogik in den Blick genommen und Potentiale der Verknüpfung der beiden aufgezeigt.

2. Der Bildungsauftrag für nachhaltige Entwicklung

Die UN-Dekade für BNE (2005–2014) und das darauffolgende Weltaktionsprogramm (WAP 2014) formulieren das Ziel, BNE strukturell in den Bildungspolitiken zu verankern. Im Jahr 2020 wurde dieses Ziel von den Mitgliedsstaaten durch das UNESCO-Programm „Education for Sustainable Development: Towards achieving the SDGs (ESD 2030)" bestärkt. Indem junge Menschen dazu befähigt werden, aktiv zur Erreichung der globalen Nachhaltigkeitsziele (SDGs) beizutragen, soll die Verwirklichung dieser Ziele gefördert werden. Laut UNESCO (2021) steht die drängende Frage im Raum: „Wie können wir Lernende zu transformativem Handeln für Nachhaltigkeit ermutigen, bevor es zu spät ist die Zukunft neu zu gestalten?“ (9). Demnach wird Bildung im Rahmen der politischen Debatte als zentrales Element angesehen, um die Nachhaltigkeitsziele der Vereinten Nationen gesellschaftlich umzusetzen (UNESCO 2021).

Insbesondere der schulischen Bildung als „das stärkste institutionalisierte Angebot, welches die ältere Generation ihren gegenwärtigen Kindern und Jugendlichen als Rüstzeug für die Bewältigung zukünftiger Herausforderungen anbietet“ (Budde 2020, 222), wird eine wichtige Rolle zugesprochen. Sie soll den Erwerb von Wissen über nachhaltigkeitsrelevante Probleme ermöglichen und eine verantwortungsbewusste Teilhabe an gesellschaftlichen Aushandlungsprozessen fördern (Rieckmann/Schank 2016). Dabei wird BNE als fächerübergreifende Querschnittsaufgabe verstanden (Buddeberg 2016) und von der KMK „als wichtiges Anliegen des Schullebens“ (KMK/DUK 2007, o. S.) herausgestellt.

Die politische Forderung der Umsetzung von BNE birgt jedoch die Gefahr, dass das Ziel verfolgt wird, „bestimmte Werte und Verhaltensweisen“ (Rieckmann/Schank 2016, 70) zu vermitteln, die als bedeutsam für eine nachhaltige Entwicklung eingestuft werden (ebd.). Vare und Scott (2007) sehen in der Erziehung zu spezifischem umweltbewussten Verhalten eine Form der Überwältigung und der politischen Instrumentalisierung im Bildungsbereich. Ebenso hebt Pettig (2021) hervor, dass ein normativ ausgerichtetes Bildungskonzept, wie es oft in bildungspolitischen Agenden vorkommt, eine Instrumentalisierung darstellt (Buddeberg u. a. 2023). Hier stellt sich die Frage, ob diese Umsetzung von BNE in der Schule mit dem Beutelsbacher Konsens vereinbar ist, welcher das Indoktrinieren von Schüler*innen für politische Zwecke untersagt (Beutel, W. 2020). Daher ist es in einem ersten Schritt von Bedeutung, den politischen Charakter von BNE näher zu betrachten.

3. Wie politisch ist BNE?

Zunächst ist festzuhalten, dass BNE durch die Verortung des Lerngegenstands im öffentlichen Raum stets als politisch einzustufen ist, da es sich dabei um die Auseinandersetzung mit gesellschaftlichen Problemen und globalen Krisen handelt und mit gesellschaftlichen Aushandlungsprozessen einhergeht (Håkansson/Östman 2019). Darüber hinaus kann BNE als politisch betrachtet werden, da sie von politischer Seite als Auftrag an die Lehrkräfte gerichtet wird (KMK/DUK 2007). Nach van Poeck und Östman (2018) lässt sich in diesem Sinne jedoch jeder in der Schule verankerte Lerngegenstand als politisch gesetzt verorten, da die Erstellung der Curricula auf bildungsadministrativer Ebene erfolgt und immer mit einer Selektion von bestimmten Lerninhalten und zu fördernden Kompetenzen einhergeht.

Die Ausgangslage, auf der BNE bildungspolitisch aufbaut, ist dagegen nicht politisch: So ist international sowie interdisziplinär herausgearbeitet worden, dass derzeit sechs der neun planetaren Belastungsgrenzen, die für die Überlebensfähigkeit der Menschheit entscheidend sind, überschritten wurden (Richardson u. a. 2023). In Bezug auf die Klimakrise kommen zudem Lynas u. a. (2021) in einer Metaanalyse anhand von über 88.000 wissenschaftlichen Studien zu dem Ergebnis, dass ein Konsens von 99.5 Prozent über den menschengemachten Klimawandel vorliegt. Es besteht daher für die menschliche Zivilisation ein existenzieller Bedarf gesellschaftlicher Veränderungen in Richtung einer nachhaltigen Entwicklung. Vor dem Hintergrund des internationalen Kenntnisstandes wäre ein Infragestellen dieser Ausgangslage ein allgemeines Anzweifeln wissenschaftsbasierter Erkenntnisse (Tryggvason u. a. 2023).

Der politische Aspekt hängt vielmehr mit der Frage zusammen, wie eine Veränderung der Gesellschaft in Richtung einer nachhaltigen Entwicklung gestaltet werden kann. Als politische Dimensionen in diesem Kontext identifizieren Håkansson u. a. (2017) in Lehr-Lernsituationen unter anderem Reflexions- und Deliberationsprozesse. Gerade in Bezug auf diese beiden Dimensionen entscheidet sich, ob BNE instrumentalisierend oder emanzipatorisch ausgerichtet wird: Im Rahmen einer emanzipatorischen BNE wird nachhaltige Entwicklung nicht als exklusiver Expertendiskurs, sondern als ein offener gesellschaftlicher Lernprozess betrachtet. Ziel der BNE ist es daher, die Selbstreflexion und die Übernahme von Verantwortung im Rahmen gesellschaftlicher Verhandlungen zu verbessern, wie Sterling (2010) betont. Vare und Scott (2007) verstehen nachhaltige Entwicklung ebenfalls als einen Lernprozess, in dem nicht nur Schüler*innen, sondern auch Lehrkräfte, Politiker*innen und Wissenschaftler*innen als Lernende fungieren. Dies impliziert, dass es keine normativ festgelegten Antworten gibt, sondern eine gesellschaftliche Transformation durch gemeinsame Diskussionen, die durch die kontinuierliche Herausforderung bestehender Antworten und die Integration neuer wissenschaftlicher sowie gesellschaftlicher Erkenntnisse vorangetrieben wird (Henke u. a. 2024). Tryggvason u. a. (2023) heben das Zulassen und die Förderung unterschiedlicher Zugänge und Sichtweisen bei der Gestaltung einer nachhaltigen Entwicklung hervor. Dadurch können systemische

Abhängigkeiten stärker berücksichtigt und neue Ideen entwickelt werden, wodurch gesellschaftliche Transformationsprozesse Unterstützung erfahren. Wird dagegen mit BNE die Vermittlung normativ festgelegter Ziele verfolgt, verkommen pluralistisch geführte Diskussionen zum Selbstzweck (Tryggvason 2023). Im Rahmen einer emanzipatorisch ausgerichteten BNE wird Normativität im Gegensatz dazu nicht zum Problem, wie Tryggvason u. a. (2023) auf Grundlage der empirischen Befundlage festhalten, sondern die Problematiken der Normativität im Rahmen einer nachhaltigen Entwicklung werden Kern der Diskussionen. Damit geht auch eine veränderte Lehrkraftrolle einher, bei der im Rahmen von offenen Lehr-Lernsettings die Lernbegleitung im Vordergrund steht (Buddeberg u. a. 2023). Empirisch konnte Kater-Wettstädt (2019) herausarbeiten, dass eine derartige pädagogische Herangehensweise dazu führt, dass sich die Lernenden aktiv und konstruktiv mit den Unsicherheiten des Nicht-Wissens auseinandersetzten und Verantwortung für ihren Lernprozess übernahmen.

Voraussetzung für eine solche Herangehensweise ist eine weitere politische Dimension im Rahmen von BNE, die Håkansson u. a. (2017) identifizieren: die demokratische Partizipation. Denn fehlt es im Sinne der Demokratiebildung an einer Partizipationsermöglichung der Schüler*innen, können Diskussions- und Lösungsfindungsprozesse in Lehr-Lernsituationen zu BNE als nutzlos erlebt werden. Daher wird in einem nächsten Schritt die Partizipation im Rahmen der Demokratiebildung und Demokratiepädagogik im Kontext von BNE betrachtet und das gegenseitige Potenzial herausgearbeitet.

4. BNE und Demokratiebildung/-pädagogik

Nach Kenner und Lange (2022) beschreibt Demokratiebildung „einen vom Subjekt ausgehenden ganzheitlichen Prozess der Bildung zur Mündigkeit, basierend auf demokratischen Grundwerten und Prinzipien wie Freiheit, Gleichheit, Gerechtigkeit, Solidarität und Emanzipation" (62). Bereits in dieser Definition erweist sich die Demokratiebildung als grundlegende Voraussetzung für eine emanzipatorisch ausgerichtete BNE. Gleichzeitig eröffnet eine emanzipatorische BNE Räume für eine an der Lebenswelt der Heranwachsenden anknüpfende, kritisch-reflektierte Auseinandersetzung, für die Entwicklung von Urteilskompetenzen und für das Erlernen von Aushandlungsprozessen. Diese stellen nach Kenner und Lange (2022) die Grundlage für eine gelingende Demokratiebildung dar.

Schule als pädagogische Institution wirkt dabei in besonderer Weise auf „politische Mündigkeit und demokratische Handlungsfähigkeit", wie Beutel, W.

u. a. (2022, 20) konstatieren. Mit Bezug auf van Rahden (2019) betonen sie das Verständnis von Demokratie als Lebensform und der Handlungsfähigkeit des Einzelnen. Die Partizipation der Schüler*innen an und Erprobung von demokratischen Elementen in der Schule wird demzufolge als zentraler Bestandteil der Demokratiepädagogik angesehen (Beutel, W. u. a. 2022). Damit bedingen sich BNE und Demokratiebildung nicht nur auf der Ebene der Zielsetzung. Auch in ihrem pädagogischen Verständnis, in dem Partizipation ins Zentrum der schulischen Umsetzung gestellt wird, weisen beide Konzepte deutliche Parallelen auf (Dörner 2023).

Die Ziele, die mit Partizipation im Kontext von BNE verbunden werden, korrespondieren jedoch nicht zwangsläufig mit den Zielen der Demokratiebildung. Wird Partizipation eher als Form von Teilhabe interpretiert (Büker u. a. 2021), wird BNE instrumentell umgesetzt, um festgelegte Ziele und Konzepte nachhaltiger Entwicklung zu erreichen (Becker 2020), indem Jugendliche in die Umsetzung einbezogen werden. Weit verbreitet ist dabei, den Fokus auf das individuelle Handeln zu legen und die eigene Lebensführung sowie das individuelle Konsumverhalten auf Nachhaltigkeit auszurichten (Heitfeld 2023). Deutlich zeigt sich diese individualisierte Form der Nachhaltigkeit durch das Konzept des „ökologischen Fußabdrucks“ (Rees/Wackernagel 1994), wie Pritz (2018) herausstellt. Die politischen Dimensionen von BNE werden dabei ausgeklammert (Seider 2021) und nicht-nachhaltige Strukturen verschleiert (Heitfeld 2023). Tryggvason u. a. (2023) sprechen in diesem Zusammenhang von einem entpolitisierten Verständnis von BNE. Budde und Blasse (2023) warnen davor, dass die Fokussierung der Partizipation im Rahmen von BNE auf den individuellen Lebenswandel zu einer „Überhöhung des Subjektes“ (7) führen kann, was wiederum die Gemeinschaftlichkeit und Kollektivität untergräbt. Schumann und Ruesch Schweizer (2022) heben die Gefahr hervor, dass mit einer auf das Individuum ausgerichteten Umsetzung von BNE Ohnmachtserfahrungen der Heranwachsenden einhergehen können. Dies führt bei den Schüler*innen eher zu Resignation und Frustration anstelle von Motivation und Partizipation (Gamsjäger/Wetzelhütter 2020).

Um dieser Gefahr zu entgehen, erscheint es als gewinnbringend, BNE in Verknüpfung mit Demokratiebildung zu gestalten: Denn im Rahmen der Demokratiebildung wird Partizipation im Sinne einer Ermöglichung der Einflussnahme, Mitbestimmung und Entscheidungsmacht verstanden (Achour 2021). Insbesondere die Ebene „Bildung durch Demokratie“ der Demokratiebildung kann „Selbstwirksamkeits- und Emanzipationserfahrungen“ (Achour 2021 8) ermöglichen. Mit dieser Verknüpfung wird der Fokus weg von der „entpolitisierten

Rolle der Konsument*innen oder der Verbraucher*innen" (Heitfeld 2023, 230) gelenkt, hin zu aktiven Gestalter*innen der Gesellschaft. Zur Unterstützung dieser Ausrichtung wurde von Germanwatch als Gegenentwurf zum ökologischen Fußabdruck das Konzept des ökologischen Handabdrucks entwickelt. Anstelle die Nicht-Nachhaltigkeit im eigenen Lebensstil zu analysieren, wird hierbei das Augenmerk auf die eigenen Handlungsoptionen zur Mitgestaltung der Gesellschaft gelegt (Heitfeld 2023).

Bei der Umsetzung von Partizipation im Rahmen der Demokratiebildung in der Schule zeigt sich empirisch jedoch immer wieder eine Kluft zwischen dem Anspruch an Partizipation und deren praktischer Umsetzung (Büker u. a. 2021; Dörner 2023). Budde (2020) weist darauf hin, dass viele didaktisch konzipierte Partizipationsformate, wie der Klassenrat, oft als „inszenierte Mitbestimmung" (Budde 2020, 221) betrachtet werden können. Diese Scheinpartizipation (Gamsjäger/Wetzelhütter 2020) führt Kenner (2023) darauf zurück, dass den Heranwachsenden häufig keine realen Handlungserfahrungen eröffnet werden. Simon (2019) sieht insbesondere den Bedarf, Verantwortung an die Schüler*innen zu übertragen und ihnen Vertrauen im Entscheidungsfindungsprozess zu schenken. Geschieht dies nicht, erfahren die Heranwachsenden keine Wirksamkeit im Rahmen der eigenen Partizipation, was das Engagement verringert (Gamsjäger/Wetzelhütter 2020). Die Verknüpfung der Demokratiepädagogik mit BNE bietet das Potenzial, reale Partizipationsmöglichkeiten zu schaffen, da BNE konkrete gesellschaftliche Herausforderungen in die Schule bringt, die an die (zukünftigen) Lebenswirklichkeiten der Schüler*innen anknüpfen. Hieran anzusetzen und den Schüler*innen reale Handlungserfahrungen zu eröffnen, kann BNE und Demokratiebildung gleichermaßen stärken.

5. Fazit und Implikationen

Bildung für nachhaltige Entwicklung, die das Ziel hat, Menschen zu befähigen, sich an Prozessen zur Transformation der Gesellschaft in Richtung einer nachhaltigen Entwicklung beteiligen zu können, benötigt Partizipationsanlässe, die Mitbestimmung und Entscheidungsmacht in einem offenen, pluralistisch geführten Diskurs ermöglichen (vgl. Kapitel 3). Mit der Verknüpfung von BNE und dem Konzept der Demokratiebildung und der Demokratiepädagogik können Schule und Bildung die gesellschaftlichen Transformationsprozesse in Richtung einer nachhaltigen Gesellschaft unterstützen (vgl. Kapitel 4) und damit dazu beitragen, den für die Menschheit existentiellen Herausforderungen, die durch die Überschreitung der planetaren Grenzen (Richardson u. a. 2023) entstehen, zu begegnen.

Die Förderung von partizipatorischer Wirksamkeit in Schulen, die sich auch auf systemische Mitbestimmung erstreckt, ist jedoch mit Herausforderungen verbunden. Kritik an nicht-nachhaltigen Strukturen und Praktiken betrifft auch Schulen als staatliche Einrichtungen. Holfelder u. a. (2021) weisen darauf hin, dass staatliche Bildungseinrichtungen nicht von dieser Kritik ausgenommen werden können. Sie argumentieren, dass sich BNE, die politisch gestützt wird, und die in diesem Bereich tätigen Personen nicht dauerhaft dieser Problematik entziehen können, ohne ihre Glaubwürdigkeit zu riskieren. Damit die mit BNE und Demokratiebildung verbundenen Ziele erreicht werden können, bedarf es Bildungseinrichtungen, die sich als Ganzes verändern. Ansatzpunkte dazu liefert das Konzept des Whole-Institution-Approach (WIA): Partizipation wird in diesem Rahmen als ein Kernprinzip für eine Schulentwicklung als gesamte Organisation angesehen. BNE und Demokratiebildung werden in diesem Kontext nicht als zusätzliche Lerngegenstände für Schule betrachtet, die *on top* vermittelt werden sollen. Vielmehr können sie als integrale Bestandteile einer veränderten Lernkultur von Schule eingestuft werden, die zu einer qualitativ hochwertigen Bildung beitragen (Holst 2023). BNE und Demokratiebildung stehen in diesem Sinne nicht als separate Konzepte nebeneinander, sondern als zwei Grundpfeiler, die gemeinsam zur Partizipationsbefähigung für gesellschaftliche Transformationsprozesse beitragen.

Literatur

ACHOUR, Sabine (2021): Demokratiebildung: Was ist das? – Politische Bildung, die sich lohnt! In: Wochenschau, 1/2021, S. 4–13.

BECKER, Gerhard (2020): Bildung für nachhaltige Entwicklung in urbanen Bildungslandschaften. Osnabrück.

BEUTEL, Wolfgang (2020): Immer wieder in der Diskussion- der Beutelsbacher Konsens. In: Berkessel, Hans u. a. (Hg.): Demokratie als Gesellschaftsform: 7. Jahrbuch Demokratiepädagogik. Frankfurt/M., S. 96–110.

BEUTEL, Wolfgang/Gloe, Marcus/Reinhardt, Volker (2022): Demokratiepädagogik. In: Beutel, Wolfgang u. a. (Hg.): Handbuch Demokratiepädagogik. Frankfurt/M., S. 19–42.

BUDDE, Jürgen (2020): Die Fridays for Future-Bewegung als Herausforderung für die Schule. Ein schulkritischer Essay. In: DDS – Die Deutsche Schule,2/2020, S. 216–228.

BUDDE, Jürgen/Blasse, Nina (2023): Bildung für nachhaltige Entwicklung zwischen Programmatik und Praxis. In: ZEP – Zeitschrift für internationale Bildungsforschung und Entwicklungspädagogik, 2/2023, S. 4–9.

BUDDEBERG, Magdalena (2016): Bildung für nachhaltige Entwicklung als Querschnittsaufgabe. In: DDS – Die deutsche Schule, 3/2016, S. 267–277.

BUDDEBERG, Magdalena/Lemke, Julia/Henke, Vanessa (2023): Die Bedeutung der Lehrkräfte für die Umsetzung von BNE. In: Elsenau, Detlef von/Gorski, Sonja/Zumbrink, Kara (Hg.): Bildung für nachhaltige Entwicklung. Ein Leitfaden für eine wirkungsorientierte Transformation von Schule und Unterricht. Berlin, S. 219–232.

BÜKER, Petra/Hüpping, Birgit/Zala-Mezö, Enikö (2021): Partizipation als Veränderung. Eine Aufforderung an Grundschule und Forschung. In: Zeitschrift für Grundschulforschung, 2/2021, S. 391–406.

DÖRNER, Julia K. (2023): Partizipation fördern, Resilienzfähigkeit stärken. Welchen Beitrag kann der Sachunterricht im Hinblick auf gesellschaftliche Herausforderungen leisten? In: Schmeinck, Daniela/Michalik, Kerstin/Goll, Thomas (Hg.): Herausforderungen und Zukunftsperspektiven für den Sachunterricht. Bad Heilbrunn, S. 126–133.

GAMSJÄGER, Manuela/Wetzelhütter, Daniela (2020): Zwischen Scheinpartizipation und tatsächlicher Einflussnahme. Die Bedeutung von Partizipation für das Engagement von SchülerInnen. In: Gerhartz-Reiter, Sabine/Reisenauer, Cathrin (Hg.): Partizipation & Schule. Perspektiven auf Teilhabe und Mitbestimmung von Kindern und Jugendlichen. Wiesbaden, S. 207–231.

HÅKANSSON, Michael/Östman, Leif (2019): The political dimension in ESE: the construction of a political moment model for analyzing bodily anchored political emotions in teaching and learning of the political dimension. In: Environmental Education Research, 4/2019, S. 585–600.

HÅKANSSON, Michael/Östman, Leif/van Poeck, Katrien (2017): „The Political Tendency in Environmental and Sustainability Education". In: European Educational Research Journal, 1/2018, S. 91–111.

HEITFELD, Marie (2023): »Hand Prints for Future«. Gestaltungsbefähigung statt Konsumtipps. In: Meyer, Christiane (Hg.): „Transforming our World". Zukunftsdiskurse zur Umsetzung der UN-Agenda 2030. Bielefeld, S. 225–233.

HENKE, Vanessa/Buddeberg, Magdalena/Lemke, Julia (2024): Herausforderungen bei der Umsetzung von Bildung für nachhaltige Entwicklung. Möglichkeiten der Begegnung im Rahmen der Lehrer*innenbildung. In: Neuhaus, Meike (Hg.): Klimaverantwortung. Gesellschaftsaufgabe und Bildungsauftrag. Wiesbaden, S. 149–170.

HOLFELDER, Anne-Katrin/Holz, Verena/Singer-Brodowski, Mandy/Kminek, Helge (2021): Erziehungswissenschaftliche Fragen im Zusammenhang mit der Bewegung Fridays for Future. In: Zeitschrift für Pädagogik, 1/2021, S. 120–139.

HOLST, Jorrit (2023): Towards coherence on sustainability in education: a systematic review of Whole Institution Approaches. In: Sustainability Science, 2/2023, S. 1015–1030.

KATER-WETTSTÄDT, Lydia (2019): Nahtstellen nachhaltigen globalen Lernens – Philosophieren als (neue) Aufgabe von Unterricht. In: Clemens, Iris/Hornberg, Sabine/Rieckmann, Marco (Hg.): Bildung und Erziehung im Kontext globaler Transformationen. Opladen, S. 125–140.

KENNER, Steve (2023): Schulen als Bildungs-, Sozialisations- und Erfahrungsräume für Transformation und nachhaltige Entwicklung? (Frustrations-)Erfahrungen politisch engagierter Jugendlicher. In: Achour, Sabine/Gill, Thomas. (Hg.): Vom Klassenrat bis zum zivilen Ungehorsam. Partizipation in der Demokratie und der Auftrag der politischen Bildung. Frankfurt/M., S. 76–86.

KENNER, Steven/Lange, Dirk (2022): Demokratiebildung als Querschnittsaufgabe. In: Beutel, Wolfgang/Gloe, Markus/Himmelmann, Gerhard/Lange, Dirk/Reinhardt, Volker/Seifert, Anne (Hg.): Handbuch Demokratiepädagogik. Frankfurt/M., S. 62–71.

KMK/DUK (2007): Empfehlung der Ständigen Konferenz der Kultusminister der Länder in der Bundesrepublik Deutschland (KMK) und der Deutschen UNESCO-Kommission (DUK) vom 15.6.2007 zur „Bildung für nachhaltige Entwicklung in der Schule". Online: www.kmk.org/fileadmin/veroeffentlichungen_beschluesse/2007/2007_06_15_Bildung_f_nachh_Entwicklung.pdf (Zugriff: 22.4.2024).

LYNAS, Mark/Houlton, Benjamin Z./Perry, Simon (2021): Greater than 99 % consensus on human caused climate change in the peer-reviewed scientific literature. In: Environmental Research Letters, 11/2021, S. 1–7.

PETTIG, Fabian (2021): Transformative Lernangebote kritisch-reflexiv gestalten. Fachdidaktische Orientierungen einer emanzipatorischen BNE. In: GW-Unterricht 2/2021, S. 5–17.

PRITZ, Sarah Miriam (2018): Subjektivierung von Nachhaltigkeit. In: Neckel, Sighard/ Besedovsky, Natalia/Boddenberg, Moritz/Hasenfratz, Martina (Hg.): Die Gesellschaft der Nachhaltigkeit. Umrisse eines Forschungsprogramms. Bielefeld, S. 77–100.

REES, William/Wackernagel, Mathis (1994): Ecological footprints and appropriated carrying capacity. Measuring the natural capital requirements of the human economy. In: Jansson, Ann M./ Hammer, Monica/Folke, Carl/Constanza, Robert (Hg.): Investing in natural capital. The ecological cconomics approach to sustainability. Washington D. C, S. 362–390.

RICHARDSON, Katherine/Steffen, Will u. a. (2023): Earth beyond six of nine planetary boundaries. In: Science Advances, 37/2023, S. 1–16.

RIECKMANN, Marco (2022): Developing and assessing sustainability competences in the context of education for sustainable development. In: Karaarslan-Semiz, Güliz (Hg.): Education for sustainable development in primary and secondary school. Cham, S. 191–203.

RIECKMANN, Marco/Schank, Christoph (2016): Sozioökonomisch fundierte Bildung für nachhaltige Entwicklung. Kompetenzentwicklung und Werteorientierung zwischen individueller Verantwortung und struktureller Transformation. In: Science 1/2016, S. 65–79.

SCHUMANN, Svantje/Ruesch Schweizer, Corinne (2022): App-basierte Erfahrung und Reflexion als Unterstützung der Professionalisierung von Lehrpersonen im Bereich BNE. In: Sachunterricht in der Informationsgesellschaft. Bad Heilbrunn, S. 81–88.

SEIDER, Tanja (2021): Politische Bildung im Zeichen von Anthropozän und Klimakrise. In: Deichmann, Carl/Partetzke, Marc (Hg.): Demokratie im Stresstest. Reaktionen von Politikdidaktik und politischer Bildung. Wiesbaden, S. 31–52.

SIMON, Toni (2019): Partizipation als Ziel und Voraussetzung von BNE. Viel gefordert aber auch gewollt? Participation as Aim and Requirement of ESD. Much Demanded but Also Intended? In: transfer Forschung ↔ Schule, 1/2019, S. 71–84.

STERLING, Stephen (2010): Learning for resilience, or the resilient learner? Towards a necessary reconciliation in a paradigm of sustainable education. In: Environmental Education Research, 5–6/2010, S. 511–528.

TRYGGVASON, Ásgeir/Öhman, Johan/van Poeck, Katrien (2023): Pluralistic environmental and sustainability education – a scholarly review. In: Environmental Education Research, 10/2023, S. 1460–1485.

UNESCO (2021): Bildung für nachhaltige Entwicklung. Eine Roadmap. Online: https://www.unesco.de/sites/default/files/2021-10/BNE_2030_Roadmap_DE_web-PDF_nicht-bf.pdf (Zugriff: 22.4.2024).

VAN POECK, Katrien/Östman, Leif (2018): Creating space for 'the political' in environmental and sustainability education practice: A political move analysis of educators' actions. In: Environmental Education Research, 9/2018, S. 1406–1423.

VAN RAHDEN, Till (2019): Demokratie: eine gefährdete Lebensform. Frankfurt/M.

VARE, Paul/Scott, William (2007): Learning for a change. In: Journal of Education for Sustainable Development, 2/2007, S. 191–198.

WGBU (Wissenschaftlicher Beirat der Bundesregierung Globale Umweltveränderungen) (2011): Welt im Wandel. Gesellschaftsvertrag für eine Große Transformation. Berlin.

MICHAEL SCHRATZ

Caring Education: Krisen und Resilienz

1. Ein Begriff macht Schule

Im Zusammentreffen von Pandemie, Klimaeinbrüchen, Kriegswirren und Terrorakten haben die multiplen Krisen zu tiefergehenden Verunsicherungen geführt. Die Auswirkungen davon zeigen sich derzeit in einem hohen Anteil von Kindern und Jugendlichen, die unter psychischen Belastungen durch Überforderung, Stress, Druck und Versagensangst leiden (Plötner u. a. 2022; Runge u. a. 2022). Mentale Beeinträchtigungen sind enorm stark gestiegen, was sich nicht nur über Lernrückstände im schulischen Fortschritt auswirkt, sondern sich künftig auch auf die Verfasstheit der Gesellschaft auswirken kann. Im Jahr 2021 waren psychische Erkrankungen die häufigste Ursache für Krankenhausbehandlungen von 10- bis 17-jährigen (Destatis 2023). Dadurch wird im schulischen Geschehen das Thema mentale Gesundheit immer präsenter. In diesem Zusammenhang ist auch die Zunahme demokratiefeindlicher Entwicklungen zu nennen, die das Vertrauen in das gesellschaftliche Wohlergehen getrübt haben. Dies macht sich in der Schüler*innenschaft über unterschiedliche Ausdrucksformen von Sinnkrisen bemerkbar, mit denen Lehrkräfte konfrontiert werden, aber oft nicht wissen, wie sie mit derartigen psychischen Belastungen der ihnen anvertrauten jungen Menschen umgehen sollen.

Zur Verunsicherung tragen auch die durch Krisen ausgelösten Verdrehungen von Fakten, sog. ‚Verschwörungsmythen' bei, die sich als demokratiefeindlich herausstellen können, was durch den aufkommenden Einfluss von Künstlicher Intelligenz noch intensiviert wird. Fake News sind als Phänomen zwar nicht neu, erhalten über soziale Medien aber eine enorm rasante Verbreitung (Himmelrath/Egbers 2018; Nocun/Lamberty 2020). YouTube, Facebook, TikTok & Co haben im Alltag junger Menschen oft eine nachhaltigere Wirkung als der lehrplangesteuerte Unterricht, sodass Lehrkräfte gegenüber gehypten Influencer*innen im World Wide Web an erzieherischem Einfluss verlieren. Diese Entwicklung unterwandert die in den Klassenräumen über Stundenpläne portionierte Umsetzung des schulischen Bildungsauftrags, wenn es um die Relevanz für das eigene Leben der jungen Menschen geht. Dies legt folgender Einblick nahe:

> *Die Kids benutzen zum Beispiel in Snapchat die Funktion ‚My AI'. Das ist das beliebteste KI-Tool bei Kindern derzeit. Einer britischen Studie zufolge benutzt das die Hälfte der Sieben- bis 17-jährigen in Großbritannien, bei uns dürfte es ähnlich aussehen. ‚My AI' ist nicht nur ein Berater für Schulaufgaben. Das ist ein digitaler Lebensbegleiter, den Teenager auch fragen, was sie machen sollen, wenn sie ihr Freund verlassen hat. (Weßels 2023, 11)*

Anlässe der Gefährdung von Menschen durch Krisensituationen bringen staatliche Fürsorge als Unterstützungssystem ins Spiel. Historisch wurde unter dem Begriff der erzieherischen Fürsorge die gesellschaftliche Aufgabe verstanden, sich um die Wohlfahrt bestimmter Bevölkerungsgruppen oder Einzelpersonen zu sorgen. Dem gegenüber steht heute in der Bildungs- und Erziehungsarbeit das erweiterte Verständnis in der englischsprachigen Bezeichnung *Caring Education* als Sammelbegriff für vielfältige Ansätze, die Menschen dabei unterstützen, für sich selbst, miteinander und füreinander Verantwortung für gesellschaftliches Wohlergehen in einer (zukünftig) lebenswerten Welt für alle zu übernehmen.

Lehrkräfte stellen vielfach fest, dass sie in ihrer Ausbildung die aktuell benötigten Kompetenzen nicht mitbekommen haben, wie sie ihre Schüler*innenschaft unter den zunehmenden Belastungen durch strukturelle Beeinträchtigungen und multiple Stresseinwirkungen unterstützen können. Engagierte Lehrkräfte warten in ihrer Not nicht auf Vorgaben ‚von oben', sondern beginnen bei sich selbst, um aus der Macht des Gewohnten auszusteigen. So haben sich schon viele auf die Suche nach neuen Wegen gemacht und vor allem Unterstützung durch Angebote erhalten, die sich unter dem Sammelbegriff *Caring Education* zusammenfassen lassen: Eine in der Professionalisierung von Lehrkräften junge Disziplin, die noch keine adäquate deutsche Übersetzung gefunden hat. Es geht dabei um Themen wie Achtsamkeit, Empathie und Präsenz als Fundament für die Beziehungsgestaltung im schulischen Miteinander und darüber hinaus.

Hinter dieser aktuellen Entwicklung steht die Erkenntnis, dass Fähigkeiten, die eine achtsame und resiliente Haltung fördern, vermittelt werden können. Der US-amerikanische Psychologe Martin Seligman (2012) hatte bereits in den 90er-Jahren Arbeiten zur Wirkung positiver Emotionen durchgeführt, die bei Menschen zum „Aufblühen" führen sollen. Mit Verweis auf seine Studien haben glückliche Menschen für ihn signifikant bessere soziale Beziehungen als unglückliche. Er verweist darauf, dass positive Emotionen die geistigen, körperlichen und sozialen Fähigkeiten erweitern können, wodurch die Gesundheit gefördert und die Produktivität der Arbeit erhöht werde.

2. Krisen als Entwicklungstreiber

Eine globale Sensibilisierung für die Bedeutung einer *Caring Education* erfolgte insbesondere durch die Erfahrungen der Corona-Pandemie, da die Unterbrechung der Alltagsroutinen die Fragilität des menschlichen Zusammenlebens sichtbar gemacht hatte. Globale Krisen dieser Dimension haben es in sich: Sie hebeln den Normalzustand aus und stellen Gewohntes auf den Kopf. Vielerorts hatten sich die institutionellen Rahmenbedingungen im Krisenmanagement unverfügbarer Ausgangsbedingungen als dysfunktional erwiesen und in der Folge bis ins Privatleben zu konflikthaften Auseinandersetzungen geführt. Krisen schaffen Unsicherheit, bringen aber auch Unbewusstes wie Unbekanntes ans Licht und eröffnen damit neue Perspektiven und Möglichkeiten der Auseinandersetzung damit.

So ist durch die erzwungenen Schulschließungen infolge der Corona-Pandemie vielen demokratiepolitisch erst bewusst geworden, wie wichtig Schule als Ort des Miteinanders und der Auseinandersetzung für jede*n Einzelne*n, aber auch für eine gedeihliche gesellschaftliche Entwicklung ist. In der für das Aufwachsen bedeutsamen Phase des Übergangs aus der Mikrowelt der Familie in die Makrowelt der Gesellschaft gehört Schule für junge Menschen zu den prägenden Lebensräumen ihrer Kindheit und Jugend. Somit ist sie nicht nur ein institutionalisierter Ort zur Organisation von Bildungsprozessen, sondern eine Lebensphase, die es ihnen erlaubt, wahrgenommen zu werden, zu lernen jemand zu sein, zu wachsen, zu sich selbst zu finden, die eigenen Ressourcen und Stärken zu entdecken, daran glauben zu lernen, etwas zu können, gehört zu werden, eine Stimme zu haben (Riley/Coates/Martinez 2018). Diese persönlichkeitsrelevanten Eigenschaften stellen entscheidende Voraussetzungen für die demokratische Organisation des Gesellschaftssystems dar.

Im Frühjahr 2023 wurden in einer österreichweiten Umfrage 800 Schüler*innen zwischen 10 und 19 Jahren über die Einschätzung ihres schulischen Unterrichts befragt (LernQuadrat 2023). Darin gaben 77 Prozent der Befragten an, den Lernstoff nach Prüfungen gleich wieder zu vergessen. In ihrer Wahrnehmung könnten sie die meisten Dinge, die ihnen in der Schule vermittelt werden, im späteren Leben nicht gebrauchen. Bei einer derartigen Haltung zur Verfügbarkeit des Gelernten im Lebensbezug stellt sich die Frage, welches Wissen jungen Menschen in ihrer gegenwärtigen Vulnerabilität heutzutage überhaupt Halt fürs Leben gibt. Von den Jugendlichen werden in der genannten Studie Finanzbildung, Lebenskunde, Wirtschaft, Politik, Rhetorik und Konfliktmanagement als besonders wichtige Themen für ihre Zukunft genannt – zumal Teuerung, Sozialsystem, Wohnungsnot etc. die Zuversicht und Lebensfreude mindern.

Die konventionelle Vermittlung dieser wünschenswerten Themen als abprüfbares Wissen wird den Schüler*innen allerdings wenig Halt geben. Dazu kommt, dass bislang selten auftretende Gesellschaftseinbrüche wie gegenwärtig Terror und kriegerische Auseinandersetzungen auch bei Jugendlichen zu Polarisierungen geführt haben, die über herkömmliche Formen des sozialen Lernens nicht (mehr) bewältigbar sind. Daher fordern Julian Nida-Rümelin und Klaus Zierer (2023), dass „[d]ie in der Krise stehende Demokratie [...] aus den derzeitigen Krisen lernen [muss]" (12).

Einem sich um das Wohl der Kinder und Jugendlichen sorgenden Verständnis von Schule steht vielfach die herkömmliche Auffassung von Schule als Lehranstalt gegenüber, die sich in folgenden Aussagen findet, welche Schüler*innen über die Wahrnehmung ihrer Lehrkräfte geäußert haben (Neuhof/Schiefele 2023, 5):

- „Ich möchte etwas fürs Leben lernen. Manche Lehrer*innen geben mir mehr mit als nur Schulstoff. Lehrer sein heißt auch Menschen prägen."
- „Einfach mal durchatmen! Folgt nicht immer dem Stundenplan bzw. dem Lehrplan! Geht auch mal auf die Fragen der Schüler ein! Die Antwort ‚Dafür haben wir jetzt keine Zeit!' enttäuscht mich immer wieder."
- „Viele der Lehrer*innen wissen gar nicht, wie stark ihr Verhalten uns im Schulalltag beeinflusst."
- „Ich habe manchmal das Gefühl, dass Lehrer*innen vergessen, wie stark sie unsere Zukunft bestimmen."
- „Ich finde es wichtig, dass Lehrer*innen mit uns als Team zusammenarbeiten. Nur Frontalunterricht ist nicht der richtige Weg."
- „Autorität erlangt man, wenn man auf gleicher Augenhöhe mit den Schülern spricht und versucht, auch ihre Seite zu verstehen."

Rückmeldungen dieser Art zeugen von der lehrseitigen Orientierung, in der Schüler*innen ihren Unterricht erleben, die noch vielfach das schulische Geschehen prägt. Eine solche zeigt sich daran, dass sie häufig wenig Wertschätzung und Zuwendung erfahren, ständiger Bewertungsdruck vorherrscht, wenig Selbstwirksamkeit erlebt wird, es wenig echte Pausen, Erholungsphasen und Rückzugsräume gibt, Sinnhaftigkeit im Erleben des schulischen Alltags verloren geht, häufig Überforderung vorherrscht, zu wenig auf individuelle Bedürfnisse eingegangen wird sowie Angst ein sehr häufiger Begleiter ist. Diese Merkmale sind Ausdruck einer defizitär geprägten Schulkultur, die sich weder über Appelle oder Verordnungen noch über didaktische Optimierungsprozesse überwinden lässt. Eine lernseitige Haltung (Schratz 2019) hingegen vollzieht sich im respektvollen pädagogischen Takt (Burghardt/Zirfas 2019) und zeigt sich im Wahrnehmen des

Lernfortschritts ihrer Schüler*innen und der Schaffung förderlicher Bedingungen für das gemeinsame Wohlergehen. Darin liegt auch der Ausgangspunkt für inklusive Schule als Vorbereitung auf eine lebenswerte Welt für alle, denn Lernen ist ein Akt zutiefst menschlicher Entfaltung und persönlicher Entwicklung, die es für die gemeinsame Zukunft zu nutzen gilt. Der alltagstaugliche Umgang mit Wissen erfordert eine lernseitige Auseinandersetzung über dessen Brauchbarkeit für die künftige Lebenspraxis der Schüler*innen in der dynamischen Entwicklung des Weltgeschehens.

Die bisherigen Ausführungen machen deutlich, wie facettenreich sich *Caring Education* im Bereich Schule und Unterricht zeigt, wenn es darum geht, den zum Teil gegensätzlichen Ansprüchen im Spannungsfeld zwischen *Sollen* (Effizienzziel: Sachgerechtigkeit) und *Wollen* (Humanziel: Menschengerechtigkeit) im Bildungswesen gerecht zu werden (Schratz 2024). Aus meiner Auseinandersetzung mit diesen antinomischen Ansprüchen haben sich die folgenden sechs Zugänge als Schlüssel für die theoretische Auseinandersetzung und daraus ableitbare schulische Praktiken herauskristallisiert, die sich gegenseitig beeinflussen und daher nicht isoliert, sondern in der Wirkmacht ihres Zusammenspiels verstanden werden sollten (Abb. 1). Sie werden folgend im Einzelnen skizziert:

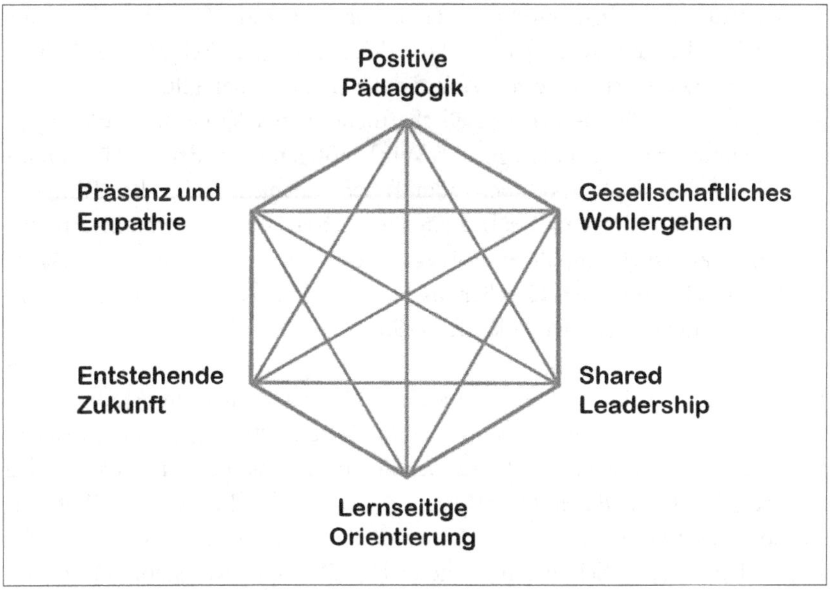

Abb. 1: Zusammenspiel von sechs Zugängen zur Caring Education (Quelle: https://leadership-academy.education/lea/sechs-bausteine-fuer-gelingenden-wandel/, Zugriff: 25.1.2025)

Positive Pädagogik

Für einen produktiven Umgang in unverfügbaren gesellschaftlichen Entwicklungen haben Kellerman und Seligman (2023, 14) in ihren umfangreichen Studien fünf Dimensionen identifiziert, die sie für den Umgang mit Unsicherheit als zentral erachten:

1. *Resilienz und kognitive Agilität*: Wir brauchen eine belastbare agile Haltung, die uns Sicherheit verleiht, um veränderte Ausgangsbedingungen rasch abschätzen zu können. Soziale Medien, ChatGPT und webbasierte Informationsdienste konfrontieren uns ständig mit Daten, deren Wahrheitsgehalt wir einschätzen und darauf aufbauend entscheiden müssen.
2. *Bedeutung und Wichtigkeit*: Die allgegenwärtige Reizüberflutung durch Push-Nachrichten, Bewertungsaufforderungen mit Gratifikationsanreizen sowie die algorithmengesteuerte Versorgung mit personalisierten Lockangeboten macht uns zusehends von externen Einflüssen abhängig. Es gewinnt die Fähigkeit an Bedeutung, dass für das eigene (Über-)Leben Wichtige und dessen Bedeutung in der persönlichen und beruflichen Selbstverwirklichung zu finden.
3. *Rascher Zugang zum Aufbau sozialer Unterstützung*: Die Bewältigung der unverfügbaren Zukunft lässt sich nur gemeinsam bewältigen – eine gesellschaftliche Vereinsamung wäre fatal. Vom ‚Ich zum Wir', vom ‚Ego zum Eco' sind Haltungen, die es im Hinblick auf das gesellschaftliche Wohlergehen in einer lebenswerten Welt für alle einzunehmen gilt.
4. *Vorausschau*: Die bisherige gesellschaftliche Entwicklung hat stark auf die Erhaltung des Erreichten gebaut. Wir benötigen mehr denn je die vorausschauende Fähigkeit, von der Zukunft her zu denken und zu handeln.
5. *Kreativität und Innovation*: In Zeiten der Auslagerung von Routinetätigkeiten an künstliche Intelligenz gilt es insbesondere, die menschlichen Fähigkeiten schöpferischen Geschehens zu nutzen, die Bildungsverantwortliche zu Architekt*innen der Zukunft macht.

Besonders gut scheint die Umsetzung dieser Dimensionen jenen Schulen zu gelingen, die es schaffen, eine ressourcenorientierte Haltung gegenüber benachteiligten Schüler*innen als Teil ihrer Schulkultur zu etablieren. Dem gegenüber scheinen Schulen, in denen Defizitperspektiven vorherrschen, größere Probleme zu haben, das Lernen ihrer Schüler*innen herkunftsunabhängig zu fördern. Dies zeigt sich daran, dass Schulen mit höheren Defizitperspektiven während der pandemiebedingten Schulschließungen ihr Anspruchsniveau im Distanzunterricht signifikant stärker gesenkt haben und dem inhaltlichen Lernen weniger Bedeutung beigemessen haben als Schulen, die mit einem ressourcenorientierten Blick auf ihre Schüler*innen schauten (Bremm/Orley/Schratz 2022).

Präsenz und Empathie

Pädagogisches Handeln mit Präsenz und Empathie (Schley/Schratz 2023) ermöglicht es, Beziehung als gestalterische Kraft zum gemeinsamen Wir zu nutzen. Sie ist ein schöpferischer Akt im wechselseitigen Prozess sinnlicher Wahrnehmung in der Außenwelt und deren innerer Verarbeitung, die wiederum mit der Außenwelt der Beteiligten resoniert (Abb. 2).

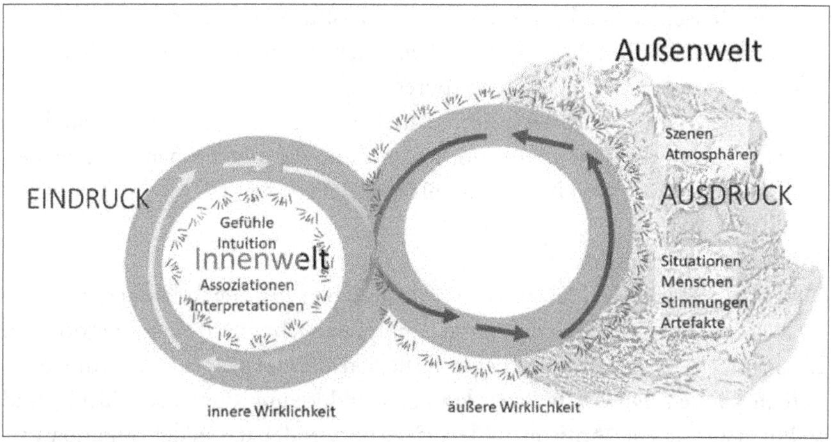

Abb. 2: Zusammenspiel von äußerer Wahrnehmung und innerer Verarbeitung (Quelle: Schratz im Druck)

Für Friedrich Glasl (1992, 39) stellt das Einfühlungsvermögen, die Fähigkeit der Empathie, das Verbindungsglied zwischen Innen- und Außenwelt dar, denn die innere Verarbeitung sinnlicher Erfahrungen in der Außenwelt wirkt sich als Erfahrung auf das künftige pädagogische Handeln aus. Allerdings meist nicht unmittelbar, sondern im vielfachen Durchlaufen der Schlaufen im Zusammenspiel von äußerer Wahrnehmung und innerer Verarbeitung. Das Antwortgeschehen zwischen Innen- und Außenwelt (Abb. 2) ist umso wirksamer, je öfter es gelebt und je intensiver es erfahren wird. Die innere Öffnung schafft Raum für neu Entstehendes, fördert die Bereitschaft zum Dialog und entfaltet Vertrauen und Mut. Das wiederholende Erfahren einer positiven Resonanz verleiht Schleife für Schleife Halt und formt Haltung mit.

Ein Schlüssel für erfolgreiches Einüben in Präsenz und Empathie ist das Zuhören. Claus Otto Scharmer (2019) unterscheidet folgende vier Arten des Zuhörens:

1. „*Herunterladen*: Das Zuhören ist darauf beschränkt, noch einmal das zu bestätigen, was wir schon wissen. Wir leben in einer Blase, und nichts Neues vermag durch die Grenzen dieser Blase hindurchzudringen.
2. *Faktisches Zuhören*: Wir lassen die Daten zu uns sprechen und achten auf widerlegende Informationen. Dies erfordert, dass das Denken sich öffnet – das heißt die Fähigkeit, unsere Gewohnheiten des Urteilens zu unterbrechen und zurückzuhalten.
3. *Empathisches Zuhören*: Wir sehen die Situation mit den Augen eines anderen Menschen. Dafür muss das Herz sich öffnen, das heißt, unsere Gefühle werden als Wahrnehmungsorgan benutzt, mit dem wir uns in die Sichtweise eines anderen Menschen einspüren.
4. *Schöpferisches Zuhören*: Wir hören zu, damit die höchste Zukunftsmöglichkeit gegenwärtig werden kann, unser Zuhören bildet einen schützenden Raum, in dem etwas Neues ankünftig werden kann.“ (43)

Entstehende Zukunft

Claus Otto Scharmer (2009) hat in seiner Arbeit mit Veränderungsprozessen beobachtet, dass es Herausforderungen gibt, „die nicht durch eine Reflexion von Erfahrungen, also nicht durch eine Reflexion der Vergangenheit beantwortet werden können. Diese Herausforderungen sind komplex und schnelllebig, und will man auf sie eine Antwort finden, ist es notwendig, das in der Situation verborgene Zukunftspotenzial wahrzunehmen“ (80). Für ihn liegt darin die Quelle der Intention und Kreativität, das Lernen aus der im Entstehen begriffenen Zukunft. In Veränderungsprozessen geht es daher vielfach um eine emergente Komplexität, da die Problemstellungen durch nichtlineare Veränderungen gekennzeichnet sind, wodurch wir uns nicht auf die Erfahrungen aus der Vergangenheit verlassen können. Scharmer nennt den Prozess des Lernens aus der entstehenden Zukunft „Presencing“. Damit bezeichnet er „die Fähigkeit einzelner Menschen oder kollektiver Einheiten, sich direkt mit ihrer höchsten zukünftigen Möglichkeit zu verbinden und von dort aus unmittelbar zu handeln. Von einer zukünftigen Möglichkeit her handeln heißt von einer authentischen Präsenz des Augenblicks her handeln – aus dem Jetzt“ (Scharmer 2009, 74).

Diese authentische Präsenz resultiert aus der „Wahrheit der Situation“ heraus (Schulz von Thun 1998, 284), d. h. aus der in der jeweiligen Situation erforderlichen Stimmigkeit, der „Übereinstimmung mit mir und dem situativen

Gehalt“ (ebd., 306), die nicht auf Effizienz und Optimierung abzielt. Vielmehr erfordert die doppelte Entsprechung zwischen den handelnden Akteur*innen (z. B. Schulleitung und Kollegium, Lehrkräfte und Schüler*innen) und „dem Gehalt der Situation (in ihrem systemischen Kontext)“ (ebd.). Das „Presencing“ baut auf das Spüren dieses Gehalts der Situation und der daraus entstehenden (emergenten) zukünftigen Möglichkeiten. Es geht dabei um eine Dimension, welche in Hartmut Rosas (2016) „Soziologie der Weltbeziehung“ als „eine Art ‚Tiefenresonanz‘ der Welt erlebbar wird“ (197). Damit ist gemeint, dass die Lenkung der Aufmerksamkeit, auf die im Hier und Jetzt ablaufenden Prozesse eine Ergriffenheit bewirken, die eine Offenheit für die Bewältigung neuer Erfahrungen ermöglichen. In diesem Ergriffensein wandelt sich mit dem Verhältnis zur Welt und zu anderen auch das Verhältnis zum Selbst, denn „zu jeder Initiative gehört ein Moment schöpferischer Gestaltung, dessen Kern sich wesensgemäß einer bloßen Herleitung durch Umstände entzieht; Erfindungen schaffen etwas Neues“ (Fauser 2016, 175).

Lernseitige Orientierung

Die Auseinandersetzung über eine lernseitige Orientierung im Unterricht verweist auf eine bedeutsame professionsethische Fragestellung: Was wissen wir eigentlich über das Lernen der jeweiligen Schüler*innen im Unterricht? Oder, wie Terhart (2009, 42) aus der wechselvollen Geschichte der Beziehung von Lehren und Lernen die wesentliche Frage stellt: „Welches Lernen wollen wir eigentlich?“ In der Auseinandersetzung mit Bildung weist Rudolf Messner (2004) darauf hin, dass sie „von jedem Menschen selbst bewirkt werden muss, [...] So anziehend und gelungen auch gelehrt und unterrichtet wird, das Lehren als solches bewirkt nicht notwendig Lernen“ (36) – zumindest nicht das dadurch intendierte. So verweisen auch vielfältige Befunde aus Studien zur Effektivität von Schule und Unterricht (Steffens/Bargel 1987; Sammons 1999; Hattie 2008; Chapman u. a. 2016) bei genauer Analyse des Unterrichtsgeschehens zwischen dem, was Lehrpersonen intendieren, und dem, was Schüler*innen rezipieren, auf eine große Unbekannte. So argumentiert Hattie (2013, 296): „Wenn man die Brille der Lehrperson so ändern kann, dass sie das Lernen mit den Augen ihrer Lernenden sieht, wäre dies schon einmal ein exzellenter Anfang.“ Damit weist Hattie auf einen Perspektivenwechsel hin, den er aufgrund seiner umfangreichen Metastudien im Hinblick auf die Wirksamkeit von Unterricht essenziell findet.

Zur Veranschaulichung des Zusammenhangs von lehr- und lernseitiger Orientierung verwende ich den Vergleich mit den zwei Seiten einer Münze: Man kann immer nur eine Seite sehen, denn die zweite ist verdeckt. Unser Handeln wird vom Wissen bestimmt, „daß wir von jedem Ding immer nur die uns zugekehrte Seite sehen und dass der Perspektiven-Wechsel, der im Herumgehen um ein Ding erfolgt, an diesem Wesensverhältnis, daß das, was wir sehen, immer nur Vorderseite und nie Rückseite ist, nichts ändern kann" (Gadamer 1987, 107). Daher orientiert sich eine Perspektive *lernseits* von Unterricht konsequent an der Einzigartigkeit, d. h. an den Lernerfahrungen der Schüler*innen. Im Sinne von Waldenfels (2007) sind lehrseits und lernseits also „zwei Instanzen" (334) die auf „das Zueinander und Auseinander von Anspruch und Antwort" (335) verweisen. *Antwortend* können „wir [... jedoch] nicht auf beiden Seiten [...] zugleich stehen" (ebd.). Lernseits betrachtet begreifen sich Lehrende selbst als Lernende.

Pädagogisches Handeln *lernseits* des Unterrichtens „rückt das Lernen aus dem Schattendasein ins Licht, betont seinen *Ereignis*charakter und erkennt die Komplementarität des Handelns der Beteiligten als konstitutiv für den Vollzug der Lernerfahrung an" (Schratz u. a 2011, 109). *Lernseits* meint daher nicht eine Schüler*innenorientierung aus dem Lehren heraus zu denken und auch nicht die Vernachlässigung des Lehrens. Nicht das didaktische Konstrukt eines schülerorientierten (Fach-)Unterrichts steht im Mittelpunkt einer lernseitigen Orientierung, sondern die Erschließung (fachlicher und überfachlicher) Bezüge zur Welt durch junge Menschen, die in diese hineinwachsen. Eine erfahrungsoffene Auseinandersetzung mit der Vielfalt von Menschen und Dingen in der Welt trägt zu einer lernseitigen Haltung bei, in der Anderssein nicht als Störung der idealisierenden Homogenitätserwartung wahrgenommen wird. Diese innere Offenheit für das Unverfügbare im menschlichen Miteinander zielt darauf ab, „Kinder und Jugendliche als ganzheitliche [...] junge Menschen zu verstehen, die auch in der Schule nicht nur Schüler sind. Wer junge Menschen in der Schule nur als Schüler betrachtet, versteht sie auch als Schüler nicht!" (Klafki 2002, 178).

Shared Leadership

Caring Education lässt sich an Schulen nicht hierarchisch über die Schulleitung (ein)führen, sondern erfordert das Miteinander im *Shared Leadership*, über welches jede Lehrkraft als Teacher Leader wirkt (Strauss/Anderegg 2020). Gemeinsame Führung setzt auf Vertrauen und Zutrauen, um eine tragfähige Kultur für die höchste Entfaltung aus dem gemeinsamen Wir zu ermöglichen. *Shared Leadership* nutzt die Ressourcen aller für das gemeinsame Gelingen, indem alle Beteiligten Verantwortung für Educational Care übernehmen. Auch Schulleiter*innen müssen erst Expertise aufbauen, um Teacher Leaders als Teil der sozialen Architektur und eine allgegenwärtige Leadership-Dynamik am Standort zu etablieren. Einerseits brauchen sie Wissen über *Shared Leadership* und deren Einfluss auf Schulentwicklung, andererseits ein differenziertes Leitungsverständnis, das sich an der Sache, an der zu erledigenden Aufgabe orientiert und nicht im personenbezogenen Agieren oder hierarchischen Denken verhaftet bleibt. Eine Führungsdynamik entsteht, welche die tradierte personen- und funktionsbezogene Führung wandelt und nach und nach jede Person mit einbezieht. Das gemeinsame Bemühen um die Bewältigung komplexer Herausforderungen benötigt die Ressourcen aller und jede*r übernimmt, den Aufgaben bzw. Situationen angemessen, Führungsaufgaben. Für Thomas Sergiovanni (2005) ist der Herzschlag von Leadership eine Beziehung, nicht eine Person oder ein Prozess.

Implizit trägt *Shared Leadership* als Maßnahme der Demokratisierung und Professionalisierung dazu bei, das pädagogische Berufsfeld neu zu definieren. Zunächst stellt sich daher die Frage, was und mit wem Führung im *Shared Leadership* geteilt wird. So lassen sich Führungsaufgaben, -funktionen, -kompetenzen, -rollen, aber auch Führungsmacht teilen. In der Beziehungsgestaltung erfordert Teilen ein Gegenüber. Im Sinne von Shared Leadership wird Führung in der Schule nicht nur mit den Lehrer*innen geteilt, sondern auch mit den Schüler*innen, Eltern und weiteren Beteiligten im Umfeld der Schule. Verstanden als Schulentwicklungsstrategie macht *Shared Leadership* Betroffene zu Beteiligten und führt diesbezüglich zur Öffnung und Demokratisierung der Schule. Das Konzept geht grundsätzlich davon aus, dass alle Beteiligten in der Schule Führungskapazität bzw. -potenzial haben, an der Führung der Schule partizipieren und Verantwortung übernehmen, wovon alle, vor allem die Schüler*innen, letztendlich profitieren: In einer gelebten Demokratie lernen zu dürfen, trägt wesentlich zur Bildung von mündigen Bürger*innen bei.

Gesellschaftliches Wohlergehen

Schule hatte schon immer die Aufgabe, Gesellschaften ihr Fortbestehen zu ermöglichen und zu sichern. Das war in der Vergangenheit angesichts längerfristig stabiler Aussichten einfacher als heutzutage in Zeiten zunehmend ungewisser Zukunft. Die Unverfügbarkeit über die gesellschaftliche Perspektive stellt Schule vor die Aufgabe, die in der Vergangenheit bewährte Konzentration auf die Weitergabe von Wissen neu zu denken. So waren Lehrkräfte bislang in ihren Fächern die Vermittler*innen gesellschaftlichen Wissens. Im Zeitalter der Digitalität ist Weltwissen nicht nur jederzeit und überall abrufbar, sondern ebenso jederzeit veränder-, manipulierbar und im Hinblick auf bestimmte Zwecke kuratierbar. Aus ethischer Sicht gilt es für die zukünftige Entwicklung des Schulsystems und der einzelnen Schule zu fragen: Passen die Ausbildungscurricula noch zu den Herausforderungen der kommenden Generation? Sind die bisherigen Vermittlungsstrategien zukunftstauglich? Welche Zukünfte sind heute entlang gesellschaftlicher und technologischer Entwicklungen überhaupt antizipierbar? Und welche Stimme hat ‚die Gesellschaft' in den demokratisch wünschbaren, aber auch tatsächlich möglichen Aushandlungsprozessen der Entwicklungslinien schulischer Bildung?

Lehrkräfte können ihre gestalterische Kraft nutzen, um gemeinsam Neues in die Welt zu bringen. Dazu ist die Fähigkeit erforderlich, das Zusammenspiel der Innen- und Außenwelt aus Abb. 2 in der pädagogischen Beziehung zu leben und zugleich das Zusammenspiel zwischen Individuum und Gesellschaft in den Blick zu nehmen. Es ist die persönliche Einsicht, dass die Kraft der Veränderung darin liegt, sich in diesem doppelten Zusammenspiel auf persönliche Fragen, Themen und Herausforderungen einzulassen. Denn wenn das Schulsystem nicht auf die Potenziale ihrer Akteur*innen achtet, wird es in herausfordernden Zeiten wie diesen demokratiepolitisch immer schwieriger, Schüler*innen wie auch Lehrkräfte auf eine wünschenswerte gesellschaftliche Entwicklung vorzubereiten.

Auf Basis der sechs zusammenspielenden Zugänge in Abb. 2 kann *Caring Education* jene entstehende Zukunft in den Blick nehmen, die nicht nur auf die schulischen Abschlüsse von jungen Menschen ausgerichtet ist, sondern im aristotelischen Sinn das gute Leben anstrebt – und das im doppelten Sinn: das Wohl des Einzelnen und das Wohl der Menschheit. Diesen Zusammenhang stellt Stephen Kemmis (2023) in Form einer Endlosschleife dar (Abb. 3), in der die Erfahrungen der Einzelnen die Gestaltung der künftigen Gesellschaft beeinflussen und diese transformativ auf die Entwicklung ihrer künftigen Mitglieder zurückwirken.

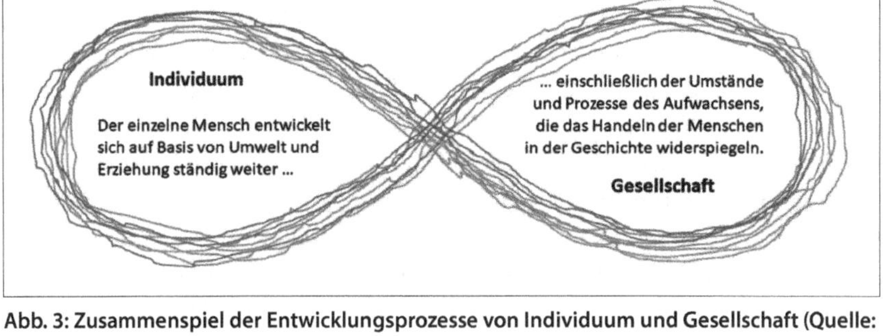

Abb. 3: Zusammenspiel der Entwicklungsprozesse von Individuum und Gesellschaft (Quelle: Kemmis 2023, 15; Übers. M. S.)

Die Kraft der Veränderung für das Zusammenspiel der Entwicklungsprozesse von Individuum und Gesellschaft liegt für mich darin, sich mit Präsenz und Empathie auf persönliche Fragen, Themen und Herausforderungen des Lebens einzulassen. Die Aufmerksamkeit des gemeinsamen Wirkens auf die Unverfügbarkeit der entstehenden Zukunft zu legen erfordert eine hohe Achtsamkeit, wenn Schleife für Schleife (Abb. 2 und 3) die Geschichte der Gesellschaft aus der Vergangenheit in das unbekannte Morgen entwickelt wird. Zugewandtheit, Freude am gemeinsamen Tun, unterstützende Beziehungen und kooperierende Haltungen zeigen sich als wirkmächtige Kräfte einer *Caring Education.* Eine sorgende pädagogische Haltung erfordert aber auch, sich in den Prinzipien der Achtsamkeit zu üben und eine Sprache der Zuversicht (Grober 2022) anzueignen, denn Transformationsprozesse, die in eine unbekannte Zukunft führen, brauchen eine Sprache, die ermutigend, würdigend und empathisch wirkt.

3. Ausblick

Dieser Beitrag hat beispielhaft aufzuzeigen versucht, wie facettenreich sich *Caring Education* darstellt, wenn es um die Wirksamkeit von Bildungsprozessen geht. Als zentrale Erkenntnis lässt sich schließen: *Caring Education* lässt sich im situativen Kontext der jeweiligen Umfeldbedingungen nicht nach einem vorgefertigten (Master-)Plan umsetzen, denn sie erfolgt in der Unverfügbarkeit des komplexen Vermittlungsprozesses zwischen Wissen aus der Vergangenheit und der unbekannten Zukunft. In diesem Spannungsfeld zwischen Bewahren und Verändern vollzieht sich das „Wechselspiel zwischen dem, was uns verfügbar ist, und dem, was uns unverfügbar bleibt“ (Rosa 2018, 8). Dieses Ausbalancieren zwischen dem bekannten Gestern und dem unbekannten Morgen sollte nicht nur eine Erfolgserwartung der Vergangenheit sein, die Umsetzung der im Lehrplan vorgegebenen fachlichen Ziele zu erfüllen, sondern auch eine Humanverantwortung für das Wohlergehen der Schulgemeinschaft im demokratischen Miteinander.

Dies bedeutet, dass der Unterricht nicht nur auf die Steigerung der Schüler*innenleistungen abzielen darf, sondern mitbedenken sollte, wie jede schulische Intervention „mit mehr oder minder tiefgreifenden und nachhaltigen Auswirkungen auf die Arbeits- und Lebensqualität dieser Menschen einhergeht und insofern möglichst (human-)verantwortlich zu erfolgen hat“ (Kuhn/Weibler 2012, 22). Bildung, die auf die Unverfügbarkeit und Einmaligkeit der Person abzielt, erfordert das „Respektieren der Menschenwürde“ (Deutsches Institut für Menschenrechte 2017, 17). Lehrseitige Apelle wie „Die Schülerin in den

Mittelpunkt stellen“ oder „Den Schüler, dort abholen, wo er steht“ sind zu abgenutzten Worthülsen geworden und sollten führungsethisch hinterfragt werden: Wie kann ich Darja nach dem fluchtartigen Verlassen der Ukraine „abholen“, deren Vater todesgefährdet an der Front steht und die neben dem Präsenzunterricht täglich online noch zusätzlich Unterricht besuchen muss, um den ukrainischen Schulabschluss zu erreichen?

Im Schulgeschehen besteht ein Grundbedürfnis nach Stabilität, Berechenbarkeit und Sicherheit. Wenn dieses nicht gegeben ist, kann es bei den betroffenen Akteur*innen (Lehrkräften, Schüler*innen, Eltern usw.) zu Irritationen, Verunsicherung und Widerstand kommen. Schulische Akteur*innen können Instabilität nicht in Stabilität verwandeln, aber sie können im Zusammenspiel der fünf in Abb. 1 vorgestellten Zugänge zur *Caring Education* im *Shared Leadership* Präsenz verkörpern und einfühlendes Verstehen zeigen. Antwortfähig zu bleiben in unsicheren Situationen des Nichtwissens ist die Aufgabe, denn an der Grenze des Wissens beginnen die schöpferischen Prozesse (Schley/Schratz 2023, 121). Auf diesem Weg könnten nach Scharmer (2007, 112) Bildungsstätten wieder werden, was sie einst waren: „Orte, an denen man lernt, Lösungen und Handlungsimpulse aus sich selbst heraus zu entwickeln. Räume, in denen echte Begegnungen entstehen und die Geburtsstätten für das Neue sind.“

Im Spannungsfeld zwischen externen Anforderungen datengestützter Qualitätsentwicklung und zunehmenden Einschränkungen in der Arbeits- und Lebensqualität durch physische und psychische Belastungen sollte Demokratiepädagogik ethisch begründetes Handeln in den Blick nehmen, das individuelles und gesellschaftliches Wohlergehen anstrebt. Demokratisches Handeln manifestiert sich damit in einer persönlichen Könnerschaft, die einer gemeinsamen Wertebasis verpflichtet ist und sich in fürsorglichen Tätigkeiten und Beziehungen zeigt. Diese reichen vom empathischen und schöpferischen Zuhören über einen sprachsensiblen und einfühlsamen Dialog bis zur ergebnisoffenen Auseinandersetzung im Erspüren einer entstehenden Zukunft.

Literatur

BREMM, Nina/Orley, Gregor/Schratz, Michael (2022): Was bedeutete der Ausbruch der Corona-Pandemie für Schulen, schulische Akteure, für die Bildung? Ein Austausch von Proponent*innen aus Bildungswissenschaft und Schulpraxis. In: transfer Forschung – Schule 8, 8/2022, S. 17–29.

BURGHARDT, Daniel/Zirfas, Jörg (2019): Der pädagogische Takt. Eine erziehungswissenschaftliche Problemformel. Weinheim.

CHAPMAN, Christopher u. a. (Hg.) (2016): The Routledge International Handbook of Educational Effectiveness and Improvement. Research, policy and practice. Abingdon.

DESTATIS (2023): Pressemitteilungen. Online: www.destatis.de/DE/Presse/Pressemitteilungen/2023/07/PD23_N042_231.html8Destatis9 (Zugriff: 25.1.2025).

DEUTSCHES INSTITUT FÜR MENSCHENRECHTE (Hg.) (2017): Reckahner Reflexionen. Zur Ethik pädagogischer Beziehungen. Reckahn.

FAUSER, Peter (2016): Der Deutsche Schulpreis, seine Qualitätsbereiche und die einzelne Schule als Qualitätsagentur. In: Beutel, Silvia-Iris/Höhmann, Katrin/Pant, Hans Anand/Schratz, Michael (Hg.): Handbuch Gute Schule. 6 Qualitätsbereiche für zukunftsweisende Praxis. Seelze, S. 170–181.

GADAMER, Hans-Georg (1987): Gesammelte Werke. Band 3. Neuere Philosophie 1: Hegel-Husserl-Heidegger. Tübingen.

GLASL, Friedrich (1992): Konfliktmanagement. Ein Handbuch für Führung, Beratung und Mediation. Bern, Stuttgart.

GROBER, Ulrich (2022): Die Sprache der Zuversicht. Inspirationen und Impulse für eine bessere Welt. München.

HATTIE, John (2008): Visible learning. A synthesis of meta-analyses relating to achievement. London.

HATTIE, John (2013): Lernen sichtbar machen. Überarbeitete deutschsprachige Ausgabe von „Visible Learning“ durch Wolfgang Beywl und Klaus Zierer. Baltmannsweiler.

HIMMELRATH, Armin/Egbers, Julia (2018): Fake News. Ein Handbuch für Schule und Unterricht. Bern.

KELLERMAN, Gabriella R./Seligman, Martin (2023): Tomorrowmind. Das Toolkit für mentale Stärke, Gesundheit und mehr Freude an der Arbeit. München.

KEMMIS, Stephen (2023): Education for living well in a world worth living in. In: Reimer, Kristin E. u. a. (Hg.): Living well in a world worth living in for all: Volume 1: Current Practices of Social Justice, Sustainability and Wellbeing. Singapore, S. 13–25.

KLAFKI, Wolfgang (2002): Schultheorie, Schulforschung und Schulentwicklung im politisch-gesellschaftlichen Kontext. Ausgewählte Studien. Weinheim.

KUHN, Thomas/Weibler, Jürgen (2012): Führungsethik in Organisationen. Stuttgart.

LERNQUADRAT (2023): https://www.lernquadrat.at/fileadmin/LernQuadrat/Presse/Pressegespraech/24-05-23-meinung-der-schueler/Charts_SchuelerInnenumfrage.pdf (Zugriff: 25.1.2025).

MESSNER, Rudolf (2004): Was Bildung von Produktion unterscheidet. In: Die Deutsche Schule 96, 8. Beiheft, S. 26–47.

NEUHOF, Amelie/Schiefele, Svenja (2023): Themen, die Schüler:innen wichtig sind, … … von denen Lehrer:innen keine Ahnung haben. In: Lernende Schule, 103/2023, S. 4–6.

NIDA-RÜMELIN, Julian/Zierer, Klaus (2024): Demokratie in der Krise und die Folgen für das Bildungssystem. In: Pädagogische Führung 35, 1/2024, S. 11–13.

NOCUN, Katharina/Lamberty, Pia (2020): Fake Facts. Wie Verschwörungstheorien unser Denken bestimmen. Originalausgabe. Köln.

PLÖTNER, Maria/Moldt, Katja/In-Albon, Tina/Schmitz, Julian (2022): Einfluss der COVID-19-Pandemie auf die ambulante psychotherapeutische Versorgung von Kindern und Jugendlichen. In: Die Psychotherapie 67, 6/2022, S. 469–477.

RILEY, Kathryn A./Coates, Max/Martinez, Sol Perez (2018): Place & belonging in schools. Unlocking possibilities. London.

ROSA, Hartmut (2016): Resonanz. Eine Soziologie der Weltbeziehung. Berlin.

ROSA, Hartmut (2018): Unverfügbarkeit. Salzburg.

RUNGE, Ronja A. u. a. (2022): Mental health in children of immigrants in Germany: The role of socio-demographic and immigration-related characteristics. In: Journal of Child and Family Studies 31, 1/2022, S. 155–168.

SAMMONS, Patricia (1999): School effectiveness. Coming of age in the twenty-first century. Lisse.

SCHARMER, Claus Otto (2007): Entdecke die Möglichkeiten. In: brand eins 12/2007, S. 111–120.

SCHARMER, Claus Otto (2009): Theorie U: Von der Zukunft her führen. Presencing als soziale Technik. Heidelberg.

SCHARMER, Claus Otto (2019): Essentials der Theorie U. Grundprinzipien und Anwendungen. Heidelberg.

SCHLEY, Wilfried/Schratz, Michael (2023): Führen mit Präsenz und Empathie. Werkzeuge zur schöpferischen Neugestaltung von Schule und Unterricht. 2. überarb. Auflage. Weinheim.

SCHRATZ, Michael (2019): Erkundung von Qualität lernseits von Unterricht. In: Steffens, Ulrich/Messner, Rudolf (Hg.): Unterrichtsqualität. Konzepte und Bilanzen gelingenden Lehrens und Lernens. Münster, S. 313–328.

SCHRATZ, Michael (2024): Führungsethik von gestern für Schule von morgen? Bildung für ein gutes Leben in einer lebenswerten Welt für alle. In: SchulVerwaltung spezial 26, 1/2024, S. 15–19.

SCHRATZ, Michael/Schwarz, Johanna F./Westfall-Greiter, Tanja (2011): Auf dem Weg zu einer Theorie lernseits von Unterricht. In: Meseth, Wolfgang u. a. (Hg.): Unterrichtstheorien in Forschung und Lehre. Bad Heilbrunn, S. 103–129.

SCHRATZ, Michael (im Druck): Caring Education erfordert Leadership. Wellbeing als sorgende Haltung von Schulleitung. In: Breit, Simone/Schratz, Michael/Zechner, Kerstin A. (Hg.): Caring Culture: Fürsorge und sorgende Verantwortung in der Pädagogik. Innsbruck.

SCHULZ VON THUN, Friedemann (1998): Miteinander reden 3: Das „Innere Team“ und situationsgerechte Kommunikation. Reinbek.

SELIGMAN, Martin E. P. (2012): Flourish – Wie Menschen aufblühen. Die positive Psychologie des gelingenden Lebens. München.

SERGIOVANNI, Thomas J. (2005): Strengthening the heartbeat. Leading and learning together in schools. San Francisco.

STEFFENS, Ulrich/Bargel, Tino (Hg.) (1987): Erkundungen zur Wirksamkeit und Qualität von Schule. Wiesbaden.

STRAUSS, Nina-Cathrin/Anderegg, Niels (Hg.) (2020): Teacher Leadership – Schule gemeinschaftlich führen. Bern.

TERHART, Ewald (2009): Didaktik. Eine Einführung. Stuttgart.

WALDENFELS, Bernhard (2007): Antwortregister. Frankfurt/M.

WESSELS, Doris (8. Dezember 2023): Wie verändert ChatGPT das Lernen? Kieler Nachrichten, S. 11. Online: www.kn-online.de/schleswig-holstein/kieler-ki-expertin-wessels-wie-chatgpt-schule-und-lernen-in-sh-veraendert-MVUREMH2KVFLFDJOA4OHM33K7Q.html (Zugriff: 25.1.2025).

II. Praxis

CORINNA GOTTMANN, ANNA GRONOSTAJ,
MAREN KREMPIN, SIMON MOSES SCHLEIMER

Auf dem Weg zur lernenden Schule – Fortbildung zur Schulentwicklung

Ein verdichtetes Fallbeispiel

1. Einleitung

In diesem Beitrag erläutern wir, wie Schulen zu lernenden Schulen werden können und wie dieser Weg durch Fortbildung unterstützt werden kann. In einer lernenden Schule werden aktuelle Herausforderungen eigenständig erkannt und im Rahmen eines systematischen Veränderungsprozesses angegangen (Eikenbusch 2016), was letztendlich die Schulqualität steigert. Schulentwicklung wird als strukturierter, zyklischer Prozess beschrieben. Fähigkeiten und Kapazitäten, die Schulen benötigen, um sich systematisch und zielgerichtet weiterzuentwickeln, werden als Schulentwicklungskapazitäten bezeichnet (Maag Merki 2017). Im Schulentwicklungsprozess sind Change Agents Schlüsselfiguren, die aktiv Innovationen in Schulen vorantreiben. Change Agents benötigen umfassendes Wissen über Schulentwicklung sowie die Fähigkeit, diese gezielt anzustoßen und zu steuern (Manitius 2021).

2. Das Doppelhelixmodell der Schulentwicklung

Wir verwenden im Folgenden das Bild der DNS-Doppelhelix als Analogie, um zu verdeutlichen, wie individuelle Professionalisierungsprozesse in Fortbildungen für Schulleitungen, Lehrkräfte und pädagogisches Personal mit dem Aufbau von Entwicklungskapazitäten in den Schulen verknüpft werden können. Man kann sich die Doppelhelix als eine um die eigene Achse gedrehte Leiter vorstellen. Die eine Hälfte der Leiter repräsentiert die Matrix des Erbguts, während die Sprossen der Leiter aus komplementären Basen bestehen. Während der Zellteilung wird die Leiter vollständig, indem die Matrix der ersten Hälfte durch die zweite Hälfte ergänzt wird und die beiden Hälften miteinander verbunden werden. In unserer Analogie repräsentiert die eine Hälfte der Leiter eine

Fortbildung zur Schulentwicklung, die von Schulmitarbeiter*innen durchlaufen wird. Anschließend wird die andere Hälfte der Leiter in der eigenen Schule entwickelt, wobei es nicht darum geht, die erste Hälfte zu kopieren, sondern individuell an die Bedürfnisse der Schule angepasste Schritte zu implementieren. Die beiden Teile der Leiter sind nur gemeinsam vollständig, da eine Fortbildung zur Schulentwicklung nur dann wirksam ist, wenn die Teilnehmenden in ihren Schulen Veränderungen anstoßen.

Das Doppelhelixmodell der Schulentwicklung (Krempin u. a. 2025) zielt darauf ab, die Kohärenz zwischen den laufenden Prozessen in Fortbildungen und denen in den Schulen zu erhöhen, um effektive Schulentwicklung zu fördern. Im folgenden fiktiven Fallbeispiel soll die Beschreibung der Prozessphasen veranschaulichen, wie Fortbildung und der Ausbau von Schulentwicklungskapazitäten an den Schulen der Fortbildungsteilnehmenden gewinnend zusammenspielen können. Im fiktiven Beispiel ist die praxisgesättigte Erfahrung aus der langjährigen Arbeit der Autor*innen mit Schulen im Rahmen von Schulentwicklungsmaßnahmen kondensiert.

3. Fallbeispiel und Modulanlage

In der Schulgemeinschaft besteht der Wunsch nach Veränderung

Frau K. und Herr S. arbeiten als Klassenlehrkräfte an einer vierzügigen Gemeinschaftsschule in Berlin. Insbesondere der siebte Jahrgang stößt immer wieder auf Herausforderungen, weil Schüler*innen aus verschiedenen Grundschulen mit unterschiedlichen Voraussetzungen an die Gemeinschaftsschule wechseln. Frau K. und Herr S., die im kommenden Schuljahr eine siebte Klasse übernehmen werden, wollen nach Lösungswegen suchen. In Rücksprache mit der Schulleitung und den anderen Kolleg*innen des siebten Jahrgangs bewerben sie sich für ein anderthalbjähriges Fortbildungsangebot zur Schul- und Unterrichtsentwicklung, das neben der individuellen Professionalisierung auch die Entwicklungsprozesse an Schulen begleitet.

Modul 1: Teilnehmende reflektieren über Ziele und Verantwortlichkeiten, lernen Phasen und Gestaltung von Schulentwicklungsprozessen sowie exemplarische Methoden für die Visionsentwicklung mit ihrer Schulgemeinschaft kennen

Frau K. und Herr S. bekommen eine Zusage für die Teilnahme. Im ersten Modul erhalten sie zunächst einen Überblick darüber, wie Schulentwicklungsprozesse idealtypisch ablaufen und wie sie selbst ihre Rolle als zukünftige Change

Agents ausfüllen können, d. h., wie sie selbst – ggf. auch mit punktueller, externer Unterstützung – einen umfangreichen Entwicklungsprozess an ihrer Schule anstoßen und gestalten können. Ein weiterer Themenschwerpunkt ist die Entwicklung eines von der Schulgemeinschaft getragenen Zukunftsbildes an der eigenen Schule. Neben dem Wissen darüber, wie solche Prozesse gut gestaltet und begleitet werden können, probieren sie es direkt aus. Bei der exemplarischen Entwicklung einer solchen Vision für die eigene Schule sind sich die beiden Kolleg*innen schnell einig: Für sie steht die Einrichtung von Jahrgangsteams symbolisch dafür, dass sie sich eine Schule wünschen, die auf die unterschiedlichen Bedürfnisse der Schüler*innen eingehen kann, in der alle so gefördert und gefordert werden können, dass ihre Stärken und Interessen zum Tragen kommen. Mit diesen Erfahrungen im Gepäck kehren sie zurück an ihre Schule, um sowohl die Schulleitung als auch das Kollegium zu informieren und einen konkreten Termin im kommenden Schuljahr für die Entwicklung eines schulweiten Zukunftsbildes zu vereinbaren.

In der Schule wird eine gemeinsame Vision entwickelt

Im Rahmen einer schulinternen Fortbildung (SchilF) zum Schuljahresende und mit Blick auf das kommende Schuljahr wird mit dem Kollegium ein Zukunftsbild entwickelt. Im Vorfeld gab es aus dem Kollegium schon etwas Gegenwind. „Wer Visionen hat, sollte einen Arzt aufsuchen!", wurde als Zitat mehrfach bemüht. Spätestens nach der fünften Wiederholung blieb Frau K. nur ein müdes Lächeln. Wie gut, dass sie mit Herrn S. gemeinsam an der Fortbildung teilnimmt und sie sich wechselseitig motivieren können. Eine externe Moderation am Tag der SchilF gibt Frau K. und Herrn S. die Möglichkeit, selbst bei der Entwicklung mitzuwirken. So vielfältig die Schüler*innen an der eigenen Schule sind, so vielfältig sind auch die Vorstellungen der Kolleg*innen darüber, wie ihre zukünftige Schule aussehen kann. Aber auf eines konnten sie sich fast alle einigen: Sie wünschen sich eine Schule, in die alle gern gehen – Schüler*innen, Lehrkräfte, Erzieher*innen, Hausmeister und Sekretärin. Sowohl Schüler*innen als auch Pädagog*innen wissen, dass einige Schüler*innen aus ihrer Grundschulzeit gegenteilige Erfahrungen mitbringen. Auf den konkreten Vorschlag, genau deshalb beim siebten Jahrgang anzusetzen und Jahrgangsteams einzuführen, reagierten dann allerdings einige Lehrkräfte eher verhalten bis deutlich skeptisch. Der befürchtete Mehraufwand für Abstimmungsprozesse und die Sorge, individuelle Entscheidungsspielräume für die eigene Unterrichtsgestaltung zu verlieren, sind geäußerte Gegenargumente.

Modul 2: Die Teilnehmenden lernen, den aktuellen Stand der Schule zu analysieren und angemessene Ziele für die Schul- und Unterrichtsentwicklung zu formulieren

Von der Arbeit am Zukunftsbild und der eher verhaltenen Motivation im Kollegium berichten Frau K. und Herr S. im zweiten Modul der Fortbildung kurz vor Schuljahresende. Mit den anderen Teilnehmenden und den Trainer*innen tauschen sie sich darüber aus, was dazu geführt haben könnte, dass – bis auf wenige Ausnahmen – alle die große Vision einer „Schule für alle" teilen, aber die konkrete Entwicklung der Jahrgangsteams auf so viel Gegenwind stößt. Relativ schnell wird im Gespräch mit den anderen Teilnehmenden deutlich, dass bisher versäumt wurde, zu klären, was das Ziel hinter der Einrichtung der Jahrgangsteams ist. Eigentlich wünschen sich Frau K. und Herr S., dass gerade im siebten Jahrgang die Schüler*innen die Möglichkeit haben, passgenau und entsprechend ihren Interessen und Kompetenzen gefördert zu werden. Dies erfordert Binnendifferenzierung, Individualisierung und Adaptivität im Unterricht, was aus der Perspektive von Frau K. und Herrn S. durch die Zusammenarbeit der Kolleg*innen eines Jahrgangs leichter zu erreichen wäre. Aber vermutlich ist genau dieses Ziel – der Aufbau einer Teamschule – bisher kein geteiltes Bild im Kollegium. Und selbst wenn Kolleg*innen dies teilen, ist der Weg dahin für viele noch nicht klar. Hier gilt es, die abstrakte Vision einer Schule für alle in konkrete Ziele münden zu lassen. Vielleicht ist die verstärkte Zusammenarbeit von Kolleg*innen und die Entwicklung einer Teamschule nur ein mögliches Ziel. Und vielleicht ist die Idee einer Teamschule vor dem Hintergrund der Personalstruktur und durchwachsenen Motivation im Kollegium zu ambitioniert. Das mangelnde Wissen über adaptiven Unterricht könnte auch dazu geführt haben, dass die Kolleg*innen erst einmal verhalten reagiert haben. Frau K. und Herr S. lernen im zweiten Modul konkrete Methoden kennen, wie sie noch einmal die Ausgangslage ihrer eigenen Schule genauer in den Blick nehmen und davon ausgehend Ziele formulieren können. Dass Frau K. und Herr S. in die typische Falle getappt sind, direkt in die Maßnahmenformulierung zu gehen, ohne das dahinter liegende Ziel klar formuliert zu haben, ist eine wichtige Erkenntnis am Ende des zweiten Moduls. Mit konkreten Planungen zur Einbindung der Kolleg*innen und der Schulleitung zur Erfassung der Ausgangslage und einer darauf basierenden Zielformulierung kehren Frau K. und Herr S. an ihre Schule zurück.

In der Schule wird die Analyse der aktuellen Situation komplettiert, es werden Ziele formuliert und beschlossen

Nachdem Frau K. und Herr S. in die Schule zurückgekehrt sind, suchen sie noch einmal das Gespräch mit der Schulleitung und den Kolleg*innen des zukünftigen siebten Jahrgangs. Die Vision einer Schule, in die alle gern gehen und die die jeweiligen Interessen und Stärken aller berücksichtigt, hängt im Eingangsbereich der Schule. Aber wie kommt die Schule dahin? Wie kann das Ganze greifbar werden und welche ganz konkreten Ziele stecken hinter dieser abstrakten Vision? Warum gelingt es bisher nicht, die Interessen und Stärken der Schüler*innen ausreichend zu berücksichtigen? Und was kann realistisch im kommenden Schuljahr erreicht werden? Folgende Ziele werden in den Gesprächen mit der Schulleitung und den Kolleg*innen des siebten Jahrgangs formuliert: Die Kolleg*innen des siebten Jahrgangs entwickeln und erproben neue Unterrichtskonzepte zum adaptiven Lernen; am Ende dieses Schuljahres schneiden die Schüler*innen des siebten Jahrgangs in den Kernfächern besser ab als die Schüler*innen in den Vorjahren und melden am Ende des Schuljahres zurück, dass ihre Interessen berücksichtigt wurden. Dass für die Entwicklung und Erprobung der Unterrichtskonzepte die Kolleg*innen des siebten Jahrgangs ein Team bilden, wird gar nicht mehr formuliert. Die Ziele werden mit dem restlichen Kollegium geteilt und es wird in Aussicht gestellt, dass im Verlauf des Schuljahres über den Prozess berichtet wird. Mit diesen Ergebnissen kehren Frau K. und Herr S. in das dritte Modul zurück.

Modul 3: Die Teilnehmenden planen überprüfbare Maßnahmen, um datenbasierte Schulentwicklung zu ermöglichen – Als Change Agents müssen sie den Überblick behalten und die anstehenden Aufgaben koordinieren

Im dritten Modul zu Schuljahresbeginn stehen die konkrete Maßnahmenplanung zur Zielerreichung sowie die Erprobung und Überprüfung der Maßnahmen im Mittelpunkt. Im Modul zur Maßnahmenplanung lernen Frau K. und Herr S. Konzepte zur datengestützten Schulentwicklung kennen. Wie lässt sich die Ausgangslage – jenseits von Lernstandserhebungen – erfassen, um die Zielerreichung am Ende prüfen zu können? Welche Informationen oder Daten sind notwendig, um auch Zwischenschritte sichtbar machen zu können? Wie lassen sich Kolleg*innen von neuen Wegen überzeugen? Am Ende des dritten Moduls ist eine ganze Sammlung an Ideen entstanden, wie gemeinsam mit den Kolleg*innen Maßnahmen entwickelt und abgestimmt werden können. Frau K. und Herr S. haben schon jede Menge eigene Ideen, wie sie die Ziele erreichen möchten. Jetzt heißt es, Geduld zu haben, um niemanden unbeabsichtigt zu übergehen. Auch wurde deutlich, dass die Schulleitung unbedingt unterstützen muss, weil der Mehraufwand nicht gerade klein erscheint. Ideal wäre z. B. ein gemeinsames Zeitfenster aller Kolleg*innen des siebten Jahrgangs zur Unterrichtsplanung. Ob das im laufenden Schuljahr noch einzurichten ist, steht auf einem anderen Blatt.

In der Schule werden Maßnahmen entwickelt, implementiert und evaluiert – Diese Maßnahmen werden datengestützt überprüft und gegebenenfalls angepasst

Zurück an der eigenen Schule werden in einer Besprechung aller Klassenlehrkräfte des siebten Jahrgangs die drei Ziele noch einmal diskutiert: Was folgt für dieses Schuljahr daraus? Wie könnte ein realistischer Zeitplan aussehen? Welche Daten und Informationen werden gebraucht, um den aktuellen Stand zu erfassen? Welche Ressourcen sind an der Schule vorhanden und wo fehlt bisher Unterstützung und insbesondere Zeit? Wann wäre ein guter Zeitpunkt, das erste Unterrichtskonzept zu erproben und wie viel Zeit sollte für die Entwicklung eingeplant werden? Gemeinsam beschließen die Klassenlehrkräfte, die stellvertretende Schulleitung einzubinden und darum zu bitten, allen vier Klassenlehrkräften des siebten Jahrgangs im kommenden Halbjahr ein gemeinsames Zeitfenster zu ermöglichen. Für das erste Halbjahr erscheint die Erhebung der Ausgangslage mit Blick auf Lernstände und die Interessen der Schüler*innen am dringlichsten. Die Kolleg*innen beschließen, sich als Team aufzuteilen. Während sich ein Teil darum kümmert, geeignete Instrumente zur Erhebung der Ausgangslage zu recherchieren, macht sich der andere Teil auf die Suche nach möglichen Unterrichtskonzepten. Gewinnbringend erscheint allen eine gemeinsame Hospitation an Schulen, die interessante Konzepte umsetzen. In dem Gespräch mit der stellvertretenden Schulleitung bekommen die Kolleg*innen ein gemeinsames Zeitfenster von einer Unterrichtsstunde. Inwiefern das enge Zeitfenster ausreichen wird, um Unterrichtsentwicklung für den gesamten siebten Jahrgang voranzutreiben, soll am Ende des Schuljahres reflektiert werden. Um für Akzeptanz im Kollegium zu werben, wird außerdem vereinbart, dass die Lehrkräfte auf einer der nächsten Dienstberatungen berichten, welche Themen sie besprochen haben und auf welche Herausforderungen sie gestoßen sind.

Im Verlauf des Schuljahres haben sich Frau K. und Herr S. mit anderen Teilnehmenden der Fortbildung zur kollegialen Beratung getroffen. So konnten nicht nur aktuelle Herausforderungen reflektiert und Lösungsideen gesammelt werden, sondern auch mal über die eigene Ungeduld und Unsicherheit im Umgang mit Kolleg*innen gesprochen werden. Inhaltlich gab es auch neue

Anregungen, denn eine Teilnehmerin konnte ein konkretes Konzept für adaptiven Unterricht weiterempfehlen: das Lernen im Lernbüro. Die vier Kolleg*innen des siebten Jahrgangs besuchen die empfohlene Schule, sie hospitieren im Unterricht und sichten das Lern- und Testmaterial aus dem Lernbüro. Sie kehren mit einer Lernbüro-Einheit zum „Rechnen mit Brüchen" in ihre Schule zurück und führen diese Einheit gemeinschaftlich mit allen Mathematiklehrkräften des siebten Jahrgangs als Lernbüro durch. Es wird deutlich, dass die Schüler*innen – die das erste Mal mit dem Lernen im Lernbüro konfrontiert sind – ihren Lernprozess unterschiedlich gut selbst steuern können und teilweise viel Unterstützung durch die Lehrkräfte nötig ist.

Modul 4: Die Teilnehmenden reflektieren den Fortschritt ihres Entwicklungsprojekts und die Gestaltung des Entwicklungsprozesses

Im vierten Modul bringen Frau K. und Herr S. ihre Erfahrungen ein und besprechen mit den anderen Teilnehmenden nächste konkrete Schritte. Sie berichten, dass mittlerweile auch die Klassenlehrkräfte des zehnten Jahrgangs Interesse bekundet haben, diese gemeinsame Teamzeit durch eine entsprechende Stundensteckung ermöglicht zu bekommen. Dies stellt die grundsätzliche Stundenplanung an der Gemeinschaftsschule in Frage und die stellvertretende Schulleitung vor besondere Herausforderungen. Kann auf alle Wünsche eingegangen werden? Ist das fair für die anderen Jahrgänge, wenn nur dem siebten und dem zehnten Jahrgang diese gemeinsame Zeit für Austausch und konkrete Unterrichtsplanung eingeräumt wird? Durch die Inhalte im vierten Modul der Fortbildung bekommen sie neue Ideen und Anregungen, wie sie mit den Kolleg*innen an ihrer Schule ins Gespräch gehen können. Außerdem wurden erste Ideen gesammelt, wie die Ergebnisse der Auswertung zum Ende des Schuljahres mit dem gesamten Kollegium geteilt werden können.

In der Schule wird gemeinsam der Entwicklungsprozess datenbasiert evaluiert und ggf. angepasst.

Zurück an der eigenen Schule verabreden Frau K. und Herr S. mit den Kolleg*innen die nächsten Schritte bis zum Schuljahresende. Im Zentrum steht für sie eine Reflexion der bisher erprobten Maßnahmen, die Erfassung der Lernstände zum Schuljahresende in Mathematik und die Befragung der Schüler*innen, wann aus ihrer Sicht in diesem Schuljahr am ehesten auf ihre Interessen eingegangen wurde. Aus den Ergebnissen sollen wiederum Ableitungen für das kommende Schuljahr resultieren. Diese sollen in der Vorbereitungswoche vorgestellt werden. Einiges muss jedoch schon vorher angesprochen und geklärt werden, um noch im neuen Schuljahr berücksichtigt werden zu können: Soll die gemeinsame Unterrichtsplanung für den achten Jahrgang fortgesetzt werden? Ist es zu früh, die Kolleg*innen des zukünftigen siebten Jahrgangs einzubinden? Wie kann ein Wissenstransfer zwischen den Kolleg*innen sichergestellt werden?

Im fünften und letzten Modul ziehen die Teilnehmenden Bilanz darüber, was sie bisher erreicht haben, wo sich die Schule derzeit im Entwicklungsprozess befindet, und welche nächsten Schritte und Meilensteine anstehen. Frau K. und Herr S. kehren an die eigene Schule zurück mit der Fragestellung, ob ihre eigenen Eindrücke zur Entwicklung der Schule von denen der Kolleg*innen abweichen. Die Reflexion zum Schuljahresende hatte gezeigt, dass die Arbeit mit dem Lernbüro nicht sofort zu einem besseren Abschneiden des siebten Jahrgangs geführt hatte. Dennoch wollen Frau K. und Herr S. noch weitere Unterrichtseinheiten mit diesem Konzept erproben. Die Kolleg*innen des neuen siebten Jahrgangs möchten die Einheit zur Bruchrechnung in ihren Klassen ausprobieren, aber zur Entwicklung eigener Unterrichtseinheiten für die siebte Klasse sind sie erst einmal nicht bereit. Sie können sich aber vorstellen, bei Frau K. und Herr S. zu hospitieren und Rückmeldung zu geben, wenn diese ihre Konzepte erproben.

4. Fazit

Wie gestaltet man Fortbildungen für Schulleitungen, Lehrkräfte und weiteres pädagogisches Personal, um Schulentwicklungsprozesse nachhaltig zu fördern, insbesondere wenn nur wenige Schulmitglieder an der Fortbildung teilnehmen, der Entwicklungsprozess jedoch die gesamte Schulgemeinschaft betrifft? Das Doppelhelixmodell der Schulentwicklung verknüpft die individuelle Weiterbildung des schulischen Personals mit der Stärkung der Entwicklungskapazitäten an den jeweiligen Schulen der Teilnehmenden. Die Teilnehmenden, die in der Fortbildung zu Change Agents ausgebildet werden, tragen während des Entwicklungsprozesses an ihren Schulen die Verantwortung für die Koordination der verschiedenen Maßnahmen zur Unterrichts-, Personal- und Schulentwicklung. Sie müssen den Überblick behalten und die datenbasierte Bewertung der Maßnahmen vorantreiben. Das Modell beschreibt idealtypische Abläufe von Fortbildungen und Schulentwicklungsprozessen in Einzelschulen. Das Modell kann Fortbildner*innen und Schulentwicklungsbegleiter*innen helfen, Angebote zur Schulentwicklung zu konzipieren und dabei die entsprechenden Prozesse an den Schulen der Teilnehmenden im Blick zu behalten.

Literatur

EIKENBUSCH, Gerhard (2016): Können Schulen lernen? Sie müssen! In: Beutel, Silvia-Iris/Höhmann, Katrin/Pant, Hans Anand/Schratz, Michael (Hg.): Handbuch Gute Schule. Sechs Qualitätsbereiche für eine zukunftsweisende Praxis, Seelze, S. 144–156.

KREMPIN, Maren u. a. (2025): Evidenzbasierte Schulentwicklung und Ausbildung von Change Agents. Das Doppelhelixmodell. Manuskript eingereicht zur Veröffentlichung.

MAAG MERKI, Katharina (2017): School Improvement Capacity als ein Forschungsfeld der Schulentwicklungs- und Schuleffektivitätsforschung. Theoretische und methodische Herausforderungen. In: Steffens, Ulrich/Maag Merki, Katharina/Fend, Helmut (Hg.): Schulgestaltung. Aktuelle Befunde und Perspektiven der Schulqualitäts- und Schulentwicklungsforschung [Grundlagen der Qualität von Schule, Bd. 2]. Wiesbaden, S. 269–286.

MANITIUS, Veronika (2021): Transfer gelingend steuern. Hinweise zur Planung und Steuerung von Schulentwicklungsprojekten. Bielefeld.

MICHAELA WEIß IM GESPRÄCH MIT SILVIA-IRIS BEUTEL

Schulleitung, Schulaufsicht, Schulträger

Wie Zusammenarbeit in Digitalisierungsprozessen gelingt

Intro Rahmenbedingungen

Die digitale Transformation verändert die Gesellschaft grundlegend und erfordert im Kontext dieses Veränderungsprozesses eine ganzheitliche Betrachtung des Systems Schule. Dazu gehören auch die Ebene der Rahmenbedingungen sowie die Zusammenarbeit der verschiedenen Akteur*innen. Damit die digitale Transformation gelingt, brauchen Schulleitungen und Schulträger klar definierte Rahmenbedingungen und Spielräume, die es ihnen ermöglichen, sich in der Kultur der Digitalität bestmöglich zu entfalten. Das Forum Bildung Digitalisierung setzt sich für systemische Veränderungen und eine nachhaltige digitale Transformation im Bildungsbereich ein. Im Zentrum der Arbeit stehen die Potenziale digitaler Medien für die Schul- und Unterrichtsentwicklung. In den Projekten, Publikationen und Veranstaltungen und im Dialog mit Bildungspraxis, Politik, Verwaltung, Wissenschaft und Zivilgesellschaft werden Gelingensbedingungen für den digitalen Wandel an Schulen identifiziert, es werden die Expertisen im Feld gebündelt und entscheidende Akteur*innen durch die notwendigen Veränderungsprozesse navigiert: www.forumbd.de

In diesem Interview berichtet Michaela Weiß, Leitung des Handlungsfelds „Rahmenbedingungen" des Forum Bildung Digitalisierung, von den Erfahrungen bei der Vernetzung von Schulleitung, Schulaufsicht und Schulträger im Kontext von Digitalisierungsprozessen im Rahmen des Projektes Lab BD.

Silvia-Iris Beutel (SIB): Das Forum Bildung Digitalisierung hat sich u. a. zum Ziel gesetzt, Schulleitungen, Schulträger und Schulaufsichten stärker miteinander zu vernetzen. Warum ist das notwendig?

Michaela Weiß (MW): Das System Schule zeichnet sich dadurch aus, dass die Zuständigkeiten auf eine Vielzahl von Akteuren verteilt sind. Schulentwicklung kann jedoch nur gelingen, wenn Schulen, Schulträger und Schulaufsichten Hand in Hand zusammenarbeiten. Die Digitalisierung als gemeinsame Querschnittsaufgabe hat die Notwendigkeit des Austausches zwischen den Akteuren noch einmal deutlicher gemacht. Beispielsweise ist die Verschränkung von Technik und Pädagogik essenziell für die digitale Schulentwicklung. Es zeigt sich allerdings, dass die Netzwerke einzelner Akteure bei solch umfassenden Transformationsprozessen nicht mehr ausreichen. Vielmehr braucht es gemeinsam abgestimmte Strategien sowie eine Verzahnung der Zuständigkeiten für die Gestaltung der digitalen Transformation, um echte Veränderungen im Bildungssystem voranzubringen.

Vielerorts mangelt es dazu an Gelegenheiten zusammenzukommen, zielgerichtet die jeweiligen regionalen Erwartungen, Wirkmechanismen oder Zuständigkeiten zu analysieren und davon ausgehend, Bildung vor Ort gemeinsam zu gestalten. Für uns war es überraschend zu beobachten, dass die verschiedenen Akteur*innen oft auch schlichtweg nicht voneinander wissen oder Vorbehalte haben, in einen offenen und ehrlichen Austausch zu treten. Die digitale Transformation erfordert dabei von allen Beteiligten im System Offenheit, Mut und ein entsprechendes Mindset, kooperativ und ko-konstruktiv zusammenzuarbeiten. In unseren Projekten setzen wir an dieser Stelle an, indem wir Brücken bauen, die notwendigen Akteur*innen zusammenbringen und die Beteiligten durch einen ganzheitlichen Veränderungsprozess navigieren.

SIB: Wie unterstützt Ihr die verschiedenen Akteur*innen konkret bei der Vernetzung?

MW: Im Zentrum steht der Dialog und die Kommunikation zwischen den verschiedenen regionalen Bildungspartner*innen. Ziel ist es, einen gemeinsamen Dialograum zu schaffen und Schulleitung, Schulaufsicht und Schulträger aufzuzeigen, dass sie gemeinsam mehr erreichen können. Grundlagen dafür sind ein gegenseitiges Verständnis für Prozesse und Abläufe in den jeweiligen Institutionen und transparente Kommunikation. Ein Beispiel für die Unterschiedlichkeit der Rahmenbedingungen: Während Schulen im Rhythmus des Schuljahres agieren und planen, ist es bei den kommunalen Akteuren das Haushaltsjahr mit seinen Gremiensitzungen und fiskalischen Modalitäten.

2020 haben wir mit einem Schulträger Lab begonnen. Wir haben einen Raum geschaffen, indem sich Schulträger aus ganz Deutschland austauschen und beraten konnten. Uns wurde dann schnell klar, dass wir Schulleitungen mit ins Boot holen wollen. Also fand das Lab BD 2021 mit regionalen Teams, bestehend aus Schulleitung und Schulträger statt. Unser Motto ist stets: „Nicht übereinander, sondern miteinander reden". Also war es nur logisch, 2022 auch die jeweilige Schulaufsicht in den Prozess einzuladen. Diese Erweiterungen haben nicht immer bei allen

Beteiligten Jubel ausgelöst, da die Vorbehalte doch an der ein oder anderen Stelle groß waren. Es sind auch nicht alle dabei geblieben. Uns war klar, dass wir hier behutsam vorgehen und vertrauensvolle Räume schaffen müssen. Zwei Jahre haben wir dann mit den drei Akteursgruppen zusammengearbeitet und dabei sowohl den regionalen Dialog als auch den bundesweiten Austausch unterstützt.

Konkret sind unsere Formate eine Mischung aus fachlichen Impulsen zur Vision von Bildung, der Theorie U, Kommunikationsstrategien sowie Übungen zum Perspektivwechsel. Neben der Arbeit am Mindset der verschiedenen Akteur*innen, bearbeiten die Teilnehmenden konkrete Herausforderungen der regionalen „Trias" aus Schulleitung, Schulträger und Schulaufsicht mittels der Methode des Design Thinking. Zusätzlich findet durch den Austausch mit Akteur*innen aus anderen Bundesländern zu den Lösungsansätzen eine Peer-to-Peer-Beratung statt. Durch die unterschiedlichen Rahmenbedingungen in den Bundesländern wird dadurch eine weitere interessante Ebene des Austausches eröffnet. Wir heben Impulse zur Prozessgestaltung auf und für den Dialog vor Ort. Außerdem schaffen wir Raum für den bundesweiten Austausch.

In diesem Jahr starten wir mit einem neuen Format: dem Governance Forum BD. Das neue Veranstaltungsformat bringt systemische Schlüsselakteure für erfolgreiche Transformationsprozesse zusammen und richtet sich an Schulträger und Schulaufsichten mit ihren Schulleitungen sowie Entscheidungsträger:innen aus der Bildungspolitik und -verwaltung und Schuladministration. Wir möchten gemeinsam mit Expert:innen über neue Wege für die Zusammenarbeit in der Bildungsverwaltung und dabei Chancen, aber auch Herausforderungen in den Blick nehmen. Der bundesweite Austausch zwischen den verschiedenen Akteursgruppen ist uns dabei ebenso wichtig, wie die Möglichkeit im geschützten Rahmen, systemerweiternde oder disruptive Ideen zu entwickeln. Denn im Kern geht es uns auch um eine Re-Definition innerer und äußerer Schulangelegenheiten, die den veränderten Rahmenbedingungen im Kontext der digitalen Transformation Rechnung trägt.

SIB: Warum ist die Arbeit an der Haltung Aller wichtig für Transformationsprozesse?

MW: Aus unserer Sicht braucht es veränderte Formen der Zusammenarbeit sowie eine neue Kultur des Teilens. Neue, kooperative Formen der Zusammenarbeit sind in einer digital vernetzten und sich ständig verändernden Gesellschaft wichtiger denn je. Um neue Bündnisse einzugehen und eine veränderte Steuerungslogik im Bildungswesen zu ermöglichen, ist es zentral, festgefahrene

Denkmuster sowie Handlungslogiken loszulassen. Das erfordert viel Mut, Offenheit und gegenseitige Unterstützung. Besonders spannend finde ich in diesem Zusammenhang die Erfahrungen, welche wir mit dem Einsatz von Elementen aus dem Improvisationstheater gemacht haben: Mittels verschiedener kreativer Übungen müssen sich die Teilnehmenden innerhalb des Lab BD in die Situation der anderen Akteure hineinversetzen, vermeintlich typisches Handeln hinterfragen und gewinnen dadurch wichtige Erkenntnisse für gemeinsames lösungsorientiertes Handeln. Durch den Einsatz solcher Techniken schaffen wir einen Experimentierraum, um die eigene Haltung zu hinterfragen, Neues zu denken und Grenzen zu überwinden. Übungen aus dem Psychodrama zeigen u. a. auf, wie die eigene Rolle z. B. als Schulträger aus der Perspektive von Schulleitungen oder Schulaufsicht wahrgenommen wird. Das kann mitunter stark davon abweichen, wie ich mich selbst wahrnehme, z. B. deutlich flexibler und lösungsorientierter. Darüber dann ins Gespräch zu kommen, ist sehr hilfreich und fördert die offene Kommunikation. Zu einer veränderten Haltung gehört übrigens auch, nicht immer weiter zusätzliche Aufgaben zu übernehmen – manchmal ist es genauso wichtig, sich von manchen Aufgaben oder Prozessen – ganz nach Otto Scharmer und der Theorie U – zu verabschieden. Und genau darüber möchten wir mit den Akteur*innen diskutieren: wie kann Verwaltung entlastet werden? Wie können die Akteur*innen sich auf das konzentrieren, was zentral ist: beste Bildung für alle Kinder und Jugendliche zu ermöglichen.

SIB: Welche Herausforderungen in der Zusammenarbeit zwischen Schulleitungen, Schulträgern und Schulaufsicht wurden im Prozess deutlich?

MW: Das Ausbrechen aus dem starren „Silodenken" hin zu einer Kultur des Teilens sowie einer akteursübergreifenden Zusammenarbeit bleiben herausfordernd. Was bei unseren Teilnehmenden sehr intensiv und lebhaft besprochen wurde, war zudem die Kommunikations- und Sitzungskultur. Dabei stehen folgende Fragen im Mittelpunkt: Wie gestalten wir Austauschformate? Wie reden wir miteinander? Welche Austauschplattformen nutzen wir? Wie werden Entscheidungen unter Berücksichtigung der Belange und Bedarfe aller beteiligten Akteur*innen und Institutionen getroffen? Abgesehen davon konnten wir in unseren Projekten auch die Heterogenität der Gruppen oder die unterschiedlichen Entwicklungsstände als Herausforderungen identifizieren.

Grundsätzlich beobachten wir, dass das Thema Kommunikation immer wieder zentral ist. Es geht darum, transparent, kontinuierlich und vertrauensvoll den Austausch zu gestalten. Alle beteiligten Akteur*innen möchten das Gleiche: gute

Bildungsangebote in der Region für alle Schüler*innen. Das schaffen wir aber nur gemeinsam und in Absprache miteinander. Beim Forum haben wir diesbezüglich die Lösung etabliert: Kooperation statt Konkurrenz. Und da ist nun einmal die Art und Weise, wie wir miteinander kommunizieren zentral. Dazu braucht es den Perspektivwechsel, Verständnis, gegenseitiges Feedback, Mut und nicht zuletzt Übung.

SIB: Welche Wünsche hast Du mit Blick auf die Bildungsverwaltung?

MW: Die beschriebene Heterogenität der Akteur*innen bleibt eine der größten Herausforderungen bei Digitalisierungsprozessen. Wenn wir mit Schulträgern zusammenarbeiten, adressieren wir damit in Deutschland rund 5.500 öffentliche und 3.000 private Schulträger. Auch mit Hinblick auf die Organisation der Schulaufsicht in den Bundesländern ist die Situation ähnlich komplex: Auf der einen Seite existieren eingliedrige Schulsysteme, beispielsweise in Hamburg, auf der anderen Seite dreigliedrige Organisationsformen mit einer entsprechend großen Anzahl von Schulämtern. Unabhängig von den Vor- und Nachteilen der verschiedenen Systeme ist es notwendig, über die Rollen und Erwartungen von Schulleitungen, Schulträgern und Schulaufsicht in den jeweiligen Systemen zu sprechen. Ich wünsche mir, dass dieser Austausch der verschiedenen Akteur*innen eine feste strukturelle Verankerung bekommt. Denn unsere Erfahrungen zeigen: Wenn sich die verschiedenen Akteur*innen mit ihren jeweiligen Handlungskontexten verstanden fühlen und insbesondere Schulen greifbare Unterstützung bekommen, dann wächst auch das Interesse an der Zusammenarbeit.

Abgesehen davon wünsche ich mir, dass speziell die Rolle von Schulträgern stärker in den öffentlichen Fokus gerückt wird. Die Herausforderungen von Schulträgern bei der Unterhaltung und Verwaltung der Schulen bleiben in Digitalisierungsprozessen noch häufig unterbelichtet. Schulentwicklung ist auch Stadt- oder Kommunalentwicklung. Damit dieser Aspekt in Governance-Prozessen stärker berücksichtigt wird, braucht es auch hier stärkere Formen der Kollaboration, Ko-Konstruktion und Koordination. Wir wollen diesen Prozess insofern unterstützen, dass wir erprobte regionale Ansätze zukünftig stärker sichtbar machen und in die Breite tragen. Denn vielerorts gibt es bereits zahlreiche Ansätze für eine gelingende Zusammenarbeit im Sinne eines systemischen Wandels. Ich wünsche mir, dass diese Good Practices noch sichtbarer werden und das gegenseitige Lernen und Teilen in der Breite ankommen!

SIB: Ich danke Dir herzlich für das Gespräch!

Literatur

DESTATIS (Hg.) (2022): Bildung, Forschung und Kultur: Schulen. Online: https://www.destatis.de/DE/Themen/GesellschaftUmwelt/Bildung-Forschung-Kultur/Schulen/_inhalt.html#_b7b-tg5dmf (Zugriff: 4.12.2023).

DOHMEN, Dieter (2022): Dreieck Schulleitung – Schulträger – Schulaufsicht (Keynote Konferenz Bildung Digitalisierung 2022). Online: https://www.youtube.com/watch?v=UjMWbtnxm-38&t=1306s (Zugriff: 4.12.2023).

FORUM BILDUNG DIGITALISIERUNG (2024): Bildungsverwaltung in Deutschland – Innere und äußere Schulangelegenheiten im Dialog. Online: https://www.forumbd.de/wp-content/uploads/2024/01/240129-FBD-Impulspapier-Bildungsverwaltung-in-Deutschland.pdf (Zugriff: 31.5.2024).

FORUM BILDUNG DIGITALISIERUNG (2022): Personalentwicklung und die Rolle von Schulleitungen. Impulse zum Zusammenwirken von inneren und äußeren Schulangelegenheiten. Online: https://www.forumbd.de/wp-content/-uploads/2023/02/220127_FBD_Impulspapier_Personalentwicklung.pdf (Zugriff: 4.12.2023).

FORUM BILDUNG DIGITALISIERUNG (2022): LAB BD: „Wir brauchen die Fähigkeit und Bereitschaft zum Perspektivwechsel. Online: https://magazin.forumbd.de/rahmenbedingungen/lab-bd-wir-brauchen-die-faehigkeit-und-bereitschaft-zum-perspektivwechsel/ (Zugriff: 31.5.2024).

FORUM BILDUNG DIGITALISIERUNG (2022): LAB BD: Es ist unglaublich, wie viele Ideen und Anregungen von anderen Teilnehmenden für die eigenen Themen zusammenkommen. Online: https://magazin.forumbd.de/rahmenbedingungen/lab-d-es-ist-unglaublich-wie-viele-ideen-und-anregungen-von-anderen-teilnehmenden-fur-die-eigenen-themen-zusammenkommen/ (Zugriff: 31.5.2024).

REITER, Anja (2022): Interview mit Veronika Schönstein. In: Plan BD Online. Online: https://magazin.forumbd.de/rahmenbedingungen/veronika-schoenstein-wir-duerfen-nicht-zu-stabil-denken-sonst-wuerde-sich-nichts-mehr-bewegen/ (Zugriff: 4.12.2023).

KLEIN, Esther Dominique (2021): Schulträgertum und Educational Governance im 21. Jahrhundert (Vortrag im Rahmen des Spotlight BD 2021). Online: https://www.youtube.com/watch?v=IqOrygbtH6g (Zugriff: 4.12.2023).

FORUM BILDUNG DIGITALISIERUNG (2020): Schulträger in Deutschland – Ihr Beitrag zur Gestaltung des digitalen Wandels an Schulen. Online: https://www.forumbd.de/wp-content/uploads/2023/02/200812_FBD_Expertise_Schultraeger.pdf (Zugriff: 4.12.2023).

DEJAN MIHAJLOVIĆ

Demokratiebildung in der Digitalen Transformation

Durch ein vertieftes Verständnis einer sich wandelnden Welt mündig handeln zu können – das ist das zentrale Ziel von Demokratiebildung in der Digitalen Transformation. Mit dem Thema werden zwei wesentliche gesamtgesellschaftliche Querschnittsaufgaben, die in einer Wechselwirkung zueinander stehen, gemeinsam betrachtet und diverse Perspektiven und Zugänge als auch konkrete Ansätze in der Schul- und Unterrichtspraxis vorgestellt. Die aufgeführten Schwerpunkte und Beispiele skizzieren gleichzeitig ablaufende und vielschichtige Dynamiken und können daher nur eine Anregung, ein möglicher Zugang und erster Schritt für eine notwendige und vertiefte Auseinandersetzung mit der Thematik sein.

Begriffsklärung

Sowohl für den Begriff der Demokratiebildung als auch für Digitale Transformation gibt es zahlreiche und unterschiedlich stark voneinander abweichende Definitionen. Deshalb werden zu Beginn dieses Beitrags zwei Aspekte aus diesem Spektrum skizziert, auf deren Grundlage die Ideen im Anschluss erklärt werden. In beiden Fällen handelt es sich um herausfordernde Themenfelder, die eine vertiefte, dauerhafte, multiperspektivische und möglichst wertfreie Auseinandersetzung voraussetzen, damit ihre Komplexität und Ambiguität erfasst werden und wirksame und nachhaltige Lösungsansätze entwickelt werden können.

Im Beitrag wird ausschließlich über die Schule gesprochen. In der Regel treffen die meisten Ausführungen auch auf Hochschulen zu bzw. sind sowohl die Kernprobleme als auch Lösungsansätze gut übertragbar. Schule wird dabei nicht als ein konstruierter Ort verstanden, der auf das Leben vorbereitet, sondern als ein Produkt politischer und gesellschaftlicher Zustände. Hierbei wirkt die Gesellschaft sowohl auf Schule als auch umgekehrt. Umso deutlicher wird dadurch die Notwendigkeit, dass sich Schulen Transformationsprozessen nicht verschließen, sondern junge Menschen dazu befähigen, als mündige Bürger*innen Demokratie mitzugestalten und zu stärken.

Demokratiebildung

Demokratiebildung wird hier als Verschränkung von zwei sich ergänzenden Konzepten betrachtet: Das erste bezeichnet im Sinne einer Zieldimension das Wissen über Demokratie, das zweite versteht Demokratiebildung als demokratische Bildung, die auf Erfahrung demokratischer Strukturen und Prozesse basiert. Beide Konzepte müssen kohärent miteinander verschränkt sein, damit Demokratiebildung eine nachhaltige Wirkung entfalten kann.

Ein Zitat des amerikanischen Pädagogen und Philosophen John Dewey verdeutlicht einen entscheidenden Aspekt von Demokratiebildung: „Die erforderlichen Glaubensüberzeugungen können nicht eingetrichtert, die notwendigen geistigen Einstellungen nicht angeklebt werden. Aber die besondere Umwelt, in der ein Mensch lebt, führt ihn dazu, ein Ding zu sehen und anderes nicht" (Dewey 2011, 27).

Demokratiebildung wird in diesem Sinne als authentische – d. h. in die Gesellschaft hinein wirkende – Arbeit und Lebensaufgabe und nicht als Simulation von Demokratie verstanden. Dieses Verständnis beinhaltet und bedeutet an vielen Stellen einen deutlichen Rollenwandel von Lehrenden und Lernenden, wirkt den dominierenden Strukturen und Prozessen entgegen und erfordert eine Demokratisierung des Bildungssystems, das im Kern auf einem undemokratischen und adultistischen Konzept basiert.

Der Lernraum Schule kann erst dann sein tatsächliches Potenzial entfalten, wenn er als gemeinsamer und von allen gestaltbarer Lernraum verstanden wird und einen kollektiven Wissenserwerb ermöglicht. Weil sich die Gesellschaft in einem stetigen Wandel befindet, wird hier Demokratiebildung auch als ein nie endender iterativer Prozess und dauerhafte Weiterentwicklung, Verbesserung demokratischer Ideen und Konzepte verstanden, die sich ernsthaft mit strukturellen und institutionellen Diskriminierungen auseinandersetzen und sie konsequent angehen muss. Digitalität kann hier sowohl als Verstärkung als auch als Lösung von Problemen fungieren.

Verständnis von Digitaler Transformation

Der Begriff „Digitale Transformation" wird im allgemeinen Diskurs auf der einen Seite als Synonym für „Digitalisierung" verwendet, auf der anderen Seite ist er zu einem Buzzword geworden. Digitalisierung meint dabei entweder eine Automatisierung durch Digitales oder die Übertragung bereits bestehender analoger Strukturen, Prozesse und Produkte ins Digitale. Der eigentlich entscheidende Begriff der Transformation wird in solchen Fällen vernachlässigt und gedanklich darauf reduziert, dass sich irgendwie irgendetwas verändert bzw. digital wird.

In diesem Beitrag wird unter Digitaler Transformation ein grundlegender Wandel verstanden, der durch Digitalität eingeleitet und von Digitalität getragen wird und Systeme und Ordnungen aller gesellschaftlichen Bereiche betrifft. Der Vergleich mit einer Raupe, die sich zu einem Schmetterling verwandelt, illustriert die Idee, was unter Transformation zu verstehen ist, sehr treffend. Im schulischen Kontext stellt sich dementsprechend die Frage, wie sich Schüler*innen mit digitalen Endgeräten und Internet zu Schmetterlingen transformieren können und nicht im Stadium der Raupe verharren, die sich „digital gestützt" nur etwas schneller und effizienter bewegt.

Eine weitere, hilfreiche Betrachtung, um ein besseres Verständnis für den ablaufenden Wandel entwickeln zu können, ist eine kulturgeschichtliche. Axel Krommer (2021) unterscheidet vier mediale Paradigmen: Oralität, Skriptografie, Typografie und Digitalität.

Ein Paradigma bestimmt, wie Menschen die Welt sehen, hören und verstehen. In einer Kultur der Oralität geben Menschen Wissen in Gesprächen weiter. Die Schriftkultur führte zu einem wesentlichen kulturellen Wandel bzw. zu einer Transformation. Wie die Welt erschlossen und Wissen zugänglich gemacht wird, veränderte sich grundlegend. Damit wandelten sich viele bestehende Strukturen und Prozesse. Dass und wie durch den Paradigmenwechsel zum Buchdruck Systeme infrage gestellt und durch neue Konzepte ersetzt wurden, hat z. B. Giesecke (1998) kulturhistorisch aufgearbeitet.

Die Digitale Transformation ist somit als aktueller Paradigmenwechsel zu verstehen, der von einer Buchdruck-Kultur zu einer Kultur der Digitalität führt. Ein weiteres Mal werden bisherige Grenzen in den verschiedensten gesellschaftlichen Bereichen aufgelöst, erfahren Machtstrukturen einen wesentlichen Wandel und Systeme eine grundlegend neue Ordnung. Brauchte man noch vor wenigen Jahren ein ganzes Redaktionsteam im Print- oder TV-Bereich, um Millionen von Menschen mit einer bestimmten Information zu erreichen, kann das heute theoretisch jede Person mit einem Smartphone und Social Media-Account.

Das „Digitale" in „Digitale Transformation" wird in diesem Beitrag groß geschrieben, weil Digitale Transformation als Eigenwort verstanden und der populären Vorstellung, „digital" sei nur ein Add-on sprachlich entgegengewirkt werden soll. Innerhalb der Digitalen Transformation entwickelt sich eine Kultur der Digitalität. Diese ist sehr komplex und aufgrund des stetigen Wandels schwer zu greifen und adäquat zu beschreiben. Felix Stadler rückt dabei aber drei Merkmale von Digitalität in den Mittelpunkt, die eine gute Grundlage für ein erstes Verständnis bieten:

„Referentialität, Gemeinschaftlichkeit und Algorithmizität. [...] Referentialität ist eine Methode, mit der sich Einzelne in kulturelle Prozesse einschreiben und als Produzenten konstituieren können. Kultur, verstanden als geteilte soziale Bedeutung, heißt, dass sich ein solches Vorhaben nicht auf den Einzelnen beschränken kann. Vielmehr vollzieht es sich innerhalb eines größeren Rahmens, für dessen Existenz und Entwicklung gemeinschaftliche Formationen von zentraler Bedeutung sind. »Algorithmizität« bezeichnet jene Aspekte der kulturellen Prozesse, die durch von Maschinen ausgeführte Handlungen (vor-)geordnet sind." (Stalder 2019, 95 f.)

Wichtig ist dabei, dass die Kultur der Digitalität nicht implizit Werte enthält, sondern mit unterschiedlichen Werten zu unterschiedlichen Systemen führen kann. Das kann zu zentralen Plattformen wie Facebook oder TikTok führen, die von wenigen kontrolliert werden und einer kapitalistischen Logik folgen, oder zu dezentralen Systemen, wie etwa Mastodon, die für Offenheit stehen und von allen gleichermaßen gestaltet werden können. Die Werte der Personen, die Hard- und Software entwickeln und/oder besitzen, bestimmen u. a. mit, wie demokratiestärkend oder -schwächend diese sein können.

Politische Strukturen und Prozesse im Wandel

Die Grundlagen und Ziele der Demokratiebildung leiten sich auch stets von den bestehenden politischen Strukturen und Prozessen ab. Was in diesem Abschnitt beschrieben wird, steht somit immer in einer Wechselwirkung zum Bildungssystem bzw. seiner Funktion, Wirkung und Umsetzung. Mit Blick auf die Transformationsprozesse wird auch deutlich, dass dadurch die Herausforderungen für Akteur*innen in diesem System stetig zunehmen, wenn es darum geht, in einer vernetzten Welt weiterhin nach bisherigen Vorstellungen zu lehren, zu lernen, zu prüfen oder ein Demokratieverständnis zu entwickeln.

Eine Demokratiebildung in einer Kultur der Digitalität setzt sich mit den vorliegenden Sachverhalten inhaltlich auseinander und nutzt dabei ein Lernsetting, das den Wissenserwerb über eine Kultur der Digitalität mit den Mitteln einer Kultur der Digitalität ermöglicht, unterstützt oder fördert. Wie auch das Schwimmen nur im Wasser und nicht als reine Trockenübung erlernt werden kann, benötigt auch die Demokratiebildung in einer Kultur der Digitalität praktische Erfahrungen, die zur Handlung und Reflexion befähigen.

Die folgenden Beispiele weisen auf einige relevante Veränderungen bezüglich politischer Strukturen und Prozesse durch die Digitale Transformation hin, die in der Schule aufgegriffen und diskutiert werden können.

Plattformen

Plattformen können Funktionen und einen Einladungscharakter haben, die demokratische Prozesse und Erfahrungen begünstigen, schwächen oder sogar verhindern können. Das gilt für alle Plattformen. Auch für Schul- oder Lernplattformen, die in Schulen die Infrastruktur für das Lehren und Lernen abbilden.

Wird eine Schulplattform entwickelt, ausgewählt oder so eingesetzt, dass Handlungen von Lernenden auf eine kleinschrittige, vorgegebene und kontrollierte Nutzung reduziert werden oder können Lernende eine Plattform (mit-)gestalten? Welche Rechte und Möglichkeiten stehen wem zu? Die Rolle, die junge Menschen auf Plattformen einnehmen können (oder im schulischen Kontext müssen), prägen auch ihr Selbstverständnis und ihre Idee von Gesellschaft. Was im Physischen gilt, greift auch im Netz: Je größer der Gestaltungsspielraum und die Möglichkeit der Partizipation, umso größer ist auch die Wahrscheinlichkeit, dass junge Menschen in einer Kultur der Digitalität wertvolle Selbstwirksamkeitserfahrungen sammeln und demokratische Prozesse lernen und üben können.

Gleichzeitig ist bekannt, wie die Idee und Umsetzung großer Social Media-Plattformen das Vertrauen in demokratische Prozesse und Institutionen untergraben und die Qualität des politischen Diskurses verschlechtern können: Die Verbreitung von Desinformationen, die soziale Spannungen verschärfen und Staaten politisch destabilisieren, Bots und Trolle, die Wahlen beeinflussen und öffentliche Debatten verzerren, Algorithmen und die Kommerzialisierung der Aufmerksamkeit, die gesellschaftliche Polarisierung und menschenfeindliche Haltungen verstärken oder die Verkürzung und Reduzierung komplexer Inhalte auf Schlagworte und einfache, populistische Narrative, können und werden von autokratischen Kräften genutzt.

Die Vormachtstellung einiger Plattformen hat nicht nur eine technologische Auswirkung, sondern auch einen starken politischen Einfluss und damit auch auf Demokratien. Dazu gehören nicht nur Social-Media-Plattformen. Welche Suchmaschine genutzt werden, erzeugt Machtstrukturen und bestimmt den Zugang zu Informationen und deren Verbreitung. Wer bei einer Plattform Entscheidungen trifft und welche Ziele dahinter stehen, spielt gesellschaftlich und politisch eine Rolle – gerade wenn Daten von Suchenden erfasst werden. Die Wahl zwischen Google, DuckDuckGo, Ecosia oder neu auch KI-Suchmaschinen ist somit mehr als eine Frage der Qualität der Ergebnisse.

Genauso bedeutend in diesem Kontext sind hier der Onlineversandhandel von Amazon oder die diversen Streaming-Dienste von Filmen, Serien, Dokumentationen oder Musik und Podcasts. Welche Geschichten erzählt werden, wie und wie viele Menschen diese erreichen, hat nicht nur wirtschaftliche Auswirkungen, sondern auch kulturelle und politische. Diese Plattformen verändern, wie Menschen kommunizieren, einkaufen, arbeiten, lernen oder sich unterhalten. Welche Plattformen in der Schule diskutiert werden, ob und welche Alternativen aufgezeigt werden, hat ebenfalls Auswirkungen.

Wichtig ist dabei, dass es sich um ein Themenfeld handelt, das sich im steten Wandel befindet, gestaltet werden kann und an manchen Stellen auch korrigiert werden muss. Das betrifft oft die Rechte von „Nutzerinnen" und „Nutzern". Es bietet sich daher an, nicht nur den Istzustand zu untersuchen, sondern auch Ideen zu entwickeln, die umgesetzt werden können, mit möglichst diversen Perspektiven zu arbeiten und dabei politische, juristische, strukturelle, ökonomische, soziologische oder auch psychologische Fragestellungen aufgreifen.

Aufmerksamkeitsökonomie

Aufmerksamkeitsökonomie bezeichnet die Idee bzw. das Konzept, bei dem Aufmerksamkeit als eine knappe und wertvolle Ressource betrachtet wird, die von Unternehmen, Medien, Politik und anderen aktiv umkämpft wird. In einer Aufmerksamkeitsökonomie geht es darum, die begrenzte Aufmerksamkeit der Menschen zu gewinnen und zu halten, um ihre Zeit und ihr Interesse auf bestimmte Inhalte, Produkte oder Dienstleistungen zu lenken. Das erzeugt einen Wettbewerb um Aufmerksamkeit mit Folgen. Eine wesentliche ist die wachsende Anzahl an Kanälen, Content, Werbung, Benachrichtigungen oder sonstigen Anreizen, die zu Relevanz und damit Profit führen und es gleichzeitig erschweren, relevante Informationen sichtbar zu machen.

Dass Aufmerksamkeit oft direkt oder indirekt monetarisiert werden kann, resultiert aus der Vorherrschaft von Plattformen wie Facebook, Google oder TikTok, die einer kapitalistischen Logik folgen. Algorithmen erfassen dabei das Nutzungsverhalten von Personen, um es zu analysieren und damit Inhalte zu personalisieren und die Verweildauer auf Plattformen zu erhöhen. Die Aufmerksamkeitsökonomie beeinflusst das Verhalten von Menschen, indem sie die Art und Weise verändert, wie Informationen kommuniziert und welche Entscheidungen dabei getroffen werden. Dies kann beispielsweise zu einer Verkürzung der Aufmerksamkeitsspanne und somit zu Beiträgen führen, die in immer kürzerer Zeit erfasst werden müssen.

Kürzere und vereinfachte Inhalte wirken aber einer differenzierten und vertieften Auseinandersetzung entgegen, die bei großen und komplexen gesellschaftlichen Herausforderungen, wie der Klimakrise oder Demokratiekrise, notwendig sind. Dass polarisierende Inhalte von Social Media-Plattformen gefördert werden, da diese mehr Engagement (Likes, Shares, Kommentare) generieren, verschärft diese Problematik. Dies kann zu einer verzerrten Wahrnehmung der Realität und einer übermäßigen Betonung extremer Positionen führen. Bestehende Vorurteile werden verstärkt und eine Spaltung der Gesellschaft begünstigt.

Der Historiker David Van Reybrouck hält, fest, dass „[...] soziale Medien kommerzielle Medien mit einer eigenen Dynamik" sind (Van Reybrouck 2022, 58). Problematisch wird es für Demokratien, wenn Medien und Politik dieser Dynamik bzw. Logik der Aufmerksamkeitsökonomie folgen und politische Inhalte auf maximalen Konsum und Engagement optimieren, anstatt auf Aufklärung, Information oder Beteiligung zu setzen. Dies kann dazu führen, dass die politische Berichterstattung sensationsorientiert wird, übersimplifiziert und die tatsächlichen Probleme in den Hintergrund rückt.

Die Digitale Transformation hat die Einnahmen traditioneller Medien gesenkt, was zu einer Abnahme an Ressourcen für Qualitätsberichterstattung und investigativen Journalismus führt, die tragende Säulen einer Demokratie darstellen. Die Aktualität schlägt dabei den Tiefgang und Empörungsspiralen die Lösungsfindung. Immer schneller, spektakulärer und früher als die Konkurrenz muss berichtet werden, im Wettbewerb um Aufmerksamkeit. Wie viel Unabhängigkeit und Freiheit bleibt übrig, wenn die Logik der Aufmerksamkeitsökonomie diktiert?

Ein zentrales Problem der Demokratie ist, dass alle aufgeführten Aspekte der Aufmerksamkeitsökonomie, die auf Social Media-Plattformen greifen, die Arbeit und Ziele autokratischer Akteurinnen und Akteure begünstigen: Die zunehmende Informationsflut, auch Desinformationen, die eine Orientierung erschweren, Ressourcen demokratischer Arbeit binden und Vertrauen in demokratische Organisationen und Institutionen untergraben oder die Förderung von Übersimplifizierung, Verzerrung und Polarisierung anstatt von Komplexität, Differenzierung und einer vertieften Auseinandersetzung.

Die Aufmerksamkeitsökonomie ist eine sehr komplexe Herausforderung, der sich Demokratiebildung stellen muss, was sowohl die Analyse, die Entwicklung eines Verständnisses als auch die Suche nach Lösungsansätzen betrifft. Welche Konzepte bestehen bereits, die dieser Logik erfolgreich entgegenwirken? Wie können diese ge- oder verstärkt werden? Was kann, soll und muss die Schule an dieser Stelle leisten? Die aus demokratischer Sicht gute Nachricht ist, dass diverse Expertinnen und Experten die Kultur der Digitalität ebenfalls nutzen, um kollektiv Wissen zu erwerben und zu teilen.

Demokratisierung und Netzwerk-Effekt

Zeitgleich zur sich entwickelnden Aufmerksamkeitsökonomie haben Social Media-Plattformen in verschiedenen Regionen und Kontexten immer wieder zur

Demokratisierung beigetragen, was ein weiteres Mal die Ambiguität und Komplexität der Thematik unterstreicht. Der Zugang zu Informationen wurde erweitert, die Zivilgesellschaft mobilisiert und ihr eine Stimme gegeben. Durch Social Media konnten traditionelle Medien und Kommunikationskanäle, die eine Gatekeeper-Rolle spielten oder auch oft von Regierungen kontrolliert wurden, umgangen werden und dienten Bürger*innen als direkte Mittel zur Organisation und Meinungsäußerung.

Arabischer Frühling, Occupy Wall Street, Indian Anti-Corruption Movement, Gezi-Park-Proteste, Sunflower Movement, Umbrella Movement, MeToo-Bewegung, Sudan Uprising, March for Our Lives, Fridays for Future, Hong Kong-Proteste, Black Lives Matter, „End SARS"-Bewegung oder zuletzt „Frau, Leben, Freiheit"-Proteste sind Beispiele seit 2010, wie Bürger*innen das Netz und vor allem Social Media-Plattformen genutzt haben, um Informationen zu verbreiten, Proteste zu koordinieren und Menschen zu mobilisieren, internationale Aufmerksamkeit zu erzeugen und auf Probleme zu lenken, um so den Druck auf Regierungen und politische Entscheidungsebenen zu erhöhen.

„The term „network effects" (or „network externalities") is a shorthand for the principle that the more people who use a platform, the more useful that platform is to each user." (Tufekci 2017, 135) Dieser "Netzwerk-Effekt", der hier beschrieben wird, spielt bei allen aufgeführten Beispielen eine zentrale Rolle und zeigt auf, wie eine Kultur der Digitalität und Social Media-Plattformen auch zu einer Demokratisierung führen können, indem sie neue Formen der Referentialität erzeugen, die wiederum neue Formen der Gemeinschaftlichkeit schaffen und Algorithmen zu Verbündeten machen.

Demokratiebildung in einer Kultur der Digitalität

Durch die Kultur der Digitalität kommt Neues nicht nur inhaltlich immer mehr und rasanter hinzu, es entstehen auch Möglichkeiten, die demokratischere Strukturen und Prozesse zulassen. Ob und wie das der Fall ist, lässt sich beispielsweise mithilfe einiger Attribute bzw. folgender Fragen diskutieren: Wie partizipativ, offen, transparent, inklusiv, kollaborativ und selbstbestimmt ist ein Prozess oder eine Struktur? Wie kohärent ist die Handlung zum Inhalt und Ziel? Trägt etwas dazu bei, dass Komplexität erfasst und der Umgang damit gelernt und geübt werden kann? Ob und wie viel Selbstwirksamkeit kann erfahren werden?

Citizen School

Ein einfaches, aber wirkungsstarkes Vorgehen, um festzustellen, ob ein Ansatz zu einer gelingenden Demokratiebildung in der Digitalen Transformation führen kann, ist die Frage, welche Erzählung dahintersteckt und welche Rolle darin jungen Menschen zugesprochen wird: Sind sie Subjekte, die Anweisungen ausführen müssen, Kund*innen die Angebote auswählen oder Bürgerinnen und Bürger, die Dinge selbst erschaffen? Sehr grob und kurz zusammengefasst, könnte so die Übersetzung der Idee und Perspektive von Jon Alexander in die Schule lauten, die er im Buch Citizens vorstellt.

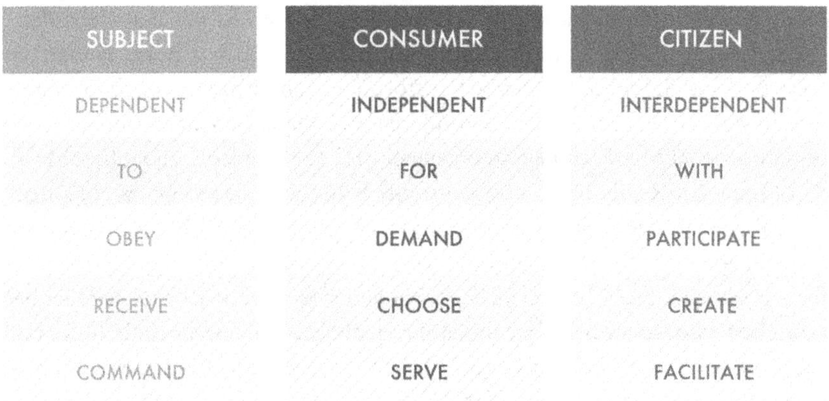

Abb. 1: Drei dominierende gesellschaftliche Narrative nach Jon Alexander (Quelle: Keynote von Jon Alexander am 4.6.2024)

Alexander unterscheidet drei große Erzählungen, welche die Geschichte der Menschheit geprägt haben. In der Subject Story wurde über lange Zeit auf Götter und Könige gehört, das Individuum war seinem Schicksal in Abhängigkeit ausgesetzt, empfing Befehle und musste gehorchen. Durch die Industrialisierung und den Aufstieg des Kapitalismus wurde diese lange Zeit dominierende Erzählung von der Consumer Story abgelöst, in der das Individuum zur Kundschaft wurde, die aus einer vorgelegten Auswahl unabhängig aussuchen konnte.

Politisch betrachtet wurden Könige von Politiker*innen bzw. Parteien ersetzt. Sie waren nun da, zu dienen und Forderungen der «Kund*innen» zu erfüllen. Die Citizen Story ist ein erneuter und vor allem notwendiger Paradigmenwechsel, in einer immer komplexeren Welt, in der nur mit gemeinsamer Anstrengung, kollektivem Wissen und kollaborativer Arbeit die gewaltigen, globalen Probleme gelöst werden können. Hier stehen Bürger*innen in wechselseitiger Beziehung zueinander und im Mittelpunkt. Sie beteiligen sich und kreieren eine bessere Zukunft für alle.

Jede Schulstruktur, jedes Lernsetting, jeder Prozess und Ansatz, kann daran gemessen werden: Werden Aufgaben zur Auswahl gestellt oder können eigene Fragen (und daraus abgeleitete Aufgaben) gestellt werden? Soll gehorcht oder sich beteiligt werden? Bei genauer Betrachtung kann festgestellt werden, dass in der Schule die Subject Story so stark vorliegt, dass alleine die Consumer Story schon progressiv erscheint – weshalb auch die Anzahl digitaler kommerzieller Angebote steigt, die sowohl Lehrkräfte als auch Schulklassen als Kund*innen verstehen und gewinnen möchten.

„What are we doing to ourselves when we tell ourselves we're Consumers 3,000 times a day?" (Alexander 2022, 16) Menschen, die viele tausend Male täglich die Rolle als Kund*innen kommuniziert bekommen, können sich nur noch in dieser Rolle vorstellen und verharren darin. Es ist eine passive Rolle, weil andere die Handlung für einen übernehmen und eine entmündigende, weil auch andere entscheiden, was zur Auswahl stehen soll. Wie würde eine Schule aussehen, in der die Citizen Story dominiert? Diese Frage ist nicht nur ein Gedankenexperiment, sondern auch eine Demokratie stärkende und bildende Aufgabe, die sich an folgender Idee orientieren kann:

„We must see ourselves as Citizens – people who actively shape the world around us, who cultivate meaningful connections to their community and institutions, who can imagine a different and better life, who care and take responsibility, and who create opportunities for others to do the same." (Alexander 2022, 11)

Konkrete Ansätze

Im folgenden Abschnitt sollen nun einige konkrete Ansätze einen möglichen Umgang mit den vorgestellten und allen restlichen Aspekten rund um die Demokratiebildung in der Digitalen Transformation exemplarisch aufzeigen. Es sind Beispiele, die sich in der Praxis bewährt haben oder zumindest vielversprechende Erfahrungen bei Lehrenden und Lernenden erzeugt haben.

Das Frankfurt-Dreieck zur Bildung in der digitalen Welt ist ein interdisziplinäres Modell, das von diversen Expert*innen der Informatik, Medienpädagogik und Medienwissenschaft entwickelt wurde, um Bildungsprozesse im Kontext des digitalen Wandels zu analysieren und zu gestalten. (Es baut auf der Dagstuhl-Erklärung von 2016 auf und erweitert deren Inhalte). Das Modell umfasst drei wesentliche Perspektiven:

1. Technologisch-mediale Perspektive: Funktionsweisen und Strukturen digitaler Systeme sowie deren technische und gestalterische Prinzipien werden betrachtet.
2. Gesellschaftlich-kulturelle Perspektive: Auswirkungen der Digitalen Transformation auf Kultur, Politik und persönliche Lebensbereiche werden untersucht.
3. Interaktionsperspektive: Interaktionen zwischen Menschen und digitalen Medien sowie die daraus resultierenden sozialen Praktiken werden analysiert.

Konkret umgesetzt bedeutet das, dass ein Sachgegenstand in den Mittelpunkt gestellt wird und eine Auseinandersetzung mit Fragen stattfindet, die sich aus jeder der drei Perspektiven ergeben. Wäre eine Künstliche Intelligenz der Sachgegenstand eines Unterrichts und Doppelstunde, würde gefragt werden, wie diese funktioniert, wirkt und genutzt wird. Zu jeder der drei Perspektiven würden Unterfragen gesammelt werden, auf die im Anschluss gemeinsam nach Lösungen gesucht werden würde. Sowohl die Fragen als auch Antworten könnten über eine Software, die kollaboratives Arbeiten ermöglicht (z. B. Etherpads), asynchron bearbeitet werden. So wäre auch eine höhere Transparenz und Anschlussfähigkeit gewährleistet.

Ziel des Frankfurt-Dreiecks ist es, einen Orientierungs- und Reflexionsrahmen bereitzustellen, der die verschiedenen Dimensionen der Bildung im digitalen Zeitalter berücksichtigt. Es fordert, dass Menschen nicht nur technische Kompetenzen zur Nutzung von Technologien entwickeln, sondern auch in der Lage sein müssen, digitale Medien kritisch zu bewerten, kreativ zu nutzen und die gesellschaftlichen Implikationen zu reflektieren. Gleichzeitig müssen Sachverhalte immer wieder auch grundsätzlich in Frage gestellt und nicht nur analysiert werden:

„Wo ist künstliche Intelligenz wirklich nötig, wo ist sie hilfreich? Wozu kann sie etwas beitragen? Und welche Daten brauchen wir dafür? Wie kommen wir an diese heran? Bias wird es in diesen Daten immer noch geben, auch wenn sie »gut« erhoben wurden. Der nächste Schritt ist, einen Weg zu finden, diese Entscheidungen nicht nur transparent, sondern auch kritisierbar zu machen. So dass sich jede:r aktiv daran beteiligen kann, wenn eine algorithmische Entscheidung offensichtlich nicht stimmt." (Endler 2023, 125)

„Ausdiskutieren und live abstimmen" lautet abgekürzt aula. Dahinter steckt ein Konzept, das Demokratiebildung in der Digitalen Transformation an Schulen eine Struktur gibt. Alle am Schulleben Beteiligten erhalten dabei einen Account auf einer Plattform, auf der jede Person Ideen, was und wie sich an einer Schule ändern soll, einstellen kann. Wer über einen Prozess genug Menschen von der Idee überzeugen kann, die sich im Rahmen eines vorher gemeinsam erarbeiteten Vertrags bewegt, darf diese umsetzen.

Die aula-App bzw. -Plattform gewährleistet dabei eine offene, asynchrone und transparente Kommunikation, anonyme Abstimmungen und auch ein Element von Liquid Democracy, indem für Abstimmungen die eigene Stimme an andere vergeben und wieder zurückgeholt werden kann. Das bietet eine gute Grundlage für Debatten über den Wert und die Verantwortung einer Stimme. Regelmäßige aula-Stunden sorgen für eine kontinuierliche Auseinandersetzung mit den Ideen, Fragen und Problemen der Schüler*innen oder unterstützen sie bei der Lösungsfindung.

Andere von der eigenen Idee zu überzeugen, erfordert Empathie und einen Perspektivwechsel. Ideen werden bei aula nicht einfach „kommentiert", sondern die App bietet an und lädt ein, Verbesserungsvorschläge zu formulieren. Introvertierte Schüler*innen können ihrer Stimme ein Gewicht verleihen, ohne vor der Klasse stehen zu müssen. Wenn Ideen nicht zur Abstimmung freigegeben werden, muss dies transparent für alle begründet werden. Es wird hierbei gelernt, wie komplex Probleme sein können und wie schwierig es ist, einen Konsens mit vielen Menschen auszuhandeln.

Damit das Konzept funktionieren und sein demokratisches Potenzial entfalten kann, braucht es den Willen der Schulleitung und eines Großteils des Kollegiums. Trotz aula-Vertrag und der notwendigen Zustimmung der Schulkonferenz bleibt die Umsetzung des Konzepts eine freiwillige Selbstverpflichtung. Das zeigt sowohl die demokratischen Grenzen als auch die möglichen Freiräume für junge Menschen auf, die geschaffen werden können. Was nicht verboten ist, ist erlaubt, kann deshalb eine hilfreiche Orientierung für Demokratiebildung sein.

Auch Schulen haben eine digitale Identität. Diese werden entweder von ihnen oder von anderen gestaltet. Deshalb bietet es sich an, dass Schulen auch im Netz aktiv und sichtbar sind. Diese Aufgabe gemeinsam mit Schüler*innen anzugehen, eröffnet die Möglichkeit, gemeinsam an authentischen und relevanten Aufgaben zu arbeiten. Jede Perspektive und Expertise ist dabei wichtig, weil der Auftritt einer Schule im Netz alle am Schulleben Beteiligten ansprechen und erreichen muss.

Junge Menschen können so ihr Wissen und ihren Blickwinkel einbringen und viele günstige Momente der Selbstwirksamkeit und Wertschätzung erfahren. Damit steigt nicht nur die Identifikation mit der Schule. Damit wird auch durch Partizipation die demokratische Haltung gestärkt.

Wie in den vorherigen Ausführungen erläutert, ist die Entscheidung, wo und wie im Netz kommuniziert wird, eine politische und kann Demokratie fördernd oder hemmend sein. Deshalb haben beispielsweise viele Hochschulen, wie auch viele andere gesellschaftliche Akteur*innen ihre Accounts bei X (ehemals Twitter) aufgegeben und sind zu Mastodon gewechselt.

Finale Gedanken

Die Digitale Transformation hat nicht nur zu neuen Möglichkeiten der Demokratiebildung geführt, sondern auch das Verständnis davon beeinflusst. Deshalb ist Demokratiebildung in der Digitalen Transformation auch eine veränderte Demokratiebildung durch die Digitale Transformation. Der durch das Netz erleichterte und geförderte Austausch von Ideen der Demokratiebildung hat lange vorliegende Normen in Frage gestellt und Veränderungen begünstigt, eingeleitet und vorangetrieben. Debatten über Rassismus, Sexismus, Klassismus, Adultismus, Ableismus oder andere Diskriminierungsformen, die strukturell und institutionell verankert sind, haben durch das Netz deutlich an Sichtbarkeit gewonnen.

Menschen bilden sich mithilfe von Plattformen gegenseitig fort und weiter, tauschen sich aus, vernetzen sich und prägen durch ihre Beiträge den öffentlichen Diskurs. Deshalb muss eine Demokratiebildung in der Digitalen Transformation auch eine Demokratiebildung sein, die emanzipatorische Entwicklungen unterstützt und dazu befähigt. Deshalb muss sie sich für ein offenes, freies und solidarisches Netz einsetzen, das eine Demokratie in der Digitalen Transformation stärkt und schützt. Demokratiebildung in der Digitalen Transformation erfordert ein Verständnis und eine Haltung von Schule und Lehrenden, nicht alles schon (besser) zu wissen bzw. wissen zu können und die Zuversicht, gemeinsam Probleme identifizieren und lösen zu können.

Literatur

ALEXANDER, Jon/Conrad, Ariane (2022): Citizens. Why the key to fixing everything is all of us. Croydon.

AULA: Verantwortung lernen – Verantwortung tragen. Online: https://www.aula.de (Zugriff: 16.1.2025).

DEWEY, John (2011): Demokratie und Erziehung. Eine Einleitung in die philosophische Pädagogik. Hg. von Jürgen Oelkers. 5. Auflage. Weinheim.

ENDLER, Rebekka (2023): Das Patriarchat der Dinge. Warum die Welt Frauen nicht passt. 3. Auflage. Köln.

FRANKFURT-DREIECK ZUR BILDUNG IN DER DIGITAL VERNETZTEN WELT (2019). Online: Frankfurt-Dreieck-zur-Bildung-in-der-digitalen-Welt.pdf (Zugriff: 16.1.2025).

GIESECKE, Michael (1998): Der Buchdruck in der frühen Neuzeit. Eine historische Fallstudie über die Durchsetzung neuer Informations- und Kommunikationstechnologien. Frankfurt/M.

KROMMER, Axel (2021): Dimensionen der Bildung. Oder: vom Flächenland der Buchkultur ins Raumland der Digitalität. Online: https://axelkrommer.com/2021/01/07/dimensionen-der-bildung-oder-vom-flachenland-der-buchkultur-ins-raumland-der-digitalitat/#more-1953 (Zugriff: 16.1.2025).

STALDER, Felix (2019): Kultur der Digitalität. 4. Auflage. Berlin.

TUFEKCI, Zeynep (2017): Twitter and Tear Gas. The power and fragility of networked protest. New Haven, Conneticut.

VAN REYBROUCK, David (2022): Gegen Wahlen. Warum Abstimmen nicht demokratisch ist. 8. Auflage. Göttingen.

DIE SCHÜLERINNEN ISA UND VIKA SOWIE DIE EHEMALIGE SCHULLEITERIN JETTE BJØRN HANSEN IM GESPRÄCH MIT CORNELIA CLARA KUREK

Schulportrait – Transformationsprozesse an der Frederiksbjerg Skole in Aarhus

Die Frederiksbjerg ist eine kommunale Folkeskole (Grundschule/Sekundarstufe I) mit 965 Schüler*innen von der nullten bis zur neunten Klasse. Sie gilt als Dänemarks erste gänzlich neu konzipierte Schule, welche Bewegung von Beginn der Ankunft in der Schule über die unterrichtlichen Lernphasen im Schulalltag hinweg kontinuierlich beim gemeinsamen und individuellen Lernen und Arbeiten mitdenkt.

Bewegung stellt somit den zentralen Fokus des schulischen Konzeptes dar, welche sich in insgesamt 40 Bewegungszonen in den Gängen und Gruppenräumen sowie im Konzept der drei Lernräume der Schule widerspiegelt. Ob liegend, sitzend, stehend, auf einem festen oder weichen Untergrund – die Schüler*innen bestimmen selbst und in individueller Absprache mit ihrer Lehrkraft, wie sie zu lernen und arbeiten wünschen.

Isa: *„Als ich im Schüler*innenrat war, haben wir viel darüber gesprochen, wie man sich bewegen kann, was man machen kann, viele Bewegungspunkte. Das war dort, wo wir auf die Idee kamen, dass es eine Rutsche in der Schule geben sollte." [Übers. CCK]*

Schule im Aufbruch

Inspiriert von Scharmers Theorie U (2020), alte Gewohnheiten abzulegen und am Grunde des Ursprungs dieser zu gelangen, startete die Frederiksbjerg Skole im Herbst 2010 mit unterschiedlichen Prototypen, die u. a. einen besonderen Fokus auf das schulische Bewegungskonzept zur Gestaltung einer Schule der Zukunft legten. Was soll eine Schule der Zukunft können, um ihren Schüler*innen bestmöglich zu begegnen, stellte dabei die Leitfrage der Aufbruchphase dar. Die Initiative ergriff eine Lehrkraft, die alle Möbel aus dem Klassenzimmer entfernte und stattdessen ausschließlich einen Tisch und weiche Kissen platzierte. Hinzu kamen eine Lesetreppe (heute als Vermittlungsraum vertreten), der Wechsel in einen weiteren Arbeitsraum (z. B. Vertiefungs- oder Projektraum) sowie die ersten Erkenntnisse, dass dies eine schüler*innenmotivierende Möglichkeit darstellt, den Unterricht durchzuführen. Das Interesse weiterer Lehrkräfte war geweckt, Bewegung und Raumwechsel in den eigenen Unterricht zu integrieren. Im Vordergrund steht seitdem die Einladung, sich beispielsweise an den Bewegungsstationen vor einem Raumwechsel und auch während des Unterrichts zu bewegen:

Jette Bjørn Hansen *„Das Kind zur intuitiven Aktivität einzuladen, ohne dass diese geplant und überdacht werden muss, darauf haben wir geachtet." [Übers. CCK]*

Isa: *„Sich beim Lernen zu bewegen, ist toll, denn es gibt viele, die das als Pause nutzen. Einfach vom Stuhl zu kommen, bevor wir wissen, was wir als nächstes machen." [Übers. CCK]*

Abb. 1: Schüler*innen dürfen selbst bestimmen, wie sie in die nächste Etage gelangen – Treppen steigend oder kletternd, alle Formen der Bewegung sind ausdrücklich erlaubt, wenn Acht auf Andere gegeben wird. (Quelle: Henning Larsen (o. J.): Frederiksbjerg School. Online: https://henninglarsen.com/projects/frederiksbjerg-school, Zugriff: 27.5.24)

Änderung von Gewohnheiten

Noch während der Umbauphase erprobte das Kollegium ihre Prototypen – im kleineren Umfang – und wenn sich diese als erfolgreich bewährten, im größeren Rahmen. Lernprozesse über den Wechsel verschiedener Aktivitätstypen in Gang zu setzen, bildete dabei den Ausgangspunkt der vielzähligen Ideen im Kollegium. Das Ausprobieren und Erfahren von gelingenden Ideen wie beispielsweise der gezielte Einsatz zentrierten Lampenlichtes ebenso wie nicht gelingenden Ideen trugen zur Erkenntnisgewinnung bei und konnten eigene blinde Flecken aufdecken. Diese Bewusstwerdung sowie Änderung von Gewohnheiten setzte dabei nicht nur viele Gespräche innerhalb des Kollegiums sowie mit den Eltern voraus, sondern auch das Einlassen auf Ungewissheiten (Beutel/Ruberg, 2023). Anfänglicher Frust der Lehrkräfte erforderte starkes Leitungshandeln und das Festhalten an *gemeinsam* beschlossenen Entscheidungen zum neuen pädagogischen Konzept.

Jette Bjørn Hansen: *„Das in Gebrauch nehmen, wir nennen es in Dänemark ‚Ingebrauchnahmeprozess', das ist in Wirklichkeit am allerschwersten: Denn wenn man zusammensitzt und gute Ideen hat und weiß, was die gute Didaktik ist, dann ist es einfach, sich einig zu werden, aber wenn man die eigene Praxis verändern soll und Dinge auf eine neue Weise machen soll, denkt man nicht mehr, dass es so einfach ist." [Übers. CCK]*

Partizipation aller Beteiligten

Noch vor Inkrafttreten des Umbaubeschlusses zur neuen Schule nahm das *gesamte* schulische Personal an einem pädagogischen Camp teil, auf dessen Basis der Newsletter für die Schule der Zukunft an Eltern und Kooperationspartner*innen versendet wurde. Die Initialzündung für kreative Ideen und das Ausprobieren von Prototypen wurde damit ausgelöst. Auch im weiteren Verlauf des Neubaus der Schule inklusive Zusammenarbeit mit dem dänischen Architekten Henning Larsen engagierten sich interessierte Lehrkräfte entweder in der (Weiter-)Entwicklung von Prototypen oder Arbeitsgruppen, so beispielsweise auch in einer Arbeitsgruppe für Bewegung, welche diese für die gesamte Schule horizontal und vertikal (z. B. in Hinblick auf die vielzähligen Bewegungsstationen, die mitunter den Gleichgewichtssinn durch Springen, Schwingen und das Drehen um die eigenen Körperachsen fördern sollen) mitdachte. Gleichermaßen hoch fällt dabei auch die Beteiligung der Schüler*innen aus, indem sie beispielsweise im Schüler*innenrat Ideen zum Bewegungskonzept der Schule äußern und in die gesamte schulische Gemeinschaft tragen können. Durch die hohe Partizipation aller Beteiligten wurde zugleich eine höhere Verbindlichkeit für die Umsetzung des neuen pädagogischen Konzeptes geschaffen, auf welche das Leitungshandeln als gemeinsamen Referenzpunkt verweisen kann.

Jette Bjørn Hansen: *„Jetzt etwas ganz Neues zu machen, erfordert sehr viel Leitungshandeln und es erfordert, dass man daran festhält und sagt: ‚Das war das, was wir gemeinsam beschlossen haben und ihr wart viele Mitarbeiter, die darin involviert waren, und nun haben wir die neue Schule erhalten, die all das von unserer Wunschliste erhält, also müssen wir nun alle dazu beitragen, dass dies funktioniert'." [Übers. CCK]*

Vika: *„Der Schüler*innenrat ist eine gute Möglichkeit, die Schüler*innen in verschiedene Wahlen zu integrieren, auch damit die Schulleitung nicht irgendwas macht, wo keiner denkt, dass das eine gute Idee ist, sondern sich alle einig sind, dass das eine gute Sache ist." [Übers. CCK]*

Schaffung von transformationsstarken Zukunftsvisionen

Die Frederiksbjerg Skole setzt auf die Priorisierung von Zukunftsvisionen, welche bereits bis in das Jahr 2008 zurückreichen und sich zunächst auf die Neugestaltung der Schuleingangsphase bezogen. Im Zuge der Neugestaltung der Schule zwei Jahre später wurde eine für die älteren Schüler*innen stärker inspirierende Ausschulungsphase priorisiert und auch heute wird nach dem Neubau der Schule weiterhin mit den Prototypen gearbeitet: Der Fokus liegt somit auf der kontinuierlichen Weiterentwicklung der gesamten unterrichtlichen wie schulischen Arbeiten, die eine Doppelperspektive der Bewegung als einerseits motivations- und konzentrationssteigerndes Element im Unterricht als auch Grundstein für dynamische, ganzheitlich Schulentwicklungsprozesse zulässt.

Jette Bjørn Hansen: *„Wir können nicht auf eine Vision aufbauen und dann veraltete Schule machen." [Übers. CCK]*

Abb. 2: Verschiedenste Bewegungsstationen werden in differenzierten Schwierigkeitsgraden dargeboten – vor einem Raumwechsel kann beispielsweise dieser Bewegungsraum aufgesucht werden und auch für Brain Breaks im Unterricht wird er gerne von den Schüler*innen genutzt. (Quelle: Henning Larsen (o. J.): Frederiksbjerg School. Online: https://henninglarsen.com/projects/frederiksbjerg-school Zugriff: 27.5.24; eine interaktive Tour durch die Schule ist zudem unter folgendem Link möglich: https://panowalks.com/embed/ewkfMpYWYFPrKxpJ1Ls9lCjDtTln/ Zugrff: 27.5.24).

Literatur

BEUTEL, Silvia-Iris/Ruberg, Christiane (2023): Editorial. In: Beutel, Silvia-Iris/Ruberg, Christiane: Jahrbuch Band 1 Demokratiepädagogik und Demokratiebildung. Ungewissheit als Erfahrung in der Demokratie. Frankfurt/M., S. 8–20.

SCHARMER, Claus Otto (2020): Theorie U. Von der Zukunft her führen: Presencing als soziale Technik (5., völlig überarb. u. erw. Aufl.). Heidelberg.

DIE SCHÜLERINNEN DEIKE, JULIA, LAURA UND MIA
SOWIE DER LEHRER KAI GEMBLER
IM GESPRÄCH MIT CHRISTIANE RUBERG

Schulportrait – Transformation durch Klimaparlament und Klimarat am Max-Windmüller-Gymnasium in Emden

Das Max-Windmüller-Gymnasium in Emden ist Teil des internationalen Netzwerks der UNESCO-Projektschulen und setzt sich als eine von zwölf klimaneutralen Schulen in Deutschland aktiv für ökologische Transformation und Bildung für nachhaltige Entwicklung (BNE) ein. Angestoßen durch das Climate Action Project der UNESCO im Jahr 2017 wurden ein Jahr später das schulinterne Klimaparlament und der Klimarat initiiert. Jahrgangsübergreifendes Engagement in demokratischen Strukturen sowie eine starke inner- und außerschulische Kooperations- und Netzwerkperspektive zeichnen das Projekt aus. Perspektivisch möchten sich die Akteur*innen vor allem noch stärker mit ihren Kontakten in Portugal, den Niederlanden, Spanien und Tschechien international vernetzen.

Laura: *„Wir sind kommunal, regional und international schon öfter angefragt worden, den Klimarat in Workshops oder in Konferenzen vorzustellen, und tauschen uns regelmäßig mit anderen Schüler*innen aus, die auch ein Klimaparlament bei sich etablieren möchten."*

Demokratische Konzeption von Klimaparlament und Klimarat

Um Bildung für nachhaltige Entwicklung in Bezug auf den Klimawandel an der Schule zu implementieren und möglichst viele der fast 800 Schüler*innen aktiv zu beteiligen, wählen die Schüler*innen seit 2018 im Sinne des Whole School Approaches der Agenda 2030 in jeder Klasse zwei bis drei Klimaabgeordnete für das Klimaparlament, aus dem anschließend weitere Vertreter*innen für das kleinere Gremium, den Klimarat, gewählt werden. Das Klimaparlament sichert eine breite Beteiligung innerhalb der Schüler*innenschaft, während die Akteur*innen im kleineren Klimarat arbeitsfähig sind. Die Entscheidungen des Klimarates werden vom Kollegium grundsätzlich mitgetragen, so dass nicht alle in die Aktivitäten involviert sein müssen. Zudem hat es sich bewährt, das Klimaparlament als eigenes Gremium zu etablieren und nicht als Teil der Schüler*innenvertretung zu entwickeln. So gibt es eine klare Aufgabenverteilung, die begünstigt, dass sich alle Mitglieder verantwortlich fühlen. Mit kleinen Projekten zu starten sichert dabei das Erfolgserleben aller Beteiligten.

Mia: „*Wichtig ist die Arbeitsteilung und die Aufteilung von Verantwortung, damit sich alle verantwortlich fühlen. Kreativ sein und mit kleinen Projekten starten.*"

Erfolgreiche und zukünftige Projekte

Eine der ersten Ideen, die anschließend von der Stadt Emden finanziert wurde, war es, mit eigener Ökostromproduktion durch eine Photovoltaikanlage zur klimaneutralen Schule zu werden. Zuvor haben die Schüler*innen politische Vertreter*innen und den lokalen Bundestagsabgeordneten eingeladen, um sie von dem Vorhaben zu überzeugen und über Umsetzungsmöglichkeiten zu beraten. Darüber hinaus initiierten sie die Umstellung von Papiertrockentüchern auf emissionsärmere elektrische Händetrockner in den Schultoiletten, was anschließend in allen Emdener Schulen umgesetzt wurde. Aus einer Kooperation mit einem schulinternen UNESCO-Projekt zum Wassersparen gründeten sie eine für alle Bürger*innen offene Kleidertauschbörse und planen als nächstes, die gasbetriebene Heizung der Schule durch eine umweltfreundlichere Wärmepumpe zu ersetzen, wozu sie erneut mit der Stadt Emden verhandeln.

Deike: „*Das schöne bei der Kleidertauschbörse ist, dass sich auch schon die Jüngeren aus der 5. Klasse mitmachen und hier alle Altersstufen zusammenarbeiten.*"

Verantwortung mit Weitblick

Bereits von der 5. Klasse an ist ein Engagement im Klimarat möglich und die erfahrenen Mitwirkenden ermuntern die jüngeren Schüler*innen, sich von Anfang an einzubringen. Somit wird der Nachwuchs frühzeitig in die Gremienarbeit integriert und Partizipationsmöglichkeiten von einer Schüler*innengeneration zur Nächsten weitergegeben. Da im Klimaparlament grundsätzlich nur einzelne Vertreter*innen aus den Klassen aktiv sind, gibt es immer wieder auch Aktionen, bei denen die gesamte Schulgemeinschaft eingebunden ist: So zum Beispiel bei der gemeinsamen Suche nach Problemlösungen, wie die Emissionen, die durch Mahlzeiten oder den Transport von Schüler*innen entstehen, verringert werden können.

Julia: „*Für die schulweite Aktion haben wir richtig gutes Feedback bekommen. Das hat uns noch einmal aufgezeigt, wie wichtig die gemeinsame schulische Zusammenarbeit ist.*"

Persönlichkeitsbildung und Relevanzerleben

Im jahrgangsgemischten Klimarat können die Schüler*innen im Laufe ihrer Schulzeit zunehmend Verantwortung übernehmen und stärker als im herkömmlichen Unterricht ihre Handlungsspielräume erweitern und Selbstwirksamkeitserfahrungen machen. Die vielfältigen Herausforderungen und Aktivitäten in Klimaparlament und Klimarat, z. B. Sitzungen mit Ratsvertreter*innen oder die Vorstellung der Arbeit des Klimarates auf internationalen Konferenzen, wirken persönlichkeitsbildend und stärken die Lehrer*innen-Schüler*innen-Beziehung.

Kai Gembler: „*Die Schüler*innen erleben sich hier ganz anders als im traditionellen Unterricht als Person und sie erfahren, dass sie etwas bewirken können und dass ihr Tun Relevanz hat. Dadurch sind sie sehr engagiert und bringen sich weitaus mehr ein, als sie es sonst vielleicht tun würden.*"

III. Forum

ANDREA PREUẞKER, SILVIA-IRIS BEUTEL

Bundesweiter Aktionstag Intitiative #IchStehAuf

Schulen für Demokratie und Vielfalt

#ICHSTEHAUF | Schulen für Demokratie und Vielfalt.

„Sich mal für Politik interessieren, Demokratie hilft", so der Kommentar von Jana aus der Schüler*innenvertretung der Nelson-Mandela-Schule Bochum am bundesweiten Aktionstag am 6. Juni 2024 zu ihrer selbstgestalteten Demokratiewolke.

Bezugspunkt und Auslöser der Initiative *#IchStehAuf – Schulen für Demokratie und Vielfalt* war die Rede von Bundespräsident Frank-Walter Steinmeier bei der Verleihung des Deutschen Schulpreises am 12. Oktober 2023 in Berlin. Steinmeier betonte dort, dass die Schulen hierzulande ihren Schüler*innen nicht nur grundlegende Kompetenzen wie Lesen und Schreiben vermitteln, sondern jedem Kind und Jugendlichen eine Heimat, eine Umgebung voll von Anerkennung und Respekt geben müssen. Vor allem aber, so der Bundespräsident, müsse „jede Schule eine Schule der Demokratie" sein. Die Botschaft blieb den Verantwortlichen, den Preisträgerschulen und den Gremien des Deutschen Schulpreises seither klar vor Augen: Kinder und Jugendliche und wir alle müssen und sollten in unserem Demokratiebewusstsein gestärkt werden.

Das galt auch und insbesondere im Jahr 2024: Nach den vielen prodemokratischen Demonstrationen gegen die Neue Rechte und den Rechtsextremismus, nach den öffentlich gewordenen Remigrationsfantasien einiger Politiker*innen, mit Blick auf die Wahlen in Europa und in drei östlichen deutschen Bundesländern und auf kommunaler Ebene sowie auf den 75. Geburtstag des Grundgesetzes wurde die Relevanz des Themas noch deutlicher sichtbar.

Daraufhin haben die Robert Bosch Stiftung und die Heidehof Stiftung als Träger des Deutschen Schulpreises im Verbund mit der ZEIT Verlagsgruppe und der ARD die Initiative „#IchStehAuf – Schulen für Demokratie und Vielfalt" gestartet. Die Vorbereitungen begannen im Februar, öffentlicher Höhepunkt war ein bundesweiter Aktionstag am 6. Juni 2024. Es haben an jenem Donnerstag bundesweit mehr als 2.000 Aktionen an Schulen mit knapp 400.000

Schüler*innen und deren Lehrkräften stattgefunden. Unterstützt und begleitet wurde der Aktionstag von über 100 Organisationen, die selbst aktiv wurden, darunter alle 16 Kultusministerien, die Bundeszentrale für politische Bildung, Universitäten, Stiftungen und Prominenz aus Medien, Kultur und Politik. Sie sind gemeinsam mit einem sichtbaren Appell und einem Bekenntnis zur Vielfalt in der modernen freiheitlichen, demokratischen Gesellschaft aufgetreten: Unterrichtsprojekte, symbolische Aktionen, Schulfeste der Vielfalt, Menschenketten, Flashmobs, zahlreiche Diskussionen und Gespräche zwischen Jung und Alt haben gezeigt, dass das Engagement für die offene, demokratische Gesellschaft selbst eine beeindruckende Vielfalt des positiven Mitmachens und zuversichtlichen Handelns für die Weiterentwickelung der Demokratie in Politik, Gesellschaft und bei jede*r einzelnen Bürger*in auslösen kann.

So vielfältig wie die Schulen im Land sind, so bunt und vielfältig waren die Aktionen. Ein Beispiel: Im brandenburgischen Nauen auf dem Leonardo Da Vinci Campus haben über 1.000 Schüler*innen und rund 250 Mitarbeiter*innen gemeinsam eine große Performance auf die Beine gestellt: Um Punkt 9.20 Uhr ging es los. Rasch fanden alle Schüler*innen auf dem Sportplatz auf einer markierten Linie ihren Platz und formten die Buchstaben der Aktion „#IchStehAuf". Über ihren Köpfen flog eine Drohne, die von einem Schüler gesteuert wurde. Der Poetry Slamer Wolf Hogekamp performte seinen eigens für diesen Moment geschriebenen Text. Auf sein Handzeichen vervollständigten die Schüler*innen im Chor die Verse. Es ging um die Europawahl, darum, dass Deutschland bunt bleibt und jede Stimme zählt. Die Kinder reckten dabei kleine farbige Stimmkärtchen in die Höhe. Dann legten sie die kleinen Kärtchen auf den Rasen und gingen vom Platz, zurück bleibt ein Mahnmal verlorener Stimmen. Am Ende liefen die Kinder wieder auf den Platz und holten sich ihre Stimme zurück. Sie nahmen sie mit in die Klassen und werden sie künftig für demokratische Abstimmungen nutzen. „Es war cool, selbst aufzustehen und mitzumachen", sagt die 10-jährige Frida nach der Aktion. Warum? „Ich will in einer Gemeinschaft leben, in der ich so sein kann, wie ich möchte. Das geht in einer Diktatur nicht", sagt sie.[1]

Demokratie ist gerade in der Schule nicht nur der Gegenstand von politischer Bildung im Fachunterricht, sondern eine kommunikative, partizipative Aufgabe und eine Notwendigkeit im Schulleben, in jedem Unterricht und im alltäglichen Umgang zwischen Lernenden und Lehrkräften. Die Mitautorin dieses Beitrages vom IADS der TU Dortmund war an der Nelson-Mandela-Schule in Bochum,

---

1 Den ausführlichen Bericht zur Aktion und weitere Eindrücke finden Sie unter www.deutsches-schulportal.de oder unter www.ichstehauf.org (Zugriff: 18.12.2024).

Schulpreisträgerschule 2023 mit Jugendlichen der Schüler*innenvertretung aktiv. Ausgehend vom Projekt „BildungsTandems", das ihr Lehrstuhl zusammen mit der „Zukunftsstiftung Bildung" der GLS-Bank Bochum an rund 80 Ruhrgebietsschulen durchführt, zeigte sich nicht nur, wie Wissenschaft auf praktische Qualitätsentwicklung in den Schulen einwirken kann, sondern auch, wie vielfältig die Handlungs- und Lernmöglichkeiten für eine demokratische Schule sind. So taten sich in Dortmund und Bochum Schulpädagog*innen aus ihrem Team mit den Kolleg*innen der „Zukunftsstiftung Bildung" zusammen und führten an sieben Schulen in Dortmund, Bochum und Essen einen ‚etwas anderen Unterricht' zum Thema „Kinderrechte" durch: In Dortmund begeisterte das „Kinderrechte-Bingo" die Schüler*innen an der Siegfried-Drupp-Grundschule. Am Ende gab es „Edelsteine" als Erinnerung daran, dass alle Kinder – ob in Dortmund, Bochum, Essen oder in der ganzen Welt – die gleichen Rechte haben. Die Kinder schrieben auf Papierwolken, welche Rechte für sie persönlich wichtig seien. Ob es das Recht auf „ein Zuhause", „liebe Eltern", „mit einem Kuscheltier schlafen", oder „keinen Krieg zu haben" war, an allem hing ihr Herz.

Es wurde deutlich: Kinder und Jugendliche nehmen nicht nur die Kinderrechte ernst, sondern auch die Aufgabe, sich für die Demokratie zu engagieren, wenn man entsprechende pädagogische und unterrichtsnahe Angebote macht, mit ihnen Beziehung lebt und wertschätzende Aufmerksamkeit schenkt.

Mit dem 6. Juni 2024 ist die Initiative „#IchStehAuf" nicht beendet.: „Es reicht nicht, einmal aufzustehen. Wir müssen stehen bleiben!", so lautet das Fazit von Thilo Engelhardt, der als Schulleiter der Waldparkschule in Heidelberg und gewählter Vertreter des Preisträgernetzwerks des Deutschen Schulpreises an der Konzeption und Umsetzung des Aktionstages beteiligt war.

Die Grundsatzaufgabe bleibt erhalten und ist für die Pädagogik in Praxis und Wissenschaft ein Dauerthema. Auf dem Deutschen Schulportal (www.deutsches-schulportal.de), der größten deutschsprachigen Online-Plattform für Lehrkräfte werden – gemeinsam mit den beteiligten Unterstützer *innen der Initiative – kostenfrei ganzjährig Online-Weiterbildungen rund um die Themen Demokratie und Vielfalt angeboten, gelungene Beispiele aus Schule und Jugendarbeit diskutiert sowie Grundlagentexte bereitgestellt, mit dem Ziel, Schulen und Jugendeinrichtungen bei dieser Aufgabe zu unterstützen und zu vernetzen.

Demokratie braucht Demokrat*innen und deren beständiges Engagement für freiheitliche Verhältnisse, in denen Vielfalt als Wert und die gewaltfreie demokratische Lebensweise als Kultur und Gewinn für die Menschen verstanden wird. Die Bürgerschaft ebenso wie die Schulen werden weiterhin immer wieder aufstehen müssen für die Demokratie – dass sie es können, hat der Aktionstag öffentlich mit ganz großem Erfolg sichtbar gemacht.

Über die Robert Bosch Stiftung

Die Robert Bosch Stiftung arbeitet in den Bereichen Gesundheit, Bildung und Globale Fragen. Sie geht auf das Vermächtnis von Robert Bosch zurück. Der Unternehmer und Stifter formulierte darin den doppelten Auftrag, das Fortbestehen des Unternehmens zu sichern und sein soziales Engagement weiterzuführen. Die Stiftung ist gemeinnützig, unabhängig und überparteilich. Sie unterhält eigene Einrichtungen, entwickelt innovative Projekte und fördert auf internationaler wie lokaler Ebene. Seit 2006 vergibt die Stiftung jährlich den Deutschen Schulpreis, den anspruchsvollsten Preis für gute Schulen in Deutschland.

KONSORTIUM DES UP! – UKRAINE PEER PROJEKTS[1]

Das up! – Ukraine Peer Projekt

Ein gemeinsames Projekt von RAG-Stiftung, RuhrFutur, Zukunftsstiftung Bildung und Universitätsallianz Ruhr

Hintergrund

Seit Russlands Angriff auf die Ukraine sind rund 25 Millionen Menschen aus der Ukraine auf der Flucht (Statista 2024). Rund 224.000 von ihnen leben zurzeit in Nordrhein-Westfalen, davon viele im Ruhrgebiet (Mediendienst Integration 2024). Um ukrainische Familien im Ruhrgebiet schnell und unkompliziert zu unterstützen, hat die RAG-Stiftung das *up! – Ukraine Peer Projekt* initiiert. *up!* kombiniert Aspekte der Lehr-Lern-Ansätze „Communities of Practice", „Service Learning" und „Peer Education". Bei Communities of Practice versammeln sich Akteur*innen verschiedener Professionen oder Berufsphasen mit dem Ziel gemeinsamer und wechselseitig angeregter Lehr-Lern- und Arbeitsprozesse (Wenger 2003), um verschiedene Perspektiven auf u. a. institutionelle Bildungsprozesse mit dem Anspruch eines gemeinsam optimierten Arbeitens einzubringen (Rothstein/Drossel 2023). Seit April 2023 bietet damit eine Community of Practice aus der Universitätsallianz Ruhr (UA Ruhr), bestehend aus Ruhr-Universität Bochum (RUB), Technische Universität Dortmund (TU DO), Universität Duisburg-Essen (UDE), der Zukunftsstiftung Bildung und der Bildungsinitiative RuhrFutur Strukturen, Netzwerke und Erfahrungen, um schnell und unbürokratisch ukrainischen Kindern und Jugendlichen das Ankommen im deutschen Schulalltag zu erleichtern. Service Learning ist ein hochschuldidaktisches Konzept, bei dem Studierende in ausgefeilt verschränkten Theorie-Praxis-Kontexten die hochschulisch erworbenen Kompetenzen und Fachinhalte sozial und verantwortungsvoll anwenden (Schank u. a. 2020), und Peer-Education

---

1 Dr. Kathi Thönes, RuhrFutur gGmbH; Viktoria Wesemann, RuhrFutur gGmbH; Lena Korte-Riepe, GLS Treuhand Zukunftsstiftung Bildung; Prof. Dr. Silvia-Iris Beutel, Technische Universität Dortmund; Prof. Dr. Miriam Morek, Universität Duisburg-Essen; Prof. Dr. Heike Roll, Universität Duisburg-Essen; Prof. Dr. Björn Rothstein, Ruhr-Universität Bochum.

versammelt (fast) Gleichaltrige oder Gleichgesinnte mit dem Ziel, die zentrale soziale Bedeutung gleichaltriger Peers für Lehr-Lernprozesse zu nutzen. *up!* vermittelt daher Studierende - nach Möglichkeit mit ukrainischen und/oder russischen Sprachkenntnissen – als Lernbegleitende an Schulen aller Schulformen und Klassen im Ruhrgebiet. Dort unterstützen die Lernbegleitenden die Schüler*innen aus der Ukraine bedarfsgerecht, sowohl bei individuellen Lernprozessen und im Spracherwerb als auch bei der Integration in die Klassen. Hierfür werden sie im Vorfeld qualifiziert und für die besondere Situation der aus dem Krieg geflüchteten Schüler*innen sensibilisiert. Während ihrer Tätigkeit werden sie von den Projektbeteiligten beraten und durch die beteiligten Hochschulen supervidiert. Die am Projekt teilnehmenden jungen Menschen zeigen ein hohes Engagement, das auch über die bezahlten Stunden hinausgeht.

Gemeinsame Verantwortung, gemeinsam Wirken

Als gemeinsame Strategie und aus zeitlogistischen Gründen nehmen alle Projektbeteiligten bereits etablierte Lehr-Lern-Strukturen in der Zusammenarbeit zwischen Studierenden und Schüler*innen auf. Die RUB (Lokale Projektleitung: Prof. Dr. Björn Rothstein, Germanistisches Institut) greift auf etablierte Strukturen aus dem Projekt *Neue Wege. GeHen* (Gemeinsam Herkunftssprachen nutzen) zurück, in denen Studierende als individuelle Lernbegleitende ausgebildet werden. *Neue Wege. GeHen (Gemeinsam Herkunftssprachen nutzen)* ist als Hauptseminar mit Praxisphasen im Bochumer Germanistikbachelor konzipiert und adressiert vor allem Lehramtsstudierende. *Neue Wege. GeHen* macht die nicht-deutschen Familiensprachen von Schüler*innen für bildungsinstitutionelle Lehr-Lern-Prozesse nutzbar. Dazu arbeiten Lehramtsstudierende mit Schüler*innen der gleichen Familiensprache zusammen, um ihnen neben der Vor- und Nachbesprechung inhaltlicher Lerninhalte Möglichkeiten der Nutzung ihrer Familiensprachen für Bildungsprozesse aufzuzeigen.

Die Universität Duisburg-Essen (Lokale Projektleitung: Prof. Dr. Miriam Morek und Prof. Dr. Heike Roll, Institut für Germanistik bzw. Institut für Deutsch als Zweit- und Fremdsprache) baut auf Erfahrungen und Organisationsformen des außerschulischen Berufsfeldpraktikums und des *Förderunterrichts für Kinder und Jugendliche mit Migrationshintergrund* auf. Im Fokus des Duisburg-Essener Teilprojekts steht die Unterstützung der ukrainischen Kinder und Jugendlichen beim Ausbau ihrer Sprachfähigkeiten im Deutschen. Zurückgegriffen wird dabei vor allem auf Ansätze des digitalen und spielerischen Lernens (game-based learning), wie sie auch im Berufsfeldpraktikum „Digital lehren lernen" (Morek/Göbel 2014) bereits im Kontext individualisierter Lernbegleitung von Schüler*innen durch Studierende erprobt wurde (in Zusammenarbeit mit *Lern-Fair*, vormals Corona-School e. V. und dem Zentrum für Lehrkräftebildung der UDE). Die fachdidaktische Begleitung der Studierenden zielt u. a. darauf, sie bei der Auswahl von Apps zur Förderung sprachlicher Fähigkeiten zu unterstützen und ihren ressourcenorientierten, diagnostischen Blick auf die sprachlichen Erwerbsstände der Kinder und Jugendlichen zu schulen. Hospitationen durch Peers bei der Arbeit vor Ort in den Schulen liefern dafür wichtige Anhaltspunkte.

An der TU Dortmund (Lokale Projektleitung: Prof. Dr. Silvia-Iris Beutel, Institut für Allgemeine Didaktik und Schulpädagogik) werden die Expertise aus dem Deutschen Schulpreis und Erfahrungswerte aus der schulpraktischen Arbeit in Schulnetzwerken zu Helfersystemen und individueller Förderung sowie aus der wissenschaftlichen Begleitung bisheriger Peer-Projekte (z. B. *GanzIn, GemeinsamGanztag, BildungsTandems)*, aufgenommen und weiterentwickelt. Für die Begleitung und Beratung der Studierenden ist hierbei der demokratiepädagogische Ansatz leitend, der die Interaktionsqualität in der Begegnung mit den ukrainischen Kindern und Jugendlichen prägen soll. Des Weiteren geht es darum, ein eigens dafür zusammengestelltes Leseangebotsportfolio einzusetzen, das diversitätssensibel auf die jeweiligen Sprachstände bezogen ist, vielfältige Lebenswelten aufgreift und interessenförderlich für die aktive Unterrichtsteilnahme wirken soll.

Langjährige Erfahrung in der Begleitung von jungen Erwachsenen und Schüler*innen aus verschiedenen Schulprojekten und Programmen (*Bildungs-Bande, ZukunftsBande, Ferienschulen* etc.) sowie zahlreiche aktive Schulkontakte lässt die Zukunftsstiftung Bildung einfließen. Sie schließt die Verträge mit den Studierenden, aktiviert ihr eigenes Schulnetzwerk, setzt in enger Zusammenarbeit mit den drei Universitäten und RuhrFutur die vorbereitende Qualifizierung der Studierenden um und betreut diese in Abstimmung mit den Universitäten auch darüber hinaus. Grundlagen der Qualifizierung umfassen das Verständnis und die Reflexion der eigenen Rolle als Lernbegleiter*in, das Erlernen von Methoden, Informationen zu den Themen Trauma und Sprachförderung sowie einen angeleiteten Erfahrungsaustausch. Des Weiteren werden die Qualifizierungen für eine intensive Fallbesprechung zwecks passgenauer Unterstützung und konstruktiver Lösungsfindung bei herausfordernden Situationen verwendet, beispielsweise dem Stärken der Lernmotivation von Kindern mit Fluchterfahrungen. Die Studierenden können durch die Qualifizierung verstärkt mit beziehungsorientiertem Lernansätzen arbeiten und fördern auf diese Weise den Aufbau des (Selbst-)Vertrauens der Schüler*innen. Die Begleitung hilft den ukrainischen Schüler*innen bei der Integration in das deutsche Bildungssystem, indem sie deren Sprachkompetenz, hinsichtlich des Erwerbs der deutschen Sprache, unterstützt und die Lesekompetenz fördert. Durch den Rollenwechsel zum Lernbegleiter im Rahmen der Peer-Learning-Begegnung erfahren die Studierenden darüber hinaus die Wirksamkeit demokratischen Lernens.

Die RuhrFutur gGmbH bringt ihre Stärke in der sektorenübergreifenden Kooperation im Ruhrgebiet ein und knüpft an das Projekt *students@school* an. Auch dort wurden Studierende an Schulen vermittelt, um Schüler*innen fördernd zu unterstützen. RuhrFutur koordiniert das Projekt *up!*, entsendet die Studierenden an passende Standorte und pflegt den engen Dialog mit den Schulleitungen. Auch die Zusammenarbeit der Partner und die damit verbundenen Netzwerktreffen aller relevanten Akteur*innen werden von RuhrFutur organisiert. So gelingt der Wissenstransfer über den Projektalltag hinaus.

Die RAG-Stiftung rief das Projekt ins Leben und finanziert dieses über ihren Sonderfond für Ukraineflüchtlingshilfe. Sie arbeitet mit allen beteiligten Partnern in anderen Projekten seit Jahren vertrauensvoll zusammen und konnte so ein breites Bündnis zur Unterstützung der geflüchteten Kinder und Jugendlichen schmieden. Darüber steht das Ziel, die Bildungsteilhabe und die Chancen auf den Bildungserfolg der ukrainischen Schulkinder zu fördern und zugleich die Lehr- und Fachkräfte an den Schulen im Ruhrgebiet zu entlasten.

Evaluation

Nach halbjähriger Laufzeit wurde *up!* im September 2023 in Form einer Online-Befragung mit offenen und geschlossenen Fragen anonym evaluiert. 14 von 15 Projektschulen und 26 von 36 aktiven Lernbegleiter*innen nahmen daran teil. Erfragt wurden schulseitig u. a. die Schulform, die Anzahl an ukrainischen Schüler*innen, der Einsatz der Studierenden, die Bewertung und die Wirkung des Projektes. Die Studierenden wurden u. a. um Aussagen zu ihren (lehramtsbezogenen) Studiengängen, zu ihren Ukrainisch- bzw. Russischsprachkenntnissen, zur Anzahl betreuter Schüler*innen, zur Bewertung Wirkung des Projekts sowie zu den projektbedingten schüler*innenseitig aufgebauten Kompetenzen befragt. Zentrale Befunde aus der Online-Befragung werden im Folgenden zusammengefasst:

- Die Studierenden sind laut Umfrage durchschnittlich sechs Stunden pro Woche an den Schulen im Einsatz, wie in der Projektbeschreibung vorgegeben.
- Die meisten Studierenden sind an Grundschulen aktiv und unterstützen die Schüler*innen vor allem vormittags während des Unterrichts in Kleingruppen und im Klassenverbund.
- Studierende und Schulen berichten beiderseits über eine gute Zusammenarbeit.
- Sowohl aus Perspektive der Studierenden als auch aus Perspektive der Schulen werden Beziehungen zwischen Lernbegleiter*innen und den ukrainischen Schüler*innen aufgebaut. Dies erleichtert deren Integration in den Schulalltag und die neue Umgebung und trägt zur Verbesserung ihrer Deutschkenntnisse bei.
- Die Studierenden erwerben durch das Projekt neue Fähigkeiten und Kenntnisse und sammeln wertvolle Praxiserfahrungen.
- Fast alle der befragten Studierenden und Schulen bewerten *up!* mit „sehr gut" und „gut" und würden erneut an diesem oder einem ähnlichen Projekt teilnehmen.

Diese Ergebnisse bestätigen sich auch in den studentischen Antworten auf die offenen Fragen:

*„Nach den ersten Wochen meines Einsatzes habe ich bemerkt, dass sogar die Schüler*innen, die Lehrkräfte früher im Unterricht ignoriert haben, jetzt viel aktiver wurden und ein großes Interesse an der deutschen Sprache und Kultur entwickeln konnten. Ich bekomme oft Rückmeldungen von den Schüler*innen, dass sie gerne öfter Unterricht in kleinen Gruppen haben möchten, weil sie so viel mehr verstehen und sie finden auch den allgemeinen Lernprozess produktiver. Ich würde mir wünschen, wir dürften bis zu 20 Stunden in der Schule mit den Schüler*innen verbringen, die unsere Unterstützung benötigen. Ich würde mich freuen, an einigen Tagen im Unterricht dabei zu sein und mit der Übersetzung des Lernstoffes zu helfen und an anderen Tagen in Kleingruppen zu arbeiten."*

Gemeinsam mehr erreichen – Stimmen aus dem Projektkontext

Das Projekt zeigt, dass durch die Kooperation der verschiedenen Institutionen Ergebnisse erzielt werden, die jeweils allein nicht hätten erreicht werden können. Die Projektpartner sind sich einig: vom *up! – Ukraine Peer Projekt* profitieren alle Beteiligten:

Bärbel Bergerhoff-Wodopia, Mitglied des Vorstands der RAG-Stiftung: „Ich freue mich über die gute Zusammenarbeit im Projekt, mit dem wir sowohl den ukrainischen Kindern helfen hier gut anzukommen als auch die Schulen dabei unterstützen, die Kinder gut zu integrieren. Ich habe mich auch persönlich vor Ort in der Cranachschule in Essen von der wirksamen Umsetzung von up! überzeugen können. Die Kinder erhalten Unterstützung beim Lernen, können sich teils in ihrer Familiensprache austauschen und erfahren so Wertschätzung und fühlen sich willkommen."
Prof. Dr. Björn Rothstein, Ruhr-Universität Bochum: „Wer engagierte Helfende sehen will, muss zu unseren Studierenden gehen. Ich bin begeistert davon, wie viele Studierende sich nach nur einer Rundmail gemeldet haben, um das Projekt „up!" zu unterstützen."
Prof. Dr. Silvia-Iris Beutel, TU Dortmund: „Ukrainische Kinder und Jugendliche sollen Brücken des Ankommens im Leben und Lernen in Deutschland vorfinden. Wir wollen ihnen mit Spracherfahrung Zuversicht vermitteln, Begegnung und Lernbegleitung durch unsere Student*innen anbieten."
Prof. Dr. Miriam Morek, Universität Duisburg-Essen: „An der UDE unterstützen wir die Studierenden mit unserer Expertise in den Bereichen Mehrsprachigkeit und Sprachförderung, damit sie fachlich gut qualifiziert an die Arbeit gehen können."
Lena Korte-Riepe, Zukunftsstiftung Bildung: „Während der Qualifizierungen sehe ich immer wieder leuchtende Augen bei den Studierenden – sie sind begeistert von den ganz praktischen Methoden und erfahren eine unmittelbare Wirkung ihrer Arbeit vor Ort."
Viktoria Wesemann, RuhrFutur: „Da die Schüler*innen von den Studierenden keine Konsequenzen, wie z. B. Noten befürchten müssen, können sie sich ihnen gegenüber viel mehr öffnen als gegenüber einer Lehrkraft. Sie können den Studierenden vertrauen, können im besten Fall mit ihnen in ihrer Familiensprache sprechen und haben möglicherweise ein ebenbürtigeres Verhältnis als zu ihren Lehrkräften."
Lena Stieler, Lehrkraft an der Kantschule in Essen: „Für mich als Klassenlehrerin ist es gut zu wissen, dass die Kinder mehrmals in der Woche in einer Kleingruppe untergebracht werden. Dadurch kann eine individuellere Förderung stattfinden und die Kinder können so im Regelunterricht mitlaufen."
Anastasia Kulikova, Studierende der Ruhr-Universität Bochum: „Ich wollte helfen und die Möglichkeit nutzen, beim Projekt up! mitzumachen. Ich bin selbst Flüchtling und kenne die Probleme – vor allem mit der Sprache."

> *Mykyta*, Schüler an der Graf-Engelbert-Schule in Bochum: „Es ist sehr gut, dass meine Betreuerin Liia ukrainisch spricht. So können wir uns sehr gut verstehen und ich kann schnell viele neue deutsche Wörter lernen.“

Literatur

MEDIENDIENST INTEGRATION (2024): Zahlen & Fakten. Flucht & Asyl. Flüchtlinge aus der Ukraine. Online: https://mediendienst-integration.de/migration/flucht-asyl/ukrainische-fluechtlinge.html (Zugriff: 16.2.2024).

MOREK, Miriam/Göbel, Oliver (2024): Berufsfeldpraktikum Digital lehren lernen im Fach Deutsch: Fachdidaktische Professionalisierung für individuelle Lernbegleitung im digitalen Raum. In: Schöning, Anke/Heer, Michaela/Pahl, Michelle/Diehr, Frank/Parusel, Eva/Tinnefeld, Anja/Walke, Jutta (Hg.): Das Berufsfeldpraktikum als Professionalisierungselement. Grundlagen, Konzepte, Beispiele für das Lehramtsstudium. Bad Heilbrunn, S. 229–235.

ROTHSTEIN, Björn/Drossel, Kerstin (2023). Phasenübergreifende Zusammenarbeit in der digitalisierungsbezogenen Lehrer*innenbildung gestalten. Herausforderung Lehrer*innenbildung – Zeitschrift zur Konzeption, Gestaltung und Diskussion, 6/2023, S. 1–9.

SCHANK, Christoph/Biberhofer, Petra/Halberstadt, Jantje/Lorch, Alexander (2020): Service Learning als kompetenzorientierte Lehr-und Lernform: Instrumente der Hochschuldidaktik. In Fridrich, Christian/Hedtke, Reinhold/Ötsch Walter O. (Hg.): Grenzen überschreiten, Pluralismus wagen – Perspektiven sozioökonomischer Hochschullehre. Wiesbaden, S. 217–239.

STATISTA (2024): Schätzungen zur Anzahl der Flüchtlinge aus der Ukraine nach Zustrom in den Nachbarländern von Februar 2022 bis Juni 2024. Wirtschaft & Politik. Kriege & Konflikte. Online: https://de.statista.com/statistik/daten/studie/1293861/umfrage/anzahl-der-kriegsfluechtlinge-aus-der-ukraine-nach-aufnahmeland/ (Zugriff: 16.2.2024).

WENGER, Etienne (2003): Communities of Practice: Learning, Meaning, and Identity. Cambridge University Press.

DETLEF VON ELSENAU, SONJA GORSKI, ANJA JUNGERMANN, HANNAH MASCHONG, STEFAN SKOKAN

BNE-Fokusschulen Dortmund

Dortmund als BNE-Modellkommune

1. Kurzbeschreibung Bildung – Nachhaltigkeit – Kommune BNE-Kompetenzzentrum für Prozessbegleitung und Prozessevaluation (BiNaKom)

Die Stadt Dortmund ist seit Anfang 2021 Modellkommune für Bildung für nachhaltige Entwicklung (BNE) im vom Bundesministerium für Bildung und Forschung geförderten Verbundprojekt „Bildung – Nachhaltigkeit – Kommune: BNE-Kompetenzzentrum für Prozessbegleitung und Prozessevaluation" (BiNaKom). Das BNE-Kompetenzzentrum begleitet die knapp 50 Modellkommunen dabei, BNE in den Bildungslandschaften der Kommunen langfristig zu verankern.

Im Rahmen des Verbundprojektes hat sich die Stadt Dortmund auf den Weg gemacht, eine BNE-Gesamtstrategie zu erarbeiten. Ziel ist die systematische und strukturelle Verankerung von BNE in der Bildungslandschaft. Hierzu wurde eine BNE-Koordinierungsstelle im Regionalen Bildungsbüro eingerichtet.

In der ersten Phase der Umsetzung der Gesamtstrategie liegt der Fokus zunächst auf Kindern, Jugendlichen und jungen Erwachsenen. In einer nachfolgenden Phase werden dann sämtliche Bildungsbereiche und -angebote entlang der Bildungsbiografie in der Kommune einbezogen.

2. Einrichtung einer Expert*innenrunde BNE in Schule

Um erste Maßnahmen im Rahmen der BNE-Gesamtstrategie der Stadt Dortmund zu erarbeiten, wurde 2021 eine Expert*innenrunde „BNE in Schule" initiiert. Diese Expert*innenrunde setzt sich neben Vertretungen aus dem Schulministerium, der oberen und unteren Schulaufsicht, dem Zentrum für schulpraktische Lehrerausbildung, u. a. auch aus Vertretungen der Dortmunder Hochschulen und der Jugendhilfe sowie Führungskräften aus städtischen

Ämtern und BNE-zertifizierten außerschulischen Lernorten in Dortmund zusammen. Im Rahmen der Expert*innenrunde wurde das Vorhaben der BNE-Fokusschulen erarbeitet. Die Runde unterstützte das Vorhaben nicht nur bei der Planung und Einführung, sondern ist auch weiterhin wesentlich an der Umsetzung des Projektes beteiligt. Sie unterstützt u. a. in den Bereichen Prozessbegleitung, Qualifizierungen, wissenschaftliche Begleitung, bei Förderanträgen sowie bei Auszeichnungen sowie Zertifikaten.

3. BNE-Fokusschulen

Zum Schuljahr 2023/24 starteten 25 Schulen als BNE-Fokusschulen, darunter Grundschulen, Förderschulen, Realschulen, Gesamtschulen, Gymnasien, Berufs- und Weiterbildungskollegs. Die teilnehmenden Schulen werden über einen Zeitraum von drei Jahren dabei unterstützt, BNE an ihren Schulen zu explorieren, umzusetzen und zu implementieren. Ziel ist es, ein nachhaltiges Lernumfeld zu schaffen, das Schüler*innen auf die Herausforderungen und Chancen der Gegenwart und Zukunft vorbereitet. Die Dortmunder Fokusschulen sollen im Sinne des „Whole School Approach" unter Einbezug unterschiedlicher (kommunaler) Akteur*innen über den Projektzeitraum ein BNE-Profil entwickeln und eine Grundlage erarbeiten, um BNE in den Fokusschulen und langfristig in der gesamten Bildungslandschaft zu verankern. Das Projekt strebt die umfassende Integration von BNE in der gesamten Schule an. Dadurch sollen im Rahmen der Schulentwicklung sämtliche Aspekte der Unterrichts-, Personal- und Organisationsentwicklung adressiert werden. Daraus ergeben sich drei Handlungsfelder:

- Handlungsfeld I: Fokusschulen als nachhaltig handelnde Einrichtungen
- Handlungsfeld II: Zukunftsfähige Lehr-/Lernsettings und -formate
- Handlungsfeld III: Kompetenzentwicklung bei Lehrenden, Lernenden und weiteren pädagogisch Tätigen

Die skizzierten Handlungsfelder orientieren sich grob an der Leitlinie BNE des Ministeriums für Schule und Bildung des Landes Nordrhein-Westfalens sowie an der „Übersicht zur Unterstützung der Schulentwicklung BNE", die im Juni 2021 als Teil des Erlasses „Bildung für nachhaltige Entwicklung (BNE) an öffentlichen allgemeinbildenden und berufsbildenden Schulen sowie Schulen in freier Trägerschaft" in Niedersachsen veröffentlicht wurde.

Im Handlungsfeld I wird die Verankerung von BNE im Leitbild und Schulprogramm sowie im täglichen Handeln der Fokusschulen und die Einbindung aller Beteiligten priorisiert. Dies umfasst die Schaffung einer Schulkultur, die in allen Bereichen des Schullebens nachhaltiges Handeln fördert. Hierbei werden beispielsweise der schulische Ganztag, die Soziale Arbeit an Schule und Aspekte wie Schulbau, Ausstattung und Bewirtschaftung berücksichtigt. Die Zusammenarbeit in multiprofessionellen Teams steht im Mittelpunkt, um gemeinsam eine partizipative Strategie zur Implementierung und Umsetzung von BNE zu entwickeln. Partizipation wird als Grundprinzip der BNE gefördert und durch die Entwicklung von Gestaltungskompetenz verstärkt, beispielsweise durch Nachhaltigkeitsparlamente oder Service Learning. Die Arbeit am Leitbild und Schulprogramm spielt eine zentrale Rolle, da sie die Grundlage für die Schulentwicklung bildet. Dabei werden Entwicklungsperspektiven und -ziele erarbeitet sowie konkrete Maßnahmen zur Erreichung festgelegt und Ideen zur Evaluation dokumentiert. Die Dokumentation, Evaluation und Öffentlichkeitsarbeit des Projektes sind ebenfalls Teil dieses Handlungsfeldes, um währenddessen Anpassungen vornehmen zu können und wichtige Erkenntnisse festzuhalten.

Im Fokus des Handlungsfeldes II liegt die Verankerung zukunftsfähiger Lehr-/Lernsettings und -formate, die BNE als grundlegenden Ausgangspunkt integrieren. Die Lehr-/Lernsettings und -formate sollen sich deshalb an folgenden didaktischen Prinzipien orientieren:

- Lernendenzentrierung und Zugänglichkeit
- Handlungs- und Reflexionsorientierung
- Transformatives und transgressives Lernen
- Partizipationsorientierung
- Entdeckendes Lernen
- Vernetzendes Lernen
- Visionsorientierung
- Verbindung von sozialem, selbstbezogenem und methodenorientiertem mit sachbezogenem Lernen (Rieckmann 2020, S. 26)

Partizipation ist dabei von entscheidender Bedeutung, sodass die Lernenden aktiv an der Gestaltung ihrer Lernprozesse und Kompetenzentwicklung beteiligt sind. Ein Beispiel dafür ist der FREI DAY oder Deeper Learning, aber auch zahlreiche andere, zukunftsfähige Lernformate werden bereits an Dortmunder Schulen sowie bundesweit und international erprobt. Im Rahmen des Handlungsfeldes sollen diese Erfahrungen dokumentiert und die Fokusschulen bei der Umsetzung unterstützt werden, indem Möglichkeiten gefunden werden, innovative Lernformate mit den Lehrplänen in Einklang zu bringen. Zudem umfasst das Handlungsfeld die Vernetzung und Zusammenarbeit mit lokalen, regionalen, nationalen und internationalen Akteur*innen. Der Ausbau des BNE-Netzwerks in Dortmund zielt dabei darauf ab, nicht nur den Schulen, sondern auch den außerschulischen Akteur*innen eine stärkere Vernetzung zu ermöglichen.

Handlungsfeld III ist darauf ausgelegt, die Kompetenzentwicklung aller Beteiligten zu fördern. Dazu werden verschiedene Qualifizierungs- und Workshopformate angeboten, die speziell auf die Bedürfnisse verschiedener Zielgruppen wie Lehrende, weitere pädagogisch Tätige, Lernende und Eltern zugeschnitten sind. Über die gesamte Laufzeit des Projektes werden sowohl schulübergreifende als auch schulinterne Qualifizierungen und Workshops angeboten. Nach einer Einführung in die Grundlagen von BNE werden auf die spezifischen Bedürfnisse und Phasen der Fokusschulen abgestimmte Qualifizierungen durchgeführt. Die Teilnehmenden dieser Maßnahmen werden im Rahmen des Projektes zu Multiplikator*innen ausgebildet, um sicherzustellen, dass möglichst die gesamte Schulgemeinschaft erreicht werden kann.

Die Fokusschulen werden in einem ganzheitlichen Schulentwicklungsprozess durch Workshops und Netzwerkveranstaltungen unterstützt und durch ein Projektteam und externe Kooperationspartner*innen im Prozess begleitet. Das BNE-Angebot der Stadt steht dabei nicht nur den Fokusschulen zur Verfügung, sondern alle Dortmunder Schulen sollen von dem Vorhaben profitieren. So werden beispielsweise die an den Fokusschulen eingesetzten Arbeitsmaterialien (Checklisten, Good Practice Beispiele etc.) allen Schulen zur Verfügung gestellt und auch eine Teilnahme an ausgewählten Veranstaltungen (Netzwerktreffen & Qualifizierungen/Workshops) wird ermöglicht (siehe Abb. 1).

Koordiniert wird das Vorhaben vom Regionalen Bildungsbüro der Stadt Dortmund. Das dort eingerichtete Fokusschulen-Team ist für Verwaltungsaufgaben, die Betreuung der Schulen und des Netzwerks sowie die Organisation und Koordination von Workshops und Netzwerkveranstaltungen zuständig. Eingebettet sind die Angebote für Schulen in die BNE-Gesamtstrategie der Stadt Dortmund. Die Gesamtstrategie soll als Beitrag zur zukunftsgerechten, nachhaltigen Entwicklung die Grundlage für die systematische Implementierung von BNE in die Dortmunder Bildungslandschaft liefern. Sie soll somit ein zielgerichtetes, problem- und lösungsorientiertes Vorgehen beschreiben und aufzeigen, wie Wissen und Gestaltungskompetenzen für Nachhaltigkeitslösungen und gesellschaftliche Innovationen in der Bildungslandschaft systematisch verankert werden können.

Abb. 1: Übersicht über das Begleitungskonzept der BNE-Fokusschulen Dortmund (Quelle: Regionales Bildungsbüro Dortmund)

4. Erste Erfahrungen

Die Erfahrungen der ersten Projektphase machen bereits deutlich, wie bedeutsam die strukturellen Entscheidungen zu Projektbeginn waren. Hierzu zählen insbesondere:

1. Koordination durch Projektteam (Fokusschulen-Team)
2. Regelmäßige Netzwerktreffen (auch in Präsenz)
3. Projektmanagement in den Schulen
4. Begleitung durch Expert*innenrunde

Die Koordination des Gesamtprojektes durch ein schulexternes Team erweist sich nicht nur als sinnvoll, sondern auch als absolut notwendig und kann in ihrer Bedeutung für den Gesamtprozess gar nicht überschätzt werden. Der Umstand, dass die teilnehmenden Schulen nicht nur auf unterschiedliche Handlungsfelder fokussiert, sondern darüber hinaus unterschiedlich weit in ihrem Entwicklungsprozess sind, macht eine interne Koordination der Schulen untereinander nahezu unmöglich. Für das Projektteam (Fokusschulen-Team) haben sich insbesondere vier Arbeitsfelder ergeben. Mit Blick auf die Vernetzung der Fokusschulen sind dies insbesondere koordinierende Aufgaben im Bereich des Kooperationsmanagements. Ein weiteres Arbeitsfeld stellt sich durch die Organisation von Fortbildungsprozessen wie zum Beispiel schulübergreifende Workshops und Barcamps dar. Es stellt sich aber auch heraus, dass die teilnehmenden Schulen großen Unterstützungsbedarf bei schulinternen Maßnahmen wie pädagogischen Tagen beziehungsweise kollegiumsinternen Fortbildungen haben. Als besonders bedeutsam hat sich ein drittes Arbeitsfeld herausgestellt, nämlich die Unterstützung der einzelnen Schulen im Bereich der Schulentwicklungsprozesse. Hier geht es insbesondere darum, Hilfestellung bei der Prozessplanung zu geben, aber auch entsprechende Impulse bei der Implementierung eines systematischen Projektmanagements zu erhalten. Wie auch in ganz praktischen Belangen wie zum Beispiel der Vermittlung von Expert*innen oder der Unterstützung bei der Fördermittelakquise hat sich die Bedeutung der externen Koordination des Projektes als wertvoll herausgestellt. Schließlich sieht sich das Projektteam auch bei der Evaluation der einzelnen schulischen Entwicklungsprozesse in der Verantwortung und koordiniert die wissenschaftliche Begleitung in dem Zusammenhang. Die wissenschaftliche Begleitung des Projektes erfolgt durch die TU Dortmund.

Die zentrale Bedeutung regelmäßiger Netzwerktreffen ist bereits bei der Auftaktveranstaltung deutlich geworden. Dabei wurde von den Teilnehmer*innen besonders betont, wie wichtig es ist, sich in Präsenz zu begegnen und bei diesem Treffen möglichst viele Gelegenheiten für informelle Gespräche zu schaffen.

Aufgrund der bereits erwähnten variierenden Entwicklungsstände der teilnehmenden Schulen, ihrer unterschiedlichen Schwerpunktsetzungen und damit verbundenen, individuellen Bedürfnissen haben sich offene Veranstaltungsformate wie Barcamps als äußerst wirkungsvoll erwiesen. Dieses Format ermöglicht es den Schulen, die für sie passenden „Sessions“ (Workshops, Erfahrungsaustausch, Impulsvortrag) zu finden und die für sie bedeutsamen Fragen zu stellen. Gleichzeitig ermöglicht diese Form der Veranstaltung viel Kommunikation und die weitere Vernetzung untereinander. So initiierte das Fokusschulen-Team ein Netzwerktreffen mit einem Fokus auf Projektmanagement. Das Ziel dieser Veranstaltung war es, den Schulen die erforderlichen Methoden bereitzustellen, um ihre Schul- und Unterrichtsentwicklung systematisch, zielgerichtet und unter Einbeziehung aller Beteiligten voranzutreiben. Dabei wurde ein Schwerpunkt darauf gelegt, den Teilnehmenden das Kennenlernen und die praktische Anwendung agiler Methoden aus dem Design Thinking sowie spezifischer Tools wie beispielsweise dem Kanbanboard zu ermöglichen.

Literatur

RIECKMANN, Marco (2020): Bildung für nachhaltige Entwicklung. Von Projekten zum Whole School Approach. In: Kapelari, Suzanne (Hg.): Vierte „Tagung der Fachdidaktik“ 2019: „Interdisziplinäre fachdidaktische Diskurse zur Bildung für nachhaltige Entwicklung“. Innsbruck, S. 11–44.

SILVIA-IRIS BEUTEL, MARTIN GOY, CHRISTIANE RUBERG[1]

Zur Diskussion – Alternative Leistungsbeurteilung im Prozess der Transformation

Ob die Notengebung in der Schule sinnvoll ist, wurde seit deren Einführung in der Geschichte der Schule immer wieder hinterfragt und von der Suche nach Alternativen zur Ziffernnote begleitet. Konzeptionelle Arbeiten zur schulischen Leistungsbeurteilung und Diagnostik sowie Befunde nationaler wie internationaler Forschung haben wiederholt darauf hingewiesen, dass Noten hinsichtlich ihrer Messgüte (also ihrer Objektivität, Zuverlässigkeit und Gültigkeit) kritisch zu betrachten sind, sie unter anderem mit Beobachtungs- und Beurteilungsfehlern verbunden sein können, und sich an die Notenvergabe substanzielle Fragen hinsichtlich der Genauigkeit und Fairness der Beurteilung stellen (im Überblick: Beutel/Pant 2024; Brookhart u. a. 2016). In lern- und förderorientierter Perspektive lässt sich zudem fragen, ob Noten der Lernentwicklung von Schüler*innen dienlich sind, wenn sie sich negativ auf die schul- und lernbezogene Motivation auswirken können und durch sie eine Fokussierung auf das Lernergebnis bei gleichzeitiger Vernachlässigung der Lernwege bedingt ist.

Vor diesem Hintergrund rücken Ansätze alternativer Leistungsbeurteilung in den Blick, die eine pädagogische und formative (stärker auf den Prozess des Lernens fokussierte) Perspektive betonen: Die Erfassung und Beurteilung schulischer Leistungen sollen hierbei vor allem dazu dienen, die Lernbegleitung, die Rückmeldeprozesse sowie die Förderung von Lernverhalten und Leistungen der Schüler*innen zu unterstützen (Beutel u. a. 2019). Entsprechende Beurteilungskonzepte und -formen zielen somit sowohl darauf ab, die Beurteilung für die Schüler*innen transparenter und zugänglicher werden zu lassen, als auch darauf, den Schüler*innen in ihrem Lernprozess begleitende und differenzierte Hinweise auf eigene Schwächen und Stärken zu ermöglichen. Leistungsüberprüfung und -bewertung werden in dieser Perspektive nicht als eine bloße Vermeidung der Ziffernbenotung gesehen, sondern als fortlaufende, in den unterrichtlichen Alltag eingebettete und in den Lernprozess der Schüler*innen zu integrierende Handlungen (Marx 2024).

1 Dieser Beitrag ist am 3.7.2024 unter dem Titel „Alternative Leistungsbeurteilung für ein Lernen ohne Noten“ im Blog „Schule-Lernen-Bildung im 21. Jahrhundert“ der Bertelsmann Stiftung erschienen (https://schule21.blog/2024/07/03/schule-ohne-noten/) (Zugriff: 2.1.2025).

Neue Möglichkeiten für Selbstregulation und Partizipation im Lernprozess

Ein Lernen ohne Noten stellt den Lernprozess in den Mittelpunkt und nicht nur das Ergebnis. Es eröffnet Möglichkeiten der Individualisierung, Personalisierung, Partizipation und Kollaboration in Lernformaten, die an die spezifischen Voraussetzungen der einzelnen Schüler*innen anknüpfen. Es soll die Relevanz und Sinnhaftigkeit der behandelten Themen sowohl individuell als auch kollektiv erfahrbar machen. Als besonders vielversprechend gelten projektartige, situierte und handlungsorientierte Lehr-Lern-Designs. Diese zielen nicht nur auf die Vermittlung von Fachwissen ab, sondern fördern auch das Erlernen von Problemlösestrategien, Reflexionsfähigkeit sowie einen agilen Umgang mit Herausforderungen in einer sich dynamisch verändernden Welt.

Mit diesen Lernformaten ist zudem die Erwartung verbunden, die Entwicklung von Strategien der Metakognition und Selbstregulation zu unterstützen, die als grundlegende Fähigkeiten für gelingende schulische Lernprozesse gelten (Wirth u.a. 2020). Anregungen dafür, wie Lernprozesse konkret geplant und begleitet werden können, liefert das sogenannte Drei-Phasen-Prozessmodel von Schmitz, Landmann und Perels (2007). Hier planen die Schüler*innen zunächst WAS und WIE sie etwas lernen möchten (präaktionale Phase), um dann eine Aufgabe zu bearbeiten (aktionale Phase) und anschließend Bearbeitungsalternativen zu überdenken (postaktionale Phase). Zur erfolgreichen Aufgabenbewältigung gehören demnach nicht nur die Anwendung kognitiver Strategien und der Einsatz von Fachwissen, sondern vor allem auch die Umsetzung metakognitiver Strategien, wie die Reflexion des Vorgehens im Hinblick auf zukünftig zu lösende Aufgaben. Dieser Dreischritt kennzeichnet nicht nur den Lernprozess, sondern kann auch in Prüfungskontexte überführt werden, indem individuelle oder gemeinsame Modifikation und Fehlerkorrektur die Überprüfung des Fachwissens ergänzen und so zum Bestandteil von Leistungsbeurteilung werden. Digitale Tools, wie z. B. ePortfolios oder Mind-Mapping-Tools können die Erfassung der individuellen Lernwege sowie die Entwicklung metakognitiver Strategien unterstützen. Sie sind integraler Bestandteil einer formativ ausgerichteten Lernkultur. Formative Instrumente der Lernbegleitung und Leistungsbeurteilung (z. B. Lerntagebücher, Lernentwicklungsgespräche, Peer-Feedback) können Lehrkräften als empirische Grundlage für eine dialogisch ausgerichtete Diagnostik sowie ein lernförderliches Feedback dienen (Beutel/Ruberg 2024).

Pädagogische Entwicklungsziele und schulische Handlungsspielräume

Damit Lehrkräfte ein Lernen ohne Noten im Sinne erfolgreicher Bildungsverläufe gestalten können, brauchen sie Handlungsspielräume in Gesetzen und Richtlinien sowie die Unterstützung durch Schulnetzwerke und wissenschaftliche Begleitung. Heute gibt es in nahezu allen Bundesländern eine schulpolitische Stärkung von Möglichkeiten notenfreier Leistungsbeurteilung und eine öffentlich reformengagierte Schulpraxis (deutsches-schulportal.de), in der konzeptstarke Lehr-Lern-Designs erprobt werden, die Instrumente und Verfahren zum selbstständigen Lernen, zur Dokumentation und Reflexion nutzen. Zum Einsatz kommen zum Beispiel Diagnostikkalender für Lehrende und Lernende, Selbstnavigation entlang von Lernpfaden, niveaudifferenzierende Kompetenzübersichten, Könner*innenausweise, Lerncheckalternativen statt Klassenarbeiten sowie Formen von *visible learning* und Feedback, die Entwicklungsoptionen erreichbar machen.

Von Schulbeginn an können Kinder in der Grundschule damit arbeiten und ihre Fortschritte erkennen. Der Einsatz notenalternativer Verfahren der Leistungsbeurteilung ist über alle Schulstufen und -formen bis in die Oberstufe hinein praktikabel. Diese Verfahren bieten eine Chance, die Qualität des Bildungsvorganges im Lernen sichtbar zu machen sowie die darin liegende Wertevermittlung und Kompetenzanreicherung aufzuzeigen. Lernen ohne Noten schafft Spielräume, demokratieförderliche und demokratiebildende Aspekte durch eine partizipative Gestaltung des Beurteilungsprozesses einzubeziehen. Es ist der Inklusion, der Stärkung von Bildungsgerechtigkeit, der angemessenen und nachvollziehbaren Beurteilung und dem substanziellen Partizipationserleben der Schüler*innen verpflichtet (Beutel/Pant 2024). Lernen ohne Noten kann der Tiefenstruktur des Unterrichts sowie der Befähigung der Schüler*innen dienen, ihre Lernfortschritte und Leistungen selbst einschätzen sowie zur weiteren Zielplanung nutzen zu können, und kann somit die Fundamente einer aktuell diskutierten neuen Prüfungspraxis vorbereiten (Beutel/Ruberg 2023), die Beteiligung und Reflexionsvermögen zur Grundlage einer individuums- wie differenzstarken Aufgaben- und Anerkennungspraxis macht. Dies gilt auch für die Einübung in kollaborative und zeitlich flexibel abzulegende Gelingensnachweise. Diese Entwicklung zielt darauf, die mit Noten verbundene Fehleranfälligkeit der Beurteilungspraxis zu verringern, Alternativen können zur Transparenz und Überwindung von Lerndefiziten beitragen. Eine professionell abgesicherte Praxis der Leistungsbeurteilung ohne Noten benötigt eine kollegiale Standardsetzung und regelhafte Evaluation als Teil einer stetigen Vergewisserung in der Schulentwicklung, ganz sicher aber ebenso einen anhaltenden politischen Willen.

Alternative Formen der Leistungsbeurteilung – Perspektiven für Forschung und Praxis

Die hier überblicksartig skizzierten Punkte zeigen, dass vorliegende Konzeptionen und Befunde auf lernförderliche Vorteile alternativer Beurteilungs- und Rückmeldeformen im formativen Sinne hinweisen und sich in schulischer und systemischer Entwicklungsperspektive zunehmend Handlungsspielräume für deren Einsatz eröffnen. Zugleich bleibt es für eine Etablierung alternativer Formen der Leistungsbeurteilung geboten, mit kritischer und prüfender Perspektive, die den Ziffernnoten gegenüber eingenommen werden kann, auch die alternativen Formen zu betrachten und ihren Einsatz zu evaluieren, um eine entsprechende, mögliche Schul- und Schulsystementwicklung auf Basis gesicherter Erkenntnisse steuern zu können. Ein solches Vorgehen wäre auch deshalb ratsam, um sich im Sinne der Ziele pädagogischer Diagnostik des tatsächlichen Erreichens damit verbundener, auch normativer Ansprüche an Leistungsbeurteilung als Teil von Schulqualität vergewissern zu können. Hierbei wäre überdies zu berücksichtigen, dass alternative Formen der Leistungsbeurteilung zumindest mittelfristig Ziffernnoten nicht an allen Stellen des Schulsystems ersetzen, sondern neben bzw. zusätzlich zu Noten eingesetzt werden, sodass sich diese Beurteilungsformen ergänzen müssen.

Für die Schulpraxis ist mit Blick auf eine Etablierung alternativer Verfahren der Leistungsbeurteilung weiterhin zu bedenken, dass ihr förderlicher Einsatz nicht voraussetzungslos ist. Die Einführung alternativer Beurteilungsverfahren erfordert unter anderem eine umfassende Qualifizierung der Lehrkräfte, da mit der Notenvergabe verbundene Maßstäbe und Praktiken nicht einfach auf die alternativen Formen schulischer Leistungsbeurteilung übertragen werden können und mit Noten verbundene Beobachtungs- und Beurteilungsfehler auch mit alternativen Beurteilungsverfahren möglich sind.

Notwendig erscheint zudem eine weitergehende, methodenvielfältige Forschung zur schultheoretischen, pädagogischen sowie didaktischen Fundierung des Einsatzes alternativer Formen der Leistungsbeurteilung bei der Gestaltung schulischer Lerngelegenheiten unter Berücksichtigung der empirischen Evidenz ihrer Wirksamkeit – auch vor dem Hintergrund, dass die Bedingungen weiter zu klären sind, unter denen sich alternative Formen von Leistungsbeurteilung als förderlich und im Vergleich zu Ziffernnoten als vorteilhaft erweisen können. Hierbei sind ebenfalls die Rahmungen der komplexen Zusammenhänge von Voraussetzungen, Prozessen und Resultaten pädagogischer Diagnostik in der Mehrebenenperspektive schulischer und außerschulischer Kontexte, Gelegenheitsstrukturen und Handlungsrelationen (Beutel u. a. 2024; Schreiner 2024) zu berücksichtigen.

Literatur

BEUTEL, Silvia-Iris/Marx, Alexandra/Ruberg, Christiane (2019): Diagnostik, Förderung, Kommunikation: Schülerinnen- und Schülerbeteiligung und Lernen. Erziehung & Unterricht, 169/2019, S. 900–908.

BEUTEL, Silvia-Iris/Pant, Hans A. (2024): Lernen ohne Noten. Alternative Konzepte der Leistungsbeurteilung (2., überarbeitete Aufl.). Stuttgart.

BEUTEL, Silvia-Iris/Pant, Hans A./Goy, Martin (2024): Lernen ohne Noten? Eine Hinführung. In: Beutel/Silvia-Iris/Pant, Hans A.: Lernen ohne Noten. Alternative Konzepte der Leistungsbeurteilung (2., überarbeitete Aufl.). Stuttgart, S. 11–38.

BEUTEL, Silvia-Iris/Ruberg, Christiane (2023): Zeitgemäße Prüfungskultur im Kontext digitaler Transformation. Expertise (update.bildung. Das Impulsformat von bildung.digital). Berlin.

BEUTEL, Silvia-Iris/Ruberg, Christiane (2024): Pädagogische Diagnostik – Beitrag zur Demokratisierung von Schule. In: Schreiner, Claudia/Schauer, Gabriele/Kraler, Christian (Hg.), Pädagogische Diagnostik und Lehrer:innenbildung. Bildungswissenschaftliche und fachdidaktische Perspektiven. Stuttgart, S. 57–66.

BROOKHART, Susan M./Guskey, Thomas R./Bowers, Alex J./McMillan, James H./Smith, Jeffrey K./Smith, Lisa F./Stevens, Michael T./Welsh, Megan E. (2016): A century of grading research: Meaning and value in the most common educational measure. In: Review of Educational Research, 4/2016, S. 803–848.

MARX, Alexandra (2024): Notenunabhängige Leistungserfassung und -beurteilung: Ansätze und Effekte. In: Beutel, Silvia-Iris/Pant, Hans A.: Lernen ohne Noten. Alternative Konzepte der Leistungsbeurteilung. (2., überarbeitete Aufl.). Stuttgart, S. 74–105.

SCHMITZ, Bernhard/Landmann, Meike/Perels, Franziska (2007): Das Selbstregulationsprozessmodell und theoretische Implikationen. In: Landmann, Meike/ Schmitz, Bernhard (Hg.): Selbstregulation erfolgreich fördern. Praxisnahe Trainingsprogramme für effektives Lernen. Stuttgart, S. 312–326.

SCHREINER, Claudia (2024): Anforderungen an eine Pädagogische Diagnostik im Mehrebenensystem Schule. In: Schreiner, Claudia/Schauer, Gabriele/Kraler, Christian (Hg.): Pädagogische Diagnostik und Lehrer:innenbildung. Bildungswissenschaftliche und fachdidaktische Perspektiven. Stuttgart, S. 17–28.

WIRTH, Joachim u. a. (2020): An interactive layers model of self-regulated learning and cognitive load. In: Educational Psychology Review, 32/2020, S. 1127–1149.

AUTOR*INNEN

BEUTEL, SILVIA-IRIS, Dr. phil. habil., Professorin für Schulpädagogik und Allgemeine Didaktik, Schwerpunkt Lehr-Lernprozesse und empirische Unterrichtsforschung an der TU Dortmund. Kontakt: silvia-iris.beutel@tu-dortmund.de

BEUTEL, WOLFGANG, Dr. phil., Vertretungsprofessor für Didaktik der politischen Bildung am Institut für Didaktik der Demokratie der Leibniz Universität Hannover. Kontakt: beutel@idd.uni-hannover.de

BRAUN, LAURA, Dr., Projektmanagerin und wissenschaftliche Analysen bei der Wübben Stiftung Bildung. Kontakt: braun@w-s-b.org

BRÜNING, CHRISTINA, Prof. Dr., Universitätsprofessorin an der Universität Marburg im Bereich Geschichte und Kulturwissenschaft und Didaktik der Geschichte. Kontakt: christina.bruening@uni-marburg.de

BUDDEBERG, MAGDALENA, Dr. phil., Akademische Rätin im Institut für Allgemeine Didaktik und Schulpädagogik an der TU Dortmund. Kontakt: magdalena.buddeberg@tu-dortmund.de

BUSCH, MATTHIAS, Prof. Dr., Professur für Didaktik der Gesellschaftswissenschaften an der Universität Trier. Kontakt: buschm@uni-trier.de

DIESING, NORBERT, Didaktischer Leiter an der Green Gesamtschule, Duisburg. Kontakt: n.diesing@green-gesamtschule.de

GEIER, THOMAS, PD Dr. habil., Vertretung der Professur für Schulpädagogik und Allgemeine Didaktik im Kontext von Heterogenität im Institut für Allgemeine Didaktik und Schulpädagogik an der TU Dortmund. Kontakt: thomas.geier@tu-dortmund.de

GORSKI, SONJA, Koordinatorin für Schul- und Unterrichtsentwicklung am Heinrich-Heine-Gymnasium in Dortmund, Fachberaterin für BNE, Kontakt: gorski@heinrichheinedo.de

GOTTMANN, CORINNA, Senior Expertin bei der Robert Bosch Stiftung. Kontakt: corinna.gottmann@bosch-stiftung.de

GOY, MARTIN, M. A., Wissenschaftlicher Mitarbeiter im Institut für Allgemeine Didaktik und Schulpädagogik an der TU Dortmund. Kontakt: martin.goy@tu-dortmund.de

GRONOSTAJ, ANNA, Dr., Senior Projektmanagerin bei der Robert Bosch Stiftung. Kontakt: anna.gronostaj@bosch-stiftung.de

GRUNDMANN, MATTHIAS, Prof. Dr., Professor für Sozialisation an der Universität Münster. Kontakt: matthias.grundmann@uni-muenster.de

HAARBUSCH, NIKLAS, M. A., Wissenschaftlicher Mitarbeiter der Professur für Sozialisation an der Universität Münster. Kontakt: n_haar02@uni-muenster.de

HAKER, CHRISTOPH, Dr. phil., Wissenschaftlicher Mitarbeiter im Institut für Humanwissenschaften – Soziologie an der Universität Paderborn. Kontakt: christoph.haker@uni-paderborn.de

HELDT, INKEN, Prof. Dr., Professorin für das Politische System der Bundesrepublik Deutschland und Politische Bildung an der Universität Passau. Kontakt: Inken.Heldt@uni-passau.de

JUNGERMANN, ANJA, Dr., Bereichsleiterin Regionales Bildungsbüro Stadt Dortmund. Kontakt: ajungermann@stadtdo.de

KLEIN, ESTHER DOMINIQUE, Prof. Dr., Professorin für Schulpädagogik und Allgemeine Didaktik an der TU Dortmund. Kontakt: dominique.klein@tu-dortmund.de

KREMPIN, MAREN, Leitung Arbeitsbereich Monitoring und Qualitätsentwicklung, pädquis Stiftung b. R., Kontakt: m.krempin@paedquis.de

KUREK, CORNELIA CLARA, Wissenschaftliche Mitarbeiterin im Institut für Allgemeine Didaktik und Schulpädagogik an der TU Dortmund. Kontakt: cornelia.kurek@tu-dortmund.de

LEMKE, JULIA, Abgeordnete Lehrkraft im Hochschuldienst im Institut für Allgemeine Didaktik und Schulpädagogik an der TU Dortmund. Kontakt: julia2.lemke@tu-dortmund.de

MASCHONG, HANNAH, Mitglied der Dortmunder Expert*innenrunde BNE in Schule. Kontakt: hannah@klimabildung.org

MATHIAS, MIRIAM, M. A., Wissenschaftliche Mitarbeiterin im Institut für Allgemeine Erziehungswissenschaft und Berufspädagogik an der TU Dortmund. Kontakt: miriam.mathias@tu-dortmund.de

MIHAJLOVIĆ, DEJAN, Referent für Demokratiebildung und Digitale Transformation beim Zentrum fürSchulqualität und Lehrerbildung Baden-Württemberg. Kontakt: mihajlovic.freiburg@gmail.com

MÖNTER, LEIF, Prof. Dr., Professor für Didaktik der Geographie an der Universität Vechta. Kontakt: leif.moenter@uni-vechta.de

NÜTHEN, INGA, Dr., Akademische Rät*in und Leitung des Fachgebiets Internationale Geschlechterpolitik und qualitative Methoden der Politikwissenschaft an der Universität Kassel. Kontakt: nuethen@uni-kassel.de

OTTERSPEER, LUKAS, Dr. phil., Akademischer Rat auf Zeit im Institut für Allgemeine Didaktik und Schulpädagogik an der TU Dortmund. Kontakt: lukas.otterspeer@tu-dortmund.de

PEITZ, MARION, M. Ed., Wissenschaftliche Mitarbeiterin im Institut für Allgemeine Didaktik und Schulpädagogik an der TU Dortmund. Kontakt: marion.peitz@tu-dortmund.de

PFÄNDER, HANNA, PD Dr., Leiterin impaktlab bei der Wübben Stiftung Bildung. Kontakt: pfaender@w-s-b.org

PREUßKER, ANDREA, Teamleiterin Handlungsfeld „Gute Kita und Schule" im Fördergebiet Schule und Bildung. Projektleiterin Deutscher Schulpreis. Kontakt: andrea.preussker@bosch-stiftung.de

RUBERG, CHRISTIANE, Dr. phil., Akademische Rätin im Institut für Allgemeine Didaktik und Schulpädagogik an der TU Dortmund. Kontakt: christiane.ruberg@tu-dortmund.de

SCHLEIMER, SIMON MOSES, Prof. Dr., Professur für Soziale Arbeit und Migration, Hochschule Mittweida. Kontakt: schleime@hs-mittweida.de

SCHRATZ, MICHAEL, Prof. Dr. (i. R.), Universitätsprofessor im Bereich Leadership und Lernen an der Universität Innsbruck. Kontakt: michael.schratz@uibk.ac.at

SCHUMPICH, FALKO, M. Ed., Wissenschaftlicher Mitarbeiter im Institut für Allgemeine Didaktik und Schulpädagogik an der TU Dortmund. Kontakt: falko.schumpich@tu-dortmund.de

SKOKAN, STEFAN, Pädagogischer Mitarbeiter des Landes im Regionalen Bildungsbüro der Stadt Dortmund. Kontakt: sskokan@stadtdo.de

VON ELSENAU, DETLEF, Dr., freier Berater im Projektteam (BNE-Modellkommune Dortmund) des Regionalen Bildungsbüros Dortmund. Kontakt: dvelsenau@posteo.de

WEIß, MICHAELA, Leitung Handlungsfeld Rahmenbedingungen und Ko-Leitung Teilprojekt Lernen: Digital beim Forum Bildung Digitalisierung. Kontakt: michaela.weiss@forumbd.de